고대 중국의 천인관계론

저자 소개

청풍명월의 고장인 대전에서 출생하고 성장기의 대부분을 그곳에서 보냈다. 유년시절과 청소년시절을 동서양의 고전을 탐독하며 보낸다. 특히 당시에 읽었던 고대 중국의 다양한 고전들은 이후 필자의 진로를 중국학자로 만든 직접적인 요인이 되었다고 할 수 있다. 대학 졸업 후에는 臺灣으로 유학을 떠나 中國文化大學 대학원 철학과에서 석사학위를 취득하고, 그 뒤에 다시 중국으로 유학을 가서 北京大學 대학원 철학과에서 박사학위를 취득하였다.

8년 동안의 유학생활을 마치고 귀국하여 충남대학교 유학연구소, 남서울대학교 중국학과를 거쳐 현재 전남대학교 중국학과 교수로 재직하면서 전남대학교 이순신해양문화연구소장을 겸직하고 있다. 지난 2012년도와 2014년도에 전남대학교 교육우수교수에 두 차례에 걸쳐 선정 되었다. 2016년에는 제20회 용봉학술상을 수상 받았다. 대외적으로는 한국중국문화학회 부회장, 한국유교학회 부회장, 중국 浙江大學 한국연구소 객원연구원, 寧夏大學 학술고문을 겸직하고 있으며, 해군사관학교 충무공연구회 자문위원 역시 겸직하고 있다.

그 동안 집필한 저서로는 『東吳哲學』, 『哲學·宗教與人文』(中國出版), 『半生緣』(영화로 배우는 중국어), 『맹자의 도덕사상과 정치사상』, 『고대중국의 사유세계』, 『동아시아의 유학사상』, 『선진유가의 사상』, 『맹자의 철학사상』, 『공자의 철학사상』, 『순자의 철학사상』, 『맹자와 도덕의 이상』, 『西漢의 유학사상』, 『고대 중국의 정치사상』 등이 있으며, 외국에 발표한 논문으로는 「韓昌黎的天人關係論」 등을 포함하여 다수가 있으며 국내에 발표한 논문에는 「王符의 인성론 사상 연구」 등을 포함하여 다수가 있다. 고대 중국의 철학사상과 중국의 전통신화 분야에 대하여 지속적으로 관심을 가지고 연구하고 있으며 또한 고대 중국의 역사와 인문지리 및 전통문화와 동남아시아 화교문화에 대해서도 흥미를 가지고 연구를 진행하고 있다.

고대 중국의 천인관계론

2020년 2월 10일 인쇄
2020년 2월 20일 발행

지은이 | 조원일
펴낸이 | 정병석

펴낸곳 | 전남대학교출판문화원
주소 | 61186 광주광역시 북구 용봉로 77
전화 | (062) 530-0571~3 팩스 | (062) 530-0579
등록 | 1981. 5. 21. 제53호
홈페이지 | http://www.cnup.co.kr
이메일 | cnup0571@hanmail.net

값 29,000 원

ISBN 978-89-6849-697-4 (93150)

이 도서의 국립중앙도서관 출판예정도서목록(CIP)은 e-CIP홈페이지(http://www.nl.go.kr/ecip)와
국가자료공동목록시스템(http://www.nl.go.kr/kolisnet)에서 이용하실 수 있습니다.
(CIP제어번호: CIP2020006617)

天人關係論

고대 중국의 천인관계론

조원일 지음

전남대학교출판문화원

고대 중국의 천인관계론 주요 사상가 및 전적 소개

『시경』

『시경詩經』은 중국 최초의 시가집이다. 공자가 문하의 제자를 교육할 때, 주나라 왕조의 정치적 형태와 민중의 수용 태도를 가르치고 문학·교육에 힘쓰기 위하여 편집한 것으로 알려져 있다. 『시경』은 전한시대에 「제시齊詩」·「노시魯詩」·「한시韓詩」·「모시毛詩」라는 네 가지 종류의 책이 나왔지만, 오늘날 남은 것은 그중의 모시뿐이어서 별도로 모시라고하기도 한다.

『상서』

『상서尙書』는 중국 유교의 오경五經 가운데 하나로 중국에서 가장 오래된 역사서이다. 중국의 고대 국가들의 정사政事에 관한 문서를 공자가 편찬하였다고 전한다. 특히, 주나라의 정치철학을 상세하면서도 구체적으로 말한 제일의 자료이다. 크게 『우서虞書』·『하서夏書』·『상서商書』·『주서周書』의 4부로 나뉘어 있는데 각각 요순시대·하나라·은나라(상나라)·주나라에 관련된 내용을 싣고 있다. 『상서尙書』의 판본은 크게 나누어 『금문상서 今文尙書』와 『고문상서古文尙書』가 있다.

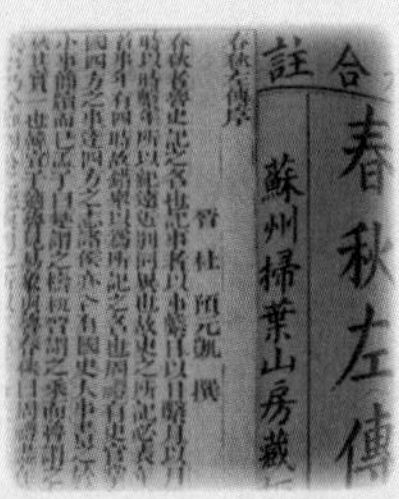

『춘추좌전』

『춘추좌씨전春秋左氏傳』은 『춘추』의 대표적인 주석서 중 하나로, 기원전 700년경부터 약 250년간의 역사가 기록되어 있다. 또 다른 명칭으로는 좌전左傳, 좌씨전左氏傳, 좌씨춘추左氏春秋라고도 한다. 현존하는 다른 주석 서인 『춘추곡량전春秋穀梁傳』, 『춘추공양전春秋公羊傳』과 함께 삼전 三傳으로도 불린다. 삼전 중에서 춘추좌씨전은 기본적으로 최고로 삼고 있다. 저자는 노魯나라의 문인 좌구명左丘明이라고 기록되어 있으나, 분명하지는 않다.

『국어』

『국어國語』는 주나라 좌구명이 『춘추좌씨전』을 쓰기 위해 춘추시대 春秋時代 여덟 나라의 역사를 나라별로 적은 책으로 주어周語, 노어魯語, 제어齊語, 진어晋語, 정어鄭語, 초어楚語, 오어吳語, 월어越語로 구성되어 있다.『춘추좌 씨전』의 외전이라는 의미로 『춘추외전春秋外傳』이라고도 한다.

공자

공자(孔子, BC.551~BC.479)는 유가의 시조인 고대 중국 춘추시대의 정치가·사상가·교육자이다. 정치적으로는 요·순·우, 삼황·오제의 이상적 정치와 주공 단의 정치 철학을 지향했다. 뜻을 펴려고 전국을 주유하였으나, 그의 논설에 귀를 기울이는 왕이 없어 말년에 고향으로 돌아와 후학 양성에 전념하다 생을 마쳤다. 춘추시대에 서주의 제후국인 노나라의 무관인 숙량흘의 둘째 아들이자, 서자로 태어났다. 이름은 구丘, 자는 중니仲尼이다. 사후 여러 번 추증되어 대성지성문선왕大成至聖文宣王에 추봉되었다.

맹자

맹자(孟子, BC.372?~BC.289?)는 공자의 사상을 이어 발전시킨 유학자이다. 전국시대 추鄒나라 사람으로 이름은 가軻이고, 자는 자여子輿 또는 자거子車이다. 어릴 때부터 공자를 숭상하고, 공자의 사상을 발전시켜 유학을 후세에 전하는 데 큰 영향을 끼쳤다. 제자백가 시대에 돌입한 당대에 묵적과 양주의 사상과 경쟁하며 유가 사상을 확립했다. 40세 이후에 인정仁政과 왕도정치를 주창하며 천하를 유력했다. 법가나 종횡가가 득세하는 세상과 타협하지 않았으며 은퇴했다. 60세 이후의 삶은 알려진 바가 없다.

순자

순자(荀子, BC.298?~BC.238년?)는 고대 중국의 전국시대 말기의 유가 사상가이자 학자로, 이름은 순황荀況이다. 서한 선제의 이름이 비슷하였고, 이를 피하기를 위해서 손황孫況이라고도 불렀다. 경칭으로 순경荀卿 또는 손경자孫卿子로도 불린다. 순자는 양한시기에는 정통적인 유가의 인물로 여겨졌으나, 북송시기 성리학의 학풍 속에서 성악설이 비난받으면서부터 그 이래로 오랫동안 유가의 이단자로 간주되어 왔다. 그에 대한 재평가는 청나라 말기에 서야 다시 이루어졌다.

묵자

묵자(墨子, BC.470?~BC.391?)는 중국 춘추전국시대의 송나라에서 출생한 사상가이자 철학자이다. 초기 전국 시대에 제자백가 중 묵가를 대표하는 위인이다. 핵심 사상은 겸애이고 『묵자』에 전한다. 유교와 도교와 대립하였다. 그 사람의 사상은 제국에서 채택됐으나 진나라가 천하를 통일하자 선호 대상에서 제외되었다. 농성의 달인이어서 초나라의 공격을 아홉 번이나 방어하였었다. "굳게 지킨다"는 뜻인 묵수가 여기서 유래했다.

고대 중국의 천인관계론 주요 사상가 및 전적 소개

장자

장자(莊子, BC.369?~BC. 286)는 중국 전국시대 송宋나라 몽(蒙 현재의 안휘성 몽성 또는 하남성 상구 추정) 출신의 저명한 중국 철학자로 제자백가 중 도가道家의 대표적인 인물이며 노자老子 사상을 계승, 발전시켰다. 본명은 주周이다. 후세에 노자와 함께 부를 때 노장老莊이라 부른다. 도교에서는 남화진인南華眞人, 또는 남화노선南華老仙이라 부르기도 하며, 『장자』는 『남화진경南華眞經』이라 부른다.

육가

육가(陸賈, BC.240~BC.170)는 서한 초기의 정치가이며, 문학가이며, 사상가로서, 초기 유학의 발전에 중요한 역할을 감당하였다. 육가는 웅변에 능한 외교가로서도 역할을 감당하였는데, 남월왕 위타를 한나라에 종속시킨 것도 그의 뛰어난 웅변의 힘이었다. 유방에게도 문과 무가 조화를 이루어야 나라를 다스릴 수 있음을 설득하였고, 『신어新語』 12편을 저술하여 국가 존망의 갖가지 모습을 약술하여 유방의 통치를 도왔다. 한고조 유방의 사후에는 여태후의 전횡에 칭병하여 은퇴하고, 태위 강위와 승상 진평이 힘을 합하도록 주선하여 여태후 사후에 여씨로부터 유씨 황실을 지켜내는 데 중요한 역할을 하였다.

『회남자』

『회남자淮南子』는 서한 회남왕淮南王 유안劉安이 편찬한 일종의 백과사전으로, 전 21권이다. 『여씨춘추呂氏春秋』와 함께 제자백가 중 잡가雜家의 대표작이다. 한편으로는 노자 사상을 중심으로 제자백가를 통합하려 한 전한 황로학(黃老學)의 결정체로 보기도 한다. 유안이 전국의 빈객과 방술가方術家를 모아서 편찬한 것으로, 『한서』, 「회남왕전淮南王傳」에는 「내서內書」 21편, 「외(外書」 다수, 「중편中篇」 8권을 제작했다고 했는데 현재는 이 중 「내서」 21권만이 전하고 있다. 처음에 원도原道라는 형이상학이 있으며, 그 뒤에 천문·지리·시령時令 등 자연과학에 가까운 것도 포함하였으며, 일반 정치학에서 병학兵學, 개인의 처세훈處世訓까지 열기하고, 마지막으로 요략要略으로 총정리 한 1편을 붙여서 방대한 내용을 통일하였다.

동중서

동중서(董仲舒, BC.176~BC.104)는 중국 서한 중기의 대표적 유학자이다. 현재의 하북성에 속하는 신도국信都國 광천현廣川縣(현재는 하북성 징현) 출신이다. 서한 초기의 사상계가 제자백가의 설로 혼란하고 유교가 쇠퇴하였을 때, 도가의 설을 물리치고 유교 독립의 터전을 굳혔다. 무제武帝를 섬겨 총애를 받아 유교를 채용하고 교육 행정으로 공헌하였다. 이로써 뒷날 중국의 정신 발전에 중요한 영향을 미쳤다. 동중서의 사상에 최대한 특징이 있는데 바로 재이설災異說이 있다.

왕충

왕충(王充, 27~?)은 중국 동한 초기의 사상가로, 자는 중임仲任이며 회계군 상우현上虞縣 사람이다. 신분이 낮은 집안에서 출생하였고 청년시대 낙양洛陽으로 나와 반표(班彪, 반고의 아버지)에게 배웠는데 가난하여 책을 사지 못하고 가두의 서점에서 읽고 기억하여 백가百家의 사상에 정통했다고 한다. 이어 현縣, 군도위郡都尉, 군 등의 지방 관청에 근무하였고, 공조功曹를 역임하며, 훌륭한 능력을 발휘했는데, 권력자와 때때로 생각이 맞지 않아 사직하여 향리의 자제를 가르쳤다. 60세 때 자사刺史 동근董勤에게 초빙되어 주종사州從事가 되었고, 이어 치중治中이 되었으나 62세로 퇴관하여 죽을 때까지 저술에 전념하였다.

왕부

왕부(王符, ?~?)는 동한 초기의 관료로, 자는 자원子元이며 동래군 액현掖縣 사람이다. 불기현不其縣 소지취所止聚에서 기거하며 덕으로 사람들을 교화하였다. 낭야 상 장종張宗이 뵙기를 청하였으나 응하지 않았고, 장종이 억지로 불러들이려 하니 고향으로 돌아갔다. 이후에도 계속 초청을 받았으나 병을 핑계로 거절하였고, 태부 등우의 벽소辟召도 거절하였다. 명제 때 상서복야尙書僕射 종리의의 천거로 유평·왕망과 함께 조정에 임용되어 의랑議郞이 되었다. 명제를 배알하였을 때 태도가 몹시 공손하여 아무런 말도 하지 못하였고, 속이 깊은 심성으로 사람들이 높이 평가하였다. 영평 연간에 임읍후 유복은 「한덕송漢德頌」에서 왕부를 명신이라고 평하였다.

고대 중국의 천인관계론 주요 사상가 및 전적 소개

환담

환담(桓譚 BC.24~AD.54)은 중국 동한 초기의 사상가이다. 자는 군산 君山, 패국(沛國) 상현(相縣) 사람이다. 음률을 좋아했고, 거문고에 능했으며, 오경五經에 밝았다. 고학古學을 좋아하여 유흠劉歆과 양웅楊雄을 따라 의심스럽고 이상한 일들을 분석辯析하는 방법을 배웠고, 속유俗儒들을 비판하는 일을 좋아했다. 문장에도 능했다. 왕망王莽이 천하를 찬탈했을 때 장락대부掌樂大夫를 지냈고, 유현劉玄 때는 중대부中大夫가 되었다.

중장통

중장 통(仲長統, 180~220)은 중국 동한 말의 정치가로, 자는 공리公理이며 연주 산양군 고평현高平縣 사람이다. 젊을 때부터 학문을 좋아하였으며, 책을 많이 읽었고 기억력과 글 쓰는 능력이 뛰어났다. 20세가 지나고 청주·서주·병주·기주 등을 돌아다니며 학문을 익혔고, 상당에서 만난 상림·무습 등은 중장통을 높이 평가하였다. 특히 무습은 그가 서한의 가의·동중서·유향·양웅의 뒤를 이을 재능을 가졌다며 극찬하였다.

유하동

유종원(柳宗元, 773~819)은 중국 당나라의 문장가·시인이다. 자는 자후子厚이고, 장안長安에서 출생하였다. 유하동柳河東·유유주柳柳州라고도 부른다. 관직에 있을 때 한유韓愈·유우석劉禹錫 등과 친교를 맺었다. 혁신적 진보주의자로서 왕숙문王叔文의 신정新政에 참획하였으나 실패하여 변경지방으로 좌천되었다. 이러한 좌절과 13년간에 걸친 변경에서의 생활이 그의 사상과 문학을 더욱 심화시켰다. 고문古文의 대가로서 한유와 병칭되었으나 사상적 입장에서는 서로 대립적이었다.

한창려

한유(韓愈, 768~824)는, 중국 당(唐)을 대표하는 문장가·정치가·사상가 이다. 당송 8대가唐宋八大家의 한 사람으로 자는 퇴지退之, 호는 창려昌黎 이며 시호는 문공文公이다. 등주鄧主 하내군河內郡 남양(南陽, 현재의 하남성 맹주시) 출신이나, 그 자신은 창려(昌黎 -현재의 하북성河北省에 속함) 출신 으로 자처했다.

장횡거

장재(張載, 1020~1077)는 중국 송나라 시대의 사상가이다. 성리학의 기초를 닦았다. 자는 자후子厚이다. 봉상미현의 횡거진橫渠鎭 출신이었기 때문에 횡거선생橫渠先生이라고 호칭된다. 존칭하여 장자張子라고 불린다.

정명도

정호(程顥, 1032~1085)는 중국 북송시기 도학의 대표적인 학자의 한 사람이다. 성리학과 양명학 원류의 한 사람이다. 자는 백순伯淳, 시호諡號는 순공純公. 명도선생明道先生으로 호칭되었다. 대대로 중산中山에 거주하였으나 후에 하남河南에 이주하였다. 정이가 그의 동생이다.

육상산

육구연(陸九淵, 1139~1192)은 중국 남송시기의 사상가이다. 자는 자정子靜, 호는 상산象山, 시호諡號는 문안文安이다. 무주撫州 금계현(金谿縣—현재의 강서성江西省에 속한다.) 사람으로 형인 구소(九韶, 자는 자미子美), 구령(九齡, 자는 자수, 복재선생復齋先生)과 함께 학문으로 이름을 남겼다. 1172년 진사시험에 합격한 후 지방관으로 종사하면서 자제교육에 종사했다.

라근계

라여방(羅汝芳, 1515~1588)은 중국 명(明)나라 말기의 사상가로 호는 근계近溪이고 자는 유덕惟德이다. 중국 강서성江西省 출신이다. 26세 때 안균顔鈞의 감화를 받아 양명학 좌파陽明學左派의 사상을 흡수하였다. 공맹孔孟의 가르침은 효제자孝悌慈에 귀착한다고 하였다. 효제가 본격적으로 구비된 적자(赤子)의 마음으로 돌아가야 한다고 주장하였다. 양명학 학맥인 왕용계王龍溪와 더불어 쌍계雙溪라 하였다.

머리말

중국역사에서 천인관계天人關係에 대한 연구가 수 천 년에 걸쳐 진행되었고 또한 그것은 중국 전통문화의 각 부분에 걸쳐 많은 영향을 주었기 때문에 천인관계론은 중국사상을 규정하는 특징적인 문제라고 할 수 있다. 이러한 천인관계의 문제는 지난 과거의 기억 속에만 존재하는 것이 아니라 현실 속에서도 여전히 영향을 끼치고 있으며 현대사회에서도 여러 분야에 걸쳐 여전히 살아 있는 것이라고 말할 수 있다.

천인관계의 문제는 특히 중국철학에 있어서 인간과 세계에 대한 궁극적인 물음으로, 중국인들은 일찍부터 이 문제에 대해 집중적인 관심을 기울여 왔다. 고대 중국에서는 농업을 국가의 근간산업으로 삼았었는데, 이러한 농경문화의 특성상 인간과 세계에 대한 이해는 중국인들의 삶에 필수불가결한 것이었기 때문에 중국철학에서 천天은 비록 정도의 차이는 있지만 거의 대부분의 학파와 시대에 가치의 궁극적인 근원으로서의 역할을 해왔다고 할 수 있을 것이다. 그러므로 이러한 천인관계에 대한 조명은 중국사상의 정신을 이해하는 절대적인 관건이 된다고 말할 수 있을 것이다.

지금으로부터 26년 전에 타이완에서 석사과정 진학준비를 하면서 처음 고대 중국의 천인관계론에 대하여 관심을 가지게 되었다. 당시 중국학자 풍우馮禹의 저서 『天與人(하늘과 사람)』을 읽으면서 중국의 유구한 역사 속에서 끊임없이 이어져 내려온 하늘과 사람의 관계에 대한 문제에 흥미를 가지고 향후 이 분야에 대한 연구를 지속하리라고 다짐을 했다. 그러한 다짐의 결과물이 다양한 요인으로 인해서 차일피일 미뤄지다가 26년의 세월이 흐른 후에 비로소 세상의 빛을 보게 되었다. 이러한 고대 중국의 천인관계의 문제에 대하여 본격적으로 집필 작업을 시작한 것은 아마도 20여 년 전이었을 것으로 생각한다. 중국에서 박사과정 재학시절에 천인관계론에 관한 글을 중국의 학술저널에 처음 투고를 해서 게재된 것이 시발점이었던 것으로 기억한다. 이후 20여 년의 세월 속에서 틈틈이 선진시기에서부터 시작하여 송명시기에 이르기까지의 천인관계론에 대하여 시대별로 사상가별로 집필을 했다. 그 결과물이 바로 고대 중국의 천인관계론인 것이다.

본서는 고대 중국의 천인관계사상에 대하여 춘추전국시기부터 명나라시기에 이르기까지 유가와 도가, 묵가 등의 사상가들의 천인관계론을 중심으로 체계적으로 분석 정리한 글이다.

먼저 제1장은 『시경』과 『상서』를 중심으로 선진유학 초기의 인간존재와 하늘의 관계 문제에 대한 분석을 상주시기의 종교적 관념과 천天 개념 및 천인관계의 변화와 발전을 중심으로 심도 있는 논의를 진행해보았다. 이 글은 원래 『중국학논총』 제51집(2016년)에 게재했던 문장을 수정과 보완작업을 거쳐 수록한 것이다.

제2장은 『춘추좌전』과 『국어』를 중심으로 전통적인 천명유덕天命有德 관념의 와해의 문제, 천 개념의 자연적 의미의 변화 및 그것이 표시하는 의미의 문제, 천과 도道의 결합으로 인한 선진시기 제자백가 천도사상의 범람의 문제를 중심으로 심도 있는 논의를 진

행해보았다. 이 글은 원래 『동양문화연구』 제7집(2011년)에 게재했던 문장을 수정과 보완작업을 거쳐 수록한 것이다.

제3장은 공자에게 있어서의 명命의 문제에서부터 시작하여 공자에게 있어서의 천의 의미와 천명에 관한 문제를 중심으로 공자의 천인관계론에 대하여 분석해 보았다. 이 글은 원래 『율곡학연구』 제39집(2019년)에 게재했던 문장을 수정과 보완작업을 거쳐 수록한 것이다.

제4장은 맹자의 천인관계의 문제에 관하여 현대적인 시각으로 다음과 같이 조명을 해보았다. 즉 초월해 있으면서 내재되어 있다는 관점과 내재되어 있으면서 초월해 있다는 관점을 중심으로 분석해 보았다. 이 글은 원래 『중국학논총』 제27집(2009년)에 게재했던 문장을 수정과 보완작업을 거쳐 수록한 것이다.

제5장은 순자의 천인관계론에 대해서 살펴보았는데, 선진유가의 천인관계론 가운데 순자의 천인관계론은 도덕적 의미에 집중되어 있는 유학의 천인관계론에 자연적 의미를 더한 새로운 형태의 천인관계론을 수립했다는 점에서 사상사적 의미가 있다고 판단했기 때문에, 순자의 천인관계론에 대하여 자연적 의미의 천과 그것의 출현, 천과 인간의 구분, 인간의 천에 대한 반응의 문제 등에 관하여 논의를 진행해보았다. 이 글은 원래 『퇴계학논총』 제21집(2013년)에 게재했던 문장을 수정과 보완작업을 거쳐 수록한 것이다.

제6장은 묵자의 천인관계론에 대해서 살펴보았는데, 묵자에 있어서의 천관념은 그의 사상체계 전반을 관통하는 핵심사상이라고 할 수 있다. 묵자의 사상은 인간이 하늘의 의지를 따라야 한다고 하는 기본 테제에서 비롯되었기 때문에 그가 주장한 천에 대한 논

의는 묵자의 사상을 이해하는 데 있어서 반드시 선행적으로 파악해야만 하는 관건적인 이론체계라고 할 수 있을 것이다. 그렇기 때문에 본 장에서는 묵자의 천관념에 대하여 자연적 의미의 천과 종교적 성격과 인문적 성격을 겸비한 천 및 천과 인간의 중개자로서의 귀신을 중심으로 논의를 진행해 보았다. 이 글은 원래 『중국학논총』 제62집(2019년)에 게재했던 문장을 수정과 보완작업을 거쳐 수록한 것이다.

제7장은 장자의 천인관계론에 대하여 살펴보았는데, 본 장에서는 장자의 천인합일 사상에 대하여 이원론적 사고방식과 인간중심주의 관점에 대한 성찰과 자연유기체론적 천도사상 및 천인합일을 중심으로 논의를 진행해보았다. 이 글은 원래 『동양문화연구』 제30집(2019년)에 게재했던 문장을 수정과 보완작업을 거쳐 수록한 것이다.

제8장은 서한시대의 사상가 육가의 천인관계론에 대하여 살펴보았는데, 육가는 하늘과 인간의 관계 즉 천인관계에서 인간의 행위가 발단이 되고 하늘의 변이變異는 단지 필연적인 반응에 불과한 것이라고 생각했는데, 이는 육가가 인간의 행위를 더욱 중시했다는 점을 알 수 있게 한다. 본 장에서는 육가의 천인관계론에 대하여 천도에 대한 분석과 기론에 대한 검토 및 천인관계론을 중심으로 조명해보았다. 이 글은 원래 『온지논총』 제54집(2015년)에 게재했던 문장을 수정과 보완작업을 거쳐 수록한 것이다.

제9장은 동중서의 천인관계론에 대하여 살펴보았는데, 동중서의 사상 체계는 당시 유행하고 있었던 음양오행학설이 그 기본적인 골간을 이루고 있으며, 이러한 학설을 바탕으로 천인감응설天人感應

說로 특징을 지울 수 있는 천인관계론을 건립한다. 그런 후에 동중서는 이러한 이론들을 바탕으로 선진유학의 인성론, 윤리론, 정치론 등의 문제에 대한 새로운 해석 작업을 통하여 새로운 의미를 부여한다. 이러한 동중서의 천인관계론에 대하여 본 장에서는 천인감응설의 이론적 기반 분석과 천인감응설을 중심으로 분석해보았다. 이 글은 원래 『중국학논총』 제38집(2013년)에 게재했던 문장을 수정과 보완작업을 거쳐 수록한 것이다.

제10장은 『회남자』의 천인관계론에 대하여 살펴보았는데, 먼저 만물과 천도의 관계에 대한 논의를 진행하면서 만물 가운데의 하나인 인간에 대해서도 천도와의 관계를 중심으로 논의를 진행해보았다. 이 글은 원래 『동서철학연구』 제94집(2019년)에 게재했던 문장을 수정과 보완작업을 거쳐 수록한 것이다.

제11장은 환담의 천인관계론에 대하여 살펴보았는데, 서한에서 동한으로 넘어가는 과도기적 상황 속에서 혼란한 현실을 참위설에 의지하려 했던 위정자들과 백성들을 일깨우기 위해서 적극적으로 미신의 타파를 주창했던 환담의 사상은 양한시기의 유학사상을 조명하는데 있어서 빠져서는 안 될 중요한 사상체계라고 할 수 있을 것이다. 이러한 환담의 천인관계론 사상에 대하여 본 장에서는 사상의 연원과 천체자연론 및 합리적 사유방식을 중심으로 논의를 진행해보았다. 이 글은 원래 『퇴계학논총』 제30집(2017년)에 게재했던 문장을 수정과 보완작업을 거쳐 수록한 것이다.

제12장은 왕충의 천인관계론에 대하여 살펴보았는데, 왕충의 천인관계론은 바로 서한시기에 유행했던 천인감응론의 이론적 근거를 비판할 뿐만 아니라, 그 자신의 전체 사상체계의 기초가 된다고

할 수 있다. 이러한 왕충의 천인관계론 사상은 양한시기의 우주론에 있어서 새로운 전기를 마련했다고 할 수 있으며 뒤에 이어지는 위진 남북조 시기의 우주론에도 많은 영향을 끼쳤다고 할 수 있다. 이와 같은 왕충의 천인관계론에 대해서 본 장에서는 왕충이 비판한 천인감응론과 천인감응론의 비판을 통한 인간존재의 의미를 중심으로 논의를 진행해보았다. 이 글은 원래 『한국철학논집』 제37집(2013년)에 게재했던 문장을 수정과 보완작업을 거쳐 수록한 것이다.

제13장은 왕부의 천인관계론에 대하여 살펴보았는데, 왕부의 천인관계 사상은 양한시기에 만연했던 천인감응 사상을 뛰어 넘어 다시 인간 중심의 선진시기의 사상으로 회귀했다는 측면에서 또한 인간의 주재 능력을 존중하고 신뢰했다는 측면에서 중국 사상사에 일정부분 공헌을 했다고 볼 수 있다. 이러한 왕부의 천인관계론에 대하여 자연현상인 천과 감응의 의미인 천 그리고 천인관계론을 중심으로 논의를 진행해보았다. 이 글은 원래 『한국철학논집』 제57집(2018년)에 게재했던 문장을 수정과 보완작업을 거쳐 수록한 것이다.

제14장은 중장통의 천인관계론에 대하여 살펴보았는데, 정치적·사회적으로 혼란이 극에 달했던 동한시기를 살아가고 있었던 중장통은 하늘과 인간의 관계 문제에 관한 조명을 통하여 자신이 가지고 있었던 정치적 포부를 밝히고자 했다. 이와 같은 중장통의 천인관계론에 대해서 본 장에서는 중장통 천인관계론의 사상적 연원과 정치적·사회적 및 역사적인 요소들을 귀납시켜 내놓은 결과물로서의 천인관계론을 중심으로 논의를 진행해보았다. 이 글은 원래 『유학연구』 제40집(2017년)에 게재했던 문장을 수정과 보완작업을

거쳐 수록한 것이다.

제15장은 한창려의 천인관계론에 대하여 살펴보았는데, 한창려의 천인관계론은 천명론으로 귀결할 수 있는데, 그 자신의 삶 속에서 천명론은 그의 인생여정에 따라 다른 모습으로 표현되기도 한다. 즉 한창려 자신의 성공과 좌절 등 인생노정의 부침에 따라 천명을 숭상하기도 하고 또한 때로는 천명을 의심하기도 한다. 그리고 한창려는 하늘과 인간의 관계에 대해서는 하늘과 인간이 상호 대립적인 존재라는 주장을 하기도 하는 등 매우 다양한 형태의 천인관계론의 모식을 갖고 있다. 이러한 한창려의 천인관계론에 대하여 본장에서는 천명의 숭상과 천명에 대한 의혹 그리고 하늘과 인간이 서로 대립한다는 주장을 중심으로 분석해보았다. 이 글은 원래 『중국학논총』 제29집(2010년)에 게재했던 문장을 수정과 보완작업을 거쳐 수록한 것이다.

제16장은 유하동의 천인관계론에 대하여 살펴보았는데, 유하동은 양한시기 이래로 계승되어 온 천인감응론에 반대의 입장을 견지했을 뿐만 아니라 천명결정론에 대해서도 확고하게 반대의 입장을 나타냈다. 유하동은 하늘에 의지가 있다는 것을 인정하지 않았고, 또 인간의 힘으로 바꿀 수 없는 천명이란 것이 존재한다는 것도 믿지 않았다. 이러한 유하동의 천인관계론에 대해서 본 장에서는 하늘의 형성과정과 하늘의 형태 그리고 하늘과 인간의 관계 등등의 문제를 중심으로 분석해보았다. 이 글은 원래 『중국학논총』 제30집(2010년)에 게재했던 문장을 수정과 보완작업을 거쳐 수록한 것이다.

제17장은 장횡거의 천인관계론에 대하여 살펴보았는데, 장횡거

는 성실함은 반드시 천도와 성의 합일을 통해서만이 분명하게 드러날 수 있다고 생각하였으며, 천도와 성이 우주형성의 도리가 되는 것이 성실함 가운데 존재하는 것과 같다고 했다. 또한 장횡거는 사람이 태어나면서부터 자신에게 내재되어 있는 성실함 때문에 천체운행의 그침 없는 도를 체득할 수 있다고 했다. 이러한 장횡거의 천인관계론에 대해서 본 장에서는 천인관계론과 도덕인식의 문제로 나누어 논의를 진행해보았다. 이 글은 원래 『중국학논총』 제63집(2019년)에 게재했던 문장을 수정과 보완작업을 거쳐 수록한 것이다.

제18장은 정명도의 천인관계론에 대하여 살펴보았는데, 북송시기에 생존했던 정명도는 천리天理라고 하는 개념을 가지고 천도에 대한 자신만의 독특한 사유세계를 형성하고 발전시켜 나갔다고 말할 수 있을 것이다. 정명도가 언급한 천리라고 하는 개념은 크게 두 가지 의미로 구분해서 언급할 수 있는데, 하나는 천리의 초월적 본체 자체가 그 안에 포함되어 있다고 하는 초월적 의미의 천리이고 다른 하나는 자연적 형세가 그 안에 포함되어 있다고 하는 자연적 의미의 천리라고 하는 것을 중심으로 논의를 진행해 보았다. 이 글은 원래 『중국학논총』 제64집(2019년)에 게재했던 문장을 수정과 보완작업을 거쳐 수록한 것이다.

제19장은 육상산의 천인관계론에 대하여 살펴보았는데, 남송시기 사상가들에게 각인 되어 있었던 천 사상은 주자를 비롯한 육상산에게도 적지 않은 영향을 줬다고 할 수 있다. 특히 육상산의 심즉리 사상체계에서 빠져서는 안 될 매우 중요한 사상으로 심학의 골간을 이루고 있다고 말할 수 있다. 육상산은 천天 사상의 체계를

마음心을 기초로 한 천인합일天人合一의 원칙을 중심으로 파악하여 하늘과 인간의 관계에 대하여 서술했다. 이와 같은 육상산의 천인관계론에 대해서 본 장에서는 심즉리의 수립과 발전 및 천인합일설을 중심으로 논의를 진행해 보았다. 이 글은 원래 『유학연구』 제37집(2016년)에 게재했던 문장을 수정과 보완작업을 거쳐 수록한 것이다.

제20장은 라근계의 천인관계론에 대하여 살펴보았는데, 라근계는 『논어』와 『맹자』를 기본내용으로 삼아서 『중용』과 『역전』을 새롭게 해석했다. 즉 그는 먼저 도덕실천을 통하여 도덕이 창조한 삶의 계발을 통하여 하늘과 인간이라고 하는 두 세계를 소통시켜서 유가사상으로 하여금 인간과 우주만물에 대하여 합리적인 귀착점을 제공했다고 볼 수 있다. 이러한 라근계의 천인관계론에 대해서 본 장에서는 천도의 특성과 도에 관한 분석을 중심으로 논의를 진행해보았다. 이 글은 원래 『중국학논총』 제61집(2019년)에 게재했던 문장을 수정과 보완작업을 거쳐 수록한 것이다.

지난 30여 년의 세월 속에서 타이완과 북경에서 함께 공부하며 학문과 인생에 대하여 많은 가르침을 베풀어주셨고 늘 소중한 조언을 아끼지 않았던 목원대학의 도중만 교수님과 충남대학의 박영종 교수님 두 선배님께 항상 감사와 송구한 마음을 올린다. 그리고 장기간에 걸친 유학을 마치고 귀국한 후학에게 대학 강단에 설 수 있는 기회를 마련해주시고, 학계로 이끌어 주셨으며 과문한 사람에게 훌륭한 가르침을 내려주신 은사님과 같은 남서울대학의 권용옥 교수님께 늘 감사와 존경의 뜻을 올린다. 이러한 분들의 소중한 가르침과 질책이 있었기 때문에 후학이 이와 같은 저서를 집필할 수 있었다고 생각한다.

지난 이십 육년 동안 필자를 한결같이 성원해주었으며, 힘들거나 어려울 때를 막론하고 항상 곁에서 함께 해준 아내에게 감사한 마음과 미안함을 함께 전한다. 그리고 부족한 사위를 항상 신뢰해주시고 늘 따뜻한 격려를 아끼지 않으신 장인·장모님께 깊은 감사의 뜻을 올리며 두 분께서 항상 건강하시길 염원합니다. 또한 내가 사랑하는 모든 분들이 항상 건강하고 행복하길 기원하는 마음으로 이 조그마한 책을 바친다.

2019년 겨울

남녘땅 屯德齋에서

조원일

목 차

제8장 육가의 천인관계론

제9장 동중서의 천인관계론

제10장 『회남자』의 천인관계론

제11장 환담의 천인관계론

제12장 왕충의 천인관계론

제13장 왕부의 천인관계론

제14장 중장통의 천인관계론

제15장 한창려의 천인관계론

第16장 유하동의 천인관계론

第17장 장횡거의 천인관계론

第18장 정명도의 천인관계론

第19장 육상산의 천인관계론

제20장 라근계의 천인관계론

제1장

『시경』과 『상서』의 천인관계론

1. 시작하는 말

중국철학에서의 인간 문제에 대한 중시 특히 인성 및 인성에 관련된 문제의 처리에 관한 부분은 중국철학이 서양철학과 확연하게 다른 모습을 보여주는 부분이라고 할 수 있을 것이다. 중국철학과 서양철학을 발전사적인 측면에서 조명해보면, 중국철학과 서양철학 모두 우주론 혹은 자연철학에 대한 연구를 시초로 탐구의 영역을 사상의 주체인 인간에게까지 확대 발전 해왔음을 인지할 수 있을 것이다. 그들은 자연과 우주에 대한 탐구를 통하여 점진적으로 사고의 대상을 객관적인 실재에서 인간 자신의 존재에로 옮겨갔던 것이다. 즉 인간 자신을 사고의 대상으로 만들어 인간의 본질에 대하여 반성적인 인식을 하기 시작한다는 것이다. 인간이 자신을 사고의 대상으로 인식하기 시작했다는 것은 곧 인간이 자아와 객관적인 실재세계 속에서 다른 존재자의 실체를 의식하기 시작했음을 의미하는 것이다. 그렇기 때문에 인간은 자신의 존재를 사고의 대상으로 삼음과 동시에 자연계 혹은 객관적인 실재세계 모두를 사고의 배경으로 설정한 것이다.

중국철학의 인간에 대한 사고는 객관적인 실재세계의 탐구를 통하여 자신의 존재와 다른 사물의 차이를 반성적으로 인식한데 그 특징이 있다고 할 수 있을 것이다. 또한 그들은 인간이 자연계에서 우월적인 위치에 있음을 부정하지도 않았다. 그러나 중국철학에서는 인간이 자연계에서 우월적인 위치에 있음을 인정했지만 인간의 본질에 대해서는 명확한 설명을 하지 않았는데, 그 이유는 중국철학에서는 실천이성을 중시한 반면 이론의 사변성에 대해서는 중시하지 않았기 때문에 인간 존재를 추상화시키지 않은데 있다고 할 수 있는 것이다. 또한 현실생활과 괴리된 인간존재에 대해서는 사고를 진행하지 않았기 때문에 중국철학의 인간존재에 대한 이해는 모두 실천이성을 출발점으로 삼으며 도덕가치의 함의를 담고 있는 것이다.

선진시대는 수많은 학파들이 왕성하게 활동했던 시기로 각 학파는 저마다의 고유한 학설을 체계적으로 정립하여 그 이론들을 설파했었다. 이들 학파들의 다양한 학설들 가운데 공통의 관심사가 있었는데, 그것은 바로 인간의 문제에 대한 탐구였다. 즉 모든 학설은 인간의 본질과 존재 및 가치 그리고 인간과 자연의 관계에 대한 문제들과 관련되어 있었던 것이다. 특히 인간과 자연의 상호관계 즉 천인관계天人關係에 대한 문제는 학파를 초월하여 모두의 관심사였다고 할 수 있다. 이러한 천인관계의 문제는 다만 이론 탐구의 영역에만 국한된 문제가 아닌, 인간에 대한 궁극적인 관심을 기초로 해서 하늘과 인간의 조화를 도모하여 인간 생명의 의미와 가치를 추구하며, 천도天道의 인도人道에 대한 반응을 통하여 인간세계의 혼란을 해결하고자 한 실천의 문제였던 것이다.

이상과 같은 고대 중국의 천인관계의 문제에 대하여 본문에서는 『시경』과 『상서』를 중심으로 선진유학 초기의 인간존재와 하늘의 관계 문제에 대한 분석을 상·주 초기의 종교적 관념 및 천天 개념과 천인관계의 변화와 발전을 중심으로 심도 있는 논의를 진행해보도록 하겠다.

2. 상·주 초기 종교적 관념

고대로부터 인간생명의 기원은 줄곧 종교적 관심의 주요한 과제였다고 할 수 있으며, 심지어는 이러한 문제가 종교형성의 기본적인 요인으로 작용했다고도 말할 수 있는 것이다. 원시시대의 인간들은 자연계에서 발생하는 여러 종류의 불가사의한 현상들에 직면하였을 때 자기존재의 유한성과 우연성을 자각하게 되어 인간과 자연계 사이에 모종의 상호연결 관계가 필연적으로 존재한다고 믿었다. 또한 이러한 관계에 대하여 자기 자신의 존재론적 중요성을 자각하게 된다. 그리고 자연계의 다양한 현상들을 지고 무상한 하늘의 의지가 표현된 것으로 해석하게 된다. 그렇기 때문에 하늘에 대한 경외와 숭배의 관념이 발생하게 되며, 한 걸음 더나가 하늘이 모든 인간사를 주관하는 최고의 주재자라고 생각하기에 이르러 결국은 인간의 생명은 하늘에서 온 것이며 인간은 하늘이 낳은 존재라는 관념이 형성된 것이다. '천인관계'에 대한 문제의 탐색에 있어서 하늘은 이처럼 원시종교 탄생의 근원이 되는 것이기 때문에 『시경』과 『상서』에 나타나 있는 '천인관계'에 대한 논의에 앞서 상·주시기의 종교 신앙 및 천 개념의 출현에 대한 논의부터 진행해보도록 하겠다.

은상殷商시대의 사람들은 일반적으로 자연신과 조상신 그리고 제 혹은 상제라고 하는 세 종류의 신神을 섬겼다고 한다.[1] 자연신에 대한 신앙은 자연계에 존재하는 각종의 자연적인 현상에 대한 숭배로 기상현상과 대지와 산 강물 등을 포함한다. 「은허복사殷墟卜辭」의 자료를 통해서 알 수 있듯이 이러한 신앙은 자연적인 현상에서 나타나는 불가사의한 역량에 대한 경외 이외에도 당시의 농경생활과 관련이 있다고 할 수 있다. 또한 기상현상은 항상 인간생활에 막대한 영향을 끼치는 자연적인 조건이며, 대지와 산, 강물 및 그 속에서 살고 있는 동식물들은 인간생활에

---

1 傅佩榮, 『儒道天論發微』, 臺北, 學生書局, 1988년, 2쪽 참조.

직접적인 영향을 주는 물질적 대상이 된다. 그렇기 때문에 인간들이 이러한 자연적인 조건과 자연에서 생산해내는 물질에 대한 의존관계를 형성하고 있을 때 일정한 정도에 있어서는 그것들에게 신성을 부여하고 또한 숭배의 대상으로 삼았을 것이다.

상나라 시기 사람들의 조상신 혹은 씨족신에 대한 숭배는 본질적으로는 귀신을 섬기는 신앙을 형성시킨다. 상나라 시기의 사람들은 자신들의 조상이 죽은 뒤에도 그 혼령은 육체와 함께 소멸되지 않는다고 하는 사실을 믿었기 때문에 그러한 조상의 혼령은 생전에 가졌던 권력과 감각적 욕망을 영위할 수 있었으며 육체가 죽은 뒤에 모종의 신비한 능력을 얻었다고 생각했다. 또한 그들은 이러한 죽은 조상의 혼령들은 신비한 능력으로 후대의 자손들에게 축복과 재앙을 내려줄 수 있다고 믿었다. 그렇다고 해서 모든 조상의 혼령들이 씨족신으로 숭배를 받았던 것은 아니고, 생전에 권력과 위엄을 갖추고 있었거나 씨족에 대하여 공헌한바가 있었던 자들만이 비로소 씨족신으로 추앙되어 숭배를 받을 수 있었던 것이다.

> 성왕이 제사에 대하여 그 법을 제정하여, 그 법이 백성에게 시행되면 곧 그것에 따라 제사를 지냈다. 죽도록 부지런하게 일한 자는 제사지내고, 국가의 안정을 위해 힘쓴 자는 제사지내고, 큰 재난을 막아낼 수 있었던 자는 제사지내고, 큰 환난을 막아낼 수 있었던 자도 여기에 제사지낸다.[2]

이러한 관념은 상나라 시기 사람들의 현실정치에 대한 관념을 반영하고 있음과 동시에 현실정치의 필요에 기인한 것임을 단적으로 드러내고 있는 것이다. 일반적으로 원시시대의 정치형태를 신권정치로 파악하기

---

2 『禮記』, 「祭法」, "夫聖王之制祭祀也, 法施於民則祀之, 以死勤事則祀之, 以勞定國則祀之, 能禦大菑則祀之, 能捍大患則祀之."

도 하는데, 이러한 정치형태 속에서는 권력의 원천과 합법성은 모두 종교 위에 건립된다.

> 하나라의 군주가 죄가 있는데 나는 상제가 두려워서 감히 그것을 바로잡지 않을 수가 없었다.[3]

> 옛날 하나라를 다스리던 첫 군주는 덕에 힘쓰셔서 하늘의 재앙이 없었으며, 산과 내의 귀신들도 모두 편안했으며, 새와 짐승과 물고기와 자라들에 이르기까지도 모두 마음 편했습니다. 그의 자손에 이르러 이를 따르지 않으니, 하늘은 재앙을 내리심에 천명을 받은 우리의 손을 빌리셨으니 명조鳴條에서부터 공격하도록 만들어 주었고, 우리는 박에서부터 시작하였던 것입니다.[4]

하나라 시기에 형성된 통일 된 국가로서의 정치형태는 상나라 시기까지 이어져 상당히 견고한 성격을 띤다. 상나라가 혁명을 통하여 하나라를 무너뜨린 후에 상나라 사람들은 정치적으로 통치의 합법성 및 정당성의 확보와 씨족 내부의 단결을 위하여 씨족신을 숭배함과 더불어 씨족신의 의지로써 그들의 통치 권력을 더욱 굳건히 하는 한편 씨족간의 혈연관계를 강조했다.

죽은 조상의 혼령에 대한 숭배에서 나타나 있는 상나라 시기 사람들의 종교관 속에서 씨족신은 여러 신들 가운데 하나의 신에 불과한 것으로 최고의 위치에 있는 신이 아니었다. 그러나 후대에 일부의 씨족신이 점차 변화하여 일반적인 조상의 혼령을 초월하는 최고의 신으로 자리잡게 되는데, 이것이 바로 상제上帝 혹은 간단하게 제帝라고 불리어지는 최고의 신인 것이다. 다시 말자하면, 상나라 사람들의 씨족신과 상제는

---

3 『尙書』, 「湯誓」, "夏氏有罪, 予畏上帝, 不敢不正."

4 『尙書』, 「伊訓」, "古有夏先后方懋厥德, 罔有天災, 山川鬼神亦莫弗寧, 暨鳥獸魚鼈咸若, 于其子孫弗率, 皇天降災, 假手于我有命, 造攻自鳴條, 朕哉自亳."

서로 다른 지위와 신격을 가지고 있었는데, 씨족신의 위에 상제가 위치했던 것이다. 「은허복사」에 기록되어 있는 문자를 통해서 보면 이와 같은 사실을 확인할 수 있다.

> "모두가 제에게 복종하지 않는데, 아래에서 태을이 제에게 복종하는구나."
>
> "태갑이 제에게 복종하지 않는구나, 태갑이 제에게 복종했다."

상나라 시기의 사람들은 씨족신들 사이에는 혈연관계가 있다고 하는 사실을 믿었으며, 이러한 사실을 근거로 하여 씨족신과 상제가 서로 연결 되어있다고 보았다. 그러므로 그들은 씨족신이 상나라 사람들과 상제 사이에 소통이 가능할 수 있도록 해주는 중개자 역할을 하는 존재라고 생각했다. 또한 부패영傅佩榮같은 경우 "재위 중에 있는 상나라의 왕은 선왕이 신령한 세계의 통치자라고 믿었다. 선왕의 혼령은 높은 하늘 위에 거주하며 상제의 좌우에 있으면서 아래 세상에 있는 자손들의 권력을 보우 해준다. 그러므로 자손들은 자연히 선왕의 혼령에게 필요한 일체의 것들을 기구하는 것이다."[5]라고 했다.

은상殷商시기와 관련이 있는 문헌전적들의 기록을 살펴보면 은나라 사람들은 상제에 대하여 어떠한 형태의 제사나 기도를 하지 않은 것으로 판단된다.[6] 비록 상제가 인간사를 주재할 수 있는 역량을 가진 존재이기는 했지만 상나라 사람들은 상제와의 중개자로서의 씨족신에게 상제의 축도를 빌었던 것이다. 이와 같은 씨족신을 통한 대리 숭배는 상나라 사

---

5 傅佩榮, 『儒道天論發微』, 臺北, 學生書局, 1988년, 10쪽 참조.

6 『周官』의 기록 "동지 때 남쪽 교외에서 하늘에 제사지낸다."에서와 같이 볼 수 있듯이 하늘이 최고신의 관념으로 나타나는 것은 주나라 시기이며, 은상시기의 제사의 주요한 대상은 은나라 사람들의 씨족신 이었던 것이다.

람들의 주요한 종교의식으로 자리 잡게 되었다. 사람들의 이러한 신령에 대한 숭배는 귀신관념과 혈연관념 위에 건립된 것이 아니고, 신의 권능을 맹신하는 것 위에 건립된 것이다.[7] 그러므로 일부 학자들은 상나라 사람들의 최고신은 아직은 인격신으로서의 위치에 서지 못하고 자연계를 주재하는 주재자로서의 지위만 있을 뿐으로 조상숭배의 확대발전을 통한 최고신이 비로소 전화되어 인격신이 된다는 것이라고 주장하고 있는 것이다.[8]

하늘이 종교적인 숭배의 대상이 된 것의 기원은 학자들마다 의견이 분분하다고 할 수 있는데, 어떤 학자들은 주나라 사람들의 씨족신이 변화하여 생긴 것이라고 주장하고, 또 어떤 학자들은 천개념은 주나라 이전에 이미 존재했었다고 주장하기도 한다. 전자는 은상시기의 기록들 속에서 천신天神이라고 하는 관념이 출현하지 않는다고 하는 이유와 주나라 시기의 전적들 속에서 예를 들면 금문金文이나 『시경』과 『상서』 등에서 천의 지위를 제의 지위와 비교했을 때 이미 제를 초월하고 있다는 이유 그리고 주나라 사람들은 상나라를 멸망시킨 후에 천개념과 제개념을 비교하여 두 개념을 대표하는 것은 동일한 신임을 발견했다는 이유에서 그러한 주장을 한다. 또한 후자의 경우는 전자의 주장에 전혀 동의를 할 수 없다고 하는 견해를 밝히는데, 그들은 단지 갑골문 속에서 천이 상제가 된다고 하는 기록을 발견하지 못했다는 이유 때문에 상나라 사람들에게 이러한 관념이 없었다고는 할 수 없는 것이며, 정치적인 이유를 근거로 상나라 사람들이 이미 천을 상제의 관념으로 여기고 있었다는 것을 역설한다.[9]

물론 천이 종교적인 숭배의 대상으로서의 신이 되는 것의 기원에 관

---

7 朱順天, 『中國古代宗教初探』, 臺北, 谷風出版社, 1986년, 207~208쪽 참조.

8 陳夢家, 『殷墟卜辭綜述』, 北京, 科學出版社, 1956년, 646쪽 참조.

9 傅佩榮, 『儒道天論發微』, 臺北, 學生書局, 1988년, 10~13쪽 참조.

하여 주나라 시기부터 시작되었다고 하는 주장과 주나라 이전의 상나라 시기부터 시작되었다고 하는 주장들에 관해서는 현재까지 드러난 유물과 문헌자료의 부족으로 인해서 정론을 내리기가 어렵다고 말할 수 있다. 곽말약郭末若과 같은 경우에는 은허복사殷墟卜辭를 근거로 천이라고 하는 글자가 은상시기 말에 출현했다고 하면서도 이러한 천에는 어떠한 신성神性적인 의미도 없었다고 했다. 그 이유로는 복사卜辭 속에는 최고신을 제나 상제라고 칭하고 있으나, 천을 최고신으로는 칭하고 있지 않기 때문에, 천이 최고신으로서의 모습은 주나라시기에 이르러 형성된다고 했다.[10] 그렇다면 문제는 상나라 사람들의 제 관념이 어떠한 변화과정을 거쳐서 주나라 사람들의 최고신으로서의 천 관념이 되었는가에 있다고 할 수 있다. 또 다른 문제는 후대에 이러한 두 관념이 결합하여 독특한 천제天帝관념을 형성시킨 것에 있다고 할 수 있다.

주나라 시기와 관련이 있는 문헌자료의 기록에 의하면 천은 확실히 주나라 사람들이 숭배했던 주요한 신이었으며, 가장 높은 지위에 있는 최고신이었다. 그러므로 어떤 의미에 있어서는 주나라 사람들의 천과 상나라 사람들의 제는 개념의 호환으로도 볼 수 있으며 서로 같은 의미를 가지고 있다고도 볼 수 있다.

> 위대한 상제께서는 백성들에게 충심을 내리셨다.[11]

> 상제의 보호는 끊임없이 계속되는 것은 아닙니다. 선한 일을 하면 그에게 온갖 축복을 내려주시고, 선하지 않은 일을 하면 그에게 온갖 재앙을 내려주십니다.[12]

---

10 郭末若, 「青銅器時代」, 『郭末若全集』, 第一冊, 北京, 人民出版社, 1986년, 319～325쪽 참조.

11 『尙書』, 「湯誥」, "惟皇上帝, 降衷于下民."

12 『尙書』, 「伊訓」, "惟上帝不常, 作善降之百祥, 作不善降之百殃."

> 하늘이 상나라 왕실을 돌보시고 도와주셔서 왕위를 계승시키고 그 덕을 다할 수 있게 하셨으니, 실제로 만세에 걸친 무한한 축복입니다.[13]

> 저와 같은 소인은 감히 상제의 명령을 버리지 못하겠습니다. 하늘이 문왕에게 축복을 내려주셔서, 우리의 작은 주나라를 일으키셨습니다. 문왕께서는 오직 점괘를 따랐기 때문에 나라의 운명을 편안하게 받았습니다. 지금 하늘은 백성을 돕고 있습니다. 어떻든지 점괘를 따라서 일을 시작해야겠습니다.[14]

> 하늘이 아래의 백성을 돌보셔서 그들의 군주를 만드시고 그들의 스승을 만들었다. 그들도 서로가 상제를 도와 사방을 총애하여 편안하게 한다.[15]

이상과 같은 상나라의 제와 주나라의 천 관념의 비교를 통하여 두 관념의 공통적인 측면을 관찰해보았는데, 이러한 관찰을 통하여 주나라 사람들이 숭배한 천과 상나라 사람들이 숭배했던 제는 본질적으로 그렇게는 큰 차이가 없다는 사실을 알 수 있었다. 이러한 사실은 기본적으로 상·주 왕조의 성립 후에 종교적으로 원래 존재하던 여러 신들보다 더욱 강력한 힘을 가진 최고신이 필요했으며 그러한 최고신의 권위로써 새로운 통치 권력의 정당성을 확보할 필요가 있었기 때문이라고 판단된다. 바꿔 말하면, 현실 속에서 건립된 극단적인 권위주의 정치체제가 종교에 반영된 것 이라고 할 수 있으며, 이러한 정치체제에 상응하는 무한한 권위를 가진 신적 존재에 의해서 통치자의 정치권력의 유지 및 보호가 필요했기 때문이다. 그러므로 일부학자들은 천과 제가 혼용되어 있다는 사실은 정치적 고려에 기초를 둔 것이라고 판단하기도 한다. 부패영傅佩榮은 주나라 초기의 천과 제의 공통적인 의미에 대하여 논의할 때 천과

13 『尙書』, 「太甲」, "皇天眷佑有商, 俾嗣王克終厥德, 實萬世無疆之休."

14 『尙書』, 「大誥」, "予惟小子不敢替上帝命, 天休于寧王興我小邦周, 寧王惟卜用, 克綏受茲命. 今天其相民, 矧亦惟卜用."

15 『尙書』, 「泰誓」, "天佑下民, 作之君, 作之師, 惟其克相上帝, 寵綏四方."

제는 모두 같은 최고의 주재자를 대표하며 주나라 왕조의 건국을 이러한 통치자가 인정해줌으로써 상 왕조의 유민들을 복종시킬 수 있는 것이라고 생각했다.[16]

상·주나라 시기의 제와 천에 대한 숭배의 발전은 점진적으로 천명天命관념을 형성해나갔다. 상나라 사람들의 제에 대한 신앙과 천명관념의 형성은 초기의 천명관념에 속한다고 할 수 있는데, 즉 상나라 사람들의 제는 주나라 사람들의 천과 서로 비교했을 때 기본적으로는 소극적이거나 피동적인 기도의 대상이었다. 또한 상나라 사람들은 제가 주동적으로 인간세상의 운명을 지배할 수 있다고는 생각하지 않았고, 그저 씨족신으로서 세상 사람들의 요구를 만족시켜주는 신적 존재였다고 생각했기 때문에 초기의 천명관념에 속한다고 하는 것이다. 그렇기 때문에 제의 신성과 인간세계의 도덕 그리고 정치제도의 결합은 심각한 형태로 나타나지 않는 것이다. 그러므로 은상殷商시기의 제의 의지표현 혹은 천명은 돌출되지 않았었고 천명관념의 맹아기 단계에 해당되는 것이라고 할 수 있는 것이다.

천명관념은 천제天帝의 의지로써 인간세계의 활동을 규범 지우는 것이며, 인간의 행위와 결과가 천제의 의지의 표현으로 귀결되기 때문에 천제의 의지는 인간 행위의 선악을 판단하는 근거가 되었던 것이다. 그러나 사회의 형태가 점차 복잡하고 다양해지면서 인간의 행위와 사회적 현상에 따른 도덕기준이 생겨나고, 이러한 도덕규범의 변화는 또한 천명관天命觀을 반영하는데, 이로부터 천명관에 상당한 변화가 발생하게 된다.

주나라 시기에는 천과 제가 결합하여 천이 권위와 신성에 있어서 상당한 발전을 이룩하게 된다. 이러한 천명관의 발전에 대한 주요한 사례는 다음과 같이 두 가지 측면으로 살펴볼 수 있다.

---

16 傅佩榮, 『儒道天論發微』, 臺北, 學生書局, 1988년, 27쪽 참조.

먼저, 천은 인간세계의 통치자를 직접적으로 선택할 수 있는 권위가 있다. 이러한 초기형태의 천명관념은 은·상나라 시기에도 존재했었다.[17] 그러나 상나라 시기에는 천으로부터 천명을 받는다는 것 자체가 임시적인 성격을 띠고 있었지만, 주나라 시기에는 주나라의 군주가 직접적으로 천제의 위탁을 받아 백성들을 다스리는 역할을 하는 천자가 된다고 하는 점에서 차이가 존재한다.

> 때맞춰 나라를 순행하시어, 하늘이 아들처럼 사랑하시고, 진정 주나라가 순조롭도록 도와주신다.[18]

> 왕께서는 비록 나이는 어리시나 천자이십니다.[19]

다음은 천제의 신성과 도덕규범의 긴밀한 결합은, 도덕규범이 천의天意에 귀결되는 결과를 낳는다. 주나라 시기의 도덕규범은 주로 예禮였다. 이러한 예는 정치제도와 사회적 관계 등의 규범을 포함하는 것이며, 정치제도와 사회적 관계의 천의로의 발전은 주나라의 정치와 종교가 서로 결합하여 왕조의 기강을 확립함과 동시에 종족간의 유대관계를 공고하게 해주는데 상당한 효과가 있었다.

> 하늘이 아래의 백성을 돌보셔서 그들의 군주를 만드시고 그들의 스승을 만들었다. 그들도 서로가 상제를 도와 사방을 총애하여 편안하게 하니, 죄가 있고 죄가 없음을 내가 어찌 감히 그 뜻을 펴고 다스리는가?[20]

---

17 朱順天, 『中國古代宗教初探』, 臺北, 谷風出版社, 1986년, 250~259쪽 참조.

18 『詩經』, 「周頌」, "時邁其邦, 昊天其子之, 實右序周."

19 『尙書』, 「召誥」, "有王雖小, 元子哉."

20 『尙書』, 「泰誓」, "天佑下民, 作之君, 作之師, 惟其克相上帝, 寵綏四方, 有罪無罪, 予曷敢有越厥志."

3. 천 개념과 천인관계의 변화발전

학계의 통계에 의하면 『시경』 속에서 천이 최고신의 의미로 쓰인 용례가 118차례나 보이고, 『상서』에 기재되어 있는 주나라 초기와 관련 된 열 두 편의 문헌들 속에 천이라는 글자는 116차례 등장한다.[21] 이렇게 다양한 형태의 천天 글자에 대한 용례의 구분은 천의 다양한 형태와 의미를 나타내는 것이다. 이러한 천이 가지고 있는 다양한 함의들을 총괄해서 말한다면, 천에는 신학적 의미와 주재자적 의미 및 운명적 의미 그리고 자연적 의미 등이 갖추어져 있다고 판단된다.[22] 이러한 네 종류의 다른 의미의 천 글자의 출현과 개념의 변화는 당시의 정치제도 및 사회 시스템의 변동과 매우 밀접하게 관련되어 있다고 생각한다. 이상에서 언급한 네 가지 형태로의 천 개념의 다른 함의와 의미의 변화를 통하여 주나라 초기의 천인관계의 변화와 발전에 대하여 살펴보겠다.

먼저, 신학적 의미로서의 천에 대하여 살펴보겠다.

천 개념의 발전에 있어서 신학적 의미의 천은 『시경』과 『상서』 속에서 처음으로 그러한 의미가 나타난다. 또한 이러한 두 문헌들 속에서 쓰인 천 글자의 용례는 이러한 의미로 사용된 적이 가장 많다고 할 수 있다. 여기에서의 신학적 의미는 의지와 인격을 갖춘 신적 존재를 가리키는 것이며, 또한 개념의 내함에는 생명을 낳고 계시하고 보존하고 덕성을 갖춤 등의 의미들이 담겨져 있다. 원시적인 종교에서는 기본적으로 인간의 생명이 신성한 의지에 의해 창조되었다고 믿으면서, 인간의 유한성은 반드시 조물주의 계속적인 돌봄에 의해서 만이 인간 생명의 연속성을 보장받을 수 있다고 믿었으며, 또한 신은 생명을 창조함과 동시에 인간에게 도덕의식을 부여하기도 했다.

---

21 傅佩榮, 『儒道天論發微』, 臺北, 學生書局, 1988년, 11쪽 참조.

22 馮友蘭, 『三松堂全集』第二卷, 鄭州, 河南人民出版社, 1988년, 43쪽 참조.

하늘이 여러 백성들을 낳으셨으니, 낳으신 것마다 법칙이 있게 하셨다. 백성들은 떳떳한 본성을 지녀서 모두 이 아름다운 덕을 좋아하게 된다.[23]

중국인의 종교관념은 서양인들의 기독교적인 종교관과는 다르게 인간이 직접적으로 신과 소통을 할 수 있어서 신의 계시와 법칙 등을 받았다. 만물이 존재하면 반드시 그것의 법칙이 있었으며, 인간이 이러한 법칙에 대하여 체험적인 인식을 통하여 하늘의 계시를 알 수 있었던 것이다. 또한 그러한 계시의 내용은 국가의 흥망이나 정권의 교체에만 국한될 뿐만 아니라 도덕의식까지 포함한 것이었다. 부패영은 『시경』의 "위대하신 상제께서 위엄 있게 세상에 임하시어, 세상을 살펴보시고 백성들의 고통을 알아보셨다"[24]와 『상서』의 "지난날에 상제께서는 아마도 문왕의 성품과 덕망을 여러 차례 관찰하시고 이에 나라의 운명을 그에게 내리셨습니다."[25]를 인용하여, 천에는 능동적인 통치성격이 갖추어져 있어서 항상 아래의 백성들을 살펴보면서 천명을 대행할 적합한 인물을 찾아서 그 사람의 덕성을 관찰하고 평가 한 후에 구체적인 방법을 통하여 계시와 판단을 전개하여 드러낸다고 하였다.[26]

천의 능동적인 성격이 단지 통치와 백성들을 살피는 것에만 국한 된 것처럼 보이는데, 이는 인간이 점괘를 통하여 하늘의 계시인 천명을 인식하기 때문이다. 그러나 꼭 그런 것만은 아니라고 할 수 있다. 즉 하늘의 계시를 인식할 수 있는 점괘는 인간의 주관적인 판단의 영향을 쉽게 받을 수 있기 때문에, 계시를 하는 천은 피동적인 위치에 처할 수 있는 존재로 전락할 수도 있게 된다.

다음은 주재자적 의미의 천에 대하여 살펴보겠다.

---

23 『詩經』, 「大雅」, "天生烝民, 有物有則; 民之秉彝, 好是懿德."

24 『詩經』, 「大雅」, "皇矣上帝, 臨下有赫. 監觀四方, 求民之莫."

25 『尙書』, 「君奭」, "在昔上帝割申勸寧王之德, 其集大命于厥躬."

26 傅佩榮, 『儒道天論發微』, 臺北, 學生書局, 1988년, 29쪽 참조.

천의 주재자적 의미는 천 자신이 절대적 정의가 되며 천자는 절대적 정의의 화신이 된다는 것을 지칭한다. 그렇기 때문에 천의 주재자적 의미는 동시에 천명관념을 내포하게 된다. 이러한 천명관의 출현은 주나라 시기에 신권정치가 덕치德治로 변화되었음을 나타내고 있으며 인간이 주체적으로 자각하기 시작했음을 의미하는 것이라고 할 수 있는 것이다.

앞에서 언급한 바와 같이 천은 이미 통치력을 갖고 있기는 하지만, 반드시 인간세계의 대리자를 통해서만이 자신의 의지를 전개시켜 나갈 수 있었다. 그리고 천의 의지의 가장 직접적인 표현은 국가의 흥망과 왕조의 교체였다고 할 수 있기 때문에 천명은 정권의 정통성을 보장해주는 가장 권위 있는 존재였다.

> 하늘이 정하신 뜻을 문왕과 무왕께서 받으셨다.[27]

> 하늘에서 천명이 내려 이 문왕에게 명령하시고[28]

> 아름다우신 문왕, 아아 오래도록 빛나며 공경스러워라. 위대하신 천명이 상나라의 자손들에게 있고, 상나라의 자손들 그 수가 많아서 헤아릴 수 없어도, 상제께서 이미 명령하시어, 주나라에 복종 시켰다.[29]

> 하나라의 군주가 죄가 많아서 하늘이 나에게 명령하여 그를 치려는 것이오.[30]

> 천명이 있어 말씀하시기를 은나라를 빼앗으라! 하였소. 이러한 명령은 상제께서 선포하여 내리신 것이오.[31]

---

27 『詩經』, 「周頌」, "昊天有成命, 二后受之."

28 『詩經』, 「大雅」, "有命自天, 命此文王."

29 『詩經』, 「大雅」, "穆穆文王, 於緝熙敬止. 假哉天命! 有商孫子, 商之孫子, 其麗不億. 上帝旣命, 侯于周服."

30 『尙書』, 「湯誓」, "有夏多罪, 天命殛之."

31 『尙書』, 「多士」, "有命曰割殷, 告敕于帝."

> 위대한 하늘에 계시는 상제시여! 이미 그의 천자와 대국 은나라의 천명을 개혁했습니다.[32]

이것 외에도 천명은 비록 정권의 정통성을 보장해줄 수는 있지만 동시에 정권을 상실하게 만드는 관건성의 요소이기도 했다. 천은 절대적 정의가 되는 한편 그의 인간세계 대리자도 그러한 절대적 정의에 반드시 부합해야 하는 덕성을 갖추어야 할 것을 요구했던 것이다. '천명은 덕이 있는 자에게 있다'고 하는 원칙에 기초하여, 만일 군주가 천명의 요구에 부합하는 덕성을 갖추지 못한다면 국가의 안위는 매우 위태로운 지경에 이르게 되어 정권이 타국으로 이동 될 가능성이 매우 높다고 하는데, '천명은 일정한 것이 아니다'라고 하는 관념은 이러한 사실을 설명해주는 실례라고 할 수 있다.

> 우리는 하나라를 본보기로 삼지 않을 수 없습니다. 그리고 또 은나라를 본보기로 삼지 않을 수 없습니다.[33]

> 지금 하늘이 우리들을 밝고 지혜롭게 만들지 아니하면 우리들을 길하거나 흉하게 할 것인지 우리의 국운을 오래도록 하려는지는 모릅니다. 지금 우리들은 막 정치를 따르고 새로운 도읍에 자리 잡고 있으니 왕께서는 빨리 삼가 덕행을 베풀어야 합니다. 왕께서는 아름다운 덕으로 밝혀 하늘에 나라의 운명을 오래도록 기원할 수 있을 것입니다.[34]

위의 인용문을 통해서 알 수 있듯이 덕은 군주가 천명을 계승하는 유일한 조건이 된다. 군주가 천명을 계승하여 받아들이는 방법은 점복 행

---

32 『尙書』, 「召誥」, "皇天上帝, 改厥元子玆大國殷之命."

33 『尙書』, 「召誥」, "我不可監于有夏, 亦不可不監于有殷."

34 『尙書』, 「召誥」, "今天其命哲, 命吉凶, 命歷年. 知今我初服, 宅新邑, 肆惟王其疾敬德, 王其德之用, 祈天永命."

위를 통하는 것 이외에도 군주 자신이 마음속의 감응 통하여 받아들이기도 했다.

> 당신에게 큰 의문이 있으면 자신의 마음에게 물어보고, 귀족이나 관리에게 물어보고, 거북과 시초점으로 물어보십시오.[35]

> 옛날 은나라의 왕 중종은 엄숙하고 삼가고 공경하여 천명을 두려워하며 그 뜻을 스스로 헤아려 백성들을 통치하는데 있어서 매우 삼가며 염려하여 감히 지나친 안락을 취하지 않았습니다.[36]

천명은 군주가 마음속의 감응으로부터 그것을 스스로 헤아릴 수 있으며, 점괘의 결과는 쉽게 사람에 의해 좌지우지 될 수 있는 것이라고 한다면, 도대체 천명에는 어떠한 객관적인 기준이 있어서 그것으로 군주의 덕성을 평가할 수 있는 것인가? 라고 하는 문제가 제기 된다.

> 오로지 이 다섯 사람이 한마음 한뜻으로 왕조를 보좌하여 미덕을 지킬 수 있었고, 그들은 하늘의 징벌을 알고서 이에 문왕을 보좌하니 이것이 하늘에까지 알려졌습니다. 이에 문왕은 곧 은나라의 천명을 접수했습니다.[37]

> 하늘의 명이 아아! 그윽하고 그지없어 아아! 밝기도 하구나 문왕의 크신 덕이여![38]

위의 인용문에서와 같이 역대 성왕들의 훌륭하고 아름다운 덕행의 사

---

35 『尙書』, 「洪範」, “汝則有大疑, 謀及乃心, 謀及卿士, 謀及庶人, 謀及卜筮.”

36 『尙書』, 「無逸」, “昔在殷王中宗, 嚴恭寅, 畏天命, 自度, 治民祇懼, 不敢荒寧.”

37 『尙書』, 「君奭」, “亦惟純佑秉德, 迪知天威, 乃惟時昭文王, 迪見冒聞于上帝, 惟時受有殷命哉.”

38 『詩經』, 「周頌」, “維天之命, 於穆不已, 於乎不顯, 文王之德之純.”

례들은 군주의 덕성을 가늠하는 기준으로 자리 잡았다. 또한 『상서』의 "그는 그의 인품과 덕망의 향기를 하늘로 올려 보내 하늘에게 들리도록 할 수 없었다."[39]라는 기록에서 "하늘로 올려 보내 하늘에게 들리도록 할 수 없었다."가 상징하는 뜻은 인간이 주동적으로 천에게 자신의 덕성을 표시하기 시작했다는 의미이다. 천 개념의 발전은 이러한 시점에 이르러 주동적으로 계시하는 성향을 상실하고 뒤로 물러나 피동적으로 군주의 덕성에 대한 평가를 접수하게 되는 성향을 가지게 됨과 동시에 천명이 항상 일정하지 않게 된다는 사실을 암시한다.

그 다음으로는 운명적 의미의 천에 대하여 살펴보겠다.

천 개념의 발전은 이시기에 이르러서는 신학적인 의미와 주재자적 의미가 점진적으로 퇴색된다. 즉 본래 최고신이었던 천에 생명 창조 계시 및 절대적 정의 등의 성격이 유명무실해져 운명적 의미로 윤색되게 된다. 여기에서의 운명은 명령으로서의 천의 의지가 인간의 삶에 대하여 좌지우지 할 수 있다는 의미로서의 운명이 아니고 인간의 삶 속에서 불가항력적이며 인력으로는 도저히 어떻게 할 수 없는 객관적인 한계로서 이미 정해진 것을 지칭하는 것이다. 전통적인 천명관에서는 명命을 신학적 의미로서의 천의 의지의 표현이라고 보아왔으며, 진일보하여 천명이 정의의 가치판단의 기준이 된다고 보았다. 그러나 모든 것은 운명적으로 이미 정해졌다고 하는 관념은 신학적·주재자적 의미의 천 관념을 부정하며 가치판단의 문제나 자각의식의 문제에 대해서는 관심을 갖지 않는다. 즉 운명적 의미의 천 개념은 이미 전통적인 명과 덕을 점진적으로 분리하였기 때문에, 운명적 의미의 천 개념에는 신학적, 주재자적 의미의 천이 자연적 의미의 천으로 향하여 옮겨가는 중간 단계로서의 성향을 가지게 된다는 것이다.

---

39 『尙書』, 「酒誥」, "弗惟德馨香, 祀登聞于天."

『시경』에 남녀의 혼인이 사실은 천명이 이미 정해놓은 것이라는 시가 있는데 다음과 같다. “그런데 이와 같은 사람은 혼인의 법도도 깨뜨리고 너무도 성실하지 못해 어찌 될지를 몰라라.”[40] 즉 이러한 시는 인간이 운명 앞에서는 불가항력적인 존재임을 설명한 것이다. 사실상 『시경』 속에서 사용한 운명의 ‘명’자는 ‘천’자와 연용 하여 사용한 것이 아니라고 할 수 있다. ‘천’자와 ‘명’자를 연용 하여 하늘의 명령이라는 의미로 사용한 사례는 『상서』의 “왕이 나는 태어나면서부터 명을 하늘로부터 받고 있지 아니한가? 라고 말했다. 조이가 오오! 당신의 죄가 하늘에 많이 벌려져 있거늘 하늘의 명을 탓하실 수 있겠습니까? 라고 대답했다.”[41]라고 하는 언급에서 한 차례가 보인다. 이러한 운명적 의미로서의 천은 사실상 춘추시대에 이르러서야 비로소 인간의 생명에 대한 한계로서의 성향이 점차 드러나게 된다.

끝으로 자연적 의미의 천에 대하여 살펴보겠다.

천의 신학적 의미가 점진적으로 쇠미해짐에 따라 한편으로는 인간과 자연을 신앙하는 종교와의 분리가 발생하고, 다른 한편으로는 주나라 시기의 정치와 종교의 상호작용에 대한 반응이 발생한다. 인간 세상의 군주가 천명을 진실하지 않게 이용하여 도리에 어긋나고 잔학한 행위를 자행해도 천은 백성들의 고통을 무시하고, 또 고통을 참을 수 없었던 사람들이 하늘을 부르짖어도 천은 응답하지 않고 대지에 호소해도 대지 역시 묵묵하게 답이 없는 상황에서 모든 원망은 자연스럽게 천으로 돌아가게 되었다.

> 하늘이 평정치 못해 우리 임금 편치 못하고, 그 마음 고치지 않고 도리

40 『詩經』, 「鄘風」, “乃如之人也, 懷昏姻也, 大無信也, 不知命也.”

41 『尙書』, 「西伯戡黎」, “王曰: 嗚呼! 我生不有命在天. 祖伊反曰: 嗚呼! 乃罪多參在上, 乃能責命于天.”

어 바로잡는 이 원망한다.[42]

> 아득히 넓은 하늘은 세상 사람의 부모, 죄도 허물도 없는데 어이 이처럼 큰 재난을 내리는가? 하늘이 아무리 엄해도 나는 진정 죄 없고, 하늘이 아무리 커도 나는 진정 허물이 없어라.[43]

천이 백성들의 애절한 기도에도 응답을 하지 않자 백성들의 천에 대한 경외감은 자연스럽게 점차 약화되어가며 심지어는 천을 의심하거나 원망하고 저주하며 증오하는 상황까지도 발생한다. 그러므로 전통적인 신학적 의미 등의 천은 점차 존경과 숭배할 만한 가치를 지닌 위치를 잃게 되고, 그 자리에 자연적 의미의 천이 대신 들어오게 된다. 『상서』에 "하늘은 우리 백성들로부터 통하여 보시고, 하늘은 우리 백성들로부터 통하여 들으신다."[44]라고 한 기록에서와 같이 하늘과 인간 사이의 관계는 이미 거리가 벌어지는 사태에 직면하게 된다.

자연적 의미의 천에 대하여 일부 학자는 "우리 머리 위에 푸르게 펼쳐져 있는 하늘과 두텁게 쌓여 있는 우리들의 대지와 상대가 되는 자연적 의미로서 천"[45]이라고 해석하기도 하는데, 『시경』과 『상서』 속에 기록되어 있는 자연적 의미의 천이라는 글자의 용법은 대지와 상대적인 실체를 지칭하는 것 이외에 비록 많이 보이지는 않지만 형이상학적인 원리를 의미하기도 한다. 『시경』의 "위에 계신 하늘이 하시는 일은 소리도 없고 냄새도 없다"[46]에서 "소리도 없고 냄새도 없다"는 묘사는 '천'을 순수한 자연으로 본 것이며, "위에 계신 하늘이 하시는 일"에서 "일"은 운행의

42 『詩經』, 「小雅」, "昊天不平, 我王不寧. 不懲其心, 覆怨其正."

43 『詩經』, 「小雅」, "悠悠昊天, 曰父母且. 無罪無辜, 亂如此憮. 昊天已威, 予慎無罪. 昊天泰憮, 予慎無辜."

44 『尙書』, 「泰誓」, "天視自我民視, 天聽自我民聽."

45 李杜, 『中西哲學思想中的天道與上帝』, 臺北, 聯經圖書出版事業公司, 1991년, 64쪽 참조.

46 『尙書』, 「大雅」, "上天之載, 無聲無臭."

원리에 대한 묘사로 볼 수 있는 것이다.

4. 맺는 말

이상과 같이 『시경』과 『상서』의 천인관계의 문제에 대하여 상·주 초기의 종교적 관념 및 주대의 천 개념과 천인관계의 문제를 중심으로 살펴보았는데, 이를 정리하면 다음과 같다.

상·주나라 시기의 제와 천에 대한 숭배의 발전은 점진적으로 천명 관념을 형성해나갔다. 은나라 사람들의 제에 대한 신앙과 천명 관념의 형성은 초기의 천명 관념에 속한다고 할 수 있는데, 이는 은나라 사람들의 제는 주나라 사람들의 천과 서로 비교했을 때 기본적으로는 소극적이며 피동적인 기도의 대상이었다. 또한 은나라 사람들은 제가 주동적으로 인간세상의 운명을 지배할 수 있다고는 생각하지 않았고, 그저 씨족신으로서 세상 사람들의 요구를 만족시켜주는 신적 존재였다고 생각했다. 그렇기 때문에 제의 신성神性과 인간세계의 도덕 그리고 정치제도의 결합은 심각한 형태로 나타나지 않는다. 그래서 은상殷商시기는 천명 관념의 맹아기 단계에 해당된다고 할 수 있다.

주나라 시기에는 천과 제가 결합하여 천이 권위와 신성에 있어서 상당한 발전을 이룩하게 된다. 즉 천은 인간세계의 통치자를 직접적으로 선택할 수 있는 권위가 있다. 초기형태의 천명 관념은 은·상나라 시기에도 존재했었으나 상나라 때는 천명을 받는다는 것 자체가 임시적인 성격이었으며, 주나라 때는 주나라의 군주가 직접적으로 천제의 위탁을 받아 백성들을 다스리는 역할을 하는 천자가 된다는 점에서 차이가 있다. 또한 천제의 신성과 도덕규범의 긴밀한 결합은, 도덕규범이 천의天意에 귀결되는 결과를 낳는다. 주나라 시기의 도덕규범은 주로 예禮였다. 이러한 예는 정치제도와 사회적 관계 등의 규범을 포함하는 것이며, 정치제도와 사회적 관계의 천의로의 발전은 주나라의 정치와 종교가 서로 결합하여 왕조의 기강을 확립함과 동시에 종족간의 유대관계를 공고하게 해주는데 상당한 효과가 있었다.

천의 신학적 의미는 의지와 인격을 갖춘 신적 존재를 가리키는 것이며, 또한 개념의 내함에는 생명을 낳고 계시하고 보존하고 덕성을 갖춤 등의 의미들이 담겨져 있다. 원시적인 종교에서는 기본적으로 인간의 생명이 신성한 의지에 의해 창조되었다고 믿으면서, 인간의 유한성은 반드시 조물주의 계속적인 돌봄에 의해서 인간 생명의 연속성을 보장받을 수 있다고 믿는다. 또한 신은 생명을 창조함과 동시에 인간에게 도덕의식을 부여한다.

천의 주재자적 의미는 천 자신이 절대적 정의가 되며 천자는 절대적 정의의 화신이 된다는 것을 지칭한다. 그렇기 때문에 천의 주재자적 의미는 동시에 천명 관념을 내포하게 된다. 이러한 천명관의 출현은 주나라시기에 신권정치가 덕치德治로 변화되었음을 나타내고 있으며 인간이 주체적으로 자각하기 시작했음을 의미하는 것이라고 할 수 있는 것이다.

운명적 의미로 천에서의 운명은 명령으로서의 천의 의지가 인간의 삶에 대하여 좌지우지 할 수 있다는 의미로서의 운명이 아니고 인간의 삶 속에서 불가항력적이며 인력으로는 도저히 어떻게 할 수 없는 객관적인 한계로서 이미 정해진 것을 지칭하는 것이다. 또한 운명적 의미의 천 개념은 신학적, 주재자적 의미의 천이 자연적 의미의 천으로 향하여 옮겨가는 중간 단계가 되는 것이다.

자연적 의미의 천에 대하여 저 위에 펼쳐져 있는 푸른 하늘과 대지와 상대가 되는 자연적 의미로서 천이라고 해석하기도 하는데, 『시경』과 『상서』 속에 기록되어 있는 자연적 의미의 '천'자의 용법은 대지와 상대적인 실체를 지칭하는 것 이외에 비록 많이 보이지는 않지만 형이상학적인 원리를 의미하기도 한다.

참고문헌

朱　彬,『禮記訓纂』,『宜祿堂』淸刻本.

朱公遷,『詩經義疏』,『四庫全書』本.

孫星衍,『尙書今古文注疏』,『平津館叢書』本.

陳夢家,『殷墟卜辭綜述』, 北京, 科學出版社, 1956년.

郭末若,「靑銅器時代」,『郭末若全集』, 第一冊, 北京, 人民出版社, 1986년.

馮友蘭,『三松堂全集』, 第二卷, 鄭州, 河南人民出版社, 1988년.

朱順天,『中國古代宗教初探』, 臺北, 谷風出版社, 1986년.

傅佩榮,『儒道天論發微』, 臺北, 學生書局, 1988년.

李　杜,『中西哲學思想中的天道與上帝』, 臺北, 聯經圖書出版事業公司, 1991년.

제2장

『춘추좌전』과 『국어』의 천인관계론

1. 시작하는 말

선진시대는 수많은 학파들이 왕성하게 활동했던 시기로 각 학파는 저마다의 고유한 학설을 체계적으로 정립하여 그 이론들을 설파했었다. 이들 학파들의 다양한 학설들 가운데 공통의 관심사가 있었으니, 그것은 바로 인간의 문제에 대한 탐구였다. 즉 모든 학설은 인간의 본질과 존재 및 가치 그리고 인간과 자연의 관계에 대한 문제들과 관련되어 있었던 것이다. 특히 인간과 자연의 상호관계 즉 천인관계天人關係에 대한 문제는 학파를 초월하여 모두의 관심사였다고 할 수 있다. 이러한 천인관계의 문제는 이론적인 탐구의 영역에만 국한된 문제가 아닌, 인간에 대한 궁극적인 관심을 기초로 하여 하늘과 인간의 조화를 도모하여 인간 생명의 의미와 가치를 추구하며, 천도天道의 인도人道에 대한 반응을 통하여 인간세계의 혼란을 해결하고자 한 문제였던 것이다.

이상과 같은 천인관계의 문제에 대하여 본문에서는 『춘추좌전』과 『국어』를 중심으로 전통적인 천명유덕天命有德 관념의 와해의 문제, 천 개념의 자연적 의미의 변화 및 그것이 표시하는 의미의 문제, 천과 도道

의 결합으로 인한 선진시기 제자백가 천도사상의 범람의 문제를 중심으로 심도 있는 논의를 진행해보도록 하겠다.

상기와 같은 문제들에 관한 텍스트인 『춘추좌전』의 성서연대에 대하여 혹자는 춘추시대 말기 노魯나라의 좌구명左丘明이 저술했다고 하고 또 혹자는 『춘추좌전』에 기록 된 사건들 가운데 전국시대 초기의 것들이 보인다는 점을 근거로 춘추시대 말기의 작품이라는 사실에 대하여 회의를 품기도 한다. 구체적으로 말하자면 강유위康有爲는 일찍이 『춘추좌전』이 서한西漢시기 유흠劉歆의 위작이라고 단언한 적이 있다.[1] 그러나 유흠의 재세 이전에 이미 많은 사람들에 의해서 『춘추좌전』이 인용되었던 점들에 비춰볼 때 강유위의 주장은 설득력을 잃게 된다고 말할 수 있다. 현대의 학자들 가운데는 『춘추좌전』을 전국시대 초기의 작품이라고 주장하는 사람도 있다.[2] 또한 『국어』는 또 『춘추외전春秋外傳』이라고 불리기도 하는데, 이것 역시 좌구명의 작품으로 전해지고 있다. 『국어』는 실질적인 역사서라고 할 수 있는데, 그러한 근거로는 수록되어있는 내용들이 각 국의 역사를 구분해서 기술하고 있기 때문인 것이다. 주나라 목왕穆王12년에서 정정왕貞定王16년(기원전 990년~453년) 사이의 주나라, 노나라, 제나라, 진나라, 정나라, 초나라, 오나라, 월나라 등 여덟 나라의 국사를 기록하고 있는데, 특히 그 가운데 「진어晉語」가 가장 자세하게 기록되어 있다. 『국어』에 기록되어 있는 사건들을 고증해보면 그것의 저작연대가 대략 『춘추좌전』과 동시대나 혹은 약간 후의 것이라고 판단할 수 있을 것이다. 또한 『국어』에 기재되어 있는 사례들은 『춘추좌전』의 여러 곳에서도 찾아볼 수 있다.

이러한 텍스트의 성서연대와 기록되어져 있는 내용들을 중심으로 분

1 康有爲, 『新學僞經考』, 臺北, 世界書局, 1979년, 83~91쪽 참조.

2 특히 楊伯峻은 『춘추좌전』이 기원전 403년에서 기원전 386년 사이에 만들어졌다고 주장하고 있다. 楊伯峻, 『春秋左傳注』, 北京, 中華書局, 1996년, 43쪽 참조.

석했을 때 『춘추좌전』과 『국어』에 나타나 있는 천天 개념과 천인관계天人關係는 『시경詩經』과 『상서尙書』시대에서 공자와 맹자의 시대 사이 즉 서주시대 말기에서 춘추전국시대에 걸쳐 단계적으로 발전해 간 모습을 담고 있다고 말할 수 있을 것이다.

2. 천명유덕 관념의 와해

춘추시대 사람들의 천 개념에 대한 인식을 수나라 초기 사람들의 인식과 서로 비교를 해본다면 뚜렷한 변화를 발견할 수 있을 것이다. 이러한 변화는 『시경』과 『상서』의 기록에서부터 그러한 단서를 찾아볼 수 있는데 다음과 같다고 할 수 있다.

『시경』과 『상서』 속에서의 천 개념의 종교적 의미는 점진적으로 자연적 의미로 바뀌어 가는 추세를 보이고 있으며, 이러한 경향은 인간세계의 군주가 덕을 상실한 것을 천명유덕 관념에 반영하여 천이 존경과 숭배의 대상이 되었던 과거의 전통적인 지위를 상실했다는 것을 간접적으로 나타내고 있다고 말할 수 있는 것이다. 이는 지고 무상의 인격신적 의미를 가지고 있었던 천의 성격이 점진적으로 퇴색되어 다른 형태로 바뀌어가고 있었다는 것을 의미한다고 할 수 있는 것이다. 천의 자연적 의미는 춘추시대 초기에 와서야 비교적 분명한 개념으로 전개되기 시작한다는 것이다.[3]

『춘추좌전』과 『국어』의 종교적 의미의 천 문제와 관련하여 천天과 제帝를 동일한 신神이 변화와 발전한 것이라고 하는 문제와, 다른 한편으로는 종교적 의미와 자연적 의미가 결합한 천의 변화와 발전이라고 하는 문제가 있다. 이러한 문제들이 후일 하나로 합쳐져 변화와 발전을 통하여 천은 하나라고 하는 관념으로 이어지게 되었기 때문에 제 관념에 대

---

3 傅佩榮, 『儒家哲學新論』, 臺北, 業强出版社, 1993년, 128쪽 참조.

해서는 아무런 영향이 없었다. 제는 시종일관 그 종교적 의미를 유지하고 있었기 때문에 신인관계神人關係의 변화만 있었을 뿐 본질적인 변화는 없었다.[4]

주나라 시대 초기에 있었던 천명유덕天命有德의 관념은 후에 주나라 천자天子의 덕의 상실과 천자로서의 실질적인 권위의 상실로 인해서 춘추시대에 와서는 제후들이 자신의 신분에 부합하지 않는 호칭을 사용하고 그것도 모자라서 제후 스스로가 천명을 계승했다고 하는 등의 현상들이 발생하는 등 변화의 모습을 보여준다. 또한 전통적인 천명 관념 속에 있었던 덕을 수양한 사람에게 천명이 강림한다고 하는 관념은 이미 천명이 천자 한 사람에게만 강림한다고 하는 관념으로 변화해버렸으며, 더나가 제후들에게까지 강림한다고 하는 관념으로 변화했으며 심지어는 공公·경卿·대부大夫에게까지도 강림한다고 하는 관념으로까지 변화하였다.

> 진나라의 군주인 중이가 외국에서 망명 생활을 할 때 따라다닌 사람들을 포상했다. 그 때 개지추는 녹을 요구하여 말하지 않았고, 군주의 녹 또한 그에게 미치지 않았다. 개지추가 말했다. "헌공의 아들이 아홉 명이었는데 지금은 오직 군주만 남아계시다. 혜공과 회공에게는 친한 사람이 없었고, 나라의 안과 밖에서 다 그들을 버렸다. 그래도 하늘이 아직 진나라의 대를 끊지 않아서, 주인이 있게 했다. 진나라의 제사를 받들어 주관할 분은 지금의 군주님이 아니고 누구이겠는가? 하늘이 진실로 군주님을 계시게 했거늘, 몇 사람이 자기의 힘에 의해서였다고 하니 거짓이 아닌가?"[5]

---

4 李杜. 『中西哲學思想中的天道與上帝』, 臺北, 聯經出版事業公司, 1991년, 35~36쪽 참조.

5 『春秋左傳』, 「僖公二十四年」, "晉侯賞從亡者. 介之推不言祿. 祿亦弗及. 推曰: '獻公之子九人, 唯君在. 惠懷無親, 外內棄之. 天未絶晉, 必將有主. 主晉祀者, 非君而誰? 天實置之, 而二三子以爲己力, 不亦誣乎?'"

> 진나라 원진이 말하였다. "진나라는 건숙의 말을 어기고 탐욕으로써 백성을 괴롭힙니다. 이것은 하늘이 우리를 받드는 것입니다."[6]

> 진나라 공자는 민첩하면서 문장이 있고, 곤궁 속에서도 비굴하지 않으며, 세 명의 인재가 모시고 있으니, 하늘이 복을 준 것이다. 하늘이 일으키는 것을 누가 그만두게 할 수 있겠는가?[7]

> 범문자가 말했다. "나라의 흥성과 망함은 천명에 있다."[8]

> 내가 듣기에는 "하늘의 도는 친함이 없고 오직 덕이 있는 사람에게 복을 준다."라고 하였으니, 내가 이로써 하늘이 진나라에 복을 주어 이기게 하고 또 그것으로 초나라를 분발시켜 보복케 할 것이 아니라는 것을 알겠습니까?[9]

> 오자서가 간언을 올려 말했다. "예전에 하늘이 월나라를 오나라에 주었는데 군주께서는 그것을 받지 않았으니, 천명은 흥망성쇠가 반복되는 것입니다."[10]

천명불이天命不貳는 전통적인 천명 관념 가운데 상당히 중요한 관념이다. 그러한 예는 『상서』의 "하늘이 우리 상나라 군주에게 사사로움이 있었던 것이 아니요, 오직 하늘은 순일한 덕을 도우신 것이다. 상나라가 아래 백성들에게 요구한 것이 아니요, 오직 백성들이 순일한 덕을 따른 것입니다."[11]에 잘 나타나있다. 그러나 주나라 왕조가 붕괴되어 감에 따라 주 왕실을 중심으로 천하를 통일적으로 유지시켜주던 봉건제도 역시

---

6 『春秋左傳』, 「僖公三十三年」, "晉原軫曰: 秦違蹇叔, 而爲貪勤民, 天奉我也."

7 『國語』, 「晉語四」, "晉公子敏而有文, 約而不諂, 三材侍之, 天祚之矣. 天之所興, 誰能廢之?"

8 『國語』, 「晉語六」, "范文子曰: 國之興亡, 天命也."

9 『國語』, 「晉語六」, "吾聞之, 天道無親, 唯德是授. 吾庸知天之不授晉且以勸楚乎?"

10 『國語』, 「吳語」, "申胥進諫曰: 昔天以越賜吳, 而王弗受. 夫天命有反."

11 『尙書』, 「商書」, "非天私我有商, 惟天佑于一德. 非商求于下民, 惟民歸于一德."

와해되기 시작하여, 천명유덕의 관념도 결국은 전통적인 천제와 천자 사이의 단독적인 상호부응의 관계에서 떨어져 나와 천제와 제후 혹은 경卿·대부大夫 사이의 다원적인 대응관계로 변화 발전하게 된다.

바꿔 말하면 주나라 천자는 이미 유일한 천명의 대행자가 아니라는 뜻이다. 사실상 제후들 스스로가 덕德이 있다고 하고 사사로이 천명을 계승했다고 자인하는 것은 결코 도덕적 의미의 요구에 기초했다고 볼 수는 없는 것이며, 정치적 계산 즉 정치권력을 쟁탈하고자 하는 야심에서 나온 것이라고 할 수 있는 것이다. 위의 인용문에서 제기한 "하늘이 진실로 군주를 계시게 했다"와 "하늘이 우리를 받드는 것이다"라는 언급은 권력의 쟁탈에 염두를 둔 것을 암시하는 것이지 결코 도덕으로 교화하고자 하는 정치이상을 의미하는 것이 아니라고 할 수 있는 것이다.

천 개념의 발전은 이러한 시점에 이르러서 기존에 가지고 있던 주동적이고 계시적인 의미를 완전히 상실하게 되고, 그에 따라 전통적인 천명 관념이 형성하고 있었던 덕으로써 교화한다고 하는 이상理想 역시 소멸되어 버린다. 심지어는 천명유덕의 관념이 제후들의 폭정과 백성들에 대한 착취 및 사치와 방탕의 호신부로 이용되기도 하고 국정파탄에 대한 책임회피용 변명으로 사용되기도 한다.

> 하늘이 허나라에 재앙을 내리고 귀신도 진실로 허나라의 군주를 좋지 않게 여겨서 허나라를 나 즉 과인에게 맡겼다.[12]

> 하늘이 우리나라 사람들의 마음을 인도하여 우리나라 사람들에게 용기를 낼 마음을 열어 주었고, 진나라가 그들의 죄를 깨달아 우리에게 항복하는 손을 내밀었습니다.[13]

---

12 『春秋左傳』, 「隱公十一年」, "天禍許國, 鬼神實不逞于許君, 而假手于我寡人."

13 『春秋左傳』, 「襄公二十五年」, "天誘其衷, 啓敝邑之心, 陳知其罪, 授手于我."

하늘이 초나라의 손을 빌려서 넘어뜨리는데, 왜 잘해내지 못하겠습니까?[14]

심지어 어떤 제후들은 천명이 자신에게 강림해 있다고 여길 뿐만 아니라 자신의 자손만대에 이르기까지 천명이 계속해서 이어질 것이라고 자인하고 있는 지경에까지 이르렀다. 다시 말하자면 『시경』과 『상서』 속의 천명미상天命靡常의 관념은 이 시기에 이르러 천명예정天命預定의 관념으로 변모하게 된다는 것이다. 이러한 사실은 『춘추좌전』에 기록되어 있는 초나라 장왕莊王이 정鼎의 무게를 물어본 사건 및 『국어』에 기록되어 있는 정나라 사백史伯이 초나라 계순季紃에 대해 언급한 사건에 잘 나타나있다.

하늘이 밝은 덕에 복을 내리는 데에는 한도가 있습니다. 성왕께서 겹욕郟鄏에 정鼎을 안치하시고 세대의 수를 점치자 30대를 계속한다고 했고, 주나라를 점치자 7백 년 이라고 했으니, 이것이 하늘이 명하는 것입니다. 주나라의 덕이 비록 쇠약해졌으나, 하늘의 명은 바꾸어지지 않았습니다. 정의 무겁고 가벼움에 대해서는 물을 것이 못됩니다.[15]

하늘이 열어준 나라는 열 세대에 걸쳐서 망하지 않는다고 하였습니다. 그 자손들이 반드시 크게 국토를 넓힐 것입니다.[16]

3. 천인관계 사상의 범람

『국어』에 다음과 같은 사실이 기록되어져 있다.

---

14 『春秋左傳』, 「昭公十一年」, "天將假手於楚以斃之, 何故不克?"

15 『春秋左傳』, 「宣公三年」, "天祚明德, 有所底止. 成王定鼎於郟鄏, 卜世三十, 卜年七百, 天所命也. 周德雖衰, 天命未改, 鼎之輕重, 未可問也."

16 『國語』, 「鄭語」, "天之所啓, 十世不替. 夫其子孫必光啓土."

> 주나라가 장차 망할 것이다. 천지의 기운은 운행하는 순서에 어긋나지 않아야 하는 것인데, 만일 운행하는 순서가 어긋나면 백성들이 혼란하게 된다.[17]

위의 인용문에서 어렵지 않게 찾아볼 수 있는 사실은 전통의 천명 관념이 『춘추좌전』과 『국어』 시기의 사상에 대하여 어느 정도의 영향력을 가지고 있었다고 하는 사실이다. 그러나 "주나라가 장차 망할 것이다"라는 언급 속에는 천명유덕天命有德의 관념이나 천토유죄天討有罪의 관념 등 종교적 의미의 천의 의지 표현이 더 이상 나타나있지 않는다는 것을 의미하고 있다. 그리고 이러한 이유 때문에 "천지의 법도를 따르지 않고, 봄 여름 가을 겨울 사계절의 순서를 따르지 않음"[18]과 같은 결과가 초래되기도 한다.

"천지의 법도"나 혹은 "봄 여름 가을 겨울 사계절의 순서"는 『시경』이나 혹은 『상서』 속의 천 개념이 본래부터 가지고 있었던 함의와는 전혀 다른 것으로, 천이 기화氣化하는 과정 가운데 있어서 전개되어 드러나는 불변의 자연의 법칙을 지칭하는 것이라고 할 수 있다. 『시경』과 『상서』 가운데 비록 자연적 의미로써 천을 언급하고 또한 아울러 천의 질서에 관한 측면을 표현하고 있기도 하였지만, 그것의 질서에 관한 측면과 자연의 법칙적인 성질에 관한 부분은 명확하게 연결되어 있지는 않다고 말할 수 있다.

『춘추좌전』과 『국어』에서 기화氣化관념이라고 하는 것을 사용하여 천의 자연 법칙적인 성질을 표현한 이유는 아마도 자연현상의 구체적인 변화에 대한 체험과 관찰에 기인한 결과라고 말할 수 있을 것이다. 그러한 이유로는 천지로부터 일상적으로 존재하는 결코 변화하지 않는 자연

---

17 『國語』, 「周語上」, "周之將亡矣! 夫天地之氣, 不失其序; 若過其序, 民亂之也."

18 『國語』, 「周語下」, "不師天地之度, 不順四時之序."

현상의 질서 있는 측면을 분명하게 관찰했거나 혹은 만물이 따르고 있는 변화의 법칙을 발견했기 때문일 것이다.

> 예禮는 하늘의 변치 않는 도리이며 대지의 정의로움이고 백성들이 실천해야 할 일이다. 예는 하늘과 땅의 변하지 않는 도리이기에 백성들은 진실로 그것을 본받고 따르는 것이다. 하늘의 밝음에 의하고 대지의 성품에 의지하여 음陰·양陽·풍風·우雨·회晦·명明의 여섯 가지 기氣가 생기고, 목木·화火·토土·금金·수水의 오행五行을 이용하는 것이다.[19]

천지가 전개하여 나타내는 자연의 법칙적인 성질이나 혹은 변화의 질서 있는 성질은 현실 가운데의 인간 세상의 모습을 반영하고 있는 것이다. 그러므로 그러한 것들을 본받고 따라서 인간 사회의 생활에서 반드시 필요한 예의규범이 형성된 것이다.

> 예의는 윤리가 만들고 사용하는 것이 되며, 윤리가 만든 규범은 인간생활에 있어서 없어서는 안 되는 생활의 규범이 되는 것이다. 그러므로 인간이 윤리적 규범에 의하여 생활을 해 나간다면 이는 또한 예의를 준수하는 것이 되는 셈이다. 만일 인간이 예의를 없애버린다면 즉 윤리적 규범에 위반하는 행위를 하게 된다면 이는 곧 천지의 법칙에 위반하게 되는 것이다. 또한 천지의 법칙을 위반하게 되면 천지 사이에서 생존을 영위할 수 없게 되기 때문에 인간은 마땅히 예의를 지키고 천지의 법칙과 서로 합치되어야만 한다는 것이다. 이러한 것이 중국 고대의 인간과 천지의 법칙이 서로 감응한다고 하는 이론이 되는 것이며, 역시 하늘과 인간이 서로 감응한다(天人相應)고 하는 이론의 또 다른 발전의 형태라고 할 수 있는 것이다.[20]

---

19 『春秋左傳』, 「昭公二十五年」, "夫禮, 天之經也, 地之義也, 民之行也. 天地之經, 而民實則之. 則天之明, 因地之性, 生其六氣, 用其五行."

20 李杜. 『中西哲學思想中的天道與上帝』, 臺北, 聯經出版事業公司, 1991년, 51쪽 참조.

하늘과 인간이 서로 감응한다는 이론의 또 다른 단계의 발전은 천도 관념의 출현을 의미한다고 말할 수 있을 것이다. 천도사상이 실제적으로 가장 처음 전개되고 나타난 것은 바로 『춘추좌전』과 『국어』라고 하는 두 문헌자료의 기록 가운데에서라고 할 수 있다.[21] 『춘추좌전』과 『국어』 가운데의 천도 관념의 원초적인 의미는 다음과 같다고 할 수 있다.

천도는 자연적 의미의 천이 나타내는 법칙을 지칭하는 것으로서, 종교적 의미의 천이 갖는 의지의 표출로서의 의미를 구비할 필요가 없는 것이다. 바꿔 말한다면 『춘추좌전』과 『국어』 가운데의 천은 비록 완전하게 순수 물질적인 성질의 측면만으로는 볼 수는 없지만 천이 가지고 있는 윤리적 규범의 의미는 실제로는 인간의 도덕의식의 반성적 요구에 기초한 것으로 볼 수도 있다는 것이다. 즉 인간의 도덕의식 혹은 도덕관념은 이미 본래의 종교적 의미의 천이 부여한 관념으로부터 벗어났다고 할 수 있는 것이다.

이와 같이 볼 때 부정할 수 없는 사실은 『춘추좌전』과 『국어』에서 전개되어 드러나고 있는 천도관념은 확실히 주나라 초기 이래 장기간의 발전을 거친 결과의 산물이라고 말할 수 있는 것이다. 그러나 이러한 사실과 더불어 이 시기에 천도 사상이 전개되어 드러내는 천인관계天人關係는 인간과 종교적 의미로서의 천이 서로 감응한다고 하는 관계의 형태를 보이고 있다. 이러한 천인관계의 이론은 선진시기의 사람들이 스스로의 도덕의식을 진일보하여 반성하는 것, 즉 주동적으로 천도의 항구적인 질

21 '天道'라고 하는 단어는 『尙書』에서도 발견되어 지고 있다. 예를 들자면 「湯誓」의 "천도는 선행에 축복을 내리고 도리에 어긋나는 행위에 대해서는 재앙을 내린다."와 「泰誓」의 "하늘에는 분명히 드러나는 도리가 있어, 그 종류가 분명하다." 그리고 「畢命」의 "방탕함으로써 덕을 능멸하는 것은 진실로 하늘의 도리를 거스르는 것이다."에서 보여지고 있다. 그러나 염약거(閻若璩)의 고증에 의하면 위에 열거한 세 편 모두는 후세의 위작이라는 것으로 판명되었다. 閻若璩, 『尙書古文疏證』, 『四庫全書』 第六十六冊, 참조.

서로 대표되는 도덕의 의미와 서로 감응하는 것만 못하였다고 말할 수 있다.

허신許愼은 『설문해자說文解字』에서 도道에 대하여 다음과 같이 말하고 있음을 알 수 있다.

> 도라는 것은 다니는 길이다, 간다고 하는 것이 대표적인 의미다. 한 번에 도달하는 것을 일컬어 도라고 한다.[22]

> 도라고 하는 것은 사람이 행하는 것이다. 그렇기 때문에 또한 가는 것이라고도 한다. 그 의미를 확장시키면 도리가 되는 것이다.[23]

이와 같이 도道라고 하는 글자의 원래의 의미는 사람이 다니는 도로 즉 길을 의미했지만, 그것의 의미가 확장되어 사람들의 행위와 활동에 있어서 지키고 따라야 할 방법이나 혹은 방향을 의미하게 되었다. 도는 착辵에 유래된 것으로 볼 수 있는데, 『설문해자』에서는 착辵을 갑자기 가고 멈추는 것으로 새기고 있으며 이러한 의미를 확장시키면 가고 멈추는 활용이 되는 것이다.

또한 도는 머리首로부터 유래한 것으로도 볼 수 있는데, 이러한 유추는 상당히 주의를 기울여 관찰할 만한 가치가 있다고 판단할 수 있다. 대체로 머리首는 인간의 육체에서 가장 중요한 부분으로서 인체의 중심축이 된다고 할 수 있다. 그러므로 머리라는 의미는 인간의 주체의식에 대한 강조의 의미를 담고 있는 것이라고도 볼 수 있으며, 또한 인간이 자신의 행위에 대하여 자주적인 의사 결정을 행사할 수 있다는 것을 긍정하는 것이라고도 볼 수 있는 것이다.

만일 이와 같은 의미로써 도와 천의 의미가 결합되어 형성되고 정착

---

22 許愼, 『說文解字』, 北京, 中華書局, 1986년.

23 段玉裁, 『說文解字注』, 上海, 上海古籍出版社, 1989년.

된 천도사상을 이해 해간다면, 인간의 가치는 이러한 의미들이 형성되기 이전에는 생각할 수조차 없었던 커다란 상승을 이룩하게 될 것이다.

> 백성은 신에게 제사 지내는 주인입니다. 그래서 성왕은 먼저 백성을 잘 살게 하고 나서 나중에 신에게 정성을 드렸습니다.[24]

> 괵나라는 망할 것이다. 나는 나라가 장차 흥성하려면 나라의 일에 대하여 백성들의 의견을 듣고, 나라가 장차 망하려면 신의 가르침을 듣는다고 들었다. 신은 총명하고 정직하여 한 가지 마음만 가진다. 그래서 인간의 선악에 따라 축복과 재앙을 준다. 괵나라는 악행을 많이 저질렀으니, 그 어찌 땅을 얻을 수 있겠는가?[25]

기본적으로 『춘추좌전』과 『국어』에서 전개되고 드러나 있는 천도사상의 핵심관념은 바로 도덕법칙에 대한 강조에 있다고 할 수 있으며, 아울러 인간이 하늘과의 관계에 있어서 주체적인 지위를 가지고 있다는 것을 긍정하는 것이라고도 할 수 있는 것이다.

> 예禮는 하늘의 변치 않는 도리이며 대지의 정의로움이고 백성들이 실천해야 할 일이다. 예는 하늘과 땅의 변하지 않는 도리이기에 백성들은 진실로 그것을 본받고 따르는 것이다.[26]

도덕의 법칙성은 천도의 본질적인 의미라고 할 수 있는 것인데, 『춘추좌전』과 『국어』 속에서의 '천도'라는 개념의 용법은 대부분이 이러한 의미의 서술에 대하여 집중되어 있다고 할 수 있다.

---

24 『春秋左傳』, 「桓公六年」, "夫民, 神之主也. 是以聖王先成民而後致力於神."

25 『春秋左傳』, 「莊公三十二年」, "虢其亡乎. 吾聞之, 國將興聽於民, 將亡聽於神. 神聰明正直而壹者也, 依人而行. 虢多涼德, 其何土之能得?"

26 『春秋左傳』, 「昭公二十五年」, "夫禮, 天之經也, 地之義也, 民之行也. 天地之經, 而民實則之."

제나라 군주는 재앙을 면하지 못할 것이다. 자신이 무례하면서 예를 지키는 사람을 추궁하여 '너는 어찌하여 예를 행하는가?' 라고 말했다. 예로써 하늘을 따르는 것은 하늘의 도리인데 자신은 하늘을 배반하고 또 예를 지킨다고 남을 추궁하니 재앙을 면하기 어려울 것이다.[27]

군주가 되는 사람은 신의를 지키고, 신하가 되는 사람은 공손함을 지키는 것입니다. 충성과 신의, 돈독함과 공경함은 윗사람과 아랫사람이 모두 동일하게 해야 하는 것으로, 그것이 하늘의 도道입니다. 군주께서 그것을 스스로 버리시니 오래 갈 수 없을 것입니다.[28]

왕께서는 운수가 다했습니다. 차면 넘친다는 것은 하늘의 도道입니다. 선대 군주께서 그러한 것을 알고 계시어, 전쟁에 임하여 진군하는 큰 명령을 내리려 하는 때에 왕의 마음을 두근거리게 하시는 것입니다.[29]

오나라는 망할 것이다. 3년이 지나면 약해지기 시작할 것이다. 가득 차면 반드시 기우는데 그것은 하늘의 도道이다.[30]

하늘의 도道는 선한 사람은 상을 주고 음란한 사람은 벌을 준다. 그러므로 우리들 나라를 다스리는 사람은 떳떳한 도리가 아닌 것은 따르지 말며 방종하고 음란한 데로 나아가지 말아서 각기 자기가 지켜야 할 법전을 지켜 하늘이 주는 축복을 받아야 한다.[31]

하늘의 도는 친함이 없고 오직 덕이 있는 사람에게 복을 준다.[32]

---

27 『春秋左傳』, 「文公十五年」, "齊侯其不免乎! 其則無禮而討於有禮者, 曰: '女何故行禮?' 禮以順天, 天之道也. 己則反天而又以討人, 難以免矣."

28 『春秋左傳』, 「襄公二十二年」, "君人執信, 臣人執恭, 忠信篤敬, 上下同之, 天之道也. 君自棄也, 弗能久矣."

29 『春秋左傳』, 「莊公四年」, "王祿盡矣. 盈而蕩, 天之道也, 先君其知之矣. 故, 臨武事將發大命而蕩王心焉."

30 『春秋左傳』, 「哀公十一年」, "吳其亡乎! 三年其始弱矣. 盈必毁, 天之道也."

31 『國語』, 「周語中」, "天道賞善而罰淫, 故凡我造國, 無從非彝, 無卽慆淫, 各守爾典, 以承天休."

32 『國語』, 「晉語六」, "天道無親, 唯德是授."

> 하늘의 도는 가득 차도 밖으로 넘치지 않고, 원기가 풍성하여도 교만하지 않으며, 수고로워도 자신의 공을 자랑하지 않습니다.[33]

이상의 인용문들 가운데 나타나 있는 도덕법칙의 의미는 『시경』과 『상서』에서 언급하고 있는 덕德 개념과는 분명한 차이를 보인다고 할 수 있다. 즉 『시경』과 『상서』에서 언급되어지고 있는 '덕' 개념에서는 종교적 의미가 상당히 강조되어 있다고 말할 수 있다. 또한 위의 인용문들 가운데의 『국어』에서 인용한 것들 역시 『시경』과 『상서』에서 보이는 것과 같은 전통적인 덕치德治의 이상이 엿보이기는 하지만, 이러한 용법의 천도天道는 천명天命의 합법적인 계승자라고 할 수는 있다. 그러나 그것 즉 천도의 중점은 이미 도道의 일반적인 법칙성으로 옮겨져 있는 것으로 더 이상은 천의 의인성에 있지 않게 되었던 것이다.[34]

천도가 전개되어 드러내는 도덕법칙으로써 천인관계를 조망하게 되면, 인간은 자아 속에 있는 도덕관념의 반성적인 사고 가운데서 천도가 전개되어 드러내는 도덕법칙을 체득하여 내재적인 합리성으로 갖추게 되는 것이다. 또한 이러한 합리성을 기반으로 하여 인간은 도덕법칙의 필요성과 불변성을 받아들일 수 있게 되는 것이다. 그러므로 『춘추좌전』에서는 "군주가 되는 사람은 신의를 지키고, 신하가 되는 사람은 공손함을 지키는 것입니다. 충성과 신의, 돈독함과 공경함은 윗사람과 아랫사람이 모두 동일하게 해야 하는 것으로, 그것이 하늘의 도道입니다."라고 하는 것이다.

천도 관념의 출현은 한편으로는 『시경』과 『상서』 속에서의 전통적인 신학적 의미의 천의 주재자적 성격의 변화와 천인관계 가운데의 하늘과 인간의 지위가 상대적으로 흥망성쇠 함을 대표하고 다른 한편으로는 중

---

33 『國語』, 「越語下」, "天道盈而不溢, 盛而不驕, 勞而不矜其功."

34 傅佩榮, 『儒道天論發微』, 臺北, 學生書局, 1988년, 85쪽 참조.

국철학사상의 발전이 새로운 단계로 진입했음을 상징적으로 보여주고 있음을 의미한다.[35] 이와 동시에 은·주殷周이래로 전해져 내려오던 천에 대한 인식이 전체적으로 매듭지어지게 되고 선진시기 제자백가의 천도사상의 형성의 토대가 되어 인성론 발전의 기초를 마련하게 되는 것이다. 비록 상대적으로 선진시기 제자백가의 천도사상에 국한하여 말하더라도 이 시기의 천도관념은 실제로는 초창기 형태의 전개와 드러남의 모습을 보이고 있다고 할 수 있지만, 선진시기 제자백가의 천인관계에 대한 새로운 설정과 인간 자신의 존재론적 가치에 대한 긍정은 모두가 이러한 기초 위에서 세워진 것이라고 할 수 있는 것이다.

춘추시대 초기의 천인관계의 모식을 대표하고 있는 『춘추좌전』과 『국어』의 천도 관념은 실질적으로는 인간의 주체의식을 확실하게 확립하지는 못하고 있다고 할 수 있다. 또한 『춘추좌전』과 『국어』 가운데에 나타나 있는 종교적 의미의 천 개념과의 일정한 거리를 유지하고 있는 모습은 인간의 행위에 있어서의 외재적인 도덕규범이 천도의 도덕법칙에 상응함으로써 인간 자신에 대한 사고는 여전히 현상계의 단계에 머물러 있게 되는 것이다. 그렇기 때문에 『춘추좌전』과 『국어』 속에 투영되어 있는 천인관계의 모습에서 인간은 스스로의 주체성과 자각의식을 아직은 진정으로 갖지 못한 존재라고 할 수 있기는 하지만 그 가운데서 우리는 중국문화의 전통 속에서 인문정신의 초기 모습을 발견할 수는 있는 것이다.

4. 맺는 말

이상과 같이 살펴본 『춘추좌전』과 『국어』에 나타나 있는 천 개념과 천인관계는 서주시대 말기에서 춘추전국시대에 걸쳐 단계적으로 발전해 가는 모습을 담고 있는 것이라고 할 수 있다. 또한 이러한 『춘추좌전』과

35 周桂鈿, 『天地奥秘的探索歷程』, 北京, 中國社會科學出版社, 1988년, 281~283쪽 참조.

『국어』 속에 담겨져 있는 천인관계의 모습에 대하여 전통적인 천명유덕 관념의 와해의 문제와 천 개념의 자연적 의미의 변화 및 그것이 표시하는 의미의 문제 및 천과 도道의 결합으로 인한 선진시기 제자백가 천도 사상의 범람 같은 문제들을 중심으로 집중적인 조명을 해보았다.

춘추시대 사람들의 천 개념에 대한 인식은 주나라 초기와 서로 비교해보았을 때 매우 분명하게 변화되어 있는 사실을 발견할 수 있었다. 또한 이러한 변화는 『시경』과 『상서』의 기록에서부터 그러한 단서가 보여지는데 다음과 같다. 즉 『시경』과 『상서』 속에서의 천 개념의 종교적 의미는 점진적으로 자연적 의미로 바뀌어 가는 추세를 보이고는 있으며 그러한 경향은 인간세상의 군주가 덕을 상실한 것을 천명유덕 관념에 반영하여 천이 존경과 숭배의 대상이 되었던 과거의 전통적인 지위를 상실했다는 것을 나타내고 있다. 그러나 이러한 개념의 변화는 당시에는 그렇게 분명하게 드러나지는 않았는데, 즉 천은 지고 무상의 인격신의 의미를 가지고 있었지만 그런 성격이 점진적으로 퇴색되어 결국은 다른 형태로 변화되었다. 다시 말하면 천의 자연적 의미는 춘추시대 초기에 와서야 비교적 분명한 개념으로 전개되기 시작한다는 것이다.

천 개념의 발전은 이러한 시점에 이르러서 기존에 가지고 있던 주동적이고 계시적인 의미를 완전히 상실하게 되고 그에 따라 전통적인 천명관념이 형성하고 있었던 덕으로써 교화한다고 하는 이상 역시 소멸되어 버린다. 심지어는 천명유덕의 관념이 제후들의 폭정과 백성들에 대한 착취 및 사치와 방탕의 호신부로 이용되기도 하고 국정파탄에 대한 면피용 변명으로 사용되기도 한다.

전통의 천명 관념이 『춘추좌전』과 『국어』 시기의 사상에 대하여 일정 정도의 영향력을 가지고 있었다고 하는 것은 사실이다. 그러나 "주나라가 장차 망할 것이다"라는 언급 속에는 천명유덕天命有德의 관념이나 천토유죄天討有罪의 관념 등 종교적 의미의 천의 의지 표현은 더 이상 보이지 않는다는 것이다. 또한 『춘추좌전』과 『국어』 가운데의 천은 비록 완전하게 순수 물질적인 성질의 측면으로 볼 수는 없지만 천이 가지고 있는 윤리적 규범의 의미는 실제로는 인간의 도덕의식의 반성적 요구에 기초한 것으로 볼 수 있는 것이다. 즉 인간의 도덕의식 혹은 도덕관념은 이미 본래의 종교적 의미의 천이 부여한 관념으로부터 벗어났다고 할 수 있는 것이다.

천도 관념의 출현은 한편으로는 『시경』과 『상서』 속에서의 전통적인 종교적 의미의 천의 주재자적 성격의 변화와 천인관계 가운데의 하늘과 인간의 지위가 상대적으로 흥망성쇠 함을 대표하고 다른 한편으로는 중국철학사상의 발전이 새로운 단계로 진입했음을 상징적으로 보여주고 있음을 의미한다. 비록 상대적으로 선진시기 제자백가의 천도사상에 국한하여 말하더라도 이 시기의 천도 관념은 실제로는 초창기 형태의 전개와 드러남의 모습을 보이고 있다고 할 수 있지만, 선진시기 제자백가의 천인관계에 대한 새로운 설정과 인간 자신의 존재론적 가치에 대한 긍정은 모두가 이러한 기초 위에서 세워진 것이라고 할 수 있는 것이다.

춘추시대 초기의 천인관계의 모식을 대표하고 있는 『춘추좌전』과 『국어』의 천도 관념은 실질적으로는 인간의 주체의식을 확실하게 확립하지는 못하고 있다고 할 수 있다. 또한 『춘추좌전』과 『국어』 가운데에 나타나 있는 종교적 의미의 천 개념과 일정한 거리를 유지하고 있는 모습은, 인간의 행위에 있어서의 외재적인 도덕규범이 천도의 도덕법칙에 상응함으로써 인간 자신에 대한 사고는 여전히 현상계의 단계에 머물러 있게 되는 것이다. 그렇기 때문에 『춘추좌전』과 『국어』 속에 투영되어 있는 천인관계의 모습에서 인간은 스스로의 주체성과 자각의식을 아직은 진정으로 갖지 못한 존재라고 할 수 있기는 하지만 그 가운데서 우리는 중국문화의 전통 속에서 인문정신의 초기 모습을 발견할 수는 있는 것이다.

참고문헌

朱公遷,『詩經義疏』,『四庫全書』本.
孫星衍,『尙書今古文注疏』,『平津館叢書』本.
閻若璩,『尙書古文疏證』,『四庫全書』本.
趙　汸,『春秋左氏傳補注』,『通志堂經解』本.
徐元誥,『國語集解』, 上海, 商務印書館, 1934년.
楊伯峻,『春秋左傳注』, 北京, 中華書局, 1996년.
許　愼,『說文解字』, 北京, 中華書局, 1986년.
段玉裁,『說文解字注』, 上海, 上海古籍出版社, 1989년.
康有爲,『新學僞經考』, 臺北, 世界書局, 1979년.
傅佩榮,『儒道天論發微』, 臺北, 學生書局, 1988년.
傅佩榮,『儒家哲學新論』, 臺北, 業强出版社, 1993년.
周桂鈿,『天地奧秘的探索歷程』, 北京, 中國社會科學出版社, 1988년.
李　杜,『中西哲學思想中的天道與上帝』, 臺北, 聯經圖書出版事業公司, 1991년.

제3장

공자의 천인관계론

1. 시작하는 말

『논어論語』에 기록되어 있는 자공의 "선생님께서 성과 천도에 대해 언급하신 것은 들어본 적이 없다."[1]라고 하는 언급을 살펴보았을 때, 다음과 같은 두 가지의 의미를 찾아볼 수 있다. 먼저 공자는 천天에 관한 문제에 대해서는 논의를 하지 않았다고 하는 것이다. 또 다른 하나는 천에 관한 문제가 당시 사회에서 항상 있었던 논의의 주제였거나 혹은 아니었거나 하는 것이다. 춘추시대 당시 사상가들의 철학사상 가운데 천에 관한 문제는 결코 소홀히 할 수 없는 매우 중요한 관건적 성질을 가진 주제였다고 할 수 있다.

공자는 도덕인격의 배양과 도덕행위의 실천 즉 인도仁道의 완성을 특히 중시했었던 반면에 불가사의 하거나 파악할 수 없는 추상적인 관념에 대해서는 비교적 언급을 삼가 했는데 이는 매우 자연스러운 것이었다고 볼 수 있다. 그렇지만 주나라 초창기 이후부터 시작된 인문주의의 발전

1 『論語』, 「公夜長」, "夫子之言性與天道, 不可得而聞也."

과정 가운데 천에 관한 문제는 매우 중요하고 핵심적인 관념으로 자리를 잡아 왔다고 볼 수 있다. 이러한 시대적인 분위기 속에서 공자는 주나라 초기의 인문 문화를 전승하는 입장에 있어서 천에 대한 문제를 완전히 방치하기는 상당히 어려웠을 것이다.

『논어』의 기록을 살펴보면 곳곳에서 공자가 천에 관한 문제를 언급하고 제기한 부분을 발견할 수 있다. 그렇기 때문에 자공이 언급한 선생님께서 천도에 대하여 언급한 것에 관해서는 들어본 적이 없다는 것은 아마도 비교하는 차원에서 하게 된 과장된 화법이 아니었을까? 라고 조심스럽게 추측을 해본다. 그렇다면 공자는 과연 어떻게 천에 관한 문제에 대하여 자신의 입장을 표방했을까? 라고 하는 의문이 제기 될 수 있는데, 대체적으로 말하자면 인심仁心으로부터 천도를 증험해 갔다고 할 수 있을 것이다. 그렇기 때문에 명命·천天 혹은 천명이라고 하는 것들은 많거나 혹은 적거나 모두가 인仁(도덕)과 직접적이고 밀접한 관련이 있다고 할 수 있는 것이다.

이러한 공자의 천도에 관한 문제가 어떻게 그의 도덕사상에 연결되는 것인지에 대한 조명이 반드시 필요하다고 생각한다. 그렇기 때문에 본문에서는 공자의 천도론 사상에 대하여 먼저 공자기 언급한 명命의 의미에 대한 분석으로부터 시작해서 천天의 의미에 대한 고찰을 거쳐서 천명으로 이어지는 사유모식을 중심으로 논의를 진행해보도록 하겠다.

2. 공자에게 있어서 명命의 의미

『시경詩經』이나 『상서尙書』에서 찾아볼 수 있는 명命이라고 하는 글자는 대부분이 천天이라고 하는 글자와 함께 연결되어 보이곤 한다. 이는 천의 권위와 명령을 표시하는 것으로, 어떠한 사람이라도 절대로 그러한 천의 명령을 위배해서는 안 된다고 하는 의미가 내포되어 있다고 할 수 있다.

권위로서의 의미를 가지는 명령은 『춘추좌전春秋左傳』과 『국어國語』에서 자주 보이는 왕명王命이나 군명君命 혹은 기타의 통치상의 명령 등이 대표적이라고 할 수 있다. 이외에 『춘추좌전』의 "사람은 천지의 중화의 기를 받아서 태어났는데 이를 천명이라고 말하고, 이 때문에 행위 예의 몸가짐에 법칙이 있는 것이며, 이를 천명으로 정한다."[2]라고 하는 기록이 있는데, 이는 사람의 생명에 합리적인 질서를 추구하는 특성이 있다고 하는 사실을 직접적으로 언급한 것이라고 할 수 있다. 또한 『춘추좌전』의 "사람이 누구인들 죽지 않겠는가? 악인이 제명에 죽지 못하는 것은 천명이다."[3]라고 하는 기록이 있는데, 이는 사람이 세상을 살아가는 과정 속에서 간혹 마주치게 되는 어떠한 현상을 자기 자신 스스로의 역량으로는 해결할 수 없는 상황에 직면하게 되는 경우가 있는데, 이러한 것에 대하여 일반적인 사람들은 운명이라고 한다는 것을 언급한 것이라고 할 수 있다. 이와 같이 볼 때 명命이라고 하는 글자에는 위배될 수 없고 저항할 수 없으며, 알 수가 없으며 장악할 수 없다고 하는 특성이 있다고 하는 사실을 발견할 수 있다.

『논어』에 공자가 단독으로 사용한 명命자는 곳곳에서 찾아볼 수 있는데, 대략 다음과 같은 것들이 있다고 할 수 있다.

> 백우가 병이 나자 공자께서 문병을 가셔서 창문에서 그의 손을 잡고 말씀하셨다. "이 사람을 잃다니 운명이로다! 이렇게 훌륭한 사람인데 이런 병이 생기다니! 이렇게 훌륭한 사람인데 이런 병이 생기다니!"[4]

> 공자께서는 이익을 추구하는 것과 천명에 관한 것 그리고 인에 관해

---

2 『春秋左傳』, 「成公十三年」, "民受天地之中以生, 所謂命也, 是以有動作威儀之則, 以定命也."

3 『春秋左傳』, 「昭公二年」, "人誰不死, 凶人不終, 命也."

4 『論語』, 「雍也」, "伯牛有疾, 子問之, 自牖執其手曰: 亡之, 命矣夫! 斯人也而有斯疾也! 斯人也而有斯疾也!"

서 말씀하신 것은 드물었다.[5]

공자께서 대답하여 말씀하셨다. "안회라는 사람이 배우기를 좋아했습니다. 그는 화가 나도 다른 사람에게 화풀이를 하지 않고, 동일한 과오를 되풀이하여 범하지 않았는데 불행하게도 명이 짧아서 벌써 죽었습니다. 지금은 그런 사람이 없습니다. 배우기를 좋아하는 사람이 있다는 말을 듣지 못했습니다."[6]

자하가 말했다. "내가 듣기로는 사람의 생사여부는 운명에 달려있고, 부귀해지는 것은 하늘에 달려 있다고 하였소."[7]

공자가 말했다. "도가 장차 행해지는 것도 천명이고, 도가 장차 없어지는 것도 천명이다. 공백료가 그 천명을 어찌 하겠는가!"[8]

공자께서 말씀하셨다. "천하에 도가 있으면 예악과 정벌에 관한 의사가 천자에 의하여 결정되고, 천하에 도가 없으면 천자에게 권한이 없어져 예악과 정벌에 관한 의사가 제후에 의하여 결정된다. 대개 예악과 정벌에 관한 의사가 제후에 의하여 결정되면 십대가 되도록 나라를 잃지 않는 일이 드물고, 대부에 의하여 결정되면 오대가 되도록 나라를 잃지 않는 일이 드물며, 대부의 가신이 나라의 운명을 쥐고 있으면 삼대가 되도록 나라를 잃지 않는 일이 드물다."[9]

공자께서 말씀하셨다. "천명을 모르면 군자가 될 수 없고, 예를 모르면 사회에 나설 수 없으며, 다른 사람의 말을 잘 알아듣지 못하면 그 사람을 알 수 없다."[10]

---

5 『論語』, 「子罕」, "子罕言利與命與仁."

6 『論語』, 「雍也」, "孔子對曰: 有顔回者好學, 不遷怒, 不貳過. 不幸短命死矣. 今也則亡, 未聞好學者也."

7 『論語』, 「顔淵」, "子夏曰: 商聞之矣, 死生有命, 富貴在天."

8 『論語』, 「憲問」, "道之將行也與, 命也. 道之將廢也與, 命也. 公伯寮其如命何!"

9 『論語』, 「季氏」, "孔子曰: 天下有道, 則禮樂征伐自天子出; 天下無道, 則禮樂征伐自諸侯出. 蓋十世希不失矣; 自大夫出, 五世希不失矣; 陪臣執國命, 三世希不失矣."

이상의 인용문 가운데 세 번째 인용문의 명은 생명을 의미하고 여섯 번째 인용문의 명은 국가의 운명을 의미하는 것으로 모두가 보통명사의 용법으로 쓰였기 때문에 심도 있는 분석과 논의가 필요하지 않다고 생각한다. 그러나 일곱 번째 인용문의 명과 같은 경우 천명의 의미로 사용되었다고 볼 수 있으며, 두 번째 인용문의 명은 역대로 수많은 학자들에 의해서 다양한 견해들이 제기되었지만 원문에 의미를 보면 역시 천명의 의미라고 볼 수 있다. 네 번째 인용문의 명은 수명의 길고 짧음에 대한 것으로 운명의 의미로 이해될 수가 있다.

이러한 것들 이외에 첫 번째와 다섯 번째 인용문의 명命자는 전통적인 견해를 계승한 것이라고 생각되는데, 여기에서는 명을 객관적인 존재의 사실이나 현상으로 보았으며, 사람의 힘으로는 컨트롤을 할 수가 없는 것으로 사람은 반드시 이러한 명의 제약을 받을 수밖에 없는 것이라고 보았다. 여기에서 주의할 점은 공자가 제기한 이러한 명은 개인의 성공 여부나 부귀와 빈천 및 축복과 재앙의 측면에서 언급되어진 것이 아니고, 그가 밤낮으로 추구하는 덕행이나 인도仁道에 의해서 현실 세계에 실현되는 것이다. 예를 들자면 공자의 제자들 가운데 백우가 덕행으로는 안회와 마찬가지로 가장 뛰어난 제자로서 공자의 안중에는 장차 학단을 이끌어갈 재목으로 각인되어 있었는데, 불치의 병에 걸려버렸으니 이는 공자의 덕행과 인도仁道가 세상에 더욱 넓게 퍼지려는 희망이 사라져버리게 된 것이나 다름이 없는 것이었다.

어찌할 도리가 없는 속수무책의 상황에서 공자는 단지 일반 사람들과 마찬가지로 이것도 운명이다! 라고 하는 탄식밖에 할 수 없었을 것이다. 유보남劉寶楠은 공자의 탄식에 대해서 "공자의 이러한 탄식은 상실의 시기로 현명한 군주가 없었고, 도가 있는 선비들 다수가 병으로 요절을 해

---

10 『論語』, 「堯曰」, "孔子曰: 不知命, 無以爲君子也; 不知禮, 無以立也; 不知言, 無以知人也."

서 안회가 죽었을 때와 마찬가지로 울음을 운 것이다."[11]라고 분석하고 있다. 이와 같이 볼 때 공자가 비록 운명에 대하여 탄식을 했지만 그 출발점은 일반 사람들과 크게 달랐던 것이라고 말할 수 있는 것이다. 바꿔 말하자면 공자가 주목한 것은 바로 그 자신이 천하의 질서를 바로잡고 도덕의 탄탄대로를 향해 매진하는 것이었다. 이러한 염원은 앞서 인용한 「헌문憲問」 편의 "도가 장차 행해지는 것도 천명이고, 도가 장차 없어지는 것도 천명이다. 공백료가 그 천명을 어찌 하겠는가!"라고 하는 언급에서 분명하게 확인할 수가 있다.

공자는 도가 행해지거나 혹은 행해지지 못하는 것의 여부는 자기 자신이 컨트롤할 수 있는 것은 아니지만, 그렇다고 해서 그것이 다른 사람에 의해서 지배될 수 있는 것이라고도 생각하지 않았다. 이와 같이 본다면 사람이 관심을 가져야 하는 것은 바로 결과의 문제가 아니라 과정 가운데 사람이 도대체 어느 정도의 노력을 쏟아 부었느냐고 하는 것과 그러한 것을 견지하는 것이 도덕에 부합하느냐의 여부에 관한 것이었다는 점을 알 수 있다. 그러므로 공자 자신 역시 당시의 상황 속에서 도가 행해지지 못할 것이라는 것은 이미 불가피한 사실임을 알고 있었기 때문에 "심하도다 나의 노쇠함이여! 오래 되었도다 내가 더 이상 주공을 꿈에 보지 못함이!"[12]라고 했으며, 또 "봉황새도 날아오지 않고 황하에서 그림도 나오지 않으니 나는 끝났구나!"[13]라고 말했던 것이다. 그러나 공자는 이러한 이유 때문에 결코 의기소침해 하지 않았으며, 아울러 운명을 장악할 수가 없었기 때문에 자신의 시대적 사명을 져버리지는 않았던 것이다. 그래서 어떤 문지기가 공자를 "안 되는 줄 알면서도 굳이 하려는 그 사람"[14]이라고 비

---

11 劉寶楠, 『論語正義』(上), 北京, 中華書局, 1998년, 226쪽 참조.
12 『論語』, 「述而」, "甚矣! 吾衰也久矣! 吾不復夢見周公."
13 『論語』, 「子罕」, "鳳鳥不至, 河不出圖, 吾已矣夫!"
14 『論語』, 「憲問」, "是知其不可而爲之者."

판했던 것이다. 이와 같이 공자의 일생은 항상 끊임없이 노력하는 삶을 살아갔었음을 알 수가 있는 것이다. 심지어는 그가 객관적인 한계인 운명의 제약을 받았을 때도 공자는 여전히 자신이 견지하고 있던 도덕가치의 실현을 결코 잊지 않았던 것이다. 그렇기 때문에 명命은 공자에게 어떠한 형태의 소극적인 의미를 수반하지 않고 오히려 반대로 공자의 도덕실천의 의지를 더욱 공고히 만들어주는 역할을 했던 것이다.[15]

3. 공자에 있어서 천의 의미

공자는 인도仁道 정신을 기반으로 새로운 가치체계 및 문화적 이상을 수립했는데, 그는 이러한 원칙을 일생동안 변함없이 굳게 견지해 나갔다고 할 수 있다. 공자가 천에 대하여 다양한 견해를 내놓을 때도 그의 원칙은 변함이 없었다고 말할 수 있다. 『논어』를 살펴보면 곳곳에서 공자가 천에 대하여 언급한 것을 발견할 수 있는데, 일견 공자는 주나라 초기부터 전해져 온 천지신명의 성격을 띤 천 관념을 계승한 것처럼 생각되지만, 이러한 문제에 관해서는 심도 있는 논의가 필요하다고 판단한다. 먼저 공자의 귀신에 대한 견해를 기반으로 해서 그의 전통적인 천신 신앙에 대한 견해를 파악할 필요가 있다고 생각한다.

공자는 귀신의 존재에 대하여 부정을 하는 입장을 취하지는 않았지만, 그렇다고 해서 그것을 중시하는 입장도 취하질 않았다. 그렇기 때문에 자로子路가 귀신을 섬기는 것에 대하여 공자에게 묻자, 그는 "사람을 섬길 줄 모르고서야 어찌 귀신을 섬길 줄 알겠느냐?"[16]라고 대답했던 것이며, 또 번지樊遲가 지혜로움에 대해서 묻자, 공자는 "사람들이 의로움에 이를 수 있도록 힘쓰고, 귀신을 공경하되 그를 멀리한다면 지혜롭다고

---

15 勞思光, 『新編中國哲學史』(一), 臺北, 三民書局, 1986년, 86쪽 참조.

16 『論語』, 「先進」, "未能事人, 焉能事鬼?"

할 수 있다."[17]라고 대답했던 것이다. 이러한 공자의 태도는 제사를 지내는 것에 대해서도 종교적 성격을 띤 기복신앙의 관점에서가 아니라, 사람이 가지고 있는 도덕적 가치의 관점에서 접근했던 것이다. 그래서 공자는 제사에 임하는 태도에 대하여 다음과 같이 언급했던 것이다.

> 조상에게 제사를 지낼 때는 마치 조상이 앞에 앉아 계시는 것처럼 정성스럽게 하고, 여러 신령들에게 제사를 지낼 때는 마치 여러 신령들이 앞에 앉아 있는 것처럼 경건하게 하셨다. 공자께서 말씀하셨다. "나는 제사에 직접 참여하지 않으면 제사를 지내지 않은 것과 같은 기분이다."[18]

이와 같은 공자의 귀신에 대한 견해를 통해서 그의 천에 대한 관념을 추정해볼 수 있을 것이다. 그러므로 만일 천지신명의 성격을 가지고 공자가 수차례 언급하고 제기한 천 관념에 대한 이해를 진행한다면 이는 공자의 천 관념을 심각하게 곡해할 수 있을 것이다. 공자는 도덕실천의 근거 혹은 도덕 가치의 근원으로서 이해한 천 관념을 매우 중시했다고 할 수 있으며, 이러한 천을 도덕성 의미의 천이라고 한다.[19]

도덕성 의미의 천에 대해서 『논어』를 살펴보면 곳곳에서 공자와 제자 및 다른 사람들과의 대담 혹은 토론 속에서 발견할 수 있다.

> 왕손가가 물었다. "아랫목에 아첨하느니 차라리 부뚜막에 아첨하는 편이 낫다는 것은 무엇을 말하는 것입니까?" 공자께서 말씀하셨다. "그렇지 않습니다. 하늘에 죄를 지으면 빌 데가 없습니다."[20]

---

17 『論語』, 「雍也」, "務民之義, 敬鬼神而遠之, 可謂知矣."

18 『論語』, 「八佾」, "祭如在, 祭神如神在. 子曰: 吾不與祭, 如不祭."

19 徐復觀, 『中國人性論史』, 臺北, 臺灣商務印書館, 1990년, 86쪽 참조.

20 『論語』, 「八佾」, "王孫賈問曰: 與其媚於奧, 寧媚於竈,' 何謂也. 子曰: 不然, 獲罪於天, 無所禱也."

공자가 남자를 만나자 자로가 좋아하지 않았다. 이에 공자가 맹세하여 말씀하셨다. "내가 만약 떳떳하지 못한 짓을 했다면 하늘이 나를 미워하지, 하늘이 나를 미워해!"[21]

공자께서 말씀하셨다. "하늘이 나에게 덕을 부여하셨는데 환퇴가 나를 어떻게 하겠는가?"[22]

공자께서 말씀하셨다. "위대하다, 요의 임금 됨됨이여! 숭고하다, 오직 하늘만이 광대하거늘 유독 요임금만은 그것을 본받았으니!"[23]

공자가 광읍에서 두려움에 빠져 있을 때 말씀하셨다. "문왕은 이미 돌아가셨지만 그의 문화는 여기 나에게 전해져 있지 않으냐? 하늘이 이 문화를 없애버리려고 했다면 그분보다 나중에 죽을 나 같은 사람이 이 문화에 동참하여 그것을 향유할 수 없었을 것이고, 하늘이 아직 이 문화를 없애려고 하지 않는다면 광인들이 나를 어떻게 하겠느냐?"[24]

공자께서 병환이 심해지자 자로가 문인에게 시켜서 가신 노릇을 하게 했다. 병환이 좀 뜸해지자 공자께서 말씀하셨다. "오래 되었구나, 유가 거짓을 행한 지가! 가신이 없으면서 가신이 있는 체하다니, 내가 누구를 속인단 말이냐? 하늘을 속이겠느냐?"[25]

안연이 죽자 공자께서 말씀하셨다. "아아! 하늘이 나를 망치는구나! 하늘이 나를 망쳐!"[26]

공자께서 말씀하셨다. "나는 하늘을 원망하지 않고 남을 탓하지 않으

---

21 『論語』, 「雍也」, "子見南子, 子路不說, 夫子矢之曰: "予所否者, 天厭之! 天厭之!"

22 『論語』, 「述而」, "子曰: 天生德於予, 桓魋其如予何?"

23 『論語』, 「泰伯」, "子曰: "大哉堯之爲君也! 巍巍乎, 唯天爲大, 唯堯則之!"

24 『論語』, 「子罕」, "子畏於匡, 曰: 文王旣沒, 文不在茲乎? 天之將喪斯文也, 後死者不得與於斯文也; 天之未喪斯文也, 匡人其如予何?"

25 『論語』, 「子罕」, "子疾病, 子路使門人爲臣. 病間, 曰: 久矣哉由之行詐也! 無臣而爲有臣, 吾誰欺? 欺天乎?"

26 『論語』, 「先進」, "顔淵死, 子曰: 噫! 天喪予! 天喪予!"

며, 하찮은 것에서부터 배워서 수준 높은 것에 이르나니 나를 아는 사람은 하늘이리라!"[27]

이상의 인용문들 속에서 공자가 언급한 천은 모두가 인격과 의지가 갖춰져 있는 것이라고 할 수 있는데, 이러한 특징은 전통적인 천신 신앙에서 말하는 천과 비슷하다고 볼 수 있다. 그렇지만 이들 둘 사이에는 매우 중요한 차이가 존재한다고 볼 수 있는데, 즉 공자가 언급한 천에는 어떠한 형태의 초자연적인 역량이 없다고 하는 것이다. 다시 말하자면 공자가 언급한 천에는 상과 벌을 내릴 수 있는 지고 무상한 권위와 능력이 없으며, 복을 내려주고 재앙을 가져다주는 능력 역시 없다는 것이다. 공자는 온전히 인문정신과 도덕가치의 측면에서 천을 언급했기 때문에 만일 이러한 천을 천신 신앙의 성격을 띤 천으로 볼 경우 이는 상당한 곡해를 불러일으킬 소지가 있는 것이다. 그러므로 표면적으로 볼 때는 공자의 하늘에 대한 신앙은 이미 상당히 정성스럽고 절실하면서 심오하게 보이지만,[28] 실제로는 공자가 도덕문화에 대해 그렇게 집착한 것으로 보아야 한다. 이는 공자가 주나라 초기 이래로 전해져 온 인문정신의 발전을 계승한 것에 그 자신의 도덕실천을 더한 필연적인 결과인 것이다.

예를 들어 세 번째와 다섯 번째 인용문은 공자가 그 자신의 인문소양과 도덕인격이 바로 하늘에서 온 것임을 직접적으로 표명한 것이라고 할 수 있다. 그렇기 때문에 공자가 오직 하늘만이 자기 자신을 이해할 것이라고 말한 것이었으며, 바로 여기에서 하늘이 가지고 있는 도덕적 특징이 매우 분명하게 드러나는 것이다. 또한 이와 같기 때문에 요임금과 같은 성군이 본받을 대상이 될 수 있는 것이다. 만일 이러한 각도 즉 요임금이 그것을 본받아서 이룩한 태평성대의 측면에서 본다면 천의 가

---

27 『論語』, 「憲問」, "子曰: 不怨天, 不尤人; 下學而上達, 知我者其天乎!"

28 羅光, 『中國哲學思想史』(先秦篇), 臺北, 學生書局, 1985년, 267쪽 참조.

치를 다시 고려하게 되며, 자연히 오직 하늘만이 위대하다고 하는 찬양을 할 수 있게 될 것이다. 여기에서 주의해야 할 것은 천이 위대한 까닭은 결코 천이 지고 무상의 권위와 절대적인 신앙의 대상을 대표하는 것이기 때문이 아니라는 것이다. 만일 이렇다고 한다면 요임금이 그것을 본받았다고 하는 것은 어떠한 실질적인 가치와 내용도 갖지 못하게 되는 것이기 때문이다. 그러므로 천은 반드시 도덕성 의미의 천이 되어야 만이 비로소 요임금이 그것을 본받아서 천도에 부합하는 도덕문화와 질서를 창출하게 되는 것이다.

사람은 도덕규범에 부합하지 않는 행위를 드러낼 수 없는 것이며, 행위는 반드시 도덕의 요구에 부합할 수 있도록 견지해야만 하는 것이다. 이러한 것은 자기 자신의 주재성인 인심仁心의 책임에 대한 자각일 뿐만 아니라 분명하게 천을 본보기로 삼게 되는 것이기 때문에 사람이 요행을 바라는 생각은 털끝만큼도 없게 되는 것이다. 이는 "아랫목에 아첨한다." 혹은 "부뚜막에 아첨한다."는 것에 관계없이 모두가 정당하지 못한 행위이기 때문에 사람은 반드시 천도天道를 따라서 인도人道를 행해야 하는 것이다. 만일 그렇지 않을 경우에는 무슨 기도를 해도 모두가 아무런 의미가 없는 공염불이 되는 것이다. 바꿔 말하자면 하늘에 죄를 지었다고 하는 것은 자신의 행위가 도덕규범의 요구에 부합할 수 있는지의 여부를 자기 스스로가 완전히 결정할 수 있다는 의미를 내포하고 있는 것이다.

공자는 인도仁道를 세상에 대하여 실현하고자 하는 강렬한 사명의식 때문에 그 자신의 전수자라고 생각했던 안회가 죽었을 때, 인도仁道가 다시는 세상에 전해지지 못할 것이라고 생각하며 "하늘이 나를 망치는구나!"라고 하는 탄식을 끊임없이 했던 것이다. "나를 망친다."는 말은 자신의 목숨이 조만간 끝나는 것에 대한 탄식이 아니라 인도仁道가 중간에 단절되는 것을 우려한 안타까움을 표시한 것으로, 이는 천도 역시 존재하지 못할 것에 상응하는 우려인 것이라고 할 수 있다. 이러한 것은 공자의 역사적 사명감의 자연스러운 발로라고 할 수 있으며, 이러한 사명감은 천에 그 근원을 두는 것으로 사람이면 모두가 가지고 있는 도덕 특징인 것이다. 그러므로 도덕성 의미의 천은 그 존재가 공자의 생명가치에 투사된 후에 실재할 수 있게 되는 것이다.

『논어』에 나타나 있는 공자가 언급한 도덕성 의미의 천 이외에 또 다른 의미의 천이 있으니 그것은 바로 자연적 의미의 천이라고 할 수 있다. 『논어』에서 찾아볼 수 있는 공자가 언급한 자연적 의미의 천은 단지 한 곳에서만 발견할 수 있다. 아울러 거기에서도 공자는 천을 순수 자연적 의미로서 만이 아닌 감정과 발생의 의미가 있는 것으로 보았다.

> 공자께서 "나는 말을 하지 않겠다."라고 하시자 자공이 "선생님께서 말씀을 하시지 않으면 저희들이 무엇을 전술傳述하겠습니까?"라고 했다. 그러자 공자께서 말씀하셨다. "하늘이 무엇을 말하더냐? 사철이 운행되고 만물이 생겨나지만 하늘이 무엇을 말하더냐?"[29]

하늘은 어떠한 표시나 행동도 취하고 있지 않지만 사계절은 끊임없이 운행되고 있다. 이것은 자연적 의미의 천의 가장 간단한 특징이라고 할 수 있다. 그러나 여기에서 공자가 말하고자 하는 핵심사항은 천의 자연적 의미가 아니라 말이 없이 행하는 것에서 만물이 발생한다는 것에 있다고 할 수 있다. 즉 이는 천에는 인덕仁德의 가장 뛰어난 표현이 담겨져 있으며, 사람은 이러한 인덕仁德의 표현을 본받아야 한다는 것이라고 하는 의미인 것이다.

> 공자께서 말씀하셨다. "너희들은 내가 숨긴다고 생각하느냐? 나는 너희들과 함께하지 않은 일이 없다. 이것이 바로 나 공구라는 사람이다."[30]

29 『論語』, 「陽貨」, "子曰: 予欲無言. 子貢曰: 子如不言, 則小子何述焉. 子曰: 天何言哉? 四時行焉, 百物生焉, 天何言哉?"

숨긴다고 하는 것은 바로 말을 하지 않는다는 것을 의미하는 것으로, 이처럼 공자는 말 보다는 행위의 실천을 통하여 직접적으로 교육의 효과를 달성하는 것을 중시했다고 볼 수 있다. 그러므로 공자가 언급한 제자들과 함께 실천하지 않은 것에 대하여 주자는 "성인이 저술을 하지 않고 묵언하는 것은 가르침이 아닌 것이 아니다."라고 한 것은 이와 같은 의미이다. 주자의 해석과 하늘은 비록 말하지 않지만 사계절을 운행한다고 하는 것과 의미상에서 상통하는 것이라고 할 수 있다. 그렇다면 공자가 실천한 것은 무엇인가? 공자가 실천한 것은 죽을 때까지 감히 잠시라도 떠날 수 없는 인도仁道였던 것이다. 이러한 것은 또한 만물이 생겨난다고 하는 것과 같은 도리이다. 주자는 또 정이천의 주장을 인용해서 "성인의 도는 천의 그러함과 같은 것이다."라고 했으며, 또 여조겸의 주장을 인용해서 "성인이 도를 체득하고 말하지 않는 것은 하늘의 모습이 그렇게 비춰지는 것과 같다."라고 했다. 이와 같은 정이천과 여조겸의 해석은 매우 심도 있는 분석이라고 할 수 있을 것이다. 이와 같이 볼 때 자연적 의미의 천이 사람에게 부여한 가장 커다란 계시는 실천하면서 생성한다고 하는 인도仁道의 정신인 것이다. 이상의 논의들을 통해서 알 수 있는 사실은 공자가 언급한 자연적 의미의 천은 여전히 인仁을 중심으로 하는 도덕생명의 의미를 잃지 않고 있다고 하는 것이다.

4. 천명에 대한 견해

천명이라고 하는 말은 이미 『시경』이나 『상서』에서 출현했던 명사로서, 간단하게 말하자면 천명은 바로 천제의 명령이 되는 것이다. 이러한 명령에는 절대적인 권위가 있는 것이기 때문에 어떠한 사람도 절대로 위배할 수 없는 것이었다. 천명은 본래 인간이 믿고 있는 하늘이 가지고

30 『論語』, 「述而」, "子曰: 二三子以我爲隱乎? 吾無隱乎爾! 吾無行而不與二三子者, 是丘也."

있는 천지신명의 성격에 그 근원을 둔 것으로 그것에는 인간에게는 없는 초자연적인 능력이 있다고 인식되어져 왔다. 공자는 초자연적 능력을 가진 천지신명의 성격을 지닌 천에 대해서는 언급하지 않았기 때문에 이와 같은 전통적인 천명 관념에 대해서 자연히 수용하는 태도를 보이지는 않았었던 것이다. 그러나 공자는 천에 대하여 새롭게 해석한 것과 마찬가지로, 그는 천명에 대해서도 새로운 견해를 가지고 있었다. 앞서 언급한 천의 의미에 대한 부분에서 공자가 도덕성 의미의 천의 존재를 체득하고 증험할 때에, 그가 언급한 천에 대한 논의에서 공자는 항상 의식적인 것이나 무의식적인 것에 관계없이 자신이 지고 있는 역사적 사명감을 노출하곤 한 것을 발견할 수 있다. 즉 도덕문화의 계승과 발전 모두가 공자 자신으로부터 시작되었기 때문에 요임금이나 순임금과 같은 성인들의 위대한 덕성을 찬양했던 것이며, 문왕과 주공의 예악제도와 문화적 전통이 자기에게 이어져 있다고 생각하여 자신의 도덕이상이 세상에 실현할 수 있기를 간절하게 염원했던 것이다.

공자는 주나라의 문화를 계승하면 백 세대 이후의 일을 알 수 있다고 하였는데, 이러한 일련의 문화발전의 연속성은 모두가 도덕규범의 요구 아래서 합리적인 측면과 질서 있는 모습이 드러나게 되는 것이다. 이러한 것은 인간이 필요로 하는 것일 뿐만 아니라 천도의 요구에도 부합하게 되는 것이기 때문에, 전체적인 역사의 발전과정 속에서 공자는 아주 소소한 부분을 점하고 있다고 말할 지라도, 공자의 자각은 매우 중요한 것이며 관건적인 연결점에 속하는 것이다. 이러한 체득 아래에서 공자는 다음과 같이 말했다.

> 군자에게 두려워하는 것이 세 가지 있으니 천명을 두려워하고 대인을 두려워하고 성인의 말씀을 두려워한다. 소인은 천명을 몰라서 이를 두려워하지 않고 대인을 함부로 대하며 성인의 말씀을 업신여긴다.[31]

공자는 무엇 때문에 천명을 두려워해야 한다고 했을까? 하안何晏의 경우 "순응하면 길하고 거역하면 흉한 것이 천명이다."[32]라고 언급하고 있는데, 이러한 하안의 견해는 다소 문제가 있는 것으로 판단한다. 공자의 사상 가운데 군자는 도덕의 전형적인 대표자로서 인식되어 지고 있는데, 『논어』 속에서 공자가 언급한 군자의 모습 가운데 과연 어느 곳에서 군자가 천명에 순응하면 길하고 거역하면 흉하다는 것에 관심을 갖고 있다고 하는 것을 찾아볼 수 있는가? 다시 말하자면 군자는 도덕의 전형적인 대표자로서 그가 경외해야 하는 것은 자연히 도덕의 층면에 속하는 것이어야만 한다. 이러한 것은 대인이나 성인의 말씀으로부터 실증될 수가 있는 것이다. 즉 대인은 그 인격이 위대하다는 것을 표시하는데,[33] 일반적으로 말해서 인격이 위대하다고 하는 것은 반드시 그 사람의 행동거지나 일련의 행적이 타인의 모범이 될 수 있기에 충분해야 하는 것이며, 성인의 말씀은 그의 사상을 매개로 해서 이해해야 하는 것이며 이와 같은 말씀을 통해서 나타난 사상은 당연히 천도天道와 인도人道에 부합하게 되는 것이다.

물론 대인과 성인의 행동거지와 행적 및 사상을 비롯한 모든 것은 군자가 밤낮을 가리지 않고 추구해야 하는 것이기 때문에 다만 그렇게 하지 못할 것을 항상 염려하는 것이다. 그래서 군자는 당연히 항상 경계하고 삼가고 두려워하는 것이다. 진일보해서 말하자면 도덕성 의미의 천이 인간사회의 문화에 구현될 때에 가장 구체적이면서 대표적으로 나타나는 것이 바로 대인의 행적과 성인의 말씀이라고 하는 것이다. 또한 군자는 도덕의 강렬한 자기 요구에 대하여 부득불 하늘이 자신에게 부여한

---

31 『論語』, 「季氏」, "君子有三畏: 畏天命, 畏大人, 畏聖人之言. 小人不知天命而不畏也, 狎大人, 侮聖人之言."

32 何晏, 『論語集解』, 『漢魏古注十三經』(下), 北京, 中華書局, 1998년.

33 陳大齊, 『孔子學說』, 臺北, 正中書局, 1983년, 258쪽 참조.

이러한 사명을 완성할 수 있는지 여부를 경계하고 삼가 하면서 두려워해야 하는 것이다. 그래서 군자는 천명을 두려워해야 하는 것이다. 주자는 이에 대하여 "천명은 하늘이 부여한 바의 올바른 이치이다……대인의 행적과 성인의 말씀은 모두가 천명을 당연히 두려워해야 하는 것이고, 천명을 알아서 두려워하는 것은 부득이하게 두려워하는 것이다."라고 설명했다. 주자는 군자가 두려워하는 것의 순서를 잘못 판단했는데, 즉 군자는 반드시 먼저 대인의 행적과 성인의 말씀을 찬동하고 그러한 것을 두려워해야 하고, 천명이 바로 대인의 행적과 성인의 말씀에 있다고 하는 것을 체득하여 깨달은 뒤에 비로소 천명을 두려워하는 것을 자각하게 되는 것이다. 그러나 이와 같은 공자의 견해는 천을 피동적인 것으로 보고 인간을 능동적인 존재로 본 경향이 있다고 생각한다. 그러므로 천명은 이후에 존재하게 되는 것일 뿐 선천적으로 존재하게 되는 것이 아니게 되는 것이다.

이상과 같은 군자가 천명을 두려워한다고 하는 도리를 이해한 후에 공자가 무엇 때문에 "천명을 모르면 군자가 될 수 없고, 예를 모르면 사회에 나설 수 없으며, 다른 사람의 말을 잘 알아듣지 못하면 그 사람을 알 수 없다."[34]라고 말했는지에 대하여 그 진의를 쉽게 파악할 수 있게 된다. 또한 앞의 인용문에서 공자가 언급한 명命은 운명이거나 천제의 명령이 아닌 것인데, 그 이유는 이 둘은 군자와 서로 조화될 수 없는 것으로 오직 천명만이 비로소 군자가 인식하고 증험할 만한 가치가 있는 것이다.

공자가 제기한 군자와 천명의 관계는 단지 지식적인 측면에서 추론한 것에 그친 것이 아니고, 그 자신이 인도仁道를 실천하는 과정 속에서 인심仁心을 함양한 후에 얻게 된 체험적 증명의 결론인 것이다. 이러한 공

---

34 『論語』, 「堯曰」, "不知命, 無以爲君子也; 不知禮, 無以立也; 不知言, 無以知人也."

자의 견해를 가장 잘 대표하는 언급이 있는데, 다음과 같다.

> 나는 열다섯 살에 학문에 뜻을 두었고 서른 살에 자립하였으며, 마흔 살에는 미혹되지 않았고 쉰 살에는 천명이 무엇인지를 알았으며, 예순 살이 되어서는 귀가 뚫려 한번 들으면 곧 그 이치를 알았고 일흔 살에는 마음속으로 하고 싶은 대로 해도 법도에서 벗어나지 않았다.[35]

공자가 쉰 살이 되기 전에 행했던 일련의 행위들 즉 학문과 자립 및 미혹되지 않음 등과 같은 것들은 모두 낮고 쉬운 것을 배운다고 하는 '하학下學'에 해당 되는 것으로, 이는 또한 공자 그 자신이 도덕문화 분야의 기초를 수양한 것을 의미한다고 할 수 있는 것이다. 이러한 기초를 근거로 해서 공자는 위로 거슬러 올라가 천도를 탐구하여 궁극적으로 천명의 의미를 인식하고 증명하게 된 것이며, 또한 자신의 사명의 소재를 알게 된 것이다.[36] 그러므로 공자는 도덕생명의 완성에 집착하게 된 것이며 아울러 그것을 사람들의 삶 속에서와 개인의 행위 속에서 실현하고자 했던 것이다. 그렇기 때문에 공자는 자신이 한 번 들으면 곧 이치를 알았고 마음속으로 하고 싶은 대로 해도 법도에서 벗어나지 않았던 것이다.

현대적인 관점에서 보았을 때 공자의 도덕인격은 확실히 대인과 같이 일반적으로 위대하다고 할 수 있으며, 그가 남겨 놓은 수많은 언급들은 일찍이 성인의 말씀으로 인식되어져 왔던 것이라고 할 수 있을 것이다.[37] 이와 같이 볼 때 공자는 확실히 도덕문화의 재창조라고 하는 역사적 사명을 다하기 위해서 최선의 노력을 경주하였으며, 천명의 자각 역시 그

35 『論語』, 「爲政」, "子曰: 吾十有五而志於學, 三十而立, 四十而不惑, 五十而知天命, 六十而耳順, 七十而從心所欲不踰矩."

36 傅佩榮, 『儒道天論發微』, 臺北, 學生書局, 1988년, 108쪽 참조.

37 공자는 중국의 역사에서 보면 양한시대 이후로 청대에 이르기까지 대부분의 모든 왕조의 지식인들로부터 성인으로 취급되었으며, 한국 역시 조선왕조 오백년 동안 지식인들과 일반 사람들에 의해서 성인으로 존숭되어져 왔다고 볼 수 있다.

자신의 삶의 여정 속에서 실현되었던 것이라고 하는 것을 알 수가 있게 된다.

5. 맺는 말

이상과 같이 공자의 천인관계론 사상에 대하여 먼저 공자기 언급한 명命의 의미에 대한 분석으로부터 시작해서 천天의 의미에 대한 고찰을 거쳐서 천명으로 이어지는 사유모식을 중심으로 살펴보았는데, 이를 정리하면 다음과 같다.

『논어』에 있는 “백우가 병이 나자 공자께서 문병을 가셔서 창문에서 그의 손을 잡고 말씀하셨다. 이 사람을 잃다니 운명이로다! 이렇게 훌륭한 사람인데 이런 병이 생기다니! 이렇게 훌륭한 사람인데 이런 병이 생기다니!”라고 하는 기록과 “공자가 말했다. 도가 장차 행해지는 것도 천명이고, 도가 장차 없어지는 것도 천명이다. 공백료가 그 천명을 어찌하겠는가!”라고 하는 기록에서의 명命자는 공자가 전통적인 견해를 계승한 것이라고 생각되는데, 여기에서는 명을 객관적인 존재의 사실이나 현상으로 보았으며, 사람의 힘으로는 컨트롤을 할 수가 없는 것으로 사람은 반드시 이러한 명의 제약을 받을 수밖에 없는 것이라고 보았다. 다만 여기에서 주의할 점은 공자가 제기한 이러한 명은 개인의 성공여부나 부귀와 빈천 및 축복과 재앙의 측면에서 언급되어진 것이 아니고, 그가 밤낮으로 추구하는 덕행이나 인도仁道에 의해서 현실 세계에 실현되는 것이다. 또한 공자는 도가 행해지거나 혹은 행해지지 못하는 것의 여부는 자기 자신이 컨트롤할 수 있는 것은 아니지만, 그렇다고 해서 그것이 다른 사람에 의해서 지배될 수 있는 것이라고도 생각하지 않았다. 이와 같이 본다면 사람이 관심을 가져야 하는 것은 바로 결과의 문제가 아니라 과정 가운데 사람이 도대체 어느 정도의 노력을 쏟아 부었느냐고 하는 것과 그러한 것을 견지하는 것이 도덕에 부합하느냐의 여부에 관한 것이었다는 점을 알 수 있다.

공자의 귀신에 대한 견해를 기반으로 해서 그의 전통적인 천신 신앙에 대한 견해를 파악해보면, 즉 공자는 귀신의 존재에 대하여 부정을 하는 입장을 취하지는 않았지만, 그렇다고 해서 그것을 중시하는 입장도 취하질 않았다. 그렇기 때문에 자로子路가 귀신을 섬기는 것에 대하여 공자에게 묻자, 그는 "사람을 섬길 줄 모르고서야 어찌 귀신을 섬길 줄 알겠느냐?"라고 대답했던 것이며, 또 번지樊遲가 지혜로움에 대해서 묻자, 공자는 "사람들이 의로움에 이를 수 있도록 힘쓰고, 귀신을 공경하되 그를 멀리한다면 지혜롭다고 할 수 있다."라고 대답했던 것이다. 이러한 공자의 태도는 제사를 지내는 것에 대해서도 종교적 성격을 띤 기복신앙의 관점에서가 아니라, 사람이 가지고 있는 도덕적 가치의 관점에서 접근했던 것이다. 그러나 만일 천지신명의 성격을 가지고 공자가 수차례 언급하고 제기한 천 관념을 이해한다면 이는 공자의 천 관념을 심각하게 왜곡하게 되는 것이다. 즉 공자는 도덕실천의 근거 혹은 도덕 가치의 근원으로서 이해한 천 관념을 매우 중시했다고 할 수 있으며, 이러한 천을 도덕성 의미의 천이라고 한다.

공자는 인도仁道를 세상에 대하여 실현하고자 하는 강렬한 사명의식 때문에 그 자신이 생각했던 전수자인 안회가 죽었을 때, 인도仁道가 다시는 세상에 전해지지 못할 것이라고 생각하며 "하늘이 나를 망치는구나!"라고 하는 탄식을 끊임없이 했던 것이다. "나를 망친다."는 말은 자신의 목숨이 조만간 끝나는 것에 대한 탄식이 아니라 인도仁道가 중간에 단절되는 것을 우려한 안타까움을 표시한 것으로, 이는 천도 역시 존재하지 못할 것에 상응하는 우려인 것이라고 할 수 있다. 이러한 것은 공자의 역사적 사명감의 자연스러운 발로라고 할 수 있으며, 이러한 사명감은 천에 그 근원을 두는 것으로 사람이면 모두가 가지고 있는 도덕 특징인 것이다. 그러므로 도덕성 의미의 천은 그 존재가 공자의 생명가치에 투사된 후에 실재할 수 있게 되는 것이다.

공자는 "군자에게 두려워하는 것이 세 가지 있으니 천명을 두려워하고 대인을 두려워하고 성인의 말씀을 두려워한다."라고 주장했는데, 여기에서 말하는 대인과 성인의 행동거지와 행적 및 사상을 비롯한 모든 것은 군자가 밤낮을 가리지 않고 추구해야 하는 것이기 때문에 다만 그렇게 하지 못할 것을 항상 염려하는 것이다. 그래서 군자는 당연히 항상 경계하고 삼가고 두려워하는 것이다. 진일보해서 말하자면 도덕성 의미의 천이 인간사회의 문화에 구현될 때에 가장 구체적이면서 대표적으로 나타나는 것이 바로 대인의 행적과 성인의 말씀이라고 하는 것이다. 또한 군자는 도덕의 강렬한 자기 요구에 대하여 부득불 하늘이 자신에게 부여한 이러한 사명을 완성할 수 있는지 여부를 경계하고 삼가 하면서 두려워해야 하는 것이다. 그래서 군자는 천명을 두려워해야 하는 것이다.

또한 공자가 쉰 살이 되기 전에 행했던 일련의 행위들 즉 학문과 자립 및 미혹되지 않음 등과 같은 것들은 모두 낮고 쉬운 것을 배운다고 하는 '하학下學'에 해당되는 것으로, 이는 또한 공자 그 자신이 도덕문화 분야의 기초를 수양한 것을 의미한다고 할 수 있는 것이다. 이러한 기초를 근거로 해서 공자는 위로 거슬러 올라가 천도를 탐구하여 궁극적으로 천명의 의미를 인식하고 증명하게 된 것이며, 또한 자신의 사명의 소재를 알게 된 것이다. 그러므로 공자는 도덕생명의 완성에 집착하게 된 것이며 아울러 그것을 사람들의 삶 속에서와 개인의 행위 속에서 실현하고자 했던 것이다.

참고문헌

朱公遷, 『詩經義疏』, 『四庫全書』本.
孫星衍, 『尙書今古文注疏』, 『平津館叢書』本.
趙　汸, 『春秋左氏傳補注』, 『通志堂經解』本.
徐元誥, 『國語集解』, 上海, 商務印書館, 1934년.
楊伯峻, 『春秋左傳注』, 北京, 中華書局, 1996년.
何　晏, 『論語集解』, 『漢魏古注十三經』(下), 北京, 中華書局, 1998년.
劉寶楠, 『論語正義』, 北京, 中華書局, 1998년.
陳大齊, 『孔子學說』, 臺北, 正中書局, 1983년
羅　光, 『中國哲學思想史』(先秦篇), 臺北, 學生書局, 1985년.
勞思光, 『新編中國哲學史』(一), 臺北, 三民書局, 1986년.
傅佩榮, 『儒道天論發微』, 臺北, 學生書局, 1988년.
徐復觀, 『中國人性論史』, 臺北, 臺灣商務印書館, 1990년.

제4장

맹자의 천인관계론

1. 시작하는 말

천인관계의 문제는 선진유학에서 뿐만 아니라 중국의 철학사 전반에 걸쳐서 대부분의 학자들에게 의해 다루어진 중요한 문제의 하나로 인간과 우주의 관계에 대한 궁극적인 물음이라고 할 수 있다. 또한 천인관계의 탐구를 통하여 고대 중국인들은 자신들의 도덕행위의 근거를 하늘에서 찾았다. 이러한 도덕가치의 근원으로서의 하늘에 대한 인식은 도덕관념 상실의 시대를 살아가고 있는 현대인들에게도 시사하는 바가 결코 적지 않을 것이라는 생각이 든다.

고대 중국에 있어서의 천天의 모습은 처음에는 주재자적 인격신의 모습으로부터 시작하여 비인격적이고 형이상학적인 도덕의 모습으로 변화되어 갔다. 다시 말하면 종래에 천이 가지고 있던 주재자적 인격신의 절대적인 권위는 점차 퇴색되고 인간 자신의 주체적 자각을 통한 새로운 가치 형태로서 즉 도덕가치의 근원으로 자리 매김을 하게 된다. 이러한 변화를 따라 천과 인간의 관계 역시 새롭게 정립되는데 특히 유가의 천인관계는 공자를 그 시발점으로 볼 수 있다.

공자는 인仁을 통하여 천인관계에 새로운 생명력을 부여한다. 그는 인仁으로 천天을 해석하는데, 이것은 천명이 인간에게 내려와 인간의 본성이 되었다고 하는 전통사상의 변화 발전으로부터 비롯된 것으로 그가 언급한 "인仁을 실천함으로써 천天을 안다."는 명제와 유기적인 관계를 이루고 있다.

공자의 "인을 실천함으로써 천을 안다."는 명제는 한편으로는 외재적인 객관성의 발현을 통하여 아래로부터의 공부를 거쳐 천덕天德에 도달한다는 것이며, 다른 한편으로는 내재적인 주관성의 발현을 통하여 천도天道와 천명을 인식한다는 것이다. 여기에서 전자는 맹자의 "자신의 마음을 보존하여 본성을 키우는 것은 하늘을 섬기는 도리이다."[1]와 상통하며, 후자의 경우 "자신의 마음을 극진히 하는 사람은 본성을 알 수 있으니, 자기의 본성을 알 수 있으면 천명을 알 수 있다."[2]와 상통한다고 할 수 있다. 그러므로 성性은 천天에서 비롯된 것으로 맹자의 "마음을 보존하여 본성을 키우는 것"과 "마음을 극진히 하여 본성을 아는 것"을 통하여 결국에는 천도와 서로 교통되고 합치될 수 있는 것이다. 즉 위로부터 아래로, 아래로부터 위로 다시 말하면 초월해 있으면서 내재되어 있고, 내재되어 있으면서 초월해 있는 맹자의 천 관념은 그에게 있어서 궁극적인 목표인 천인합일天人合一의 경지에 연결되어 있다고 할 수 있다.

본문에서는 맹자의 천인관계의 문제에 관하여 현대적인 시각으로 다음과 같이 조명을 해볼 것이다. 즉 초월해 있으면서 내재되어 있다는 관점과 지천, 사천, 입명이라는 관점을 중심으로 분석해 보도록 하겠다.

1 『孟子』, 「盡心上」, "存其心, 養其性, 所以事天也."

2 『孟子』, 「盡心上」, "盡其心者, 知其性也. 知其性, 則知天矣."

2. 초월해 있으면서 내재됨

"천명을 성이라고 한다."[3]는 명제는 『중용中庸』에서 나온 것이 분명하지만, 천명이 인간에게 내려와 인간의 성性(도덕가치의 근원)이 되었다고 하는 관념은 오랜 전통을 가지고 있다. 천명은 공자 이전에 이미 형성되어 있었던 유구한 역사를 가진 관념이다. 즉 공자 이전의 天은 주재자적인 인격신의 의미를 가지고 있었기 때문에 당시의 천명은 '하늘이 내린 명령'이라는 의미로 통용되었다. 이러한 '하늘이 내린 명령'은 인간의 도덕성에 의해 그것을 받는 주체가 결정되는 것이기 때문에 군주 자신의 덕에 의해 천명을 받을 수 있는 여부가 결정되었다. 그러므로 군주는 항상 삼가 하여 덕을 닦아야 했다. 이러한 과정 속에서 천명은 인간에게 내려와 인간의 주체성으로 자리 매김을 하게 되는 것이다. 군주가 천명을 받는 경로 또한 이와 같았다. 그래서 『상서尙書』에서는 "하늘도 사방 천하의 백성들을 가엾게 여기셨으니, 왕께서는 천명을 보살피시고 힘써 일하도록 하며 삼가 덕행을 빨리 시행하도록 하십시오."[4]라고 말하고 있는 것이다.

군주가 덕이 있는지 여부는 백성들의 정서에 의해서 파악될 수 있었다. 『상서』에는 "하늘이 백성을 긍휼히 여기셔서 백성이 하고자 하는 것을 하늘이 반드시 따라서 행했다."[5], "하늘이 보실 때에는 우리 백성들을 통하여 보시고, 하늘이 들으실 때에 우리 백성들을 통하여 들으신다."[6]와 같은 기록들이 있는데, 이것은 민심이 곧 하늘의 뜻이기 때문에 백성들이 좋아하는 것을 군주가 따라야 하며, 백성들이 염원하는 것을 하늘이 반드시 따르는 것이라는 의미이다. 다시 말하면 이것은 백성을 섬기는

---

3 『中庸』, "天命之謂性."

4 『書經』, 「召誥」, "天亦哀於四方民, 其眷命用懋, 王其疾敬德."

5 『書經』, 「泰誓」, "天矜于民, 民之所欲, 天必從之."

6 『書經』, 「泰誓」, "天視自我民視, 天聽自我民聽."

것이 곧 하늘을 섬기는 것과 같다는 것이다.

백성들은 천명이 덕이 있는 군주에게 내려와 있다고 믿었기 때문에 그들은 덕이 있는 군주를 존경했다. 이러한 논리로 본다면 덕을 공경하는 것은 곧 천天을 공경하는 것이라는 공식이 성립된다. 또한 덕은 하늘이 내린 명령의 관건 요소가 되는 것이다. 그러므로 군주는 하늘과 인간을 매개하는 역할을 담당하는 중개자로서 자리 매김을 한다.

『시경詩經』에 있는 "천명이 아아! 아름답고 그지없다! 아아! 뚜렷하게 나타나지 않았을까 문왕의 덕이 깨끗함이여."[7]라는 언급에 대하여 주자는 천명을 천도라고 해석한다. 그러므로 "천명이 아아! 아름답고 그지없다!"가 의미하는 것은 바로 천도의 운행은 멈춤이 없다는 것을 말하는 것이다. 『중용』에서는 "이것이 바로 천이 천 되는 까닭이다."라고 하고 있는데, 이것은 곧 천이 천 되는 본질임과 동시에 하늘의 덕인 것으로 끊임없이 생성 변화하는 덕인 것이다. 또한 "아아! 밝기도 해라 문왕의 크신 덕이여."에서는 문왕의 덕과 하늘의 덕이 다 같이 순수하고 그침이 없음을 묘사하고 있다. 이것에 대하여 『중용』에서는 "이것은 문왕의 덕이 문아한 까닭을 말하는 것으로, 그의 덕이 순수하고 그침이 없다는 것이다."라고 말하고 있다. 이것은 인간의 덕을 하늘의 덕에 맞추는 것으로 결국은 문왕의 덕은 천도·천명의 구체적인 표현이라는 것이다. 다시 말하면 천도·천명이 내려와 문왕에게 있을 때 문왕은 자신의 덕을 통하여 천명을 유지 보존하는 것이며, 이러한 천도·천명을 통하여 문왕의 덕을 구체적으로 드러낸다는 것이다.

또한 인간의 덕을 하늘의 덕에 맞춘다고 하는 것은 하늘과 인간이 이것을 통해 서로 소통할 수 있음을 의미한다. 천도·천명이 내려와 인간에게 있을 때 인간의 주체성은 비로소 발현되는 것이니 이것을 '초월해 있

---

7 『詩經』, 「周頌」, "維天之命, 於穆不已. 於乎不顯, 文王之德之純."

으면서 내재되어 있다'라고 하는 것이다. 삼가 하여 덕을 수양하고 덕을 공경敬德하고 덕을 밝히는 것明德 등은 모두 인간의 주체성의 표현이 된다. 이러한 주체성은 인간이 인간 되는 까닭으로 '성체性體'인 것이며, 이것을 통하여 인간은 비로소 진실한 존재로 거듭나는 것이다.

『시경』에 "하늘이 여러 백성들을 낳으셨으니, 사물이 있으면 법칙이 있다. 백성들은 불변하는 마음을 가져, 이 아름다운 덕을 좋아한다."[8]라는 언급이 있는데, 여기에서의 "사물"은 모든 사건 사항 사물 등을 지칭하는 것으로 보고 듣고 말하고 행동하는 모든 것, 즉 인간이 모든 사물을 대할 때 발생하는 모든 행위를 의미한다. 또한 "법칙"은 일을 행하는 도리 혹은 원칙을 의미하는 것이다. 그래서 "사물이 있으면 법칙이 있다"는 말은 모든 사물에는 모두 일종의 행위의 법칙이 존재한다는 것을 의미한다. 그리고 "백성들은 불변하는 마음을 갖는다."라는 말은 백성들이 하늘이 부여한 항상성을 지킨다는 것을 의미한다. 여기에서의 "불변하는 마음"은 사실상 성性의 관념에 상당히 접근해 있다고 볼 수 있다. 그러므로 "이 아름다운 덕을 좋아한다."는 말은 백성들이 이러한 하늘이 부여한 항상성美德을 좋아한다는 것을 의미한다고 볼 수 있는 것이다.

다시 말하면 하늘이 낳은 인간이 모든 일을 처리하는 것에는 일정한 도리나 원칙이 있다는 것이다. 이러한 일을 처리하는 주체는 바로 인간 자신이며, 도리나 원칙은 이러한 주체로서의 인간 자신에게 내재되어 있어 인간의 항상성이 되는 것이며, 백성들은 그러한 항상성을 좋아한다는 것이다. 인간은 하늘로부터 비롯된 존재이기 때문에 이러한 도리와 항상성을 하늘로부터 부여받아서 자신을 통하여 주체성을 드러낸다고 하는 것이다. 그러므로 여기에서는 "천명을 성이라고 한다"는 명제에서와 같이 성性에 대한 직접적인 언급은 없지만, 그것의 내용은 충분히 담겨져

---

8 『詩經』, 「大雅」, "天生蒸民, 有物有則, 民之秉彝, 好是懿德"

있다고 볼 수 있는 것이다. 그래서 공자는 일찍이 "이 시를 지은 사람은 도를 아는구나!"라고 말한 것이다.

또한 『춘추좌전春秋左傳』에는 "유강공이 말하기를 내가 듣기로는 백성들은 천지의 가운데를 받음으로써 살아가는데, 이것을 명이라고 한다."[9]라는 기록이 있는데, 여기에서의 "천지의 가운데"는 천지의 도道를 의미하는 것이며, "백성들이 천지의 가운데를 받음으로써 살아간다"라는 말은 백성들이 이러한 천지의 도를 받았기 때문에 존재할 수 있다는 의미이다. 또한 "명"은 천명을 의미한다. 이러한 천지의 도는 인간이 그것을 받아들이는 것을 통하여 자신의 '성체性體'를 이룩한다. 또한 인간은 이런 것을 체득함으로써 생존을 하게 되는데 그것이 바로 천명이라는 것이다. 그러므로 여기에는 "천명을 성이라고 한다"는 관념이 함축되어 있다고 할 수 있는 것이다. 또한 후대의 『중용』에서 언급한 "천명을 성이라고 한다"는 명제는 실재로 이러한 관념의 발전된 형태라고 말할 수 있다. 천명이 내려와 인간의 성性이 되거나 인간의 본체가 된 뒤에 인간은 어떻게 이러한 천명을 지속적으로 자기 안에 유지시킬 수 있었을까? 그것은 바로 후천적인 자기 수양공부를 통해서 유지될 수 있었으며, 이러한 수양공부를 통해서 백성들도 천명을 자기 안에 지속적으로 유지시킬 수 있었던 것이다.

공자는 일찍이 "군자는 두려워해야 할 일이 세 가지 있다. 천명을 두려워해야 하고, 위대한 사람을 두려워해야 하고, 성인의 말씀을 두려워해야 한다."[10]라고 했는데, 이것은 공자의 천天에 대한 경외와 동경의 심리를 잘 표현하고 있는 부분이다. 공자는 위대한 인격을 갖춘 사람이 되기 위해서는 반드시 초월자에 대한 경외의 마음을 가져야만 한다고 했다. 그래서 공자의 생애에 있어서 천天은 일종의 경외이자 소통의 대상

---

9 『春秋左傳』, 「成公十三年」, "劉康公曰: 吾聞之, 民受天地之中以生, 所謂命也."
10 『論語』, 「季氏」, "君子有三畏. 畏天命, 畏大人, 畏聖人之言."

이었던 것이다.

> "하늘을 원망하지도 않고, 사람들을 탓하지도 않는다. 낮은 것을 배워서 높은 것에까지 통달했으니, 나를 알아주는 이는 하늘일 것이다."[11]

> "하늘이 무슨 말씀 있으시더냐? 사계절이 돌아가고 있고 만물이 자라고 있지만, 하늘이 무슨 말씀을 하시더냐?"[12]

> "하늘이 나에게 덕을 부여해 주셨거늘, 환퇴가 나를 어찌 하겠는가?"[13]

> "하늘이 이 문화를 없애려 하셨다면, 후세에 나온 내가 이 문화에 참여할 수가 없었을 것이다. 하늘이 이 문화를 없애려 하지 않고 계신데, 광 사람들이 나를 어찌할 수 있겠느냐?"[14]

『논어論語』 속에서 공자가 언급한 성性과 천도에 관한 부분은 매우 드물게 보이나, 위의 인용문들 분석해보면 공자의 천에 대한 염원을 파악할 수 있을 것이다. 공자의 시대는 사회 전반에 걸쳐 만연되어 있던 가치관의 혼란으로 인하여 공자는 당시의 지식인들과는 같은 공감대를 형성할 수 없었다. 그러나 이러한 상황들이 결코 공자가 추구했던 새로운 가치체계의 정립에 대한 염원과 자기 확신을 막을 수는 없었기 때문에 공자는 자신의 모든 열정을 천天과의 상호소통과 합일의 경지에 쏟았을 것이다. "오십 세가 되어 천명을 알았다."로 대표되는 공자의 도덕생명 여정은 매 순간 순간 모두가 배움의 과정이요 인仁을 실천하는 과정의 연속이었으며, 이러한 과정들 속에서 공자는 도덕생명의 진실한 가치를

---

11 『論語』, 「憲問」, "不怨天, 不尤人. 下學而上達, 知我者其天乎!"

12 『論語』, 「陽貨」, "天何言哉? 四時行焉, 百物生焉, 天何言哉?"

13 『論語』, 「述而」, "天生德於予, 桓魋其如予何?"

14 『論語』, 「子罕」, "天之將喪斯文也, 後死者, 不得與於斯文也. 天之未喪斯文也, 匡人其如予何?"

체득해 나갔다. 다시 말하면 공자가 자신의 생애 전반에 걸쳐 가장 심혈을 기울인 부분은 바로 천天과 상호 소통과 합일의 경지에 도달하는 것이었다.

공자에 있어서의 인仁은 천도이자 천명 그 자체였다. 모종삼牟宗三은 "인체仁體, 인리仁理, 인도仁道, 인심仁心은 모두 서로 통용될 수 있다."[15]라고 했다. 또한 그는 인仁의 실천을 통하여 천명을 인식할 수 있다고 했는데, 여기에서의 인식은 과학적이고 경험적인 인식이 아닌 도덕생명의 실천을 통해서 체득된 인식이라고 보았다. 이것은 곧 초월해 있으면서 내재되어 있는 것이며 또한 초월자에 대한 경외와 염원인 것이다. 이와 동시에 인심仁心의 감응과정을 거쳐 최종적으로는 천지와 덕을 합하여 만물과 일체가 되는 경지에 도달하게 된다는 것이다.

공자의 사상을 계승 발전한 맹자의 심성론心性論은 공자의 인仁사상의 체계적인 전개라고 할 수 있다. 맹자는 "자신의 마음을 극진히 하는 사람은 본성을 알 수 있으니, 자기의 본성을 알 수 있으면 천명을 알 수 있다."라고 하여 인仁의 실천을 통해서 천도를 인식한다는 것은 인간의 도덕생명을 통해서만이 체득 가능한 것이라고 하였다. 맹자는 그것을 인간의 언어를 통해서는 전달 될 수 없는 것이라고 보았다. 또한 그것의 체득 여부는 개인의 수양공부에 의해서 결정되는 것이라고 하였다. 그러나 "진심, 지성, 지천"은 그것의 실천적인 측면에 있어서 선명하게 드러난다는 것 이외에 그것의 이론 체계에 있어서도 분명하게 인식할 수 있다는 것이다. 그러므로 바로 이러한 점에서 맹자의 창의성을 찾아볼 수 있는 것이지만 그렇다고 이것이 공자의 인도仁道사상의 맥락에서 완전히 벗어났다는 것을 의미하는 것은 아니다. 한편으로는 바로 이러한 점 때문에 맹자의 사상이 공자의 사상 보다 한 걸음 더 진보한 것이라고 볼

15 牟宗三, 『圓善論』, 臺北, 學生書局, 1985년, 256쪽 참조.

수 있는 것이다.

인仁의 실천을 통해서 천도天道를 인식한다고 할 때의 '인식'은 체험적인 직관으로 초월해 있으면서 내재되어 있는 것이다. 그러므로 맹자의 "진심, 지성, 지천"의 '지知' 역시 체험적인 직관이며 초월해있으면서 내재되어 있는 것이다. 공자는 초월자로서의 天에 대하여 일종의 경외와 염원을 가지고 있었는데, 맹자 역시 그러했다. 이러한 사실에 관하여는 "하늘의 이치를 따르는 자는 생존하고, 하늘의 이치를 거스르는 자는 멸망한다."[16]와 "그렇다면 순임금이 소유한 천하는 누가 준 것입니까? 하늘이 준 것이다."[17]라는 맹자의 언급 속에서 잘 나타나 있다. 또한 공자는 천天에 대해 경외와 염원 외에 절규와 교감의 심정을 드러냈는데, 맹자 역시 천天에 대하여 호소와 교감의 심정을 "내가 노나라 제후를 만나지 못하는 것은 하늘의 뜻이지, 장씨 집안의 자식이 어떻게 내가 그를 만나지 못하게 할 수 있겠는가?"[18]와 "군자는 하늘을 원망하지 아니하며, 사람을 허물하지 아니한다는 말씀을 들은 적이 있습니다. …… 하늘이 천하를 태평하게 다스리려고 하지 않는 것이지, 만일 천하를 태평하게 하고자 한다면 지금 이 세상에서 나 말고 그 누구이랴?"[19]에서와 같이 드러내고 있다.

맹자 역시 천명이 내려와 인간의 성性이 된다고 생각했다. 맹자는 『시경』의 "하늘이 여러 백성들을 낳으셨으니, 사물이 있으면 법칙이 있다. 백성들은 불변하는 마음을 가져, 이 아름다운 덕을 좋아한다."라고 하는 문장을 통해서 자신의 성선설을 논증하고 있는데, 이것은 맹자에 있어서의 성性이라는 관념이 유구한 전통을 계승하여 형성된 것임을 의미한다

16 『孟子』, 「離婁上」, "順天者存, 逆天者亡."

17 『孟子』, 「萬章上」, "然則舜有天下也, 孰與之? 曰: 天與之."

18 『孟子』, 「梁惠王下」, "吾之不遇魯侯, 天也. 臧氏之子焉能使予不遇哉? "

19 『孟子』, 「公孫丑下」, "君子不怨天, 不尤人. …… 夫天, 未欲平治天下也. 如欲平治天下, 當今之世, 舍我其誰也?"

고 할 수 있을 것이다. 그러므로 맹자가 언급한 성性 역시 하늘에서 내려 온 것, 인간에게 내재된 것이기 때문에 역시 초월해 있으면서 내재되어 있다는 것이다. 그렇다면 공자와 마찬가지로 이러한 천명으로서의 성性은 그 내용에 있어서 실질적인 규정성을 부여할 수는 없지만, 인仁과 그것의 실천을 통해서만 이러한 성性에 실질적인 도덕성을 부여할 수 있는 것이다. 그렇기 때문에 인仁의 실천은 맹자에 있어서는 "진심, 지성, 지천"이 되는 것이다. 성性은 천天에서 온 것이기 때문에 성性은 곧 천도·천명 자체가 되는 것이다. 그렇기 때문에 인仁의 실천을 통해서 천도를 인식할 수 있다는 것이다. 그러므로 천도는 내재되어 있으면서 초월해 있다는 것이다.

이와 같이 볼 때 맹자에 있어서의 성은 천에서 온 것이기 때문에 "진심"의 과정을 통하여 인식할 수 있으며 발현시킬 수 있다는 것이다. 만일 성을 인식할 수 있게 된다면 천명·천도는 이러한 "진심, 지성"의 과정 속에서 인식되어지고 체득되는 것이다. 그러므로 맹자에서 천도를 인식한다는 것은 초월해 있으면서 내재되어 있는 것의 인식인 것이라고 할 수 있는 것이다.

초월적인 측면에서 말하자면 "존심存心"의 과정을 통하여 천도·천명과 상호 소통을 할 수 있다는 것이다. 그래서 맹자는 "자신의 마음을 보존하여 본성을 키우는 것은 하늘을 섬기는 도리이다."고 말한 것이다. 또한 내재적인 측면에서 말하자면 "진심"의 과정을 통하여 인간에게 내재되어 있는 본성의 발현을 통해 천지와 합일되는 경지에 도달할 수 있다는 것이다. 이와 같이 천도·천명의 실질적인 내함은 성체性體를 통해서 드러나게 되는 것이다. 그렇기 때문에 맹자는 "진심, 지성, 지천"이라고 말하고 있는 것이다.

이상과 같이 볼 때 성은 천명이라고 할 수 있으며, 또한 인간의 본심本心을 통하여 본성本性을 말할 수 있기 때문에 곧 심선心善이라고 하는 사실을 통해서 성이란 선한 것이라고 하는 주장을 할 수 있는 것이다. 이처럼 성에 도덕의 실질적인 의미가 부여될 때 즉 천에서 내려와 인간에게로 혹은 내재하면서 초월해 있는 심과 성과 천은 바로 이때 서로 상통하여 하나가 되는 것이다.

3. 지천知天, 사천事天, 입명立命

맹자에 있어서 성은 천명이라고 할 수 있으며, 또한 인간의 본심을 통하여 본성을 말할 수 있기 때문에 곧 심선心善이라고 하는 사실을 통해서 성이란 선한 것이라고 할 수 있는 것이다. 다시 말하면 심心은 리理가 되며, 성性 역시 리理가 되기 때문에 심과 성 그리고 리理는 하나인 것이다. 존재론적 측면에서 말하자면 리理라는 것은 그 자체에 내재되어 있는 원리이며, 이러한 원리는 심에 내재되어 있으며, 성에도 내재되어 있기 때문에 심과 성은 하나라고 하는 것이다. 또한 활동적 측면에서 말하자면 심心은 자신에 대한 깨달음을 통하여 자기실현과 자기전개를 하는데, 이것은 곧 리의 자기실현과 자기전개인 것이다. 또한 여기에서 성은 잠재적인 존재이고 심은 활동적 존재이기 때문에 심성은 하나라고 하는 것이다.

이상과 같은 분석을 통하여 성을 인식하는 과정은 "진심"을 인식하는 과정 속에 있다는 사실을 파악할 수 있었으며 또한 심은 성의 활동이며 자기전개와 드러남인 것을 알 수 있게 되었다. 그러므로 "진심"의 과정은 심의 전반적인 내용이 자기전개의 과정을 거쳐 자기실현으로 향해 가는 것이라고 할 수 있다. 심은 곧 성이기 때문에 만일 심이 완전한 자기실현과 전개를 한다면 성의 전반적인 내용 역시 구체적으로 드러난다는 것이다. 그러므로 "진심"은 자연히 "진성" "지성"한다는 것이다. 또한 이러한 성은 "하늘이 나에게 부여한 것"으로 이것은 다른 말로 천명이 내려와 인간에게 내재된 것이라고 할 수 있으며 곧 인간의 주체성이 되는 것이다. 그러므로 마음을 극진하게 할 수 있다면 결국은 성의 전반적인 내용을 인식할 수 있게 되는 것이며, 천명의 내함 역시 "진심"과 "지성"의 과정 중에 드러나게 되는 것이다. 결국 "진심"의 과정을 거치는 가운데 "지성"을 하게 되고 "지천知天"을 하게 되는 것이니 심, 성, 천은 서로 통하여 하나가 되는 것이다.

맹자는 "성실誠은 하늘의 도道요, 성실해지기를 생각하는 것은 사람의 도道이다. 지성至誠으로 하면 감동하지 않을 사람이 없다. 성실하지 못하면서 남을 감동하게 한 사람이 없다."[20]라고 했는데, 이 가운데 "성誠"은 공자가 언급한 인仁인 것이며, "사思"는 자각과 반성을 의미한다. 그러므로 "성실해지기를 생각하는 것"은 인仁의 자각, 인仁하게 됨, 인仁의 실천과 같은 것이며, 또한 "진심"인 것이다. 그러므로 "하늘의 도"는 '성체誠體' '인체仁體' 자체가 되는 것이며, "사람의 도"는 인하게 됨, 인의 실천, "진심"이 되는 것이다. 만일 마음을 극진하게 한다면 스스로를 드러내고 밝아지게 하고 움직이고 변화시킬 수 있어 결국은 천지만물과 일체가 되는 경지에 도달할 수 있다는 것이다. 그래서 맹자는 "만물의 이치가 다 나에게 갖추어져 있다. 나 자신을 반성해보고, 성실하다고 생각될 것 같으면 즐거움이 더할 나위 없다."[21]라고 하는 한편 "군자가 지나가면 백성은 교화되고, 그가 머물러 있는 곳은 마음에 간직하는 바가 신묘하게 이루어져, 위와 아래가 천지와 움직임을 같이 한다."[22]라고 한 것이다.

모종삼은 "진심과 지성은 비록 천명·천도의 전반적인 오묘함을 파악할 수는 없지만, 적어도 그것의 도덕적 함의를 증명함과 동시에 정착시

---

20 『孟子』, 「離婁上」, "誠者, 天之道也. 思誠者, 人之道也. 至誠而不動者, 未之有也. 不誠, 未有能動者也."

21 『孟子』, 「盡心上」, "萬物皆備於我矣. 反身而誠, 樂莫大焉."

22 『孟子』, 「盡心上」, "夫君子所過者化, 所存者神, 上下與天地同流."

킬 수 있었다. 이러한 증명과 정착은 그러한 도덕 창조의 진정한 계기가 되는 것이다. 또한 그것의 최저한도는 천도로 통하는 길을 획득할 수 있는 것으로, 이러한 길을 통해서 최소한 천도와 더불어 하나로 서로 소통함을 얻을 수 있는 것이다. …… '지천'의 '지'는 과학적인 지식이 아닌 '진심'으로써 근거를 삼은 일종의 서로간의 소통인 것이다. …… 서로 소통함이 의미하는 것은 생명 전반에 걸쳐 침투해 있는 천도이며, 이것은 곧 그 오묘함을 다하는 것이지만 측정할 수 있는 지식이 아닌 것이다. 천도는 단지 마음으로만 통할 수 있는 것이지 측정할 수 있는 것이 아니다."[23]라고 말했다. 그러므로 "진심"을 통하여 성性의 내함이 모두 드러나는 것이며, 이러한 성은 천으로부터 비롯된 것이기 때문에 천도·천명을 인식할 수 있다. 바로 이때 천도·천명의 실질적인 내용이 펼쳐지게 된다는 것이다. 그래서 맹자는 "자신의 마음을 극진히 하는 사람은 본성을 알 수 있으니, 자기의 본성을 알 수 있으면 천명을 알 수 있다."[24]라고 말하는 것이다.

그렇다면 "존심, 양성, 사천"의 문제는 어떻게 보아야 할까? 맹자의 천도관에 있어서 "진심, 지성, 지천"은 적극적인 측면에서 천天을 언급한 것이며, "존심, 양성, 사천"은 소극적인 측면에서 천天을 언급한 것이라고 말할 수 있다. 이러한 소극적인 측면으로서의 "존심, 양성, 사천"은 본심을 잘 보존하여 그것을 잃지 않고 선한 본성을 키워 해치지 않는다는 것을 의미한다.[25]

"진심, 지성, 지천"을 통하여 인간이 비록 유한적인 존재이지만 도덕적 측면에서는 무한적인 존재임을 알 수 있었다. 인간이 "진심"의 과정을 통하여 이러한 유한성의 속박을 벗어나 끊임없이 생성하는 천도와

---

23 牟宗三, 『中國哲學的特質』, 臺北, 學生書局, 1986년, 73쪽 참조.

24 『孟子』, 「盡心上」, "盡其心者, 知其性也. 知其性, 則知天矣."

25 牟宗三, 『圓善論』, 臺北, 學生書局, 1985년, 135쪽 참조.

서로 합치될 수 있을 것이다. 그러나 인간은 유한한 존재이기 때문에 현실 생활 속에서 본심을 잃고 본성을 해치는 행위 즉 악행을 범하게 되는데, 이러한 행위가 심화될 경우 인간은 짐승만도 못한 지경에까지 추락하게 되는 것이다. 그러므로 인간은 항상 자신의 본심을 잘 보존하고 선한 본성을 키워야만 한다는 것이다.

인간이 덕을 실천하면 할수록 도道를 수양하는 것이 쉽지 않다는 것을 느낄 수 있기 때문에 천도에 대한 존중과 경외감은 갈수록 커지는 것이다. 본심을 보존하고 선한 본성을 키우고 경계하고 삼가 하여 마치 얇은 얼음을 밟는 것처럼 조심하고 힘써 수양하는 과정 가운데 심心과 성性의 밝음은 펼쳐질 수 있는 것이니, 이것이 바로 진정으로 하늘을 섬기는 도리(事天의 道)인 것이다.

일반적으로 말하는 명命에는 하늘의 명령이라는 의미의 천명과 본성의 명령이라고 하는 성명性命의 의미가 있다고 할 수 있는데, 이러한 측면에서 말하는 명은 명령의 의미를 가진다. 이러한 명령의 의미로서의 명은 『시경』의 "천명이 아아! 아름답고 그지없다!"와 『중용』의 "천명을 성이라고 한다." 등에서 찾아볼 수 있다. 또한 이러한 명에 대해서는 경외와 복종의 입장을 견지해야 하는데 그 이유는 이러한 명령들이 모두 도덕의 명령이기 때문이다.

다른 하나는 운명이라는 의미로서의 명命인데, 이것은 객관적인 한계를 나타낸다. 이러한 명命에 대해서는 인식과 수용의 입장을 견지해야 하는데 그 이유는 이러한 객관적인 한계를 인식할 때 인간은 비로소 그러한 사실을 편안하게 받아들일 수 있기 때문에 자신의 분수에 맞지 않는 생각을 하지 않을 것이며 또한 자신의 분수에 맞지 않는 욕심을 부리지 않게 되어 결국은 "하늘을 원망하지 않고, 다른 사람을 탓하지 않는다."는 것이다.[26]

그렇다면 이러한 두 가지 서로 다른 의미로서의 명 사이에는 과연 어떠한 관련성이 있을까? 모종삼 같은 경우 이들 둘 사이에는 상호관련성이 존재한다고 보았다. 즉 리理의 측면에서 말한다면 천명이 되는 것이고, 기氣의 측면에서 말한다면 기명氣命이 되는 것이다. 또한 신神과 리理에 총괄되는 측면에서 본다면 천명이고, 구체화해서 세勢와 우遇의 측면에서 본다면 기명氣命이 되는 것이다. 그러므로 이러한 것을 합하여 말하면 신리神理에 총괄되고 기氣에 치우치는 명命이라고 하는 것이다.[27]

맹자는 "사람 수명의 길고 짧은 것에 의문을 두지 않고, 다만 자신을 수양함으로써 목숨이 다하는 날을 흔들림 없이 기다리는 것은, 하늘이 자기에게 부여한 명(천명)을 온전히 하는 도리이다"[28]라고 말했는데, 여기에서의 명은 도대체 어떤 의미를 가진 명일까? 이러한 의문에 대하여 원보신袁保新은 "인성론에 대한 분석에 있어서 심心에 대한 논의만 하고 명命에 대해서는 다루지 않는 것은 확실히 주도면밀치 못한 처사라고 볼 수 있다. 심은 도덕실천의 주체가 되어 각 생명존재의 제한적인 수용을 통하여 하나하나의 진실한 도덕행위를 구체화한다. 또한 심은 인간존재의 필연적인 한계와 객관적으로 정해진 운명으로 하나하나 전화되어 도덕자아의 실현 속에서 자신의 역량을 완전하게 장악할 수 있게 되는 것이다. 만일 그렇지 않으면 심의 자주성은 드러나지 않게 됨과 동시에 진심에 대해서도 언급할 수 없게 되는 것이다. 그러므로 맹자는 진심의 가르침을 말할 때 반드시 입명立命을 함께 언급하는 것이다. 또한 입명立命에 대하여 언급할 때 종지는 반드시 진심盡心에 근본을 둔다. 이와 같이 맹자의 인성론은 심의 자유와 자주성을 진정으로 펼쳐 보이는 한편 인간의 정해진 운명이 수시로 변화하는 세상 속에서 암흑의 심연으로 떨어지는 것을 막아준다."[29]라고 말하고 있다.

---

26 蔡仁厚, 『孔孟荀哲學』, 臺北, 學生書局, 1990년, 123~124쪽 참조.

27 牟宗三, 『心體與性體』, 第一冊, 臺北, 正中書局, 1991년, 522쪽 참조.

28 『孟子』, 「盡心上」, "殀壽不貳, 修身以俟之, 所以立命也."

또한 채인후蔡仁厚 같은 경우는 "명命은 일종의 추상적인 개념이 아닌 인생의 진실한 체득과 증험이다. 또한 이것은 생명의 유한성을 점진적으로 돌파해나가는 과정 속에서 체득되고 증험 되는 것이다. 이러한 진실된 체득과 증험이 있은 후에야 진정으로 객관적인 한계의 범위를 알 수 있게 된다. 그렇기 때문에 경계해야 할 것을 인식할 수가 있게 되어 그러한 것의 조정이 내 삶의 영역에 있게 되는 것이다."[30]라고 했다.

이와 같이 볼 때 '지천知天'에서 '사천事天'을 거쳐 '입명立命'에 이르는 과정은 일관된 맥락으로 이어져 내려오는 것이라고 할 수 있다. '지천'은 적극적인 측면을 말하는 것이고, '사천'은 소극적인 측면을 말하는 것이며, '입명'은 적극적인 것과 소극적인 것을 합친 것을 말하는 것이다.

삶과 죽음, 장수와 요절, 길함과 흉함, 부유함과 빈천함, 복과 재앙 등은 모두 객관적인 한계로 이러한 것에 대하여 맹자는 "구하는 데는 도가 있고, 얻는 것에는 명이 있다. 여기서 구하는 것은 얻는데 무익한 것이니, 그것은 나의 밖에 있는 것을 구하기 때문이다."[31]라고 하는 입장을 견지했으며, 공자 역시 "죽고 사는 것은 운명에 있고, 부유하게 되는 것과 귀하게 되는 것은 하늘에 있다."라는 입장을 견지했다. 이러한 객관적인 한계는 내 자신이 그것을 조정할 수 있는 것이 아니지만, 그러한 객관적인 한계인 운명에 직면했을 때 군자는 마땅히 그것을 인식하고 수용하고 편안하게 여긴다. 그래서 공자는 "군자가 경건하게 행동하여 실수가 없고, 남에게 공손하고 예를 지킨다."[32]라고 말한 것이다.

그러므로 "사람 수명의 길고 짧은 것에 의문을 두지 않음"이라는 말은 객관적인 한계로서의 명命을 의미하는 것이기 때문에 우리는 마땅히 이

29 袁保新, 『孟子三辨之學的歷史省察與現代詮釋』, 臺北, 文津出版社, 1992년, 90쪽 참조.
30 蔡仁厚, 『孔孟荀哲學』, 臺北, 學生書局, 1990년, 128쪽 참조.
31 『孟子』, 「盡心上」, "求之有道, 得之有命, 是求無益於得也, 求在外者也."
32 『論語』, 「顔淵」, "君子敬而無失, 與人恭而有禮."

것에 대하여 의심의 태도를 견지해서는 안 된다. 또한 맹자 역시 "아비와 아들 사이의 사랑仁, 임금과 신하 사이의 의로움義, 주인과 손님 사이의 예의禮, 현자賢者의 지혜智, 천도天道를 따르는 성인聖人 등 이것들도 명命이기는 하나 거기에는 사람의 본성本性이 있다. 군자는 이를 (사람이 마음대로 충족할 수 없는) 천명天命이라고 하지 않는다."[33]라고 하였는데, 이는 곧 아버지와 아들 사이는 인仁의 표현이고, 임금과 신하 사이는 의義의 표현이고, 주인과 손님 사이는 예禮의 표현이며, 현자들 사이에는 지智의 표현이며, 성인聖人들 사이는 천도의 표현이라는 것이다. 그렇지만 설사 이러한 인륜의 일상적인 체현 위에 인간의 뜻이 극진하지 않은 부분이 있고, 또 객관적인 운명의 한계가 있을 지라도 성인의 마음속의 흔들림 없는 선성善性은 제지하지 못할 것이다.

공자는 "하늘을 원망하지도 않고, 사람들을 탓하지도 않는다. 낮은 것을 배워서 높은 것에까지 통달했으니, 나를 알아주는 이는 하늘일 것이다."[34]라고 했으며, "군자는 밥 먹는 동안이라고 인仁을 어기지 말아야 하며, 다급한 순간이라 할지라도 꼭 인仁을 지키고, 넘어지는 순간이라 할지라도 꼭 인仁을 지켜야 한다."[35]라고 하며 또 "한 그릇의 밥을 먹고 한 쪽박 물을 마시며 누추한 거리에 산다면, 남들은 그 괴로움을 감당치 못할 터인데, 회는 그의 즐거움이 변하지 않는다."[36]라고 하였는데, 이것은 맹자가 언급한 "거기에는 사람의 본성이 있다. 군자는 이를 천명이라고 하지 않는다."는 것과 상호 호응을 이루고 있다고 할 수 있겠다. 그러므로 군자는 이러한 운명의 한계를 초월한 후에 "다만 자신을 수양함으로써 목숨이 다하는 날을 흔들림 없이 기다림"의 태도를 견지해야만 하

33 『孟子』, 「盡心下」, "仁之於父子也, 義之於君臣也, 禮之於賓主也, 智之於賢者也, 聖人之於天道也, 命也, 有性焉, 君子不謂命也."

34 『論語』, 「憲問」, "不怨天, 不尤人. 下學而上達, 知我者其天乎!"

35 『論語』, 「里仁」, "君子無終食之間違仁, 造次必於是, 顚沛必於是."

36 『論語』, 「雍也」, "一簞食, 一瓢飮, 在陋巷, 人不堪其憂, 回也不改其樂."

는 것이다. 여기에서 "자신을 수양함"은 자신을 돌이켜 반성하여 성실하게 되는 것을 의미하며, "목숨이 다하는 날을 흔들림 없이 기다림"은 소극적으로 죽음을 기다린다는 뜻이 아니고 당면한 현실 속에서 적극적으로 그것을 인식하고 수용하고 편안하게 여긴다는 의미이다. 그렇기 때문에 자신을 돌이켜 반성하면 지극히 성실해지고 지극한 성실함은 천天의 도道라고 하는 것이다. 이것은 또한 의義를 극진하게 하는 것이다.

맹자는 "의義는 사람이 다니는 길이다."[37]라고 하고 또 "의義는 사람의 바른 길이다."[38]라고 하였는데, 이것에 대해 채인후는 "모든 일의 마땅히 그러해야하는 도리이요, 모든 인간사의 마땅히 해야 할 바이다."[39]라고 하였다. 그러므로 의義를 극진하게 한다는 것은 "모든 만물은 제각기 그것의 이치를 얻어 제각기 그러한 것을 완성한다."는 말이라고 할 수 있는 것이다. 이것은 곧 심心과 성性을 극진하게 하는 것이 된다. 또한 '진심'은 곧 '지성, 지천'이 되는 것이다. 그러므로 의義를 극진히 함으로써 명命을 인식하여 최종적으로는 의義와 명命의 합일을 이룩할 수 있게 되는 것이다. 또한 여기에서의 명은 객관적인 한계로서의 운명의 아닌 천명 혹은 성명性命으로서의 명인 것이다. 이와 같이 천도와 성명이 바로 여기에서 소통되어 하나가 되는 것이 진정한 입명立命의 도리인 것이다.

이상과 같이 볼 때 '지천'에서 '사천'을 거쳐 '입명'에 이르는 과정은 상순관계를 유지하며 발전해나가는 것이다. 다시 말하면 "자신의 마음을 극진히 하는 사람은 본성을 알 수 있으니, 자기의 본성을 알 수 있으면 천명을 알 수 있다."는 말은 적극적이고 주동적으로 천이 천도가 되는 이유를 인식하고 그것을 증명하는 것이며, "자신의 마음을 보존하여 본성을 키우는 것은 하늘을 섬기는 도리이다."는 말은 소극적이고 피동적

---

37 『孟子』, 「告子上」, "義, 人路也."

38 『孟子』, 「離婁上」, "義, 人之正路也."

39 蔡仁厚, 『孔孟荀哲學』, 臺北, 學生書局, 1990년, 121쪽 참조.

으로 천이 천도가 되는 이유를 앙모하고 그것을 숭상하는 것이다. 또한 "사람 수명의 길고 짧은 것에 의문을 두지 않고, 다만 자신을 수양함으로써 목숨이 다하는 날을 흔들림 없이 기다리는 것은, 하늘이 자기에게 부여한 명(천명)을 온전히 하는 도리이다"는 말은 적극적인 것과 소극적인 것을 합친 총체로서 "사람 수명의 길고 짧은 것에 의문을 두지 않음"은 소극적인 것을 의미하고, "다만 자신을 수양함으로써 목숨이 다하는 날을 흔들림 없이 기다림"은 적극적인 것을 의미하며, 최종적으로는 천도와 성명이 서로 관통되는 경지에 이르는 것 이것이 바로 입명인 것이다. 또한 바로 여기에 맹자의 천인합일天人合一 사상의 정수가 담겨져 있는 것이다.

4. 맺는 말

맹자는 "자신의 마음을 극진히 하는 사람은 본성을 알 수 있으니, 자기의 본성을 알 수 있으면 천명을 알 수 있다."라고 하여 인의 실천을 통해서 천도를 인식한다는 것은 인간의 도덕생명을 통해서만이 체득 가능한 것이라고 하였다. 또한 맹자에 있어서의 성은 천에서 온 것이기 때문에 "진심"의 과정을 통하여 인식할 수 있으며 발현시킬 수 있다는 것이다. 만일 성을 인식할 수 있게 된다면 천명·천도는 이러한 "진심, 지성"의 과정 속에서 인식되어지고 체득되는 것이다. 그러므로 맹자에서 천도를 인식한다는 것은 초월해 있으면서 내재되어 있는 것의 인식인 것이라고 할 수 있는 것이다.

다시 말하면 성은 천명이라고 할 수 있으며, 또한 인간의 본심을 통하여 본성을 말할 수 있기 때문에 곧 심선心善이라고 하는 사실을 통해서 성이란 선한 것이라고 하는 주장을 할 수 있는 것이다. 이처럼 성에 도덕의 실질적인 의미가 부여될 때 즉 천에서 내려와 인간에게로 혹은 내재하면서 초월해 있는 심과 성과 천은 바로 이때 서로 상통하여 하나가 되는 것이다.

또한 맹자의 '천도관'에 있어서 "진심, 지성, 지천"은 적극적인 측면에서 천을 언급한 것이며, "존심, 양성, 사천"은 소극적인 측면에서 천天을 언급한 것이라고 말할 수 있다. 이러한 천의 소극적인 측면으로서의 "존심, 양성, 사천"은 본심을 잘 보존하여 그것을 잃지 않고 선한 본성을 키워 해치지 않는다는 것을 의미한다. 그리고 천의 적극적인 측면으로서의 "진심, 지성, 지천"의 과정을 통하여 인간이 비록 유한적인 존재이기는 하지만, 도덕적으로는 무한적인 존재임을 자각하는 여정 속에서 인간이 유한성의 속박을 벗어나 끊임없이 생성하는 천도와 서로 합치될 수 있다는 것이다.

다시 말하면 "진심, 지성, 지천"이라는 말은 적극적이고 주동적으로 천이 천도가 되는 이유를 인식하고 그것을 증명하는 것이며, "존심, 양성, 사천"이라는 말은 소극적이고 피동적으로 천이 천도가 되는 이유를 앙모하고 그것을 숭상하는 것이며, "요수, 수신, 입명"이라는 말은 적극적인 것과 소극적인 것을 합친 총체로서 최종적으로는 천도와 성명이 서로 관통되는 경지에 이르는 것 이것이 바로 입명인 것이다. 또한 바로 여기에 맹자의 천인관계론 즉 하늘과 인간은 합치될 수 있다고 하는 '천인합일론'의 대체가 담겨져 있는 것이라고 할 수 있다.

참고문헌

朱公遷,『詩經義疏』,『四庫全書』本.

孫星衍,『尙書今古文注疏』,『平津館叢書』本.

劉寶楠,『論語正義』,『續皇淸經解』本.

朱　熹,『中庸章句集註』,『海淵閣明刻』本.

趙　汸,『春秋左氏傳補注』,『通志堂經解』本.

趙　岐,『孟子章句』,『四部叢刊』本.

朱　熹,『孟子章句集註』,『海淵閣明刻』本.

焦　循,『孟子正義』,『焦氏遺書』本.

牟宗三,『圓善論』, 臺北, 學生書局, 1985년.

牟宗三,『中國哲學的特質』, 臺北, 學生書局, 1986년.

何淑靜,『孟荀道德實踐理論之硏究』, 臺北, 文津出版社, 1988년.

許宗興,『孟子的哲學』, 臺北, 臺灣商務印書館, 1989년.

蔡仁厚,『孔孟荀哲學』, 臺北, 學生書局, 1990년.

牟宗三,『心體與性體』, 第一冊, 臺北, 正中書局, 1991년.

袁保新,『孟子三辨之學的歷史省察與現代詮釋』, 臺北, 文津出版社, 1992년.

劉鄂培,『孟子大傳』, 北京, 淸華大學出版社, 1998년.

제5장

순자의 천인관계론

1. 시작하는 말

순자는 전국시대 말기에 생존했는데, 그 시기에 있어서 그는 누락되어서는 안 될 사상가로서 자리매김하고 있었다. 이는 단지 그가 생존하던 시기가 백가쟁명의 시기였기 때문만이 아니라, 그가 각 학파의 학설을 수용하여 자신만의 견해를 제시했기 때문이라고 할 수 있다. 그러므로 순자는 전국시대의 집대성적 사상가라고 할 수 있으며, 이와 같이 한 시대의 획을 그은 관건성의 경향을 띤 사상가에 대한 재조명은 반드시 필요하다고 생각한다.

순자는 당시 다양한 환경의 변화에 당면하여 발생한 혼란과 잘못된 견해들을 바로잡기 위해서, 당시의 학술사상에 대하여 비판적인 반응을 보였다. 이와 관련하여 순자의 사상 가운데 가장 특별하고 근원적인 의미의 주장은 바로 그가 천天에 대하여 진행한 주장이라고 할 수 있다. 순자는 자연적 의미의 천을 강조하였는데, 그가 비록 천에 자연적 의미만 갖추어져 있다고는 말하지 않았지만, 후세의 학자들 대부분은 순자가 언급한 천이 자연적 의미만을 갖추고 있다고 주장하며 심지어는 순자를 유가의 이단아로 보기까지 한다. 이러한 견해들은 순자에 대한 오해와 편견에서 비롯된 것이라고 생각된다.

천인관계의 문제에 있어서 순자가 천을 논급한 목적은 인간을 설명하기 위함에 있었다고 할 수 있다. 이러한 천인관계의 문제에 대한 순자의 사상은 전대의 공자나 맹자의 천인관계에 관한 사상보다 진일보한 발전이 있다고 말할 수 있다. 즉 순자는 유가의 주나라 문화전통 사상을 전승하는 가운데 인식한 도덕적 의미의 천에 직하稷下에서 흡수한 자연적 의미의 천도관념을 적절하게 배합했다는 점에서 발전을 했다는 것이다. 이러한 순자의 천도관념은 일견 모순되는 것처럼 보이지만 도덕과 자연 사이의 대립을 초월하여 상호보완과 상호계발을 해줄 수 있는 부분을 포함하고 있다고 볼 수 있다.

선진유가의 천인관계론 가운데 순자의 천인관계론은 도덕적 의미에 집중되어 있는 유학의 천인관계론에 자연적 의미를 더한 새로운 형태의 천인관계론을 수립했다는 점에서 사상사적 의미가 있다고 판단한다. 이러한 순자의 천인관계론에 대하여 본문에서는 자연적 의미의 천과 그것의 출현, 천과 인간의 구분, 인간의 천에 대한 반응의 문제 등에 관하여 논의를 진행해나가도록 하겠다.

2. 자연적 의미의 천

순자는 자연적 의미의 천 관념의 제기를 통하여 기존의 천인관계의 모식을 재정립하여 새로운 각도로 천과 인간 사이의 문제를 처리하고자 했다고 할 수 있다. 이러한 천의 자연적 의미는 순자가 처음으로 제기한 것이 아니라 순자 이전에 이미 존재하고 있었던 개념으로 『춘추좌전』에 "천에는 육기六氣가 있는데, 이것이 땅으로 내려와 오미五味를 낳게 하고, 오색五色을 발하게 하며, 오성五聲을 이루게 하거늘, 정도가 지나치면 여섯 가지 병이 생긴다."[1]라고 언급되어 있는 것처럼 이미 오래전에 존재하고 있었다. 그러나 이러한 개념에 대하여 상세하게 설명을 한 사람은 유가에서는 순자뿐이었다고 할 수 있다. 순자는 천에 대한 이해에 있어서 먼저 천의 운행은 일정한 것이라고 하는 화두를 던진다.

> 하늘의 운행에는 일정한 법도가 있다. 요임금 때문에 존재하는 것도 아니고, 걸왕 때문에 없어지는 것도 아니다. 거기에 다스림으로 호응하면 곧 길하고, 거기에 혼란으로 호응하면 곧 흉하다.[2]

순자는 천을 객관적 존재인 자연계로 보는 한편 이러한 자연계는 규칙적으로 운행한다고 생각했다. 이와 같은 객관적 존재로서의 자연계는 인간사와는 무관하게 돌아가는 것이기 때문에 인간세상의 길흉화복은 전적으로 인간 자신에 의해서 결정되는 것이다.

> 농사에 힘쓰고 쓰는 것을 절약하면 하늘도 가난하게 할 수 없고, 잘 보양하고 제때에 움직이면 하늘도 병들게 할 수 없으며, 올바른 도를 닦아 도리에 어긋나지 않으면 하늘도 재난을 당하게 할 수 없다. 그러므로 장마와 가뭄도 그러한 사람을 굶주리게 할 수 없고, 추위와 더위도 병들게 할 수 없으며, 요괴도 불행하게 할 수 없는 것이다.……타고난 때는 잘 다스려지던 시대와 같은데도 재앙과 재난은 잘 다스려지던 시대와는 달리 많은 것에 대해 하늘을 원망할 수는 없는 것이며, 그들의 행동 방법이 그렇게 만든 것이다.[3]

---

1 『春秋左傳』, 「昭公元年」, "天有六氣, 降生五味, 發爲五色, 徵爲五聲. 淫生六疾."

2 『荀子』, 「天論」, "天行有常, 不爲堯存, 不爲桀亡. 應之以治則吉, 應之以亂則凶."

3 『荀子』, 「天論」, "彊本而節用, 則天不能貧; 養備而動時, 則天不能病; 修道而不貳, 則天不能禍. 故水旱不能使之飢, 寒暑不能使之疾, 祆怪不能使之凶.……受時與治世同, 而殃禍與治世異, 不可以怨天, 其道然也."

순자는 천하의 안정됨과 혼란한 문제에 당면하여, 일월성신으로 대표되는 천과 춘하추동으로 대표되는 시기와 삶과 죽음으로 대표되는 대지 모두가 천하의 안정됨과 혼란한 상황을 연출하는 것과는 전혀 관계가 없다는 점을 강조했다. 그렇기 때문에 인간은 농사에 힘쓰고 소비를 절약하며, 건강을 잘 챙기고 시의적절한 운동을 하고, 올바른 삶의 태도를 유지하게 되면, 천이 인간을 곤궁하게 만들거나 질병이 생기게 만들거나 혹은 재앙에 빠지게 만드는 등의 물리적 영향력을 행사 할 수 없다는 것이다.

천의 규칙적인 측면에 대해서 말하자면, 그것의 표현은 바로 일정함에 있는 것으로 이러한 일정함은 천의 운행상태를 설명하는 것이며, 그것은 항상 일정하고 지속적인 것으로 외부 힘의 영향을 받아서 변하는 것이 아닌 것이다. 천의 운행에 일정함이 있다고 하는 것은 천의 운행에 일정한 도리와 법칙이 있다는 것을 나타내는 것이라고 할 수 있다.

> 하늘이 여러 백성들을 낳으셨으니, 사물이 있으면 법칙이 있다. 백성들은 불변하는 마음을 가져, 이 아름다운 덕을 좋아한다.[4]

> 하늘이 무슨 말씀 있으시더냐? 사계절이 운행되고 만물이 자라고 있지만, 하늘이 무슨 말씀을 하시더냐?[5]

> 요임금 때문에 존재하는 것도 아니고, 걸왕 때문에 없어지는 것도 아니다.[6]

위의 인용문들에서 언급한 "법칙"과 "말씀" 및 "하지 않는다."는 말들은 모두가 일정한 도리의 규칙적인 측면을 나타내는 것으로 영원하고

4 『詩經』, 「大雅」, "天生蒸民, 有物有則, 民之秉彝, 好是懿德."
5 『論語』, 「陽貨」, "子曰: 天何言哉? 四時行焉, 百物生焉, 天何言哉?"
6 『荀子』, 「天論」, "天行有常, 不爲堯存, 不爲桀亡."

객관적이라는 것이다. 이러한 규칙성의 인간세계에 대한 반응은 과연 어떤 형태로 나타날 것인가? 순자는 이에 대하여 "하늘은 사람들이 추위를 싫어한다 하여 겨울을 없애지 않는다. 땅은 사람들이 먼 것을 싫어한다 하여 넓음을 없애지 않는다."[7]라고 하여, 겨울과 넓음 모두는 인간의 좋아함과 싫어한고 하는 기호에 의해서 변하는 것이 아니라고 한다. 이는 천의 일정함을 설명하는 것으로, 천이 천이되는 본질을 나타내는 것이라고 할 수 있다.

이러한 순자의 자연계의 변화에 대한 견해는 음양가의 사상과는 다른 경향을 띠고 있다고 할 수 있다.

> 추연은 나라를 가진 자가 더 음란하고 사치하여 도덕을 숭상할 수 없으므로, 대아에서 말한 것처럼 도덕을 먼저 자신의 몸에 정제한다면 비로소 그 덕을 백성들에게까지 미칠 수 있음을 보았다. 그래서 깊이 음양의 소멸과 성장 변화를 관찰하고, 기이하고 현실과 거리가 먼 변화를 기술하여 「종시」, 「대성」편 등 십만여 자를 지었다. 그 말들이 멀고 크고 종잡을 수 없어서 변함없는 도리에 맞지 않으나, 먼저 작은 사물을 검증하고 난 후에 그것을 추론하여 확대해나가 무한한 곳까지 이르렀다.[8]

음양오행의 사상은 매우 이른 시기까지 거슬러 올라갈 수 있는데, 『사기』에 "황제가 성력에 대하여 정확하게 관측한 이후로 오행으로 만물을 구성하는 이론체계를 세우고, 천지만물이 생기고 소멸되는 신진대사의 이치를 발견하고, 윤달을 설치함으로써 일 년의 열두 달 외에 남는 시간을 처리하여 추운 계절과 더운 계절의 차이를 바로잡았다."[9]라고 기록되

---

7 『荀子』, 「天論」, "天不爲人之惡寒也, 輟冬; 地不爲人之惡遼遠也, 輟廣."

8 『史記』, 「孟子荀卿列傳」, "騶衍睹有國者益淫侈, 不能尙德, 若大雅整之於身, 施及黎庶矣. 乃深觀陰陽消息而作怪迂之變, 終始, 大聖之篇十餘萬言. 其語閎大不經, 必先驗小物, 推而大之, 至於無垠."

9 『史記』, 「曆書」, "蓋黃帝考定星歷, 建立五行, 起消息, 正閏餘."

어 있는 것처럼, 음양오행은 천문역법의 발전으로부터 비롯되어온 것이다. 전국시대 말기에 이르러 추연鄒衍이 그 학설을 체계화 시켰는데, 그는 음양의 변화와 오행의 상호결합을 통하여 오덕종시설五德終始說을 만들어 새로운 형태의 역사관으로 발전시켰다. 추연은 오행상승의 이론으로 역사상의 왕조흥망 사례를 연구했는데, 그의 이러한 학설은 한대에 매우 깊은 영향을 끼쳤다.

> 순자는 고대 종교 관념이 두 차례에 걸친 대전환기 속에서 생존했는데, 하나는 서주초기에 싹트기 시작하여 도가의 천도관에 이르는 시기까지로 이때는 천의 신비적인 성질은 점진적으로 물질적 성질의 것으로 대체되어가는 추세였다. 다른 하나는 춘추시대 말기부터 시작하여 전국시대 초기에 이르는 시기로 이때는 모든 자연현상의 이변을 천의 의지의 표현으로 보았는데, 그러한 주장의 선봉에는 묵가가 있었으며 전국시대 중후기에 와서 음양·오행 등의 미신 술수적인 이론이 주입된다. 『사기』, 「맹자순경열전」에 "순경은 멸망된 국가와 혼미한 군주가 서로 이어지고, 대도를 따르려고 하지 않고 무속에 미혹되고, 길흉의 징조를 믿는다." 라고 하는 언급은 순자 천론편이 시대에 대한 객관적 이성인식의 내재적 수요를 반영하는 것이다.[10]

순자는 인간세계의 안정과 혼란은 천과 전혀 별개의 일임을 강조했는데, 해와 달과 별들이 운행되고 있는 현상과 사계절 등은 우임금 때나 걸왕 때나 모두 같은 것으로 그것이 인간세계의 치란과는 전혀 관계없다는 것이다. 순자는 천이 객관적인 존재임을 강조하는 한편 자연계의 특별한 현상에 대하여 설명했다.

> 유성이 떨어지고 나무가 우는소리를 내면 나라 사람들이 모두 두려워

---

10 曾春海, 『儒家哲學論集』, 臺北, 文津出版社, 1989년, 112쪽 참조.

> 하는데, 그 이유는 무엇인가? 그것은 아무것도 아니다. 천지의 변화이자 음양의 조화로 드물게 생기는 일이다. 그것을 괴상하게 여기는 것은 괜찮지만, 두려워하는 것은 잘못이다. 일식과 월식이 생기고 철에 맞지 않는 비바람이 일고 혜성이 나타나는 것은 늘 어느 시대에나 있었던 일이다. 군주가 현명하면 정치가 평안하게 이루어져서, 비록 그런 일이 세상에 연이어 발생해도 아무 상관이 없다. 군주가 어리석으면 정치가 험난해져서, 그런 일이 비록 한 번도 일어나지 않아도 아무 소용이 없다. 유성이 떨어지고 나무가 우는소리를 내는 것은 바로 천지의 변화이자 음양의 조화로 드물게 생기는 일이다. 이상하게 여기는 것은 괜찮지만 그것을 두려워하면 안 된다.[11]

유성이 추락하고 나무가 소리를 내는 것에 대하여 순자는 천지간 자연현상의 일부분으로 보았지, 재이현상이나 미신관념의 징조로 보지 않았다. 순자는 다만 이러한 것이 일반적인 현상은 아닌 것이기 때문에 사람들이 괴이하게 느끼게 되는 것이라고 했다. 그러므로 순자는 이러한 특별한 현상은 천착해서 규명할 필요가 없는 것이라고 생각했다. 이와 같이 천은 객관적으로 존재하는 자연계일 뿐이라는 것이 순자의 천에 대한 관념이었던 것이다.

> 많은 별들은 일정하게 돌고, 해와 달은 번갈아가며 빛을 비추고, 사계절은 번갈아 바뀌고, 음과 양은 크게 변화하며 만물을 생성시키고, 비바람은 널리 내리고 불어 생육을 돕는다. 만물은 각각 그러한 조화를 얻어 생겨나고, 각각 그러한 양육을 얻어 성장한다. 그러한 일을 하는 것은 드러내 보이지 않고 그 공적만을 드러낸다. 이러한 것을 두고 신묘함이

---

11 『荀子』, 「天論」, “星隊木鳴, 國人皆恐. 曰: 是何也? 曰: 無何也! 是天地之變, 陰陽之化, 物之罕至者也. 怪之, 可也; 而畏之, 非也. 夫日月之有蝕, 風雨之不時, 怪星之黨見, 是無世而不常有之. 上明而政平, 則是雖並世起, 無傷也; 上闇而政險, 則是雖無一至者, 無益也. 夫星之隊, 木之鳴, 是天地之變, 陰陽之化, 物之罕至者也; 怪之, 可也; 而畏之, 非也.”

> 라 한다. 모두가 그렇게 하여 이루어 놓은 것은 알지만, 이루어 놓는 방법은 그 형체가 없어 알 수가 없다. 이러한 것을 두고 하늘의 공적이라 하는 것이다.[12]

위의 인용문에서 순자는 천체의 운행과 해와 달의 교체 및 사계절의 변화와 음양의 전환과 비바람에 의한 생산 등등의 현상을 천의 공적이라고 보고 있다. 이는 순자가 천에 대하여 자연계로서 혹은 물질계의 현상적 측면에서 설명한 것이라고 할 수 있다. 순자는 인간이란 단지 그것에 의해서 이루어진 것만을 이해할 수 있으며 형체가 없는 것은 이해를 할 수가 없는 것이라고 강조하여 주장했다. 이들 가운데 몇 가지는 주의를 할 만한데, 먼저 "이러한 것을 두고 하늘이라고 하는 것이다."와 같은 언급은 순자가 천을 운동변화 능력의 성질을 갖춘 물질적 자연계로 보았다는 것을 의미한다. 그러나 순자가 "이러한 것을 두고 하늘의 공적이라 하는 것이다."라고 언급한 것은 천의 업무와 구체적인 실행을 설명하는 것으로, 천은 반드시 천체의 운행과 해와 달의 교체 및 사계절의 변화와 음양의 전환과 비바람에 의한 생장을 지속시켜야 하는데, 이렇게 해야만 천의 운행에 일정한 법도가 있다는 것이 드러나게 되는 것이다. 다른 하나는 앞의 인용문에서 언급한 인간의 인식능력은 한계가 있기 때문에 이루어져 있는 것만 인식할 수 있을 뿐, 형체가 없는 것은 인식할 수 없다는 것으로 이는 본체계와 현상계의 분야이다. 끝으로 천의 운행은 신묘함인데, 이는 자연계의 현상이라는 의미의 천이 그 운행방식을 "그러한 일을 하는 것은 드러내 보이지 않고 그 공적만을 드러낸다."처럼 신묘하게 드러낸다는 것을 의미하는 것이다.

---

12 『荀子』, 「天論」, "列星隨旋, 日月遞炤, 四時代御, 陰陽大化, 風雨博施, 萬物各得其和以生, 各得其養以成, 不見其事, 而見其功, 夫是之謂神. 皆知其所以成, 莫知其無形, 夫是之謂天功."

3. 천과 인간의 구분

순자는 천의 자연적 의미를 밝혀서 천의 자연적인 특성을 강조했다. 이어서 순자는 천과 인간의 관계에 대하여 명확한 경계를 구분하는데, 이는 인간이 객관적 실재로서의 천과 맞닥뜨렸을 때 마땅히 어떤 태도를 가지고 그것을 이해하고 대응해야 하는지에 대한 성찰이었다고 할 수 있다. 그렇기 때문에 순자는 구분의 개념을 제기하여 천과 인간의 문제에 대하여 설명했던 것이다.[13]

> 위로는 신분질서의 구분이 어지럽지 않고, 아래로는 직무 수행 능력이 궁지에 몰리는 일이 없게 되니, 이것이 정치의 극치다.[14]

> 사람을 사람이라 할 수 있는 근거는 무엇인가? 사람에게는 분별 능력이 있다는 것이다. 굶주리면 먹을 것을 바라고, 추우면 따스한 것을 바라며, 수고로우면 쉬기를 바라고, 이익을 좋아하고 손해를 싫어하는데, 이것은 사람들이 나면서부터 가지고 있는 것이다. 그것은 외부의 영향으로 그렇게 되는 것이 아니며, 성왕인 우임금이나 폭군인 걸왕이 모두 같다.……그러므로 사람으로서의 도에는 어디에나 분별이 있다는 것이다. 분별에는 분수보다 더 큰 것이 없고, 분수에는 예의보다 더 큰 것이 없으며, 예의에는 성왕보다 더 큰 것이 없다.[15]

위의 인용문에서 순자가 언급한 굶주리면 먹을 것을 욕구하고, 추우면 따뜻한 것을 욕구하고, 피곤하면 휴식을 욕구하고, 이익을 좋아하고 손

---

13 簡淑慧, 「分的起源及其在荀子思想系統中的地位」, 『孔孟月刊』, 29卷, 第5期, 23~28쪽 참조.

14 『荀子』, 「儒效」, "分不亂於上, 能不窮於下, 治辯之極也."

15 『荀子』, 「非相」, "人之所以爲人者何已也? 曰: 以其有辨也. 飢而欲食, 寒而欲煖, 勞而欲息, 好利而惡害, 是人之所生而有也, 是無待而然者也, 是禹桀之所同也.……故人道莫不有辨. 辨莫大於分, 分莫大於禮, 禮莫大於聖王."

해를 싫어하는 것 등은 모두가 인간이 태어날 때부터 가지고 있는 본능으로 본래적으로 그렇게 갖춰져 있는 것이다. 그러나 인간과 짐승의 차이점은 바로 인간이 가지고 있는 구분과 분별의 능력에 있는 것이다.

순자는 분별의 주요한 기능이 도를 표현하는 것이라고 보았으며, 분별이 도달하고자 하는 목적은 바로 예의에 있다고 주장했다. 순자가 제기한 군자의 분별은 바로 순자가 분별 있는 말을 하는 것이 군자가 마땅히 다해야할 본분이라고 보았던 것이다. 즉 순자는 군자가 예의의 실천을 통하여 천하에 간사한 언론이 무분별하게 유행하는 어지러운 상황을 종식시킬 수 있기를 염원했던 것이다.

순자는 천도와 인도의 구별을 통하여 천과 인간 사이의 구분을 확실하고 분명하게 하여 그것들의 혼란으로 인해 야기되는 잡다한 이론들을 종식시키고자 하였다. 이러한 구분이 혼란을 방지할 수 있다고 생각했던 순자는 천과 인간의 문제에 대해서도 구분의 필요성이 절실하게 필요한 것으로 보았던 것이다. 그래서 순자는 천과 인간의 특성에 대하여 구분을 통하여 명확하게 설명을 했던 것이다.

> 그러므로 천과 인간의 구분을 명확하게 하면 곧 그를 지극한 사람이라 할 수 있다. 작위를 가하지 않아도 이루어지고 추구하지 않아도 얻어지는 것, 이것을 천의 직무라 한다……천의 직무가 성립되고, 천의 공적이 이루어진 뒤에, 인간의 형체가 갖추어지고 정신이 생겨나서, 좋아함과 싫어함, 기쁨과 노여움, 슬픔과 즐거움의 감정이 깃들게 된다. 이것을 천정이라 한다. 귀·눈·코·입과 육체는 각각 밖의 것들과 접촉해 기능을 발휘하나, 기능을 함께 할 수는 없다. 이것을 천관이라 한다. 마음은 가운데 텅 빈 곳을 차지하고, 귀·눈·코·입과 육체의 오관을 다스린다. 이것을 천군이라 한다. 그와 같은 종류가 아닌 것들을 적절히 이용해 인류를 양육해 주고 있다. 이것을 천양이라 한다. 그와 같은 생활에 순조로운 것을 복이라 하고, 그와 같은 종류의 생활을 거스르는 것을 화라고 한다. 이것을 천정이라 한다.[16]

순자는 천의 본질을 두 가지 측면으로 구분했는데, 한 측면은 천직天職과 천공天功이고 다른 하나는 천정天情·천관天官·천군天君·천양天養·천정天政이다. 먼저 전자 즉 천직과 천정에 대하여 언급하자면, 천공은 이루어 놓은 것은 알지만, 이루어 놓는 방법은 그 형체가 없어 알 수가 없다고 하는 것이며, 천직은 작위를 가하지 않아도 이루어지고 추구하지 않아도 얻어지는 것으로, 이러한 것들은 천의 자연적 의미의 형이상 본질에 대한 설명으로 천을 천이라고 할 수 있는 근거가 되는 것이다. 부패영傅佩榮은 "순자 마음속에서의 천은 의지가 없고 목적도 없는 존재로서, 순자가 말하는 천직은 작위를 가하지 않아도 이루어지고 추구하지 않아도 얻어지는 것으로, 맹자가 언급한 운명의 의미에 매우 가깝다."[17] 부패영은 순자가 운명의 의미로서 천에 대하여 취한 태도는 "성인만이 천에 대하여 알려고도 추구하지도 않는다."라고 생각했는데, 이처럼 성인이 천에 대하여 알려고도 추구하지도 않는다고 하는 것은 확실히 순자가 운명의 의미로서 천에 대하여 취한 태도가 틀림없다고 생각하지만, 그렇다고 해서 부패영의 주장처럼 순자 마음속의 천이 결코 완전히 의지가 없고 목적도 없는 존재라고는 생각하지 않는다.

다음 후자에 대하여 언급하자면, 이는 천이 현상계의 본질로 나타나는 것에 대한 설명으로, 순자는 천의 직무가 성립되고 천의 공적이 이루어진 이후에 이어서 천정天情·천관天官·천군天君·천양天養·천정天政의 문제에 대한 논의를 진행해나간다. 양경楊倞은 주석에서 "인간의 육체 역시 천의 직무와 천의 공적으로 이루어진 것이다."라고 언급한 것처럼 인간 역시 천의 공적으로 이루어진 것으로, 천에 의해서 각종의 감각기관의

16 『荀子』, 「天論」, "故明於天人之分, 則可謂至人矣. 不爲而成, 不求而得, 夫是之謂天職.……天職旣立, 天功旣成, 形具而神生, 好惡喜怒哀樂臧焉, 夫是之謂天情. 耳目鼻口形能各有接而不相能也, 夫是之謂天官. 心居中虛, 以治五官, 夫是之謂天君. 財非其類以養其類, 夫是之謂天養. 順其類者謂之福, 逆其類者謂之禍, 夫是之謂天政."

17 傅佩榮, 『儒道天論發微』, 臺北, 學生書局, 1988년, 157쪽 참조.

기능과 인식능력을 부여받았다. 이는 또한 인간의 "이루어 놓은 것은 알지만, 추구하지 않아도 얻어지는 것"이 되는 것이다. 이와 같이 볼 때, 먼저 순자는 구분을 사용할 때에 천과 인간의 구분만을 처리하지 않고 천과 천의 구분도 처리했다고 할 수 있다. 이러한 천과 천의 구분은 형이상의 천과 현상계의 천의 분별이며, 이러한 두 가지 의미는 천이 자연적 의미의 천이라고 하는 관점에서의 설명인 것이다. 요명춘廖名春과 같은 경우 순자가 주장한 것은 천과 인간의 구분이지 천과 인간의 상호분리는 아니라는 것이며, 순자의 천과 인간의 분리는 천과 인간 각자는 자신들만의 특정한 직분과 직능이 있다는 것을 설명하기 위한 것으로 이는 양자가 다르다는 것이지 천과 인간이 전혀 관계가 없다는 것을 의미하는 것은 아니다 라고 했다.[18]

순자는 정情·관官·군君·양養·정政의 문제를 비례의 원칙을 유추하는 방식을 통하여 천이 현상계의 본질로 나타나는 특징으로 설명했다. 순자는 인간의 좋음·싫음·기쁨·노함·슬픔·즐거움 등의 정서적 반응에서 천의 감정을 설명하고, 귀·눈·코·입과 육체의 기능으로 천의 기관 기능을 설명하고, 마음으로 천의 오관을 다스림을 설명하고, 만물을 통해서 인간을 양육해 주는 것으로 천의 부양을 설명하고, 이들과 같은 것으로써 순조롭거나 거스르는 태도로 천의 정사를 설명한다. 천정은 그것이 정현되는 것이 은밀한데, 이는 인간의 정서가 마음에 내재되어 있는 특징과 서로 같은 것이다. 그리고 천관은 인간의 오관이 서로 제각각이어서 서로가 접해 있으나 서로 도울 수 없는 것으로, 천관의 각자 직무는 상호 불간섭함을 나타내고 있는 것이다. 천군은 마음이 매우 중요한 것이며, 이는 인간 마음의 주재능력을 나타내는 것으로 오관이 마음에 의해서 비로소 조화를 이룰 수 있으며 또한 최대의 역량을 발휘할 수 있다는

---

18 廖名春, 『荀子新探』, 臺北, 文津出版社, 1994년, 189쪽 참조.

것을 나타내고 있는 것이다. 천양은 양육으로 인간과 다른 종류의 것들과 그것들을 재단하는 것의 관련성을 설명하는 것으로, 이는 인간과 다른 종류의 것들로 인간을 양육하려면 재단하는 과정 속에서 재제와 분별의 적극적인 작용을 통하여 일상생활에서 생명의 유지에 필요한 과정을 체현해내는 것이다. 천정에서는 순조롭거나 거스르는 태도로서 그것과 다른 종류의 사물과의 관계 및 그 결과를 설명하고 있는 것으로, 이는 인간사의 관점에서 볼 때, 어떻게 해야 만이 인간이 직면한 국가와 사회의 문제를 거슬러 재앙을 자초하지 않고 순조롭게 해결하여 행복을 추구할 것인가를 나타내고 있는 것이다.

그렇기 때문에 순자의 천과 인간의 구분은 인간·사회·자연이라고 하는 삼자를 분별하는 것이라고 할 수 있지만, 그렇다고 해서 순자가 인간과 자연의 관계를 크게 획정지은 것은 아니다. 즉 자연은 인간 생존의 기반이 되며 인간은 자연의 연속과 완성이며, 인간은 주체적으로 천군을 맑게 하고 천관을 바르게 하며 천양을 비축하고 천정을 순조롭게 하고 천정을 양육해야 만이 비로소 그 천의 공적을 온전히 할 수 있게 되어 인간을 인간이라고 할 수 있는 본분을 실천할 수 있게 되는 것이다.

순자의 천과 인간의 구분에서 또 다른 문제 가운데의 하나는 바로 주체적인 인간이 천을 인식할 수 있는지 여부의 문제라고 할 수 있다. 이러한 문제에 관해서는 두 가지 측면으로 설명해볼 수 있는데, 하나는 바로 순자가 인간의 인식능력을 긍정했으나 인간의 인식능력의 한계를 부정하지 않았다는 점이다. 다른 하나는 바로 순자는 성인이 인식주체의 대표가 된다고 보았다는 점인데, 이러한 성인에 대해서는 순자의 이론 속에서 명쾌한 설명을 찾아보기 힘들다고 할 수 있다. 그렇기 때문에 순자가 언급한 성인은 유가의 전통 속에서 언급되어지는 성왕으로 보아도 무방하다고 생각한다.

오직 성인만은 천에 대하여 알려고도 추구하지도 않는다.……그의 마음인 천군을 어둡게 하고, 그의 감각기능인 천관을 어지럽히고, 자연의 양육인 천양을 버리고, 자연의 화복인 천정을 거스르고, 자연의 감정인 천정을 위배하면, 천공인 그 자신을 잃게 된다. 이것을 두고 대흉이라 한다. 성인은 그의 마음인 천군을 맑게 하고, 그의 감각기능인 천관을 올바르게 하고, 자연의 양육인 천양을 두루 갖추고, 자연의 화복인 천정을 따르고, 자연의 감정인 천정을 길러서, 그의 몸인 천공을 온전히 해야 하는 것이다. 그렇게 되면 곧 그가 할 일과 해서는 안 될 일을 알게 된다. 그러면 하늘과 땅도 제 할 일을 해, 만물을 모두 부릴 수 있게 될 것이다. 그 행위가 빈틈없이 모든 것을 잘 다스리고, 그의 보양이 빈틈없이 모두 적절하면, 그의 삶은 손상되지 않는다. 이것을 두고 천을 안다고 하는 것이다.[19]

위의 인용문에서 순자의 천 인식에 대한 태도에서 취한 아는 것과 알려고 하지 않음이라고 하는 양면성은 결코 순자가 범한 논리적 모순이 아니라, 인간의 인식능력상에 있어서의 구분을 명확하게 한 것일 뿐이다. 먼저, 알려고 하지 않음의 측면은 순자가 "이러한 것이 비록 심원하다 하더라도 올바른 사람은 거기에 대해 생각을 더하지 않고, 그것이 비록 위대하다 하더라도 능력을 더 보태려 하지 않으며, 그것이 비록 빈틈없다 하더라도 더 살펴 주지 않는다."[20]라고 언급한 것에서 "이러한 것"은 천이 그렇게 한 까닭을 의미하는 것이며, 인간이 그러한 천이 그렇게 한 까닭에 대하여 이해한 것은 "그러한 일을 하는 것은 드러내 보이지 않고 그 공적만을 드러낸다."는 것이다. 이는 천의 직무와 천의 공적의 차원에

19 『荀子』, 「天論」, "唯聖人爲不求知天.……暗其天君, 亂其天官, 棄其天養, 逆其天政, 背其天情, 以喪天功, 夫是之謂大凶. 聖人淸其天君, 正其天官, 備其天養, 順其天政, 養其天情, 以全其天功. 如是, 則知其所爲, 知其所不爲矣; 則天地官而萬物役矣. 其行曲治, 其養曲適, 其生不傷, 夫是之謂知天."

20 『荀子』, 「天論」, "如是者, 雖深, 其人不加慮焉; 雖大, 不加能焉; 雖精, 不加察焉."

속하는 것으로 곧 형이상의 차원인 것이다. 그러므로 그것이 이루어 놓은 것은 알지만, 이루어 놓는 방법은 그 형체가 없어 알 수가 없는 것이다. 이점에 대하여 진대제陳大齊와 같은 경우 "순자가 천에 대해서 알려고도 추구하지도 않는다. 라고 언급한 이유는 두 가지 측면으로 볼 수 있는데, 하나는 천의 의지를 알기 위해서 천을 알려고 추구하지 않는다는 것이며, 다른 하나는 천이 그렇게 하는 까닭을 알기 위해서 천을 알려고 추구하지 않는다는 것이다."[21] 진대제의 견해는 순자의 사상과 합치되는 것이라고 할 수 있다. 그가 언급한 천의 의지를 안다고 하는 각도에서 본 관점은 미신이나 재이사상에 쉽게 빠질 수 있는 여지가 있기 때문에 순자는 이를 제거하려 했다. 또한 천이 그렇게 하는 까닭을 안다고 하는 각도에서 본 관점은 인간의 능력으로는 언급할 수 없는 것이기 때문에 이해할 필요가 없는 것이다. 그렇기 때문에 순자는 "그러므로 군자는……그들이 천지만물을 대함에 있어서는 그것들이 그와 같이 되어 있는 까닭을 설명하는 일에는 힘쓰지 않고, 그 자원을 잘 쓰기에 노력한다."[22]라고 생각했던 것이다. 그러므로 천의 직무는 심원하고 위대하며 정밀한 것 등의 측면으로 나타나는 것이기 때문에 인간이 마땅하게 취해야할 태도는 생각을 더하지 않고 능력을 더 보태려 하지 않고 더 살펴주지 않는 것이다. 이러한 것이 바로 알려고 추구하지 않는다고 하는 것으로서 인간과 천의 구분을 획정 지어주는 한계점인 것이다.

다음은 천을 안다고 하는 측면으로 순자가 다음과 같이 언급한 것에서 분석해 볼 수 있다.

> 그러므로 위대한 기교는 아무것도 하지 않는 데에 있고, 위대한 지혜는 아무것도 생각하지 않는 데에 있다. 천에 대해 알 수 있는 것은 그것

---

21 陳大齊, 『荀子學說』, 臺北, 中國文化大學出版部, 1988년, 27쪽 참조.

22 『荀子』, 「君道」, "故君子……其於天地萬物也, 不務說其所以然, 而致善用其材."

> 이 확실히 지적할 수 있는 현상으로 드러나는 범위에 한정된다. 땅에 대해 알 수 있는 것은 그것이 생물을 번식시키기에 합당함을 드러내 주는 범위에 한정된다. 사계절에 대해 알 수 있는 것은 그것이 여러 가지 일을 할 수 있는 방도를 드러내 주는 범위에 한정된다. 음양에 대해 알 수 있는 것은 그것이 여러 가지를 다스릴 수 있는 조화를 드러내 주는 범위에 한정된다.[23]

순자는 우선 인간이 인식과 이해를 할 수 있는 범위를 긍정하는데, 그것은 바로 현상·합당함·방도·조화의 네 가지 측면이다. 천의 현상은 그것이 드러내는 상징으로 이것을 통하여 절기나 기후의 변화를 예측할 수 있는 것이다. 땅의 합당함은 토지가 각종 작물을 심기에 적합하다는 것을 의미하는 것으로 이것을 통하여 각종의 작물들이 번성하고 생육하는 것이다. 사계절의 방도는 봄 여름 가을 겨울의 변화와 질서를 의미하는 것으로 이것을 통하여 자연계의 법칙이 생겨서 노동이나 일에 종사할 수가 있게 되는 것이다. 음양의 조화는 춥고 더운 것이 마땅한 때에 순서에 맞춰서 조화롭게 변화하여 이것을 통해서 인간사의 모든 일을 대비하고 국가의 업무를 정립하는 법칙이 되는 것이다.

이상의 논거들을 기초로 하여 순자가 언급한 안다고 하는 문제에 대하여 알 수 있는 사실은 바로 맑음·올바름·두루 갖춤·순응함·양육함의 노력을 통하여 천군·천양·천정·천정天政으로 나타나는 천의 현상계의 본질을 파악할 수 있다는 것이다. 다시 말하자면 맑음·올바름·두루 갖춤·순응함·양육함의 노력을 통하여야 만이 비로소 천군·천양·천정·천정天政 즉 천이 이루어 놓은 것을 안다고 하는 것이며, 그것의 목표가 질서를 회복할 수 있는 다스림과 적합한 양육환경의 조성 및 평안한 삶

23 『荀子』, 「天論」, "故大巧在所不爲, 大智在所不慮. 所志於天者, 已其見象之可以期者矣; 所志於地者, 已其見宜之可以息者矣; 所志於四時者, 已其見數之可以事者矣; 所志於陰陽者, 已其見和之可以治者矣."

의 영위에 도달함에 있는 것이다. 이러한 것이 바로 순자가 언급한 천의 본래 의미이며 또한 천의 공적을 온전하게 펼쳐서 그것이 천지만물에 두루 미치게 하는 것이다.

4. 인간의 천에 대한 대응

순자는 천의 직무와 천의 공적에 대하여 설명을 했으나, 그것은 단지 인간의 눈앞에 펼쳐진 객관적 실재를 드러낸 것뿐이었다. 오직 인간만이 여기에서 천과 반응한 후에 비로소 관계를 수립할 수 있어서 인간이 천·지·인의 삼재 가운데 연출하는 각색을 명확하게 할 수 있게 되는 것이다.

> 천에는 그의 철에 따른 변화가 있고, 땅에는 여러 가지 생산물이 있으며, 사람에게는 그 다스림이 있다. 이것을 두고 하늘과 땅의 변화에 참여하는 것이라 한다. 사람으로서 참여하는 일은 버리고 참여하는 대상만 알기를 바란다면 미혹된 일이다.[24]

위의 인용문에서 순자는 분명하게 천·지·인이 그것의 시스템 속에서 다른 성질을 드러내고 있는데, 이는 『중용』의 "오직 천하의 지극한 정성스러움만이 자신의 성을 다할 수 있게 된다. 자신의 성을 다할 수 있으면 남의 성을 다할 수 있고, 남의 성을 다할 수 있으면 만물의 성을 다할 수 있으며, 만물의 성을 다할 수 있으면 천지의 화육을 도울 수 있다. 천지의 화육을 도울 수 있으면, 천지의 조화에 참여할 수 있게 된다."[25]라는 언급과 서로 부합된다고 할 수 있다. 그 가운데 몇 가지는 다음과 같

---

24 『荀子』, 「天論」, "天有其時, 地有其財, 人有其治, 夫是之謂能參. 舍其所以參, 而願其所參, 則惑矣."

25 『中庸』, 「二十二章」, "唯天下至誠, 爲能盡其性; 能盡其性, 則能盡人之性; 能盡人之性, 則能盡物之性; 能盡物之性, 則可以贊天地之化育; 可以贊天地之化育, 則可以與天地參矣."

은 의의를 가지고 있다. 먼저 인간과 천지는 상호 호응하고 협력하는 관계로서 천이 계절의 변화로 나타나고 땅이 이로움으로 드러날 때에 인간의 일은 바로 천지와 호응하여 그러한 여건을 잘 다스리는 것이다. 또한 오직 이러한 기초 위에서만이 천은 생성하고 인간은 이룩한다는 것의 이론적 근거가 있게 되는 것이다. 다음은 인간이 천지에 대하여 반응하는 과정 속에서 소홀할 수 없는 것은 바로 고찰하고 검사하는 노력인데, 부단히 검토하고 검증하는 데에서만이 인간의 다스림에 하자가 없게 되어 비로소 그러한 다스림이 적합하게 될 수 있는 것이다. 끝으로 순자는 천·지·인의 관계에 대한 위치를 분명하게 했는데, 이는 선진유가의 사상에서 상당히 획기적인 발상으로서, 이러한 발상은 장자의 "나는 일월과 더불어 그 빛을 같이하고, 나는 천지와 더불어 영구불변하네."[26]라고 하는 견해와 유사성을 발견할 수 있다. 이러한 점에 대하여 또 다른 설명을 하자면, 인간이 천에 대하여 반응하는 것은 필연적인 것인데, 이것이 바로 인간의 직무인 것이다. 그러므로 순자는 "사람으로서 참여하는 일은 버리고 참여하는 대상만 알기를 바란다면 미혹된 일이다."라고 주장했던 것이다. 여기에서 순자는 계절의 변화·이로움·다스림 등의 각종 다른 직분의 작용이 드러남을 제시하여 인간이 반드시 그러한 다스림의 직분을 완성해야 만이 비로소 올바른 도리에 부합할 수 있다고 했다.

인간이 천에 대하여 반응하는 것은 그 필연성이 있는 것인데, 그렇다면 이러한 반응이 달성하고자 하는 목표는 무엇인가? 그것은 바로 천은 생성하고 인간은 이룩한다고 하는 즉 천생인성天生人成이다.

> 하늘과 땅은 군자를 낳았고 군자는 하늘과 땅을 다스리니, 군자란 하늘과 땅의 변화에 참여하는 것이며 만물을 아울러 거느리는 것이며 백성들의 부모가 되는 것이다.[27]

---

26 『莊子』, 「在宥」, "吾與日月參光, 吾與天地爲常."

> 성인은 그의 마음인 천군을 맑게 하고, 그의 감각기능인 천관을 올바르게 하고, 자연의 양육인 천양을 두루 갖추고, 자연의 화복인 천정을 따르고, 자연의 감정인 천정을 길러서, 그의 몸인 천공을 온전히 해야 하는 것이다. 그렇게 되면 곧 그가 할 일과 해서는 안 될 일을 알게 된다. 그러면 하늘과 땅도 제 할 일을 해, 만물을 모두 부릴 수 있게 될 것이다.[28]

여기에서는 인간의 직분은 무엇인가에 대하여 "사람에게는 그 다스림이 있다"라고 언급한 바와 같이 인간의 이룩함이 기초가 된다는 것을 설명하고 있다. 그렇다면 인간은 어떻게 이룩할 수 있는 것인가? 또한 어떠한 목표를 달성해야 만이 비로소 이룩했다고 할 수 있는 것인가? 먼저 어떻게 이룩하는가의 문제에 대하여 순자는 정리를 방법론으로 제시한다. 정리의 본래의 의미는 사물 자체에 구비되어 있는 본질적인 발전 추세에 의해서 그것이 완전하게 갖춰지는 것에 가깝게 되는 것을 의미한다. 이러한 정리의 기초 아래서 다스림은 비로소 표준과 발전의 방향이 있게 되는 것이다. 그러므로 순자는 "적은 노력으로 정리되는 것을 다스림이라 한다."[29]라고 언급했던 것이다. 앞에서 언급했던 천·지·인의 시스템 속에서 순자는 더욱 실제적인 방법론을 제시하는데, 즉 그는 사회정치적 측면에서 착수하여 사회적인 폐단을 바꾸려고 했었다. 그렇다고 해서 이러한 방법론이 순자가 공자나 맹자가 제시했던 역사·문화의 함의를 담고 있는 전반적인 인문적 시스템을 중시하지 않다는 것을 의미하는 것은 아니다. 순자가 언급한 예에서 볼 수 있듯이, 그는 예를 방법으로 삼는 한편 그것에 새로운 의미를 부여하여 새로운 도식을 창조했

---

27 『荀子』, 「王制」, "天地生君子, 君子理天地; 君子者, 天地之參也, 萬物之摠也, 民之父母也."

28 『荀子』, 「天論」, "聖人淸其天君, 正其天官, 備其天養, 順其天政, 養其天情, 以全其天功. 如是, 則知其所爲, 知其所不爲矣; 則天地官而萬物役矣."

29 『荀子』, 「修身」, "少而理曰治."

다. 그래서 순자는 인간사회를 더욱 동태적이고 활력을 구비한 이상적인 사회로 만들고자 했던 것이며, 그 방향은 천과 인간의 관계를 새롭게 건립하는 데에 있는 것으로 이룩함의 목표를 완성하는 것에 있는 것이라고 할 수 있다. 그러므로 여기에서는 이룩함의 목표에 있어서 도달하고자 하는 단계는 과연 어디까지 인가? 라고 하는 질문이 제기 될 수 있는데, 그것에 대한 대답은 바로 천의 공적을 온전하게 한다는 단계라고 할 수 있다. 순자는 천정·천관·천군·천양·천정天政 등의 다섯 개의 천의 기능을 인간이 알 수 있게 되는 특질이 될 때, 인간은 이러한 것에 대하여 기름·올바름·맑음·두루 갖춤·순응함의 태도로 반응하게 되는 것이다. 이와 같이 해야 만이 비로소 인간의 직분을 완성할 수 있는 것이기 때문에 순자는 "성인은 그의 마음인 천군을 맑게 하고, 그의 감각기능인 천관을 올바르게 하고, 자연의 양육인 천양을 두루 갖추고, 자연의 화복인 천정을 따르고, 자연의 감정인 천정을 길러서, 그의 몸인 천공을 온전히 해야 하는 것이다."라고 언급했던 것이다.

인간의 천에 대한 반응은 그것의 실천적인 측면에 있어서 두 가지 방면으로 나누어 볼 수 있는데, 하나는 천을 제어하고 이용한다는 것이고 다른 하나는 천을 섬긴다는 것이다.

먼저 천을 제어하여 이용한다는 즉 제천制天·용천用天에 대하여 살펴보면 다음과 같다.

> 천을 위대하게 여기고 그 생성의 힘을 고맙게 생각하는 것과, 물자를 비축하면서 그것을 제어하여 사용하는 것 가운데 어느 쪽이 더 낫겠는가? 천을 따르면서 그것을 기리는 것과 천으로부터 타고난 것을 처리하면서 그것을 이용하는 것 가운데 어느 쪽이 더 낫겠는가? 계절의 변화를 기다리는 것과 계절의 변화에 호응하여 그것을 활용하는 것 가운데 어느 쪽이 더 낫겠는가?……그러므로 인간으로서의 본분을 버리고 천을 생각한다면 곧 만물의 실정을 잃게 될 것이다.[30]

위의 인용문에서 나타난 바와 같이 제천에는 두 개의 중요한 원칙이 있음을 알 수 있다. 즉 제천은 반드시 자연의 운행질서를 따라야 한다는 것과 제천은 반드시 만물의 본질에 호응해야 한다는 것이다. 제천의 첫 번째 의미에 대하여 언급하자면, 제천은 반드시 자연의 법칙에 조화되어야 하는 것으로, 순자가 "그와 같은 종류가 아닌 것들을 적절히 이용해 인간을 양육해 주고 있다. 이것을 천양이라 한다."[31]라고 언급한 것에서처럼 양육이 요구하는 그와 같은 종류가 아닌 것들을 적절히 이용해 인간을 양육해야 하는 것이다. 자연계의 운행은 서로가 밀접하게 연결되어 있으며 상호의존적인 것으로 이러한 것은 쉽게 바뀔 수 없는 법칙이라고 할 수 있다. 인간이 만일 이러한 자연계의 운행법칙에 역행할 경우 바로 멸망으로 치달을 수밖에 없게 되는 것이다. 그래서 순자는 "그와 같은 종류에 순응하는 것을 복이라 하고, 그와 같은 종류에 역행하는 것을 재앙이라 한다."[32]고 언급했던 것이다.

제천의 두 번째 의미 즉 만물의 본질에 호응해야 한다는 것은, 제천의 첫 번째 의미의 확대로서 사물과 사물의 관계에서 시작하여 한 걸음 더 나가 사물의 본질에게까지 확장시켜야 한다는 것이다. 그러므로 순자는 "여럿이 모여 사는 방법이 합당하다면 만물이 모두 그들에게 합당케 되고, 여러 가지 가축들이 모두 나름대로 잘 자라게 될 것이며, 여러 생물도 모두 그들의 명대로 살게 될 것이다."[33]라고 주장했던 것이다. 그래서 인간이 만일 자연의 법칙을 알 수 있게 된다면 만물의 본성에 순응할 수 있는 것이며, 만물의 본성에 순응할 수 있게 된다면 천을 제어하고 이용할 수 있게 되는 것이다.

---

30 『荀子』, 「天論」, "大天而思之, 孰與物畜而制之! 從天而頌之, 孰與制天命而用之! 望時而待之, 孰與應時而使之!……故錯人而思天, 則失萬物之情."

31 『荀子』, 「天論」, "財非其類以養其類, 夫是之謂天養."

32 『荀子』, 「天論」, "順其類者謂之福, 逆其類者謂之禍."

33 『荀子』, 「王制」, "群道當, 則萬物皆得其宜, 六畜皆得其長, 群生皆得其命."

순자는 천의 자연적인 의미를 강조했는데, 무엇 때문에 천을 섬긴다고 하는 것을 통하여 인간의 천에 대한 반응에 관하여 전혀 다른 각도의 노선을 언급한 것일까?

> 예에는 세 가지 근본이 있다. 하늘과 땅은 생명의 근본이고, 선조는 종족의 근본이고, 훌륭한 군주는 다스림의 근본이다. 하늘과 땅이 없다면 어떻게 생명이 있겠는가? 선조가 없다면 사람이 어디서 나왔겠는가? 훌륭한 군주가 없다면 어떻게 다스려지겠는가? 세 가지 중에 어느 하나가 없어도 안락한 사람은 없을 것이다. 그러므로 예는 위로는 하늘을 섬기고 아래로는 땅을 섬기며 선조를 높이고 훌륭한 군주를 존중해야 한다. 이것이 예의 세 가지 근본이다.[34]

순자는 예의 근원이 천지·선조·훌륭한 군주라고 하였으며, 이러한 것들의 근원은 다른 측면들로 표현되고 있다. 즉 생명의 근본·종족의 근본·다스림의 근본으로 구분되어 표현되고 있는 것이다. 그러므로 예의 요구에 있어서 순자가 언급한 천을 섬긴다고 하는 것의 목적은 예의 근본을 긍정하는 데에 있는 것임과 동시에 인문의 중요성을 강조하는 데에 있었던 것이라고 할 수 있다. 오직 천지·선조·훌륭한 군주에 대한 긍정적인 태도가 있어야 만이 곧 "군자는 형식을 갖추기 위해 그런 일을 한다."[35]라고 하는 이상이 가능해질 것이며, 이러한 형식은 결코 인문적 수식이 아닌 것으로, 인간의 도리 즉 인도의 드러남으로서 이는 곧 인간의 천에 대한 반응인 것이다. 그러므로 천인관계의 전반적인 모식에서 볼 때, 순자는 인간을 위해서 새로운 길을 열어 놓았다고 할 수 있다. 구체

34 『荀子』, 「禮論」, "禮有三本. 天地者, 生之本也; 先祖者, 類之本也; 君師者, 治之本也. 無天地, 惡生? 無先祖, 惡出? 無君師, 惡治? 三者偏亡, 焉無安人. 故禮, 上事天, 下事地, 尊先祖而隆君師, 是禮之三本也."

35 『荀子』, 「天論」, "君子以爲文."

적으로 말하자면 그는 천명을 천인관계의 주체로 보질 않고 자연을 통하여 인간의 능동성을 부각시키는 한편 인간존재의 천지 사이에서의 역할을 강조하여 인간의 가치와 책임을 한층 더 제고시켰다고 할 수 있는 것이다.

5. 맺는 말

이상과 같이 순자의 천인관계론에 대하여 자연적 의미의 천과 그것의 출현, 천과 인간의 구분, 인간의 천에 대한 대응의 문제를 중심으로 논의를 진행해보았는데, 이를 정리하면 다음과 같다.

순자는 자연적 의미의 천 관념의 제기를 통하여 기존의 천인관계의 모식을 재정립하여 새로운 각도로 천과 인간 사이의 문제를 처리하고자 했다고 할 수 있다. 이러한 천의 자연적 의미는 순자가 처음으로 제기한 것이 아니라 순자 이전에 이미 오래전부터 존재하고 있었던 개념이다. 그러나 이러한 개념에 대하여 상세하게 설명을 한 사람은 유가에서는 순자뿐이었다고 할 수 있다. 순자는 천에 대한 이해에 있어서 먼저 천의 운행은 일정한 것이라고 하는 주장을 한다. 즉 순자는 천을 객관적 존재인 자연계로 보는 한편 이러한 자연계는 규칙적으로 운행한다고 생각했다. 또한 순자는 천이 객관적인 존재임을 강조하는 한편 자연계의 특별한 현상에 대하여 천지간 자연현상의 일부분으로 간주하였을 뿐 이를 결코 재이현상이나 미신관념의 징조로 보지를 않았다. 순자는 다만 이러한 것이 일반적인 현상은 아닌 것이기 때문에 사람들이 괴이하게 느끼게 되는 것이어서 구태여 이러한 특별한 현상을 규명하기 위한 노력은 필요가 없는 것이라고 주장했던 것이다. 이와 같이 천은 객관적으로 존재하는 자연계일 뿐이라는 것이 순자의 천에 대한 관념이었던 것이다.

순자는 천과 인간의 관계에 대하여 명확한 경계를 구분하는데, 이는 인간이 객관적 실재로서의 천과 맞닥뜨렸을 때 마땅히 어떤 태도를 가지고 그것을 이해하고 대응해야하는지에 대한 성찰이었다고 할 수 있다. 그렇기 때문에 순자는 천도와 인도의 구별을 통하여 천과 인간 사이의 구분을 확실하고 분명하게 하여 그것들의 혼란으로 인해 야기되는 잡다한 이론들을 종식시키는 한편 이러한 구분이 혼란을 방지할 수 있다고 생각하여 천과 인간의 문제에 대해서도 구분의 필요성이 절실하게 필요한 것으로 보았다. 순자의 천과 인간의 구분은 인간·사회·자연이라고 하는 삼자를 분별하는 것이라고 할 수 있지만, 그렇다고 해서 순자가 인간과 자연의 관계를 크게 획정지은 것은 아니다. 즉 자연은 인간 생존의 기반이 되며 인간은 자연의 연속과 완성이며, 인간은 주체적으로 천군을 맑게 하고 천관을 바르게 하며 천양을 비축하고 천정을 순조롭게 하고 천정을 양육해야 만이 비로소 그 천의 공적을 온전히 할 수 있게 되어 인간을 인간이라고 할 수 있는 본분을 실천할 수 있게 되는 것이다. 순자의 천과 인간의 구분에서 또 다른 문제 가운데의 하나는 바로 주체적인 인간이 천을 인식할 수 있는지 여부의 문제라고 할 수 있다. 즉 천의 직무는 심원하고 위대하며 정밀한 것 등의 측면으로 나타나는 것이기 때문에 인간이 마땅하게 취해야할 태도는 생각을 더하지 않고 능력을 더 보태려 하지 않고 더 살펴 주지 않는 것이다. 이러한 것이 바로 알려고 추구하지 않는다고 하는 것으로서 인간과 천의 구분을 획정 지어주는 한계점인 것이다.

인간의 천에 대한 반응은 그것의 실천적인 측면에 있어서 두 가지 방면으로 나누어 볼 수 있는데, 하나는 천을 제어하고 이용한다는 것이고 다른 하나는 천을 섬긴다는 것이다. 먼저 천을 제어하여 이용한다는 제천·용천인데, 제천은 반드시 자연의 운행질서를 따라야 한다는 것과 제천은 반드시 만물의 본질에 호응해야 한다는 것이다. 즉 인간이 만일 자연의 법칙을 알 수 있게 된다면 만물의 본성에 순응할 수 있는 것이며,

만물의 본성에 순응할 수 있게 된다면 천을 제어하고 이용할 수 있게 되는 것이다. 다음 천을 섬긴다고 하는 것인데, 이러한 천을 섬기는 것의 목적은 예의 근본을 긍정하는 데에 있는 것임과 동시에 인문의 중요성을 강조하는 데에 있었던 것이라고 할 수 있다.

이상과 같은 순자의 천인관계론은 천명을 천인관계의 주체로 보지를 않고 자연을 통하여 인간의 능동성을 부각시키는 한편 인간존재의 천지 사이에서의 역할을 강조하여 인간의 가치와 책임을 한층 더 제고시켰다고 할 수 있는 것이다.

참고문헌

朱公遷, 『詩經義疏』, 『四庫全書』本.

趙　汸, 『春秋左氏傳補注』, 『通志堂經解』本.

黃　侃, 『論語義疏』, 『皇淸經解』本.

朱　熹, 『中庸章句』, 『海淵閣』明刻本.

王先謙, 『荀子集解』, 北京, 中華書局, 1992년.

王忠林, 『荀子讀本』, 臺北, 三民書局, 1996년.

王先謙, 『莊子集解』, 北京, 中華書局, 1987년.

司馬遷, 瀧川資言 會注考證, 『史記會注考證』, 太原, 北岳文藝出版社, 1999년.

陳大齊, 『荀子學說』, 臺北, 中國文化大學出版部, 1988년.

廖名春, 『荀子新探』, 臺北, 文津出版社, 1994년.

傅佩榮, 『儒道天論發微』, 臺北, 學生書局, 1988년.

曾春海, 『儒家哲學論集』, 臺北, 文津出版社, 1989년.

簡淑慧, 「分的起源及其在荀子思想系統中的地位」, 『孔孟月刊』, 29卷, 第5期.

제6장

묵자의 천인관계론

1. 시작하는 말

묵자는 자신의 사상이 고대 성왕聖王의 도道에 부합한다고 하는 언급을 가장 좋아했으며, 겸애兼愛와 의로운 정치를 성왕의 도道라고 했으며, 물자를 절약하고 장례를 간소하게 하며 다른 나라를 공격하지 않는 것 등 어느 하나라도 성왕이 몸소 힘써 실천하지 않은 것이 없다고 했다. 성왕의 도는 무엇 때문에 후세 사람들이 그것을 준수해야 할 만한 가치가 있는 것일까? 이러한 물음에 대하여 간단하게 대답한다면 바로 "위로는 하늘을 이롭게 할 수 있고, 가운데로는 귀신을 이롭게 할 수 있고, 아래로는 사람들을 이롭게 할 수 있다."[1]라고 하는 이유 때문이다. 이러한 언급들 가운데 "사람들을 이롭게 한다."를 가장 기본적인 원칙으로 삼을 수 있는데, 그것은 바로 묵자가 제기한 각종의 관념들 모두는 사람들을 이롭게 하기 위한 목표에 도달하기 위해 설정된 것이기 때문이다.

묵자는 이로움의 관념을 통하여 인간들 각계각층의 삶의 방식을 인도

1 『墨子』, 「尙賢下」, "上可而利天, 中可而利鬼, 下可而利人."

하고자 생각하고 고심했다고 볼 수 있다. 그렇지만 묵자가 언급한 이로움이란 개인의 사적인 이로움이 아닌 모든 사람이 이로울 수 있는 공공의 이로움인 것이라고 할 수 있다. 이러한 관념을 기반으로 해서 묵자는 전통적인 인의仁義개념을 새롭게 수정함과 동시에 겸애라고 하는 새로운 개념을 제기한다. 아울러 묵자는 논리적인 추론방식을 통하여 그 자신의 주요한 사상개념을 모두 밀접하게 연결시켜 독자적인 사상체계를 완성하게 된다.

묵자는 역사적인 경험을 통하여 자신의 사상체계가 한 개인의 주관적인 상상이 아닌 삼대三代의 성왕을 본받은 것이라고 하는 점을 논증하였다. 이러한 사실은 성왕의 도道가 이미 실천될 수 있었던 것이기 때문에 묵자 자신의 모든 주장 역시 실천될 수 있다고 하는 점을 천명하는 것이다. 그렇다면 삼대의 성왕은 어떻게 그러한 도道를 완성할 수 있었을까? 묵자는 삼대의 성왕 모두가 하늘을 본받았기 때문에 경건하고 정성스럽게 하늘의 의지를 따를 수 있었기에 도를 완성할 수 있었다고 본 것이다. 이러한 점은 역사적인 제사행위 사례를 통하여 증명될 수 있었다. 그렇다면 하늘의 의지는 도대체 무엇이란 말인가? 하늘은 주동적으로 어떠한 형태의 의견을 표출하지 않기 때문에 다만 인간의 체득과 해석에 의해서 파악될 수 있는 것이다. 그러므로 인간은 하늘의 의지를 져버려서는 안 되는데, 만일 그렇지 않을 경우 인간은 하늘로부터 징벌을 받게 될 것이며 반대로 하늘의 의지를 따를 경우 하늘로부터 포상을 받게 된다고 묵자는 역설하였다. 하늘은 인간과 매우 멀리 떨어져 있는 존재이지만, 귀신은 인간과 가까운 곳에 있는 존재라고 할 수 있다. 그렇기 때문에 인간은 삶속에서 다른 사람을 이롭게 해야 할 뿐만 아니라 귀신과 하늘 역시 이롭게 해야만 하는 것이다.

이상과 같은 묵자의 천관념은 그의 사상체계 전반을 관통하는 핵심사상이라고 할 수 있다. 묵자의 사상은 인간이 하늘의 의지를 따라야 한다고 하는 기본 테제에서 비롯되었기 때문에 그가 주장한 천에 대한 논의는 묵자의 사상을 이해하는 데 있어서 반드시 선행적으로 파악해야만 하는 관건적인 이론체계라고 할 수 있을 것이다.

이상과 같은 묵자의 천관념에 대하여 본문에서는 자연적 의미의 천과 종교적 성격과 인문적 성격을 겸비한 천 및 천과 인간의 중개자로서의 귀신을 중심으로 논의를 진행해보도록 하겠다.

2. 자연적 의미의 천

묵자는 「법의法儀」편에서 천하를 평안하게 다스리는 방법은 하늘을 본받는 것만 한 것이 없다고 하는 점을 분명하게 천명했다. 묵자가 언급한 하늘을 본받는다고 하는 것은 노자가 말하는 하늘을 본받는다고 하는 것과는 분명한 차이를 보이고 있다고 할 수 있다. 묵자가 언급한 하늘은 종교적 성격을 포함하고 있다고 할 수 있는데, 이러한 관념은 『묵자』 곳곳에서 발견되고 있다. 이러한 이유 때문에 일반적으로 묵자의 사상을 연구하는 수많은 학자들은 하늘이 묵자 사상의 근본이 된다고 생각하고 있다. 즉 하늘이 없다면 묵자의 기타 사상은 모두가 존재할 근거를 상실하게 된다고들 생각하고 있다.

이러한 것 외에도 묵자는 귀신에 대하여 언급하고 있으며, 거기에 상제上帝 관념을 융합시키기도 했다. 이처럼 묵자는 교리를 창조한 교주와도 같은 존재라고 할 수 있다.[2] 심지어는 그의 심리적 본원까지 거슬러 올라가 묵자의 사상이 평민의 사상을 반영하고 있다고 하는 사실을 도출해내기도 한다. 결국에는 묵자는 역사의 회고라고 하는 여정을 밟아가며 천지天志의 구상 위에 이론적 토대를 건립한 것이며, 묵자의 천지는 실제로 주나라 초기의 종교적 천명과 동일한 것이라고 할 수 있다.[3] 이러한

---

2 胡適, 『中國哲學史』 (上), 北京, 中華書局, 2000년, 116쪽 참조.

견해들은 모두가 맞는 것 같으면서도 그렇지 않다고 볼 수 있다. 주공周公이후 주나라의 인문정신은 이미 점진적으로 중요한 지위를 점하게 되다가 춘추시대에 이르러 매우 활성화 되는 상황에 처하게 된다. 이러한 시대적 상황 속에서 묵자가 인문정신의 세례를 받지 못했을 것이라는 가설은 성립되기 힘든 주장이라고 볼 수 있다. 『묵자』 속에서 발견할 수 있는 묵자가 요구한 대상은 대부분이 위로는 천자로부터 아래로는 백성들에게 이르기까지 각 계층의 사람들에게 두루 미치지 않은 것이 없는데, 어떻게 단지 평민들의 심리를 반영한 것이라고 할 수 있겠는가?

『묵자』 속에서 발견할 수 있는 자연적 의미의 천에 관한 서술은 보통명사적 용법에 속하는 것들이 대부분을 차지하고 있다고 할 수 있다.

> 그런 까닭에 하늘과 땅은 환하기만 하지 않으며, 큰 물은 맑기만 하지 않으며, 큰 불은 타기만 하지 않는다.[4]

> 이 네 분의 임금들은 물든 것이 합당하므로 천하를 다스리게 되었고, 천자가 되어 하늘과 땅을 뒤덮을 만한 공로와 명성을 이룩하였다.[5]

> 두루 하늘과 땅 사이나 널리 이 세상 안에는 하늘과 땅의 뜻과 음양의 조화가 작용하지 않는 곳이란 없다. 비록 지극한 성인이라 하더라도 그것을 변경시킬 수는 없는 것이다. 어떻게 그러함을 아는가? 성인께서 하늘과 땅에 관하여 가르쳐 주셨다.[6]

> 『시경』, 「주송」에서 말하였다. 성인의 덕은 하늘이 높은 것과도 같고 땅이 넓은 것과도 같아서 천하에 밝게 비친다.……해가 비추는 것과도

---

3 徐復觀, 『中國人性論史』, 臺北, 臺灣商務印書館, 1990년, 313쪽 참조.

4 『墨子』, 「親士」, "是故天地不昭昭, 大水不潦潦, 大火不燎燎."

5 『墨子』, 「所染」, "此四王者所染當, 故王天下, 立爲天子, 功名蔽天地."

6 『墨子』, 「辭過」, "凡回於天地之間, 包於四海之內, 天壤之情, 陰陽之和, 莫不有也, 雖至聖不能更也. 何以知其然? 聖人有傳, 天地也."

같고 달이 밝은 것과도 같아서 하늘과 땅과 더불어 영원하다.……그러므로 성인의 덕은 하늘과 땅을 전부 뒤덮고 있는 것이다.[7]

그리하여 하늘은 그에게 상을 내리고, 귀신은 그를 부유하게 해주고, 사람들은 그를 칭송하여 그로 하여금 천자의 귀한 몸이 되게 하고, 천하의 부를 다 차지하게 하였으며, 명성은 하늘과 땅에 어울리어 지금까지 없어지지 않고 있다.[8]

하늘에서 비가 내려 그곳 마을 문 안으로 들어가 비를 피하려 하였다.[9]

천지天地를 병칭하는 것은 춘추시대에 이미 일반인들 사이에서 보편적으로 사용되던 용법이었다. 이러한 천지는 어떤 때에는 각종의 자연현상을 포함한 의미를 나타내기도 했고, 때로는 위에 있는 하늘과 아래의 땅을 지칭하는 일반적인 의미로 쓰이기도 했다. 묵자가 사용한 천지의 의미는 후자의 의미로서의 천지였다고 할 수 있다. "하늘에서 비가 내린다."에서와 같이 자연현상이라고 하는 용법을 지칭하는 경우는 극소수의 사례에 불과했던 것이다. 자연적 의미의 천과 묵자의 사상과는 실질적으로 직접적인 관계는 없는 것으로 보이기 때문에 묵자가 그것을 중시하지 않은 점은 필연적인 사실이라고 할 수 있는 것이다.

묵자가 자연적 의미의 천을 그다지 중시하지는 않았지만, 각종의 자연현상은 시종일관되게 일정한 규칙성을 가지고 천지간에 운행되어져 왔다고 하는 것은 불변의 사실이다. 묵자는 이러한 자연현상에 대하여 과연 어떠한 해석과 생각을 가지고 있었을까?

---

7 『墨子』, 「尙賢中」, "周頌道之曰: 聖人之德, 若天之高, 若地之普.……若日之光, 若月之明, 與天地同常.……故聖人之德, 蓋總乎天地者也."

8 『墨子』, 「非攻下」, "是以天賞之, 鬼富之, 人譽之, 使貴爲天子, 富有天下, 名參乎天地, 至今不廢."

9 『墨子』, 「公輸」, "天雨, 庇其閭中."

그래서 하늘은 추위와 더위를 절기에 맞도록 해주고, 사철이 조화 되도록 해주며, 날씨와 비와 이슬이 때에 알맞도록 해주고, 오곡이 잘 익도록 해준다.[10]

또한 내가 하늘이 백성들을 사랑하심이 대단하다는 것을 아는 까닭인 것이다. 곧 해와 달과 별들을 분별하여 마련해 줌으로써 봄, 여름, 가을, 겨울을 질서 있게 다스려주고, 눈, 서리, 비, 이슬을 내려 줌으로써 오곡과 삼베가 잘 자라게 해주어 백성들로 하여금 이를 통해서 재물과 이익을 얻게 하였다. 산과 냇물과 계곡들을 벌여놓아 온갖 일을 하도록 널리 마련해 놓고 백성들이 잘하는지 못하는지 내려 보고 있는 것이다.[11]

위의 인용문들을 통하여 묵자가 각종의 자연현상이 발생하게 되는 것이 하늘의 뜻에 의해서 안배되는 것이라고 생각했다는 사실을 파악할 수 있다. 그렇기 때문에 자연의 법칙이라고 하는 것들은 하늘天에 의해서 주재되는 것이며, 비정상적인 자연현상 역시 이와 같다고 할 수 있다. 그러므로 이러한 하늘에는 만물을 주재하는 의지가 있다고 볼 수 있는 것이다.

하나라 임금 걸에게도 하늘의 엄한 명령이 내려졌다. 해와 달이 제때에 뜨고 지고 하지 않고, 추위와 더위가 엇갈려 닥치고, 다섯 가지 곡식이 말라죽고, 귀신들이 나라 안에서 울부짖고, 학이 열흘 여 밤이나 울었다.[12]

『시경詩經』, 『상서尙書』, 『좌전經左傳』, 『국어國語』 등과 같은 고대의 전

---

10 『墨子』, 「天志中」, "是以天之爲寒熱也節, 四時調, 陰陽雨露也時, 五穀孰."

11 『墨子』, 「天志中」, "且吾所以知天之愛民之厚者有矣. 曰以磨爲日月星辰, 以昭道之. 制爲四時春秋冬夏, 以紀綱之. 雷降雪霜雨露, 以長遂五穀麻絲, 使民得而財利之. 列爲山川谿谷, 播賦百事, 以臨司民之善否."

12 『墨子』, 「非攻下」, "遝至乎夏王桀, 天有酷命, 日月不時, 寒暑雜至, 五穀焦死, 鬼呼國, 鶴鳴十夕餘."

적들 가운데 그 어느 곳에서도 자연현상이 상제에 의해서 통제 된다고 하는 사례는 나타나 있지 않다고 할 수 있는데, 『묵자』에서는 이러한 자연현상과 천제天帝의 관념이 결합되어 나타나고 있다고 할 수 있으며 이러한 견해는 이전의 사상가들에게 찾아보기 힘든 경우라고 할 수 있다. 더욱 중요한 것은 묵자가 천의 종교적 성격에 대하여 통일적인 요구를 표방했다고 하는 점이다. 그래서 본래는 자연적 의미의 천에 속하던 천 관념이 전환되어 종교적 성격의 천의 범주에 들어가게 되는 것이다. 묵자에게 이러한 관념이 있기 때문에 그는 공자처럼 도덕적인 관념으로 천도天道와 인도人道 사이의 긴밀한 관계를 체득할 수가 없었던 것이다. 아울러 경험적 방법에 의해서 자연의 법칙을 탐구할 수도 없었던 것이다. 그렇기 때문에 묵자는 하늘이 인간의 삶에 대하여 어떠한 의미를 부여할 수 있는지를 이해할 수가 없었다. 즉 이는 묵자가 인간의 삶의 도리는 모두 지고 무상한 천제의 의지 속에서 조작되는 것이라고 생각했기 때문이다. 그러므로 사람들이 인생의 법칙과 규범을 심도 있게 찾기 위한 가장 직접적인 방법은 바로 하늘의 의지가 과연 무엇인지를 파악하는 것에 있는 것이라고 할 수 있다. 그러나 사실상 하늘의 의지라고 하는 것은 묵자 자신의 편견에 의해서 조성된 것에 불과한 것이라고 할 수 있다.

3. 종교적 성격과 인문적 성격을 겸비한 천

묵자가 언급한 천天은 거의 대부분이 종교적 성격과 인문적 성격을 겸비한 측면을 가지고 있다고 할 수 있다. 묵자는 천이 가지고 있는 종교적 성격 및 천天과 제帝를 동일한 신으로 보는 견해가 비록 주나라 초기의 관념과는 크게 다르지는 않다는 것에 대하여 논리적인 추론방식을 통하여 논증을 했다. 또한 천이 가지고 있는 인문적 성격 역시 묵자의 수정과 보완을 거쳐서 주나라 초기의 관념에 비해 좀 더 진보하고 체계적이게 되었다.

먼저 천의 종교적 성격에 대한 묵자의 논증을 살펴보도록 하겠다. 주나라 초기의 천제 관념은 어떠한 형태의 종교의식에서 기원했는가의 문제는 현재까지 이견이 분분하다고 할 수 있다. 다만 『시경』과 『상서』에 기록된 사실들을 검토했을 때 주나라 초기의 천제에서 보여지고 있는 종교적 성격은 인간의 직관에서 비롯되었다고 하는 것은 부정할 수 없는 사실이라고 할 수 있다. 묵자는 직관에 의하지 않고 인류에게 보편적으로 존재하는 제사의식 속에서 하늘의 종교적 성격을 논증했다.

> 내가 하늘이 천자보다 귀하고 지혜롭다는 것을 아는 것은 근거가 있는 것이다. 그것은 천자가 선을 행하면 하늘은 상을 주고, 천자가 포악한 짓을 하면 하늘은 벌을 주기 때문이다. 천자에게 질병이나 재난 또는 불행이 생기면 반드시 재계목욕을 하고 정결히 술과 단술과 젯밥과 제물을 마련해 가지고 하늘과 귀신에게 제사를 지낸다. 그러면 하늘은 그런 것을 없애줄 수가 있다. 그러나 나는 하늘이 천자에게 복을 빌었다는 일은 알지 못하고 있다. 이것이 내가 하늘이 천자보다 귀하고 지혜롭다는 것을 안다고 하는 이유다.[13]

> 천자에게 훌륭함이 있으면 하늘은 그에게 상을 주고, 천자에게 잘못이 있으면 하늘은 그에게 벌을 줄 것이다. 천자의 상과 벌이 합당하지 못하고 재판이 공정하지 못하면, 하늘은 질병과 재난을 내리고 서리와 이슬을 제때에 내리지 않도록 한다. 천자는 반드시 소·양과 개·돼지를 잘 기르고, 정결히 젯밥과 제물 및 술과 단술을 장만해 가지고서 제사와 기도를 드리며 하늘에 복을 빈다. 나는 일찍이 하늘이 천자에게 복을 달라고

13 『墨子』, 「天志中」, “吾所以知天之貴且知於天子者有矣. 曰: 天子爲善, 天能賞之; 天子爲暴, 天能罰之. 天子有疾病禍祟, 必齋戒沐浴, 潔爲酒醴粢盛, 以祭祀天鬼, 則天能除去之, 然吾未知天之祈福於天子也. 此吾所以知天之貴且知於天子者.”

> 기도했다는 말은 들어보지 못하였다. 나는 이것으로써 하늘이 천자보다도 소중하고 귀한 것임을 알고 있다.[14]

봉건전제 통치시스템 아래서 천자는 모든 권력과 부귀를 오직 자신에게만 집중시킨 존재였다. 묵자는 천자란 존재는 인간들 가운데 가장 지혜로운 사람이라고 여겼으며, 천자와 같은 지위에 있는 사람은 제사의식을 통하여 하늘에 대한 존경의 뜻을 표시해야 했다고 생각했다. 묵자는 이러한 사실을 통하여 천제가 존재한다는 것을 증명했는데, 만일 천제가 존재하지 않는다면 천자가 무엇 때문에 그에게 제사를 지낼 필요가 있을까라고 견해를 피력한다. 또한 천제는 지혜롭고 고귀한 존재로 초자연적으로 포상과 징벌을 내릴 수 있는 권능이 있는데, 이는 지고 무상한 권위를 상징하는 것이기 때문에 천자 역시 천제의 권위로부터 자유로울 수 없는 존재였던 것이다.

이러한 사실들 이외에도 묵자는 인간의 역사 속에서 종교적 성격의 천이 허구적인 사실이 아니라고 하는 것을 증명해낸다.

> 또 옛날의 훌륭한 임금들의 책에서 하늘의 밝고 허술하지 않은 도리를 해설하고 있는 것을 가지고도 안다. 거기에는 밝고 분명한 것은 하늘이며, 아래 땅을 굽어 살피신다고 하였다. 곧 이 말은 하늘이 천자보다도 귀하고 지혜로운 것을 뜻하는 것이다. 또 하늘보다도 귀하고 지혜로운 것이 있는지 모르겠다. 거기에는 하늘이 귀하고, 하늘이 지혜로울 따름이라고 하였다.[15]

---

14 『墨子』, 「天志下」, “天子有善, 天能賞之. 天子有過, 天能罰之. 天子賞罰不當, 聽獄不中, 天下疾病禍福, 霜露不時, 天子必且犓豢其牛羊犬彘, 絜爲粢盛酒醴, 以禱祠祈福於天, 我未嘗聞天之禱祈福於天子也, 吾以此知天之重且貴於天子也.”

15 『墨子』, 「天志中」, “又以先王之書, 馴天明不解之道也知之. 曰: 明哲維天, 臨君下土. 則此語天之貴且知於天子. 不知亦有貴知夫天者乎. 曰: 天爲貴, 天爲知而已矣.”

> 그러므로 옛날 하·은·주 세 왕조의 성왕인 우임금·탕임금·문왕·무왕 같은 임금들은 하늘이 천자를 다스리고 있다는 것을 천하의 백성들에게 분명히 얘기하려 하였다. 그러므로 모두가 소와 양을 기르고 개와 돼지를 길러 깨끗이 젯밥과 제물과 술과 단술을 마련하여 가지고서 상제와 귀신에게 제사를 지내어 하늘에 복을 빌고 구하였던 것이다. 나는 아직도 하늘이 천자에게 복을 빌었다는 말은 들어본 일이 없다.[16]

묵자가 언급한 천의 종교적인 성격은 의심의 여지가 없는 사실이라고 할 수 있다. 모든 인간이 생활하는 지역은 하늘의 영토이며 모든 사람들은 하늘의 백성들이라고 할 수 있다. 그렇기 때문에 인간은 반드시 하늘의 뜻을 준수해야만 하는 것이며, 하늘의 의지에 순응하면 하늘로부터 포상을 받을 것이고 하늘의 의지를 위반하면 반드시 처벌을 받게 되는 것이다. 이와 같은 하늘의 의지를 준수했는지 여부에 대한 포상 및 징벌과 관련하여 대표적인 사례로는 삼대의 성왕과 폭군을 들을 수 있다.

> 옛날 삼대의 성왕인 우임금·탕임금·문왕·무왕이 하늘의 뜻을 좇아서 상을 받았고, 옛날 삼대의 폭군인 걸왕·주왕·유왕·여왕은 하늘의 뜻을 반하여 벌을 받은 사람이다.[17]

묵자는 삼대의 성왕이 하늘의 뜻을 순응한 것과 폭군이 하늘의 뜻을 위반한 사례가 단지 전해져 내려오는 전설이나 후세에 조작된 것이 아니라 문헌전적에 기록되어 있다고 하는 사실을 강조했다.

---

16 『墨子』, 「天志上」, "故昔三代聖王禹湯文武, 欲以天之爲政於天子, 明說天下之百姓. 故莫不犓牛羊, 豢犬彘, 潔爲粢1盛酒醴, 以祭祀上帝鬼神, 而求祈福於天. 我未嘗聞天之祈福於天子也."

17 『墨子』, 「天志上」, "昔三代聖王禹湯文武, 此順天意而得賞也. 昔三代之暴王桀紂幽厲, 此反天意而得罰者也."

> 하늘의 뜻에 순응함으로써 하늘로부터 포상을 받은 사람은 어떤 이들이었는가? 그것은 삼대의 성인다운 임금이신 요임금·순임금·우임금·탕임금·문왕·무왕 같은 분들이다……이 정도에 그치지 않는다. 그 일을 대쪽과 비단에 쓰고, 쇠와 돌에 새기며, 쟁반과 대야에도 새겨서 후세 자손들에게도 전하여 주었던 것이다……하늘의 뜻을 어김으로써 하늘의 벌을 받았던 사람으로는 어떤 자들이 있는가? 그것은 옛날 삼대의 폭군이었던 걸왕·주왕·유왕·여왕 같은 이들이다……이 정도에 그치지 않는다. 그 일을 대쪽과 비단에 쓰고, 쇠와 돌에 새기며, 쟁반과 대야에도 새겨서 후세 자손들에게도 전하여 주었던 것이다……「태서」편에 이렇게 말하고 있다. 주임금은 오만하고 무례하여 상제를 섬기려 하지 않고, 그의 선조들의 신도 버리고 제사지내지 않으면서 말하기를 나는 하늘의 명을 받고 있다. 라고 하면서, 그의 할 일에 힘쓰지 않았다.[18]

위의 인용문에서 볼 수 있듯이 묵자의 천제 관념은 논리적 추론 및 역사적 사례라고 하는 논증을 거쳐서 도출된 결론임을 발견할 수 있다. 그러나 묵자가 천제의 존재 및 그가 지니고 있는 지고 무상의 권위를 논증하려고 했던 것은 바로 이러한 권위에 의탁해서 포상과 징벌의 절대적 권위를 확립시키기 위해서였다고 생각된다. 묵자는 인간의 생각과 행위를 속박하는 가장 효과적인 방법이 포상과 처벌이라고 생각했기 때문에 제도를 수립해야 한다고 역설했던 것이다. 이러한 제도의 가장 효과적인 운용방식은 바로 법과 정치를 통해서 운용하는 것이다. 그렇기 때문에 법과 정치는 포상과 처벌의 구체적인 표현이 되는 것이다.

---

18 『墨子』, 「天志中」, "順天之意, 得天之賞者誰也? 曰若昔三代聖王, 堯舜禹湯文武者是也……不止此而已, 書於竹帛, 鏤之金石, 琢之槃盂, 傳遺後世子孫……皇矣道之曰: 帝謂文王, 予懷明德, 不大聲以色, 不長夏以革, 不識不知, 順帝之則. 帝善其順法則也, 故擧殷以賞之, 使貴爲天子, 富有天下, 名譽至今不息……反天之意, 得天之罰者誰也? 曰若昔者三代暴王桀紂幽厲者是也……不止此而已, 書於竹帛, 鏤之金石, 琢之槃盂, 傳遺後世子孫……大誓之道之曰: 紂越厥夷居, 不肯事上帝, 棄厥先神祇不祀, 乃曰吾有命, 毋僇僨務. 天亦縱棄紂而不葆. 察天以縱棄紂而不葆者, 反天之意也."

다음은 천의 인문적 성격에 대한 묵자의 논증을 살펴보도록 하겠다.

천지天志 즉 하늘의 의지라고 하는 것은 묵자가 새롭게 만들어낸 용어로 그 의미는 하늘의 뜻이나 하늘이 하고자 하는 것이라고 하는 것과 다르지 않다.[19] 그렇다면 하늘의 의지는 구체적으로 무엇을 의미하는 것일까?

> 그렇지만 하늘은 무엇을 바라고 무엇을 싫어하는 것인가? 결코 하늘은 사람들이 서로 사랑하며 서로 이롭게 할 것을 바라지, 사람들이 서로 미워하며 서로 해칠 것을 바라지 않는다.[20]

> 하늘은 의로움을 바라고 불의를 싫어한다.⋯⋯그렇다면 무엇으로써 하늘이 의로움을 바라고 불의를 싫어한다는 것을 알 수 있는가? 그것은 천하에 의로움이 있으면 살고, 의로움이 없으면 죽으며, 의로움이 있으면 부자가 되고, 의로움이 없으면 가난해지며, 의로움이 있으면 다스려지고, 의로움이 없으면 어지러워지기 때문이다. 그러니 하늘은 그들의 삶을 바라고 죽음을 싫어하며, 그들의 부유함을 바라고 가난을 싫어하며, 그들의 다스림을 바라고 어지러움을 싫어한다. 하늘은 의로움을 바라고 불의를 싫어함을 아는 근거인 것이다.[21]

> 하늘의 뜻을 따르는 사람은 모두들 아울러 서로 사랑하고, 서로 이롭게 해주어 반드시 하늘의 상을 받을 것이다.[22]

이상과 같은 인용문을 통하여 하늘의 의지에는 두 가지 측면의 의미가 담겨져 있다고 볼 수 있다. 하나는 사람들이 서로를 사랑하라고 하는

---

19 羅光, 『中國哲學思想史-先秦編』, 臺北, 學生書局, 1987년, 362쪽 참조.

20 『墨子』, 「法儀」, "然而天何欲何惡者也? 天必欲人之相愛相利, 而不欲人之相惡相賊也."

21 『墨子』, 「天志上」, "天欲義而惡不義.⋯⋯然則何以知天之欲義而惡不義? 曰: 天下有義則生, 無義則死; 有義則富, 無義則貧; 有義則治, 無義則亂. 然則天欲其生而惡其死, 欲其富而惡其貧, 欲其治而惡其亂, 此我所以知天欲義而惡不義也."

22 『墨子』, 「天志上」, "當天意而不可不順, 順天意者, 兼相愛, 交相利, 必得賞."

요구이고 다른 하나는 사람들의 모든 행위가 의로움에 부합해야 한다고 하는 요구이다.

> 묵자가 말했다. 하늘의 뜻은 큰 나라가 작은 나라를 공격하는 것과, 큰 가문이 작은 가문을 어지럽히는 것과, 강한 자가 수가 적은 자들에게 포악한 짓을 하는 것과, 사기꾼이 어리석은 사람을 속이는 것과, 귀한 사람이 천한 사람에게 오만하게 대하는 것을 바라지 않는다. 하늘이 바라는 일은 여기에 그치지 않는다. 사람들이 힘이 있으면 서로 도와주고, 도리를 알고 있으면 서로 가르쳐 주고, 재물이 있으면 서로 나누어 갖기를 바란다. 또 윗사람은 힘써 다스리고, 아랫사람은 힘써 맡은 일에 종사하기를 바란다.[23]

하늘의 의지는 앞에서 언급한 바와 같은데, 이러한 하늘의 의지가 묵자 개인의 독단적인 견해일까? 이러한 의문에 대하여 묵자는 역사적 사례를 들어 논증한다.

> 지금의 아울러 서로 사랑하고 모두가 서로 이롭게 하는 일은 옛날의 성인이신 네 임금님들께서 친히 행하셨던 일이다. 어떻게 옛날의 성인이신 네 임금님께서 그것을 친히 행하신 것을 아는가? 묵자가 말했다. 나는 그분들과 같은 세상 같은 시대에 살면서 직접 그분들의 소리를 듣고 그분들의 얼굴빛을 보았던 것은 아니다. 그분들에 관하여 책에 기재되어 있는 것과 쟁반이나 대야에 새겨져 있는 것을 통하여 후세 자손들에게 전하여진 기록으로 그것을 아는 것이다. 「태서」편에 이런 말이 있다. 문왕께서는 해와도 같고 달과도 같이 사방에 빛을 발하고 서쪽 땅에도 빛을 발하였다. 곧 이것은 문왕의 천하를 아울러 사랑하심이 넓고도 커서,

23 『墨子』, 「天志中」, "子墨子曰: 天之意, 不欲大國之攻小國也, 大家之亂小家也, 强之暴寡, 詐之謀愚, 貴之傲賤, 此天之所不欲也. 不止此而已, 欲人之有力相營, 有道相教, 有財相分也. 又欲上之强聽治也, 下之强從事也."

비유를 들자면 해와 달이 세상을 사사로움 없이 아울러 두루 비춤과 같음을 말한 것이다.[24]

일반적으로 의로움이란 올바른 것이다.……그러므로 옛날 하·은·주 세 왕조의 성왕인 우임금·탕임금·문왕·무왕 같은 임금들은 하늘이 천자를 다스리고 있다는 것을 천하의 백성들에게 분명히 얘기하려 하였다. 그러므로 모두가 소와 양을 기르고 개와 돼지를 길러 깨끗이 젯밥과 제물과 술과 단술을 마련하여 가지고서 상제와 귀신에게 제사를 지내어 하늘에 복을 빌고 구하였던 것이다. 나는 아직도 하늘이 천자에게 복을 빌었다는 말은 들어본 일이 없다. 나는 그래서 하늘이 천자를 다스리고 있는 것임을 알고 있는 것이다.[25]

위의 인용문들을 통하여 묵자의 역사적 사실에 대한 해석이 정확한지 아니면 지극히 자의적인지를 막론하고 발견할 수 있는 것은 하늘의 의지나 하늘의 뜻이라고 하는 것이 실제로는 인간의 의지나 인간의 뜻을 의미한다고 하는 사실이다. 바꿔 말한다면 하늘이 가지고 있는 인문적 성격은 사실은 묵자 인생철학의 투영인 것이다. 그렇기 때문에 주나라 초기의 천명이 덕을 밝히는 것을 통하여 인문정신을 구체화 시킨 것 및 『춘추좌전』이나 『국어』 속에 담겨져 있는 인문정신의 특성과 비교했을 때 이들 보다 더욱 체계적이라고 할 수 있는 것이다. 대체적으로 말한다면, 묵자와 여타의 제자백가 모두는 마찬가지로 인간의 삶에 반드시 규범이 있고 서로 돕고 사랑할 수 있을 때 비로소 안정과 평화로운 상태에

24 『墨子』, 「兼愛下」, “今若夫兼相愛交相利, 此自先聖六王者親行之. 何知先聖六王之親行之也? 子墨子曰: 吾非與之並世同時, 親聞其聲, 見其色也. 以其所書於竹帛, 鏤於金石, 琢於槃盂, 傳遺後世子孫者知之. 泰誓曰: 文王若日若月, 乍照光於四方於西土. 卽此言文王之兼愛天下之博大也, 譬之日月, 兼照天下之無有私也.”

25 『墨子』, 「天志上」, “且夫義者政也.……故昔三代聖王禹湯文武, 欲以天之爲政於天子, 明說天下之百姓. 故莫不犓牛羊, 豢犬彘, 潔爲粢1盛酒醴, 以祭祀上帝鬼神, 而求祈福於天. 我未嘗聞天之祈福於天子也. 我所以知天之爲政於天子者也.”

도달할 수 있다고 보았다.[26] 묵자는 이와 같은 사람들의 공동의 이상 즉 삶의 규범이 하늘에서 비롯되었음을 강조했으며, 천제가 가지고 있는 초자연적인 포상과 징벌을 가할 수 있는 능력을 역설함으로써 사람들이 하늘의 의지를 준수하게 유도했던 것이다.

> 우리에게 하늘의 뜻이 있음은, 비유를 들면 마치 수레바퀴 만드는 사람에게 그림쇠가 있고, 목수에게 굽은 자가 있는 것과 같다. 수레바퀴 만드는 사람과 목수들은 그들의 그림쇠와 굽은 자를 가지고서 천하의 네모꼴과 원을 재면서 말하기를, 들어맞는 것은 바른 것이고, 들어맞지 않는 것은 그릇된 것이다. 라고 한다. 지금 천하의 군자들의 책은 이루 다 기록할 수 없을 만큼 많고, 그들의 이론은 이루 다 헤아릴 수 없을 만큼 많다. 위로는 제후들을 설복시키고, 아래로는 여러 선비들을 설복시키려 하지만 그들은 어짊과 의로움으로부터 크게 멀리 떨어져 있다. 무엇으로써 그러함을 아는가? 그것은 내가 천하의 밝은 법도로 재어봄으로써 아는 것이다.[27]

이상과 같이 보았을 때 묵자는 자신의 인생철학을 근거로 하여 하늘의 의지의 구체적인 내용을 충실하게 했으며, 성왕이 하늘을 본받은 역사적인 경험으로부터 천지의 가치를 긍정했다고 할 수 있다. 또한 묵자는 천제가 가지고 있는 포상과 징벌의 권위를 통하여 실제로 하늘의 의지가 실시되어야 할 필요성을 역설하고 확인했던 것이다.

---

26 王德裕, 『先秦哲學史論』, 重慶, 重慶出版社, 1992년, 94~95쪽 참조.

27 『墨子』, 「天志上」, “我有天志, 譬若輪人之有規, 匠人之有矩, 輪匠執其規矩, 以度天下之方圜, 曰: 中者是也, 不中者非也. 今天下之士君子之書, 不可勝載, 言語不可盡計, 上說諸侯, 下說列士, 其於仁義則大相遠也. 何以知之? 曰: 我得天下之明法以度之.”

4. 천과 인간의 중개자로서의 귀신

묵자는 어떠한 이유 때문에 귀신이 존재한다고 하는 것을 주창하게 되었을까?

> 옛날 삼대의 성왕들이 돌아가신 뒤로는 천하는 의로움을 잃고 제후들은 힘으로 정치를 하게 되었다.……그리하여 천하는 어지러워졌다. 이렇게 된 까닭은 어째서인가? 곧 모두가 귀신이 있고 없는 분별에 의혹을 지니어 귀신이 현명한 사람에게는 상을 주고, 난폭한 자에게는 벌을 줄 수 있음을 분명히 알지 못하기 때문이다. 지금 천하의 사람들에게 귀신이 현명한 사람들에게는 상을 주고, 난폭한 자에게는 벌을 줄 수 있음을 믿게 한다면, 천하가 어찌 어지러워지겠는가?[28]

여기에서 발견할 수 있는 분명한 사실은 사람들이 다만 귀신이 초자연적인 포상과 징벌을 가할 수 있는 능력을 가지고 있다고 하는 사실을 믿는다면 천하는 혼란에 빠지지 않을 것이라고 하는 것이다. 그러므로 두 가지 사안에 대한 증명이 필요한 것인데, 하나는 귀신이 실제로 존재한다는 것이고, 다른 하나는 귀신이 포상과 징벌을 가할 수 있는 권능을 가지고 있다고 하는 사실이다. 그러나 한편으로는 천제가 이미 포상과 징벌을 가할 수 있는 권능을 가지고 있으며, 모든 존재를 주관하고 있는데 왜 귀신의 존재가 필요한 것인가? 라고 하는 의문이 제기될 수 있다. 이러한 문제에 대하여 세 가지 측면에서 살펴볼 수 있다. 먼저 묵자가 언급하고 있는 신은 물질적 속성을 가지고 있는 인격신의 특징이 강하다고 볼 수 있으며 실제로 인간의 삶속에서 매우 밀접하게 관련되어 있는

---

28 『墨子』, 「明鬼下」, "逮至昔三代聖王旣沒, 天下失義, 諸侯力正.……是以天下亂. 此其故何以然也? 則皆以疑惑鬼神之有與無之別, 不明乎鬼神之能賞賢而罰暴也. 今若使天下之人, 偕若信鬼神之能賞賢而罰暴也, 則夫天下豈亂哉?"

해나 달 및 산천과 비바람 등과 같은 것들이며, 귀신은 형상이 없는 인간의 화신으로 이들 둘을 비교한다면 귀신이 좀 더 인간에게 가깝다고 할 수 있다. 다음은 귀신은 전통적인 신앙체계로서 그것의 영향력은 각계각층의 사람들 모두에게 두루 미치고 있다고 할 수 있다. 전국시대 초기에 비록 적지 않은 사람들이 귀신의 존재에 대하여 회의적인 태도를 표방했지만 노자 이외에 귀신의 존재를 체계적으로 부정한 사람들은 찾아보기 힘들다고 할 수 있다. 그렇기 때문에 귀신에 대한 견고한 신앙체계를 다시 수립할 경우 묵자의 학설사상을 보급하는데 유리하게 작용할 수 있을 것이다. 마지막으로 묵자는 무의식적으로 하늘의 가치를 천자(성왕) 한 사람에게 두었기 때문에 하늘과 천자 이외의 사람들과는 소원해지게 되었던 것이다. 만일 귀신의 존재를 명확하게 주창할 수 있다면, 하늘의 권위를 천자 한 사람에게 더욱 확실하게 드러낼 수 있을 뿐만 아니라 포상과 징벌이라고 하는 관념을 통하여 모든 백성들의 행위를 제어할 수 있게 되는 것이다.

묵자가 귀신의 존재를 논증한 방법은 '삼표법三表法'을 사용한 논증이었다. 첫째, 많은 사람들이 실제로 눈과 귀로 경험한 일이 있는가를 살펴보아야 한다. 만일 어떤 사람이 실제로 귀신을 본적이 있거나 귀신의 소리를 들은 적이 있다면 귀신은 틀림없이 존재하는 것이다. 그래서 묵자는 "옛날부터 지금에 이르기까지 사람들이 생겨난 이래로, 귀신이라는 물건을 본 사람이 있고, 귀신이 내는 소리를 들은 사람이 있다면, 귀신이 없다고 어찌 말할 수 있겠는가?"[29]라고 언급했던 것이다. 둘째, 반드시 역사의 기록 속에서 그 주장을 입증할 수 있는 근거가 있는가를 캐보아야 한다. 묵자는 진나라 목공穆公이 구망句芒이라고 하는 신으로부터 수명을 19년이나 더 연장 받은 이야기를 비롯하여 다섯 종류의 사례를 들

29 『墨子』, 「明鬼下」, "自古以及今, 生民以來者, 亦有嘗見鬼神之物, 聞鬼神之聲, 則鬼神何謂無乎?"

어 자신의 주장을 뒷받침한다. 셋째, 삼대의 성왕들 모두가 귀신에게 제사를 지낸 사례를 들어 귀신이 반드시 존재한다고 하는 것을 증명한 것이다.

귀신이 존재한다면 그들은 인간에게 대하여 어떠한 형태의 영향력을 행사하고 있을까? 묵자는 귀신의 가장 크고 중요한 능력은 각 개인의 행위에 대하여 선악 여부를 살펴보고, 천제를 대신하여 선한 행위에는 포상을 내리고 악한 행위에는 징벌을 내리는 것을 분명하게 수행한다는 것에 있다고 생각했다. 그렇다면 귀신에게 포상과 징벌을 내릴 수 있는 능력이 있다는 것인가? 묵자는 귀신에게도 포상과 징벌을 내릴 수 있는 능력이 있다고 생각했는데, 그는 귀신의 이러한 능력에 대하여 은나라의 탕임금이 하나라의 걸임금을 주살하고 추치推哆와 태희大戲를 사로잡은 사실과 주나라 무왕이 은나라의 주임금을 주살한 사실 및 두백杜伯이 주나라 선왕宣王을 죽인 사실 등과 같은 사례를 들어 증명하였다. 아울러 결론적으로 묵자는 "내가 귀신이 내리는 벌은 부귀와 인민의 수가 많고 강한 것과, 용기와 힘이 있고 뛰어난 무술이 있는 것과, 튼튼한 갑옷과 날카로운 무기로도 막을 수가 없다고 하는 까닭이 여기에 있는 것이다."[30]라고 했으며, 또 "이것은 귀신이 상을 내릴 때에는 아무리 작은 일이라 하더라도 반드시 거기에 대한 상을 내리고, 귀신이 벌을 줄 때는 아무리 큰 상대라 하더라도 반드시 벌을 준다는 말이다."[31]라고 언급했다.

이상과 같은 논의를 종합해보면 묵자가 하늘의 뜻을 준수하고 귀신의 존재를 밝히고자한 이유는, 사람들이 천제와 귀신에 대한 믿음을 통하여 묵자의 사상체계에 대한 신뢰도와 실현 가능성을 높이고자 하는데 있으며, 아울러 하늘의 의지에 가탁하여 천하의 이로움을 흥기시키고 천하의 해악을 제거 한다고 하는 목적을 달성하기 위함에 있다고 하는 사실을

---

30 『墨子』, 「明鬼下」, "此吾所謂鬼神之罰, 不可爲富貴衆强, 勇力强武, 堅甲利兵者, 此也."
31 『墨子』, 「明鬼下」, "此言鬼神之所賞, 無小必賞之, 鬼神之所罰, 無大必罰之."

발견할 수 있다. 이러한 과정 속에서 천제와 귀신의 가장 커다란 영향력은 무엇일까? 그것은 바로 선한 행위에 포상을 내려주고 악행에 징벌을 내린다고 하는 초자연적인 능력에 있다고 할 수 있다. 무엇이 천하의 이로움인 것인가? 또 무엇이 선이고 무엇이 악인가? 바꿔 말하자면, 하늘의 의지는 무엇이란 말인가? 이러한 물음들은 모두가 묵자의 철학사상이 고민한 문제들이라고 할 수 잇을 것이다.

그러나 묵자가 운용한 논리적 추론방식이 천제와 귀신 신앙을 체계화시키고 합리적으로 자리 잡게 만들었다고 해도, 하늘의 뜻을 준수하고 귀신의 존재를 밝힌다고 하는 관념은 사고능력이 좀 떨어지는 사람들에게는 충분히 위협적이라고 할 수 있지만, 지적 수준이 높은 사람들에게는 별반 효과를 발휘하지 못한다고 말할 수 있다. 그렇기 때문에 묵자의 하늘의 뜻을 준수하고 귀신의 존재를 밝힌다고 하는 미신적 관념은 그의 사상체계 가운데 계륵과 같은 위치를 점유하고 있다고 할 수 있는 것이다. 비록 이와 같더라도 묵자의 학설은 전국시대에는 현학으로 불릴 정도로 당시 사회에 적지 않은 영향력을 발휘 했으며, 그의 천지론 사상은 그 나름의 특색이 있기 때문에 결코 소홀히 할 수 없는 것이다.

5. 맺는 말

이상과 같이 묵자의 천관념에 대하여 자연적 의미의 천과 종교적 성격과 인문적 성격을 겸비한 천 및 천과 인간의 중개자로서의 귀신을 중심으로 논의를 진행해 보았는데, 이를 정리하면 다음과 같다.

묵자가 자연적 의미의 천을 그다지 중시하지는 않았지만, 각종의 자연현상은 시종일관되게 일정한 규칙성을 가지고 천지간에 운행되어져 왔다고 하는 것은 불변의 사실이다. 묵자는 각종의 자연현상이 발생하게 되는 것이 하늘의 뜻에 의해서 안배되는 것이라고 생각했다. 그렇기 때문에 자연의 법칙이라고 하는 것들은 하늘에 의해서 주재되는 것이며, 비정상적인 자연현상 역시 이와 같다고 할 수 있는 것이다. 그러므로 이러한 하늘에는 만물을 주재하는 의지가 있다고 볼 수 있는 것이다.

묵자의 사상 속에는 자연현상과 천제의 관념이 결합되어 나타나는데, 이러한 견해는 이전의 사상가들에게 찾아보기 힘든 경우라고 할 수 있으며, 또한 묵자는 천의 종교적 성격에 대하여 통일적인 요구를 표방했다. 그래서 본래는 자연적 의미의 천에 속하던 천 관념이 전환되어 종교적 성격의 천의 범주에 들어가게 되는 것이다. 묵자에게 이러한 관념이 있기 때문에 그는 공자처럼 도덕적인 관념으로 천도와 인도 사이의 긴밀한 관계를 체득할 수가 없었던 것이며, 경험적 방법에 의해서 자연의 법칙을 탐구할 수도 없었던 것이다.

묵자가 언급한 천天은 거의 대부분이 종교적 성격과 인문적 성격을 겸비한 측면을 가지고 있다고 할 수 있다. 묵자가 언급한 천제는 지혜롭고 고귀한 존재로 초자연적으로 포상과 징벌을 내릴 수 있는 권능이 있는데, 이는 지고 무상한 권위를 상징하는 것이기 때문에 천자 역시 천제의 권위로부터 자유로울 수 없는 존재였던 것이다. 또한 모든 인간이 생활하는 지역은 하늘의 영토이며 모든 사람들은 하늘의 백성들이라고 할 수 있다. 그렇기 때문에 인간은 반드시 하늘의 뜻을 준수해야만 하는 것이며, 하늘의 의지에 순응하면 하늘로부터 포상을 받을 것이고 하늘의 의지를 위반하면 반드시 처벌을 받게 되는 것이다. 묵자가 천제의 존재 및 그가 지니고 있는 지고 무상의 권위를 논증하려고 했던 것은 바로 이러한 권위에 의탁해서 포상과 징벌의 절대적 권위를 확립시키기 위해서였다고 생각된다.

천지天志 즉 하늘의 의지라고 하는 것은 묵자가 새롭게 만들어낸 용어로 그 의미는 하늘의 뜻이나 하늘이 하고자 하는 것이라고 하는 것과 다르지 않다. 이러한 하늘의 의지에는 두 가지 측면의 의미가 담겨져 있다고 볼 수 있다. 하나는 사람들이 서로를 사랑하라고 하는 요구이고 다른 하나는 사람들의 모든 행위가 의로움에 부합해야 한다고 하는 요구이다. 사실 묵자에게 있어서 하늘의 의지나 하늘의 뜻이라고 하는 것이 실제로는 인간의 의지나 인간의 뜻을 의미한다고 볼 수 있다. 즉 하늘이 가지고 있는 인문적 성격은 사실은 묵자 인생철학의 투영인 것이다. 그렇기 때문에 주나라 초기의 인문정신의 특성과 비교했을 때 이들 보다 더욱 체계적이라고 할 수 있는 것이다. 즉 묵자와 여타의 제자백가 모두는 마찬가지로 인간의 삶에 반드시 규범이 있고 서로 돕고 사랑할 수 있을 때 비로소 안정과 평화로운 상태에 도달할 수 있다고 보았다. 묵자는 이와 같은 사람들의 공동의 이상 즉 삶의 규범이 하늘에서 비롯되었음을 강조했으며, 천제가 가지고 있는 초자연적인 포상과 징벌을 가할 수 있는 능력을 역설함으로써 사람들이 하늘의 의지를 준수하게 유도했던 것이다.

묵자가 언급하고 있는 신은 물질적 속성을 가지고 있는 인격신의 특징이 강하다고 볼 수 있으며 실제로 인간의 삶속에서 매우 밀접하게 관련되어 있는 해나 달 및 산천과 비바람 등과 같은 것들이며, 귀신은 형상이 없는 인간의 화신으로 이들 둘을 비교한다면 귀신이 좀 더 인간에게 가깝다고 할 수 있다. 또한 귀신은 전통적인 신앙체계로서 그것의 영향력은 각계각층의 사람들 모두에게 두루 미치고 있다고 할 수 있다. 전국시대 초기에 비록 적지 않은 사람들이 귀신의 존재에 대하여 회의적인 태도를 표방했지만 노자 이외에 귀신의 존재를 체계적으로 부정한 사람들은 찾아보기 힘들다고 할 수 있다. 그렇기 때문에 귀신에 대한 견고한 신앙체계를 다시 수립할 경우 묵자의 학설사상을 보급하는데 유리하게 작용할 수 있을 것이다. 마지막으로 묵자는 무의식적으로 하늘의 가치를 천자(성왕) 한 사람에게 두었기 때문에 하늘과 천자 이외의 사람들과는 소원해지게 되었던 것이다. 만일 귀신의 존재를 명확하게 주창할 수 있다면, 하늘의 권위를 천자 한 사람에게 더욱 확실하게 드러낼 수 있을 뿐만 아니라 포상과 징벌이라고 하는 관념을 통하여 모든 백성들의 행위를 제어할 수 있게 되는 것이다.

이상과 같은 논의를 종합해보면 묵자가 하늘의 뜻을 준수하고 귀신의 존재를 밝히고자한 이유는, 사람들이 천제와 귀신에 대한 믿음을 통하여 묵자의 사상체계에 대한 신뢰도와 실현 가능성을 높이고자 하는데 있으며, 아울러 하늘의 의지에 가탁하여 천하의 이로움을 흥기시키고 천하의 해악을 제거 한다고 하는 목적을 달성하기 위함에 있다고 하는 사실을 발견할 수 있다.

참고문헌

孫詒讓, 『墨子閒詁』, 北京, 中華書局, 1954년.

羅　光, 『中國哲學思想史-先秦編』, 臺北, 學生書局, 1987년.

徐復觀, 『中國人性論史』, 臺北, 臺灣商務印書館, 1990년.

胡　適, 『中國哲學史』(上), 北京, 中華書局, 2000년.

王德裕, 『先秦哲學史論』, 重慶, 重慶出版社, 1992년.

제7장 장자의 천인관계론

1. 시작하는 말

생명의 가치에 대한 자각을 중시하는 장자의 사상은 생명의 안착이 궁극적인 관심의 소재라고 말할 수 있을 것이다. 인간은 자연과 괴리되어서는 생존할 수 없는 존재이기 때문에 일찍이 장자는 자연과의 조화를 이루는 삶에 주목을 하고 자연의 법칙에 위배되는 인위적인 행위를 하지 말 것을 역설하였던 것이다. 장자는 자연에 대하여 총체적인 의식을 가질 것을 선도했는데, 이는 오늘날 현대인들이 가지고 있는 주관적인 정신환경과 외재되어 있는 객관적인 자연환경 사이의 불균형과 그들 사이의 괴리로 인하여 초래된 수많은 문제들과 직면했을 때 기초적인 성찰과 사고를 통하여 현대의 환경문제에 대한 해결점을 제공해줄 수 있을 것이다.

본 장에서는 이와 같은 논의를 기반으로 서양의 인간중심주의와 장자의 자연주의적 사상에 대한 분석을 한 후에 다시 장자의 관점에서 출발하여 전통적인 인간중심주의 사고방식에 대하여 반성과 비판을 제기해 볼 것이다. 이러한 시도의 가장 주요한 목적은 인간중심주의 이론의 불합리한 요소들을 분석하는 것에 있음과 동시에 장자의 자연주의적 사상의 주요한 특징을 조명하는 것에 있다고 할 수 있다. 아울러 여기에 장자가 강조한 조화로움으로 기본 정신을 삼은 유기체론有機體論의[1] 전반적인 관점에 대한 조명 역시 포함시킬 수 있다.

그러므로 본문에서는 서양의 인간중심주의 사상의 통제적 성향의 사고방식에 대한 반성과 유기체론적 사상의 전체적인 시각에 대한 검토를 통하여 장자의 자연주의적 사상, 즉 천인합일사상의 전반적인 의미를 드러내 보이고, 다음은 서양의 현대과학기술이 강조하는 도구적 이성의 사고방식 아래서 초래된 인간 삶의 총체적 위기 및 자연환경의 파괴라고 하는 중대한 오류에 대하여 논의를 할 것이다. 이와 같은 논의를 통하여 장자의 자연주의 사상을 바탕으로 현대의 과학기술이 인류의 발전사 가운데 차지하는 위치를 재조명해 볼 것이며 아울러 장자의 정신과 지혜를 통한 과학과 인간 그리고 자연 사이의 조화로운 관계를 모색해보도록 하겠다.

2. 이원론적 사고방식과 인간중심주의 관점에 대한 성찰

인간과 자연 사이의 관계에는 전통적인 기독교 혹은 근대적 철학의 관점 속에서는 주관과 객관이라고 하는 이분법적 대립관계가 존재한다. 또한 인간은 이성을 가지고 있으며 과학기술을 운용할 수 있는 능력을 가지고 있기 때문에 자연환경에 대하여 주재자적 지위와 정복자의 역할을 가지게 되었다. 인간중심의 세계관은 인간에게 기본적으로 두 가지의 특징이 있다고 생각한다. 즉 하나는 인간은 자신의 운명을 스스로 주재할 수 있다고 하는 것과 인간이 세상에 존재하는 모든 사물을 지배할

1 Schwartz Benjamin, *The World of Thought In Ancient China*, Belknap Press of Harvard University Press, 1985, p.373.

수 있다고 하는 것이다. 다른 하나는 자연자원은 무제한적으로 있기 때문에 인간은 과학기술을 이용하여 자연환경을 개선하고 창조할 수 있다고 하는 것이다. 그러므로 인간사회의 발전은 무한한 것으로 인간의 문명과 발전은 영원히 지속된다고 하는 것이다. 이와 같은 두 가지 특징은 사실상 인간과 자연이라고 하는 이분법적 대립구도가 정착된 후에 야기된 가치관과 자연관의 발전에 기초한 것이다. 그러나 인간은 과연 진정으로 자연으로부터 독립할 수 있는 것인가? 또한 정말로 인간과 자연은 주관과 객관이라고 하는 이원론적 관계가 형성된 것인가? 중국 전통문화의 관점에서 볼 때 인간은 자연으로부터 독립할 수 있다는 것과 인간과 자연이 주관과 객관이라고 하는 이원론적 관계는 받아들이기 어려운 주장이라고 할 수 있다.[2] 하물며 중국인들의 정신문화에 지대한 영향을 끼친 장자의 사상에서 보았을 때 이러한 주장은 성립될 수 없는 것이라고 할 수 있다.

먼저 생명존재의 근원과 본질적인 측면에서 성찰을 해보면, 도道의 보편성과 총체성의 원칙 아래서 만물 및 인간의 생명에는 동일한 근원과 본질이 존재하고 있다. 그렇기 때문에 만물 가운데의 하나인 인간은 당연히 자연과의 관계가 밀접할 뿐만 아니라 불가분의 관계를 가지고 있는 것이다.[3] 사정영佘正榮의 경우 "도道의 보편성은 만물이 비록 형태적으로나 성질적인 측면에서 천차만별이지만, 그것들에는 도에 의해서 결정되는 공통적인 본질과 공통적인 법칙을 따르는 것이 있다고 하는 것을 의미한다.……도의 총체성은 만물은 모두 도의 공통적인 근원에 의해서 발생된 것이기 때문에 그것의 변화는 도의 변화과정의 한 부분이 되며 오직 도道만이 변화과정의 총체가 되는 것이다."[4]라고 언급하고 있다.

2 魏元珪, 「老莊哲學的自然觀與環保心靈」, 『哲學雜誌』, 第13期, 1995년, 43쪽 참조.
3 方東美, 『中國人生哲學』, 臺北, 黎明文化事業公司, 1991년, 93쪽 참조.
4 佘正榮, 『中國生態倫理傳統的詮釋與重建』, 北京, 人民出版社, 2002년, 58～59쪽 참조.

> 서로 다른 점으로부터 본다면 한 몸의 간과 쓸개도 초나라와 월나라처럼 다른 것이고, 서로 같은 점으로부터 본다면 만물은 모두 한 가지인 것입니다.[5]

> 사물에는 본래부터 그렇게 될 요소가 담겨져 있으며, 사물에는 본래부터 가능한 요소가 간직되어 있는 것이다. 그렇게 되지 않는 사물이란 없으며, 그렇게 가능하지 않은 사물이란 없는 것이다. 그러므로 앞의 논리에 의하여 종채와 기둥, 문둥이와 서시, 진귀한 것과 괴상한 것 등을 놓고 볼 때, 도에 있어서는 모두가 통하여 한 가지 것이 된다.[6]

『장자莊子』에서는 만물이 비록 천차만별의 표면적 현상이 있다고 하더라도 도道의 총체성과 보편성 측면에서 본다면, 만물이 가지고 있는 동일한 근원과 본질적 성질을 드러낼 수 있다고 천명하였다.

> 대지는 우리에게 형체를 부여하고 삶을 주어 우리를 수고롭게 하고 있다. 늙게 만듦으로써 우리를 편안하게 해 주고, 죽음으로써 우리를 쉬게 하고 있다. 그러므로 자기의 삶을 잘 사는 것은 곧 자기의 죽음을 잘 맞이하는 길인 것이다. 배를 골짜기에 감춰 두고 어살을 못에 감춰 두면 든든하다고 할 것이다. 그러나 밤중에 힘 있는 자가 그것을 짊어지고 달아날 수도 있는 것인데, 어리석은 자들은 그것을 알지 못한다. 크고 작은 것을 감추어 두는 데에는 적당한 곳이 있겠지만, 그래도 딴 곳에 옮겨질 곳이 있는 것이다. 만약 천하를 천하에 감추어 두면 옮겨질 곳이 있을 수가 없는데, 이것이 영원한 만물의 위대한 실정인 것이다. 특히 사람들은 형체를 타고 나기만 해도 그것을 기뻐한다. 사람의 형체 같은 것은 여러 가지로 변화하여 처음부터 한계가 없는 것이다. 그것을 즐거워한다면 즐길 것이 이루 다 헤아릴 수도 없이 많을 것이다. 그러므로 성인은

5 『莊子』, 「德充符」, "自其異者視之, 肝膽楚越也. 自其同者視之, 萬物皆一也."

6 『莊子』, 「齊物論」, "物固有所然, 物固有所可. 無物不然, 無物不可. 故爲是擧莛與楹, 厲與西施, 恢恑憰怪, 道通爲一."

> 물건이 딴 곳으로 옮겨갈 수 없이 모두가 존재하는 경지에 노니는 것이다. 일찍 죽는 일에도 잘 대처하고 늙는 일에도 잘 대처하며, 시작하는 일에도 잘 대처하고 끝맺는 일에도 잘 대처하여 사람들이 그를 본받게 되는 것이다. 그러니 하물며 만물이 관계되어 있고 또 일체의 변화의 근거가 되는 것에 대해서는 어떻게 대처하겠는가![7]

인간은 자연에서 생성된 존재이기 때문에 인간의 삶과 죽음은 모두가 자연의 조화인 것이라고 할 수 있는 것이다. 그렇기 때문에 자연은 생성하는 원칙으로 만물을 유지시키고 만물의 존재를 책임지는 것이다. 그러므로 인간은 수많은 변화 가운데의 하나로서 대자연으로부터 벗어날 수가 없는 것이다. 이외에 노장사상의 일맥상통하는 역사적 측면에서 언급하자면, 노자는 일찍이 만물과 자연의 관계에 대한 주장을 명확하게 표명했다. 즉 노자는 "도가 그것을 낳고 덕이 그것을 길러주고 사물이 그것의 형태를 나타내고 형세가 그것을 이뤄 준다. 그러므로 만물이 도를 높이고 덕을 귀중하게 하지 않음이 없다. 도가 높고 덕이 귀한 것은 명령한 것이 없어도 항상 저절로 그렇게 된다."[8]라고 언급하여, 도가 만물에 내재되어 있는 것이고 만물이 생성되는 까닭이면서 이루어지는 이유의 근거와 연원이라고 설명했다. 이와 관련하여 장자는 노자의 학설에 비하여 진일보한 주장을 내놓는데, 즉 인간·만물과 천지 사이의 관계를 절묘하게 처리한 것이다.

---

7 『莊子』, 「大宗師」, "夫大塊載我以形, 勞我以生, 佚我以老, 息我以死. 故善吾生者, 乃所以善吾死也. 夫藏舟於壑, 藏山於澤, 謂之固矣. 然而夜半有力者負之而走, 昧者不知也. 藏大小有宜, 猶有所遯. 若夫藏天下於天下, 而不得所遯, 是恆物之大情也. 特犯人之形而猶喜之, 若人之形者, 萬化而未始有極也, 其爲樂可勝計邪! 故聖人將遊於物之所不得遯而皆存, 善妖善老, 善始善終, 人猶效之, 又況萬物之所係, 而一化之所待乎!"

8 『老子』, 「五十一章」, "道生之, 德畜之, 勢成之. 是以萬物莫不尊道而貴德. 道之尊, 德之貴, 夫莫之命而常自然."

> 하늘은 모든 것을 덮어 주고 땅은 모든 것을 실어주고 있습니다.[9]

> 하늘과 땅이라는 것은 만물의 부모이다.[10]

> 하늘의 문이란 존재하지 않는 것이다. 만물은 존재하지 않는 데서 생겨난다. 존재는 존재로부터 존재하게 되었다고 할 수는 없다. 반드시 존재하지 않는 것에서 생겨났다고 보아야 한다. 그러나 존재하지 않는 것은 한결같이 존재하지 않는다. 성인은 이 경지에 몸을 두고 있는 것이다.[11]

천지는 만물을 덮어주고 만물의 부모가 되는데, 인간 역시 만물 가운데의 하나이다. 만물은 도의 실현원칙을 얻었고 도와 동체임을 수긍 받았기 때문에 천지지간에서 스스로 생장하고 형체를 이룩할 수 있는 것이다. 그러므로 성인聖人은 도를 체득하고 도와 합치되어 궁극적으로는 천하를 천하에 감추어 둘 수 있는 경지에 도달하게 되는 것이며, 무한한 자유의 경지에서 유유자적할 수 있게 되는 것이다.

이상과 같이 서양의 인간중심주의 세계관에서 주장하는 주관과 객관이라고 하는 이원론적인 대립구도 사유체계는 장자의 '천인불이天人不二'라고 하는 주장의 도와 만물의 상호관계 속에서는 합리적인 근거와 이유를 설명할 수가 없게 된다고 할 수 있다. 심지어 인간은 만물 가운데의 하나라고 하는 측면에서 언급하자면, 인간 스스로가 만물의 주재자가 된다고 하는 주장은 장자가 주장한 만물은 한결같이 평등하다고 하는 천도의 법칙과 상충되는 것이라고 할 수 있는 것이다.

인간중심주의 세계관이 야기한 부작용에 대하여 성찰을 해보면, 장자의 사상에 비춰보았을 때 인간중심주의 사고방식은 단편적이며 통제적

---

9 『莊子』, 「德充符」, "夫天無不覆, 地無不載."

10 『莊子』, 「達生」, "天地者, 萬物之父母也."

11 『莊子』, 「庚桑楚」, "天門者, 無有也, 萬物出乎無有. 有不能以有爲有, 必出乎無有, 而無有一無有. 聖人藏乎是."

성향을 가진 사유체계라고 할 수 있을 것이다. 이와 같은 사유체계가 초래한 부작용은 다음과 같은 측면에서 조명할 수 있을 것이다. 즉 도의 은폐 측면에서 조명한 부작용이다.

> 도는 어디에 숨겨져 있다가 진실과 거짓을 드러내는가? 말은 어디에 가려져 있다가 옳고 그름을 분별하는가? 도는 어디에 간들 존재하지 않는 일이 있는가? 말은 어디에서 쓰인들 안 되는 일이 있는가? 도는 조그만 성취에 숨겨지게 되며, 말은 화려함에 가려지게 되는 것이다.[12]

시비판별은 이중성의 사고라고 할 수 있으며 또한 자기중심적인 차별적 의식형태가 만들어 낸 것이라고 할 수 있다. 그러므로 나는 옳고 상대방은 그르다고 하는 결과를 고집하기 때문에 그에 따라서 진위의 발생과 도의 함몰을 초래하게 되는 것이다. 그래서 장자는 "내가 보건대 어짊과 의로움의 기준이나 옳고 그른 방향이 어지러이 뒤섞여 있다. 내 어찌 그 분별을 알 수가 있겠는가?"[13]라고 역설했던 것이다. 인식론과 논리적 각도에서 본다면 시비판별 사이의 대립은 형식논리의 필요조건이 되지만, 정신적 혹은 가치적 측면에서 본다면 시비판별 사이의 취사선택은 절대적 판단기준을 수립하기 어렵게 만든다. 그렇기 때문에 장자는 "옳고 그르다는 시비가 드러난다는 것은 도가 무너지는 원인이 되는 것이다. 도가 무너지는 것으로 말미암아 사랑하는 것이 이루어지는 원인이 형성되는 것이다."[14], "나누어지는 것은 다른 면에서는 이루어지는 것이 된다. 이루어지는 것은 다른 면에서는 파괴가 된다."[15]와 같은 주장을 했던 것

12 『莊子』, 「齊物論」, "道惡乎隱而有眞僞? 言惡乎隱而有是非? 道惡乎往而不存? 言惡乎存而不可? 道隱於小成, 言隱於榮華."

13 『莊子』, 「齊物論」, "自我觀之, 仁義之端, 是非之塗, 樊然殽亂, 吾惡能知其辯?"

14 『莊子』, 「齊物論」, "是非之彰也, 道之所以虧也. 道之所以虧, 愛之所以成."

15 『莊子』, 「齊物論」, "其分也, 成也. 其成也, 毁也."

이다. 그렇기 때문에 시비판별 관념의 형성은 자신의 입장에서 출발하여 집착을 야기하게 되는 것이다. 심지어는 집착 때문에 세계를 욕구의 대상으로 보는 관념이 발생하게 되는데, 인간이 일단 이러한 집착의 미망에 빠져들게 되면 대도大道에서 멀어지게 되는 것을 피할 수 없으며, 동시에 대도大道 역시 숨겨지게 되고 함몰되는 것이다.

이상과 같이 인간중심주의 사고방식을 성찰해보았는데, 즉 인간중심주의 사고방식은 자신은 옳고 타인은 그르다고 하는 독단적인 사고방식을 고수하면서 그 시야는 조그만 성취에 함몰되어 도의 광대함과 총체성에서 멀어지게 되는 것을 피할 수 없게 되는 것이다.

> 사물은 저것이 되지 않는 것이 없고, 또 이것이 되지 않는 것도 없다. 저것은 저것의 입장만으로는 드러나지 않아도 이것을 통하여 알아보면 곧 저것을 알게 된다. 그러므로 "저것은 이것에서 나오고, 이것 역시 저것에 말미암게 된다."고 하는 것이다. 이는 저것과 이것이 함께 생겨난다는 설인 것이다. 그뿐만 아니라 삶이 있으면 죽음도 있고 죽음이 있으면 삶도 있다. 가한 것이 있으면 가하지 않은 것이 있고, 가하지 않은 것이 있으면 가한 것이 있다. 옳음으로 말미암아 그릇됨이 있고, 그릇됨으로 말미암아 옳음이 있다. 그래서 성인은 이런 것에 의거하지 않고 그런 것을 자연에 비추어 생각하는 것이다. 이것은 또한 옳음에 근거를 둔 것이다. 이것은 또 저것이 되고 저것은 또 이것이 된다. 저것도 한 가지 시비가 되고, 이것도 한 가지 시비가 된다. 그러면 과연 저것과 이것이 있는 것인가? 과연 저것과 이것이 없는 것인가? 저것과 이것이란 상대적인 개념이 없는 것, 그것을 도의 근본이라고 한다.[16]

16 『莊子』, 「齊物論」, "物無非彼, 物無非是. 自彼則不見, 自知則知之. 故曰: 彼出於是, 是亦因彼. 彼是, 方生之說也. 雖然, 方生方死, 方死方生. 方可方不可, 方不可方可. 因是因非, 因非因是. 是以聖人不由, 而照之于天, 亦因是也. 是亦彼也, 彼亦是也. 彼亦一是非, 此亦一是非. 果且有彼是乎哉? 果且無彼是乎哉? 彼是莫得其偶, 謂之道樞."

장자는 도道의 관점 아래서 인간중심주의의 자기중심적 사고와 행위는 단지 인간의 눈앞의 이익과 성취만을 만족시켜줄 뿐만 아니라 만물과 인간 사이에 본래부터 존재했던 조화와 총체성을 파괴한다고 생각했다. 또한 장자는 인간이 자신의 역량으로 자연의 질서를 간여하거나 변화시켜 자연의 법칙을 훼손한다면 인간과 자연의 조화를 파괴시켜 결국에는 자연재해를 초래하게 될 것이라고 역설했다. 이러한 장자의 탁견은 오늘날 환경파괴와 생태계의 교란을 직면한 현대인들에게 참고의 가치가 있는 것이라고 생각한다.

3. 자연유기체론적 천도사상

인간중심주의적 사고방식에 대한 성찰을 통하여 알 수 있었던 것은, 생명존재의 근원과 본질이나 혹은 인간중심주의 사고방식이 야기한 부작용의 측면에서 본 주관과 객관이라고 하는 이원론 및 통제적 사유가 장자의 사유체계 속에서는 수긍하기 힘들다고 하는 사실이었다. 상대적으로 장자 자신의 도道에 관한 논의의 핵심사상 가운데 담겨져 있는 자연유기체론의 전체적인 관점은 그의 궁극적인 관심의 소재라고 할 수 있다. 이러한 점이 바로 장자의 사상이 서양의 환경철학과 구별되는 주요한 포인트가 된다고 할 수 있을 것이다. 구체적으로 언급하자면, 장자의 자연유기체론의 전체적인 관점은 비록 서양의 생태주의자들이 주장하는 전체론적 환경윤리와 비슷한 양상을 보이고 있으나 그 안에 담겨져 있는 함의는 차이를 보이고 있다. 즉 장자는 실천을 가장 우선시하는 가치론적 체계를 가지고 있기 때문에 실제로는 전체론적 환경윤리 주창자들이 강조하는 생태학과 시스템과학을 기반으로 한 인식론체계와는 분명한 차이를 보이고 있다.

장자의 자연유기체론은 우주생성론을 기반으로 수립되었다고 할 수 있다. 우주생성론은 존재적 경로와 가치적 경로라고 하는 양자의 변증적 통일성을 총괄하는데, 그 주요한 함의는 천지만물은 일체라고 하는 자연 유기체의 전체적인 측면을 나타낸 것이고 다른 한편으로는 존재물의 본성에 의거하여 만물의 내재적 가치를 증명하는 것으로, 이러한 양자는 한 사물의 두 측면으로 존재에 즉하면서 가치에 즉하는 전체적인 관점이다.[17] 우주생성론이라고 하는 것은 주로 도道가 만물을 그침 없이 생성하는 작용을 실현하는 것에서 천지만물이 본래 가지고 있는 내재적 가치와 충만한 생명력이 함축된 존재 상태를 설명하는 것이다. 도체道體의 성격적인 측면에서 말하자면 도는 초월적이면서 내재적인 속성을 가지고 있다. 즉 초월적인 측면에서 본다면 도는 천지만물의 총체적인 근원과 운행의 법칙이며, 내재적인 측면에서 본다면 도는 천지만물이 자연적인 본성과 그것에 의해서 구체적으로 드러나게 되는 도에 내재되어 있는 덕인 것이다. 장자가 "또한 도란 만물의 근원이 되는 것이다. 모든 사물이 이것을 잃으면 죽고 이것을 얻으면 산다."[18]라고 한 언급과 노자가 "도가 그것을 낳고 덕이 그것을 길러주고 사물이 그것의 형태를 나타내고 형세가 그것을 이뤄 준다. 그러므로 만물이 도를 높이고 덕을 귀중하게 하지 않음이 없다."[19]라고 언급한 것 역시 도와 만물의 내재적 연결은 전체와 부분이라고 하는 체용體用관계를 가지고 있다는 것을 설명하는 것이다. 그래서 엽해연葉海煙의 경우 "도가 어떻게 만물에 내재되어 있는가는 만물 자체가 그것을 드러내고 있다. 도가 존재하는 이유는 그것의 보편성과 초월성이 하나로 병존하기 때문인 것에 있다. 도는 초월적이면서 보편적인 것이기 때문에 역시 보편성으로 인해서 그것의 초월적 의미가 구체적으로 드러나게 되는 것이다."[20]라고 주장하고 있다. 그렇기 때문에

17 袁保新, 『老子哲學之詮釋與重建』, 臺北, 文津出版社, 1997년, 193쪽 참조.
18 『莊子』, 「漁父」, "且道者, 萬物之所出也, 庶物失之者死, 得之者生."
19 『老子』, 「五十一章」, "道生之, 德畜之, 勢成之. 是以萬物莫不尊道而貴德."

장자는 도에 있어서는 모두가 통하여 한 가지 것이 되고 만물은 모두 한 가지라고 하여, 만물이 비록 천차만별의 구체적인 차이가 있지만 그 것들은 모두가 도에 근원을 두고 있기 때문에 도의 보편성에 의지하는 것이며 도와 같은 자연의 본성을 지닌 것이라고 설명하고 있는 것이다.

> 서로 다른 점으로부터 본다면 한 몸의 간과 쓸개도 초나라와 월나라처럼 다른 것이고, 서로 같은 점으로부터 본다면 만물은 모두 한 가지인 것입니다.[21]

> 사물에는 본래부터 그렇게 될 요소가 담겨져 있으며, 사물에는 본래부터 가능한 요소가 간직되어 있는 것이다. 그렇게 되지 않는 사물이란 없으며, 그렇게 가능하지 않은 사물이란 없는 것이다. 그러므로 앞의 논리에 의하여 종채와 기둥, 문둥이와 서시, 진귀한 것과 괴상한 것 등을 놓고 볼 때, 도에 있어서는 모두가 통하여 한 가지 것이 된다.[22]

이상과 같은 장자의 언급을 통하여 도와 만물은 본래 분리된 관계가 아니라고 하는 점을 알 수 있다. 장자는 "사물을 사물의 존재대로 인정하는 사람은 사물과 한계가 없게 된다. 그러나 사물에 대하여 한계를 긋고 구별하는 사람은 이른바 사물에 의하여 자기 한계를 지니게 되는 사람인 것이다. 사물과 한계가 없다는 것은 상대적인 한계대로 순응하는 것이며, 사물에 대하여 한계를 긋는다는 것은 상대적인 한계대로 순응하지 않는다는 것이다."[23] 만물은 도체가 실현하는 원칙의 작용과 발현에 의하여 존재의 근거를 갖추게 되는 것이다. 도는 만물의 근원이며 만물은 도의

---

20 葉海煙, 『莊子的生命哲學』, 臺北, 東大圖書公司, 1990년, 103쪽 참조.

21 『莊子』, 「德充符」, "自其異者視之, 肝膽楚越也. 自其同者視之, 萬物皆一也."

22 『莊子』, 「齊物論」, "物固有所然, 物固有所可. 無物不然, 無物不可. 故爲是擧莛與楹, 厲與西施, 恢恑憰怪, 道通爲一."

23 『莊子』, 「知北遊」, "物物者與物無際, 而物有際者, 所謂物際者也. 不際之際, 際之不際者也."

구체적인 드러남이기 때문에 도는 만물이 드러내고 있는 보편성과 영속성에서 체현되어, 천지만물이 하나의 자연유기체라고 하는 존재의 상태를 나타내고 있는 것이다. 또한 이러한 자연유기체의 생동감 있는 의미는 만물이 갖추고 있는 내재적 가치에 대한 가장 좋은 설명이라고 할 수 있다.

> 동곽자가 장자에게 물었다. "이른바 도라는 것은 어디에 존재하는 것입니까?" 장자가 말하였다. "어디고 존재하지 않는 곳이란 없다." 동곽자가 말하였다. "있는 곳을 지적해 주십시오." 장자가 말하였다. "개미에게 있다." "어째서 그처럼 하급입니까?" "가라지 풀이나 피에도 있다." "어째서 더욱 하급의 것이 됩니까?" "기와나 벽돌에도 있다." "어째서 더욱 심해지십니까?" "오줌과 똥에도 있다."[24]

장자는 천지만물이 도의 작용에 의하여 없는 곳이 없다고 생각했다. 그렇기 때문에 개미·가라지 풀과 피·기와와 벽돌 심지어는 오줌과 똥 모두가 자신에게 구비되어 있는 생동감 있게 배출되어 나오는 역량 때문에 생명력이 있고 신령한 기운이 있는 존재 상태로 보이게 되는 것이다. 그러나 이러한 자기분출의 과정은 스스로 생성되고 화육되는 것의 전개이기 때문에 자기중심적인 폐쇄상태에 머물기만 할뿐 다른 사물과 융합과 소통을 할 수 없다는 것일까? 실제로 도의 영속성이 가지고 있는 순환반복과 공동체적 특징으로 앞서 언급한 물음에 대한 답을 할 수 있다. 즉 순환반복은 존재의 동태적인 여정을 강조하는 것이고, 공동체는 만물이 천지지간에 함께 공동으로 존재한다는 것을 대표하는 것으로 피차지간에 반드시 교섭과 전환을 통해야만 비로소 상생과 상보의 균형관계를

---

24 『莊子』, 「知北遊」, "東郭子問於莊子曰: 所謂道, 惡乎在? 莊子曰: 無所不在. 東郭子曰: 期而後可. 莊子曰: 在螻蟻. 曰: 何其下邪? 曰: 在稊稗. 曰: 何其愈下邪? 曰: 在瓦甓. 曰: 何其愈甚邪? 曰: 在屎溺."

달성할 수 있게 되는 것이다. 순환반복의 동태적인 여정의 측면에서 언급하자면 장자가 "만물은 모든 종류가 다르며 각기 다른 형체로서 무궁히 변화하는 것이다. 처음과 끝을 둥근 고리의 처음과 끝처럼 구분할 수 없고, 그 이치는 터득할 수도 없는 것이니 이것을 자연의 균형이라고 하는 것이다."[25]라고 주장한 것처럼 만물은 자연의 조화로 서로 다른 종류와 차이가 있게 되는 것이며, 그 존재의 변화는 끊임없이 흘러가고 순환반복하며 끝나고 다시 시작되는 자연의 상황과 동태적 노정이 표현되어 나온 것이다.

> 만물은 한결같이 평등한 것이니, 어느 것이 못하고 어느 것이 더 나은가? 도에는 시작도 끝도 없지만, 사물에는 삶과 죽음이 있다. 그래서 사물의 공용이란 믿어서는 안 되는 것이다. 어떤 때는 비었다가도 어떤 때는 차게 마련이어서 그 형세에는 일정한 모양이 없다. 늙어가는 나이는 막을 수가 없고, 흘러가는 시간은 멈추게 할 수가 없다. 생성 소멸과 찼다가는 비는 일을 반복하여 그치면 또 시작을 한다. 이것이야 말로 내가 위대한 도의 뜻을 얘기하고 만물의 이치를 논하는 까닭인 것이다. 사물의 생성은 말이 뛰는 것도 같고 달리는 것도 같이 변화한다. 조금도 변하지 않고 있는 것이란 없고, 잠시도 바뀌지 않는 것이란 없는 것이다. 그런데 무엇을 하겠는가? 무엇을 하지 않겠는가? 그대로 스스로 변화하게 버려두면 그뿐인 것이다.[26]

만물의 생성과 소멸은 자연에서 물려받은 것이기 때문에 그것이 스스로 취하고 부리는 과정은 마치 말이 뛰는 것도 같고 달리는 것도 같으며, 조금도 변하지 않고 있는 것이란 없고, 잠시도 바뀌지 않는 것이란 없는

---

25 『莊子』, 「寓言」, "萬物皆種也, 以不同形相禪, 始卒若環, 莫得其倫, 是謂天均."

26 『莊子』, 「秋水」, "萬物一齊, 孰短孰長? 道無終始, 物有死生, 不恃其成. 一虛一滿, 不位乎其形. 年不可擧, 時不可止. 消息盈虛, 終則有始. 是所以語大義之方, 論萬物之理也. 物之生也若驟若馳, 無動而不變, 無時而不移. 何爲乎? 何不爲乎? 夫固將自化."

것이 마치 텅 비어 관통하고 있는 도의 변화가 나날이 새롭고 끝남과 시작이 반복되는 것과 같은 것이다. 또한 장자는 "만물은 모두 변화의 기틀에서 생겨나서, 모두 변화의 기틀에 의하여 돌아가는 것이다."[27]라고 하여, 만물이 자연의 본성으로 그침 없이 생성하는 활발한 생명력 및 근본으로 돌아가서 다시 시작하는 순환 반복운동의 여정을 내포하고, 도의 영속적 특징과 작용을 드러내는 것으로 보았다.

이러한 것 외에 도가 실현원칙 아래서 전개하는 보편성과 영속성으로써 천지만물이 하나의 자연유기체임을 확인할 수 있는데, 천지만물은 자기 분출하는 유기체의 여정 속에서 자신을 목적으로 하는 내재적 가치를 전개한다고 할 수 있다. 내재적 가치와 유기체의 상호관계에 대해서는 뢰석삼賴錫三의 다음과 같은 언급을 참조할 가치가 있다고 생각한다.

> 유기체라고 하는 것은 모든 만물이 가지고 있는 생명력·신령한 기운의 유기체 생명을 의미하는 것이다.……이러한 모든 생명력의 유기체 생명 자체 및 그 자체가 배출하는 그침 없이 생성하는 개방성은 바로 자아실현의 내재적 가치인 것이다. 특별히 주의해야 할 것은 여기에서 언급하는 자아는 자기 자신에서 비롯된 개방적인 의미로서의 자아이지 자기중심적 주관적인 의미 혹은 폐쇄적인 의미로서의 자아가 아니라고 하는 점이다. 또한 내재적이라고 하는 것은 인간중심적인 가치를 부여하지 않은 순수하게 자기 자신에서 비롯된 개방성을 의미하는 것이다.……이상과 같이 이러한 내재적 자아실현의 생동감 있는 보편성은 모두가 만물 자체에 구비되어져 있다. 이러한 생동감의 측면에서 언급하자면 모두는 각자 충족되어 있고 비교가 필요 없는 것으로 그들 사이에 존재하는 가치는 모두 다 평등하고 필연적인 것이다.[28]

27 『莊子』, 「至樂」, "萬物皆出於機, 皆入於機."

28 賴錫三, 「當代新道家與深層生態學的形上基礎」, 『揭諦學刊』, 第二期, 1999년, 215~216쪽 참조.

이상과 같은 논의를 통하여 만물이 자아실현의 전제 아래서 배출한 그침 없이 생성하는 개방성은 내재적 가치가 갖추고 있는 유기체 생명이 되는 것임을 알 수 있었다. 그리고 자아실현은 도의 만물을 생성하는 실현원칙의 초월적 근거가 되는 것이며 만물의 자연적 본성에 내재되어 있는 것이라는 사실을 알 수 있게 된다. 최종적으로 정리하면, 우주생성론은 장자의 자연관 아래서 도와 만물 사이의 관계를 설명하는데, 천지만물은 도에서 생성된 것이기 때문에 존재와 가치의 통일성을 통섭하는 것이다. 이러한 것이 바로 장자의 자연유기체론의 가장 중요한 의미인 것이라고 할 수 있다.

4. 천인합일

장자의 실천철학의 특징에서 언급하자면, 천인합일의 경지는 본래 장자의 궁극적인 관심소재이면서 실천의 공부를 통하여 달성하고자 하는 경지였다고 할 수 있다. 사정영佘正榮의 경우 "천인합일에 도달하는 근본적인 여정은 바로 자기 깨달음을 통한 도를 체득하는 수행으로, 이는 형이상학적인 자기초월을 실현하여 최종적으로 인간의 진정한 자아를 실현하는 것이다. 이럴 경우 인간의 자아는 자연의 본체와 합일하게 되는 것이다."[29]라고 주장하고 있는데, 이 가운데 자기 깨달음을 통한 도를 체득하는 수행은 곧 자아실현 혹은 자연의 전개라고 할 수 있는데,[30] 바꿔 말하자면 오직 자아실현을 통해서만이 인간은 자신에게 복귀할 수 있게 되는 것이며, 부단히 생명의 한계를 초월할 수 있게 되어 그 생명의 총체성을 완성할 수 있게 되는 것이다.[31] 그리고 이러한 총체성은 인간이 천

---

29 佘正榮, 『中國生態倫理傳統的詮釋與重建』, 北京, 人民出版社, 2002년, 49쪽 참조.

30 賴錫三, 「當代新道家與深層生態學的形上基礎」, 『揭諦學刊』, 第二期, 1999년, 218쪽 참조.

31 葉海煙, 『莊子的生命哲學』, 臺北, 東大圖書公司, 1990년, 203～204쪽 참조.

지 사이에서 및 천지와의 상호관계를 묘사하는 것이 되는 것이다. 바꿔 말하자면 생명의 총체성은 곧 천인합일이 되는 것이다. 이러한 천인합일의 경지는 「대종사大宗師」 편에서 언급되어지고 있는 진인眞人의 경지로 표현될 수 있으며, 또한 인간이 자연과 환경의 상호관계 아래서 표현되어지는 진眞·선善·미美라고 하는 세 측면의 조화와 통일의 경지인 것이라고 할 수 있다.

진眞의 측면에서 언급하자면, 장자는 인간이 마땅히 존재의 본질에서 출발하여 천과 인간 사이가 본래는 통일된 총체라고 하는 것과 인간은 단지 만물 가운데의 하나일 뿐인 존재라는 것을 인식해야 한다고 생각했다. 그래서 장자는 개별 생명의 자아실현의 내재적 본질의 측면에서 만물과 인간은 동등한 지위를 가지고 있다고 생각했던 것이다.

> 천하에서 가을 짐승 터럭 끝보다 더 큰 것이 없다고 여길 수도 있고, 태산을 작다고 여길 수도 있다. 어려서 죽은 아이보다 더 오래 살 수 없다고 여길 수도 있고, 팽조를 일찍 죽었다고 여길 수도 있다. 하늘과 땅은 우리와 더불어 함께 존재하고 있고, 만물은 우리와 더불어 하나가 되어 있다.[32]

> 나는 하늘과 땅 사이에 있어서는 마치 작은 돌이나 작은 나무가 큰 산에 있는 것이나 다름없는 존재인 것이다. 바로 이렇게 나의 존재를 작게 보고 있거늘 어찌 스스로 뛰어났다고 생각할 이가 있겠는가? 사방의 바다가 하늘과 땅 사이에 존재하는 크기를 헤아려 보면 소라 구멍이 큰 연못가에 나 있는 정도와 비슷하지 않은가? 중국이 우주에서 차지하는 크기를 헤아려 보면 큰 창고 속에 있는 곡식알 하나와 비슷하지 않은가? 사물의 종류에는 몇 만이란 숫자가 붙는데 사람은 그 중 하나를 차지한다. 사람들은 이 세상 곡식이 생산되는 곳과 배와 수레가 통하는 곳에

---

32 『莊子』, 「齊物論」, "天下莫大於秋豪之末, 而大山爲小. 莫壽乎殤子, 而彭祖爲夭. 天地與我並生, 而萬物與我爲一."

> 널리 살고 있는데, 사람이란 그 중의 하나에 불과하다. 이런 사람을 만물에 비겨 본다면 말의 몸에 난 한 개의 가는 터럭과 같지 않은가?[33]

인간은 오직 총체적인 시야의 성찰을 통해서만이 비로소 자신을 우주 가운데에서 새롭게 정립할 수 있는 것이며, 자신의 생명존재가 단지 우주의 커다란 조화와 흐름속의 하나의 과정이라고 하는 사실을 인식할 수 있게 되는 것이다. 즉 인간의 삶과 죽음의 변화는 마치 봄 여름 가을 겨울 사계절의 운행과 같은 것에 불과할 뿐인 것이다. 그렇기 때문에 진실한 존재의 측면에서 본다면 인간의 주관적 기쁨과 좋아함이 어떻든 간에 인간은 반드시 자신이 처한 상황을 분명하게 인식하여 자각적으로 우주의 커다란 조화와 흐름에 참여해야 만이 비로소 존재와 가치를 통합할 수 있게 됨으로써 생명의 의미를 실현할 수 있게 되는 것이다.

선善의 측면에서 언급하자면, 장자는 인간이 마땅히 덕성수양을 기초로 하여 생명존재의 내적 지향점을 헤아리고 그것을 점진적으로 초월함과 동시에 자연에 순응하고 만물과 하나같이 평등함으로써 자신과 다른 사물의 조화를 이루는 최고의 가치에 도달할 수 있는 것으로 보았다.

> 평형이란 물이 가득히 멈춰져 있는 것 같은 것입니다. 그것을 법도로 삼을 수 있는 사람은 안으로 그 평형을 보전하여 밖으로 요동하지 않게 됩니다. 덕이란 조화를 이룩하는 수양인 것입니다. 덕이 겉으로 나타나지 않는 사람이라면 사람들이 그로부터 떠날 수가 없게 됩니다.[34]

---

33 『莊子』, 「秋水」, "吾在天地之間, 猶小石小木之在大山也, 方存乎見少, 又奚以自多? 計四海之在天地之間也, 不似礨空之在大澤乎? 計中國之在海內, 不似稊米之在大倉乎? 號物之數謂之萬, 人處一焉. 人卒九州, 穀食之所生, 舟車之所通, 人處一焉. 此其比萬物也, 不似豪末之在於馬體乎?"

34 『莊子』, 「德充符」, "平者, 水停之盛也. 其可以爲法也, 內保之而外不蕩也. 德者, 成和之修也. 德不形者, 物不能離也."

덕이 있는 사람은 도의 무위자연의 천성에 부합하여, 일반적인 세속의 명리에 연루되지 않는다. 그렇기 때문에 내적으로 본래 진실함을 보전할 수 있음으로써 "자기가 없고, 이룬 공이 없고, 이름이 없다."고 하는 소요의 경지에 도달할 수 있게 되는 것이다. 그러므로 마음속으로 임기응변할 수 있고 자연에 순응할 수 있게 된다면, 자연의 한계를 준수하여 외부 사물을 상하게 하지 않게 되는 것이고, 한편으로는 자연을 통제하여 만물을 부리는 것을 반대하고 아울러 자연을 존중하는 것과 만물을 포용하는 관대한 마음을 표현해 낼 수 있게 되는 것이다.

사실상 장자는 도를 체득하고 덕과 합치될 때에야 비로소 만물과 내가 조화를 이룰 수 있게 된다고 하는 것을 표명했는데, 이러한 것은 선善의 가치가 전개되는 것이라고 할 수 있는 것으로 노자가 "이로써 성인은 항상 자연스럽게 사람을 구제한다. 그러므로 버리는 사람이 없으며 항상 자연스럽게 사물을 구제한다. 그러므로 버리는 물건이 없으니 이런 일을 전승된 명덕이라 한다."[35]라고 언급한 것과 같다고 할 수 있다. 이 가운데 "전승된 명덕"은 천도의 밝은 덕이 되는 것으로 자연의 항상 그러한 도인 것이다.[36] 성인聖人은 인간과 만물이 다 같이 자연계의 한 부분에 속하는 것으로 생각하고 있기 때문에 인간은 마땅히 자연으로 돌아가 사람들을 구제하고 만물과 조화를 이룰 수 있는 공감대를 도모해야 한다고 했던 것이다. 장자의 입장에서 보았을 때 "전승된 명덕"은 "그렇기 때문에 그러한 자기 본위의 방법을 쓰지 않고 영원하고 평범한 것에 자기를 맡겼던 것이다. 이것을 두고서 밝음이라 말하는 것이다."[37]에서처럼 '밝음'과 동일한 의미로 볼 수 있는데, 이러한 것 역시 인간은 마땅히 자연의 천도에 순응해야 한다고 하는 것을 의미하는 것이며, 인간이 만든 기준

---

35 『老子』, 「二十七章」, "是以聖人常善救人, 故無棄人, 常善救物, 故無棄物, 是謂襲明."

36 吳怡, 『新譯老子解釋』, 臺北, 三民書局, 2003년, 190쪽 참조.

37 『莊子』, 「齊物論」, "爲是不用而寓諸庸, 此之謂以明."

으로 만물을 강제로 변화시켜서는 안 되고 만물의 본성에 순종하여 그 자신의 커다란 쓰임을 성취해야 한다는 것을 강조한 것이라고 할 수 있다. 이와 같은 선善의 경지는 스스로의 덕성을 수양하는 것을 기반으로 하여 한 걸음 더 나아가 자연을 존중하고 만물을 포용하는 조화의 경지를 표현해 내는 것이다.

미美의 측면에서 언급하자면, 장자는 정신상에 있어서 도의 본체에 들어맞고 자연에 부합될 수 있어서, 주관과 객관이 합일되고 만물과 내가 합일되고 천인합일이 되는 커다란 조화를 실현할 때 비로소 정신주체의 절대자유를 체험할 수 있으며, 아울러 진정으로 천지의 커다란 아름다움의 즐거움을 누릴 수 있다고 생각했다.

> 하늘과 땅은 위대한 아름다움을 지니고 있으면서도 말로 할 수 없고, 사철은 밝은 법도를 지니고 있으면서도 논의할 수 없고, 만물은 생성의 원리를 지니고 있으면서도 설명할 수 없다. 성인이란 하늘과 땅의 아름다움을 근원으로 삼고 있고, 만물의 원리에 통달한 사람이다. 그러므로 지극한 사람은 무위하며, 위대한 성인은 작위가 없는데, 하늘과 땅의 원리에 통달하고 있기 때문이다.[38]

> 성인은 사물을 따르되 사물을 손상시키지 않는다. 사물을 손상치 않는 사람에 대해서는 사물은 그를 손상시킬 수가 없게 된다. 오직 사물을 손상시키는 일이 없는 사람만이 자연을 따라 그것을 보내고 마중할 수가 있게 된다. 산림에서나 평원에서 노니는 것은 우리들로 하여금 흥겨이 즐기게 해준다.[39]

38 『莊子』, 「知北遊」, "天地有大美而不言, 四時有明法而不議, 萬物有成理而不說. 聖人者, 原天地之美而達萬物之理. 是故至人無爲, 大聖不作, 觀於天地之謂也."

39 『莊子』, 「知北遊」, "聖人處物不傷物. 不傷物者, 物亦不能傷也. 唯無所傷者, 爲能與人相將迎. 山林與, 皐壤與, 使我欣欣然而樂與."

이상의 것들 외에도 「대종사大宗師」 편에서 언급되어지고 서술되고 있는 진인眞人의 경지 역시 아름다움의 경지에 대한 충분한 표현이라고 볼 수 있을 것이다.

> 그러므로 그들에게는 좋아하는 것도 한 가지이고, 좋아하지 않는 것도 한 가지이다. 그들에게는 한 가지의 것도 한 가지이고, 한 가지 것이 아닌 것도 한 가지이다. 그처럼 한 가지라는 것은 하늘과 한 무리가 되는 것이고, 한 가지가 아니라는 것은 사람과 한 무리가 되는 것이다. 하늘과 사람은 서로 다툴 수가 없는 것이다. 이런 사람을 참된 사람이라고 부르는 것이다.[40]

하늘과 사람은 서로 다툴 수가 없다고 하는 것은 진인의 정신이 한쪽 방향으로만 치우쳐 막혀있지를 않고 자연과 교통하는 과정에서 풍부하고 다원적인 삼라만상 속으로 철저하게 융합되어 가는 것을 의미하고, 천지만물이 자신으로 돌아가는 것을 얻는 것과 함께 그것의 무궁한 생명력이 충분하게 아름다운 형태를 전개시켜 나오는 것을 의미하기도 한다. 이러할 때 만물과 내가 융합하는 것이고 분별할 수 없게 되어 총체적 생명의 존재와 사물이 동화 되는 것이다. 이러한 것이 가장 아름다운 정신이면서 또한 장자가 언급한 천인합일天人合一을 이룩한 진인眞人의 경지인 것이다.

5. 맺는 말

이상과 같이 장자의 천인합일 사상에 대하여 이원론적 사고방식과 인간중심주의 관점에 대한 성찰과 자연유기체론적 천도사상 및 천인합일

40 『莊子』, 「大宗師」, "故其好之也一, 其弗好之也一. 其一也一, 其不一也一. 其一與天爲徒, 其不一與人爲徒, 天與人不相勝也, 是之謂眞人."

을 중심으로 논의를 진행해 보았는데, 이를 정리하면 다음과 같다.

서양의 인간중심주의 세계관에서 주장하는 주관과 객관이라고 하는 이원론적인 대립구도 사유체계는 장자의 '천인불이天人不二'라고 하는 주장의 도와 만물의 상호관계 속에서는 합리적인 근거와 이유를 설명할 수가 없게 된다고 할 수 있다. 심지어 인간은 만물 가운데의 하나라고 하는 측면에서 언급하자면, 인간 스스로가 만물의 주재자가 된다고 하는 주장은 장자가 주장한 만물은 한결같이 평등하다고 하는 천도의 법칙과 상충되는 것이라고 할 수 있는 것이다. 또한 서양의 인간중심주의 사유에서 형성된 시비판별 관념은 자신의 입장에서 출발하여 집착을 야기하게 되는 폐단을 가지고 있다고 할 수 있다. 심지어는 집착 때문에 세계를 욕구의 대상으로 보는 관념이 발생하게 되는데, 인간이 일단 이러한 집착의 미망에 빠져들게 되면 대도大道에서 멀어지게 되는 것을 피할 수 없으며, 동시에 대도大道 역시 숨겨지게 되고 함몰되는 것이다. 그래서 결국에는 자신은 옳고 타인은 그르다고 하는 독단적인 사고방식을 고수하면서 그 시야는 조그만 성취에 함몰되어 도의 광대함과 총체성에서 멀어지게 되는 것을 피할 수 없게 되는 것이다.

장자의 자연유기체론은 우주생성론을 기반으로 수립되었다고 할 수 있다. 우주생성론은 존재적 경로와 가치적 경로라고 하는 양자의 변증적 통일성을 총괄하는데, 그 주요한 함의는 천지만물은 일체라고 하는 자연유기체의 전체적인 측면을 나타낸 것이고 다른 한편으로는 존재물의 본성에 의거하여 만물의 내재적 가치를 증명하는 것으로, 이러한 양자는 한 사물의 두 측면으로 존재에 즉하면서 가치에 즉하는 전체적인 관점이라고 할 수 있다. 또한 장자가 언급한 도는 만물의 근원이며 만물은 도의 구체적인 드러남이기 때문에 도는 만물이 드러내고 있는 보편성과 영속성에서 체현되어, 천지만물이 하나의 자연유기체라고 하는 존재의 상태를 나타내고 있는 것이라고 할 수 있다. 또한 이러한 자연유기체의 생동감 있는 의미는 만물이 갖추고 있는 내재적 가치에 대한 가장 좋은 설명이라고 할 수가 있는 것이다.

또한 장자에게 있어서 도는 그 자체의 실현 원칙 아래서 전개하는 보편성과 영속성으로써 천지만물이 하나의 자연유기체임을 확인할 수 있으며, 천지만물은 자기 분출하는 유기체의 노정 속에서 자신을 목적으로 하는 내재적 가치를 전개하는 것이라고 할 수 있다. 결국 천지만물은 도에서 생성된 것이기 때문에 존재와 가치의 통일성을 통섭하는 것이며, 이러한 것이 바로 장자의 자연유기체론의 가장 중요한 의미라고 할 수 있는 것이다.

장자는 인간은 자아실현을 통해서만이 자기 자신에게 복귀할 수 있게 되고 부단히 생명의 한계를 초월할 수 있게 되어 그 생명의 총체성을 완성할 수 있게 된다고 생각했다. 그리고 이러한 총체성은 인간이 천지와의 상호관계를 형성하고 있는 상황을 묘사하는 것이라고 할 수 있는 것이다. 즉 생명의 총체성은 곧 천인합일이 되는 것이며, 이러한 천인합일의 경지는 진인眞人의 경지로 표현될 수 있는 것이다. 또한 인간이 자연과 환경의 상호관계 아래서 표현되어지는 진眞·선善·미美라고 하는 세 측면의 조화와 통일의 경지 역시 천인합일의 경지라고 할 수 있는 것이다.

인간은 오직 총체적인 시야의 성찰을 통해서만이 비로소 자신을 우주 가운데에서 새롭게 정립할 수 있는 것이며, 자신의 생명존재가 단지 우주의 커다란 조화와 흐름속의 하나의 과정이라고 하는 사실을 인식할 수 있게 되는 것이다. 즉 인간의 삶과 죽음의 변화는 마치 봄 여름 가을 겨울 사계절의 운행과 같은 것에 불과할 뿐인 것이다. 그렇기 때문에 진실한 존재의 측면에서 본다면 인간의 주관적 기쁨과 좋아함이 어떻든 간에 인간은 반드시 자신이 처한 상황을 분명하게 인식하여 자각적으로 우주의 커다란 조화와 흐름에 참여해야 만이 비로소 존재와 가치를 통합할 수 있게 됨으로써 생명의 의미를 실현할 수 있게 되는 것이다.

장자는 도를 체득하고 덕과 합치될 때에야 비로소 만물과 내가 조화를 이룰 수 있게 된다고 하는 것을 표명했는데, 이러한 것은 선善의 가치가 전개되는 것이라고 할 수 있다. 또한 장자는 인간이 마땅히 자연의 천도에 순응해야 한다고 주장하며, 인간이 만든 기준으로 만물을 강제로 변화시켜서는 안 되고 만물의 본성에 순종하여 그 자신의 커다란 쓰임을 성취해야 한다는 것을 강조했다. 이와 같은 선善의 경지는 스스로의 덕성을 수양하는 것을 기반으로 하여 한 걸음 더 나아가 자연을 존중하고 만물을 포용하는 조화의 경지를 표현해 내는 것이라고 할 수 있는 것이다.

장자는 정신상에 있어서 도의 본체에 들어맞고 자연에 부합될 수 있어서, 주관과 객관이 합일되고 만물과 내가 합일되고 천인합일이 되는 커다란 조화를 실현할 때 비로소 정신주체의 절대자유를 체험할 수 있으며, 아울러 진정으로 천지의 커다란 아름다움의 즐거움을 누릴 수 있다고 생각했다. 또한 장자는 인간이 자연과 교통하는 과정에서 다양한 삼라만상 속으로 철저하게 융합되어 가고, 천지만물이 자신으로 돌아가는 것을 얻는 것과 함께 그것의 무궁한 생명력이 충분하게 아름다운 형태를 전개시켜 나올 때 만물과 내가 융합하는 것이라고 하였으며 이러한 것이 바로 천인합일의 경지라고 역설하였던 것이다.

참고문헌

賀榮一,『道德經註譯與析解』, 天津, 百花文藝出版社, 1994년.

王先謙,『莊子集解』, 北京, 中華書局, 1987년.

葉海煙,『莊子的生命哲學』, 臺北, 東大圖書公司, 1990년.

方東美,『中國人生哲學』, 臺北, 黎明文化事業公司, 1991년.

袁保新,『老子哲學之詮釋與重建』, 臺北, 文津出版社, 1997년.

佘正榮,『中國生態倫理傳統的詮釋與重建』, 北京, 人民出版社, 2002년.

吳　怡,『新譯老子解釋』, 臺北, 三民書局, 2003년.

魏元珪,「老莊哲學的自然觀與環保心靈」,『哲學雜誌』, 第13期, 1995년.

賴錫三,「當代新道家與深層生態學的形上基礎」,『揭諦學刊』, 第二期, 1999년.

Schwartz Benjamin, *The World of Thought In Ancient China*, Belknap Press of Harvard University Press, 1985.

제8장

육가의 천인관계론

1. 시작하는 말

한漢나라 건국 초기에 국가의 기틀을 다지기 위해서 육가陸賈는 그에 부응하는 주장과 견해를 담은 저작을 내놓는다. 한나라 초기에 수립된 치국방략은 대부분 진나라 패망의 역사적 교훈에 의거한 것들이 대다수를 점하고 있었다. 육가 역시 이러한 진나라 패망의 역사적 교훈에 착안하여 매우 치밀하게 다듬은 주장을 펼친다. 이러한 주장들은 육가의 정치적 입장의 기반이 되었다고 할 수 있다.

치국방략에 대한 육가의 주장을 담은 저작이 바로 『신어新語』인데, 그것의 주된 목적은 진나라 패망의 역사적 경험과 교훈을 총결하여 한나라의 국가경영 방침을 수립하기 위함에 있었던 것이다. 그렇기 때문에 『신어新語』의 주된 내용은 대부분이 정치사상에 관한 것들이 주류를 이루고 있다고 말할 수 있다. 한나라 초기의 학술계는 백가쟁명이면서 다양한 사상체계가 융합되어가는 추세를 보이고 있었으며, 사회적으로는 오랜 전란을 겪게 된 민생은 피폐할 대로 피폐해진 상황이었기 때문에 백성들에게는 휴식의 기간이 절실하게 필요했다고 할 수 있다. 육가의 사상은 이러한 시대적 상황의 영향을 받았기 때문에 다양한 제자백가의 사상이 잡다하게 혼재되어 있었지만 그 가운데서도 특히 유가와 도가의 사상이 그 주요한 기반을 이루고 있었으며, 이러한 유가와 도가의 사상이 적절하게 섞여있는 사상을 바탕으로 한나라 초기에 당면한 문제에 대한 해결책을 궁구했던 것이라고 할 수 있다.

한나라 건국초기 제국의 질서를 확립하는데 결정적인 역할을 했던 육가의 정치사상의 본원을 정확하게 파악하기 위한 선행 작업으로 그의 우주관을 이루고 있는 천도론에 대한 분석은 반드시 필요한 작업이라고 생각한다. 그러므로 본문에서는 육가의 천도론에 대하여 천도에 대한 분석과 기론에 대한 검토 및 천인관계론을 중심으로 고찰해보도록 하겠다.

2. 천도에 대한 분석

육가는 도道라고 하는 것이 우주 사이에 존재하는 만사만물의 원리이자 원칙이라고 보았다.[1] 이러한 도道는 천지간에 존재하는 모든 사물들 속에 존재하기 때문에 "그것은 천지 사이에 존재한다."[2]라고 하는 것이며, 영원히 소실되지 않는 것이다. 그렇기 때문에 육가는 "도는 폐기되어 일어서지 못하는 경우가 없다."[3]라고 언급했던 것이다. 육가가 언급한 도道는 보편적인 성격을 가질 뿐만 아니라 항구 불변적인 성질 역시 가지고 있으며, 그것은 하늘과 대지와 인간과 어우러져 생겨나게 되는 것이다.

> 전하는 말에 "하늘은 만물을 낳고 땅은 그들을 기르며 성인은 그들을 완성시킨다."고 합니다. 이들의 공덕이 어우러져 그로 말미암아 도가 생겨났습니다.[4]

---

1 賀凌虛, 『中國古代政治思想論集』, 南投, 霧峰出版社, 1970년, 80쪽 참조.

2 『新語』, 「愼微」, "寄之天地之間."

3 『新語』, 「愼微」, "道無廢而不興."

하늘은 만물을 낳고 땅은 만물을 기르며 성인은 만물을 완성시킨다고 하고, 도道라는 것은 바로 그러한 것들이 함께 작용하여 생겨나는 것이라고 한 것에서와 같이 알 수 있듯이 결국 도道라는 것은 천지를 계승한 것이며 인간의 체현을 통하여 비로소 완성되는 것이다. 그렇기 때문에 육가가 말하는 도道라고 하는 것에는 하늘의 도天道와 대지의 도地道 그리고 인간의 도人道 모두가 포함되어 있는 것이라고 할 수 있는 것이다. 이러한 육가의 천도론은 『역전易傳』의 관점과 상당부분에 있어서 동일하다고 볼 수 있다.[5]

육가의 천도관념에는 자연적인 의미의 천天과 인격신 의미의 천天이라고 하는 의미가 포함되어 있으며, 대지地는 단지 자연적인 의미만 가지는 것으로 천도에 종속되는 것이라고 할 수 있다. 육가가 언급한 천도의 내용은 다음과 같다.

> 하늘은 해와 달을 배열하고 별들의 자리를 잡아주고 사계절의 순서를 매기고 음양의 기운을 적절히 조화시킵니다. 그 기운이 펴져서 만물은 각자의 본성을 조절하게 되며 순서에 따라 오행이 배치됩니다. 만물은 봄에 태어나고 여름에 성장하며 가을에 거둬들이고 겨울에 감추어둡니다. 양기가 움직여 천둥번개가 생기고 음기가 모여 눈서리가 만들어집니다. 그리하여 뭇 생명들이 생육하고 성장하여 무성해지기도 하고 사라지기도 합니다. 비바람으로 윤기가 돌게 하고, 햇볕으로 쬐어주며, 절기로 온기 있게 하며, 차가운 서리로 쇠락하게 합니다. 뭇 별들이 제 자리를 잡아가고 북두칠성으로 방향을 제어합니다.[6]

---

4 『新語』, 「道基」, "傳曰: '天生萬物, 以地養之, 聖人成之.' 功德參合, 而道術生焉."

5 『周易』, 「繫辭傳下」, "易之爲書也, 廣大悉備, 有天道焉, 有地道焉, 有人道焉."

6 『新語』, 「道基」, "張日月, 列星辰, 序四時, 調陰陽, 布氣治性, 次置五行, 春生夏長, 秋收冬藏, 陽生雷電, 陰成雪霜, 養育群生, 一茂一亡, 潤之以風雨, 曝之以日光, 溫之以節氣, 降之以殞霜, 位之以衆星, 制之以斗衡."

위의 인용문에 묘사되어 있는 천天은 만물을 낳고 양육하는 자연적 의미의 천天이다. "천도는 사계절을 조절한다."[7]라고 하는 언급은 바로 천도는 단지 자연의 운행법칙만을 나타낼 뿐 인간사와는 무관하다는 것을 의미한다고 볼 수 있다. 또한 육가는 대지의 도地道는 천도의 뜻을 계승하여 만물을 양육하는데 있다고 보았다.

> 대지 위에 오악이 솟아오르고, 네 강이 그어지고, 웅덩이와 연못이 갈라지고, 하천 샘물이 뚫리게 되었습니다. 식물들이 나고 자라 비슷한 것들끼리 군락을 이루며 수천 수만의 뿌리들이 얽히고, 갖가지 형태를 드러내며 정기를 공급받아 뭇 생물이 살아가게 되었습니다. 만물은 천시를 어기지 않으며, 본성을 침탈하지 않으며, 자기 성정을 감추지 않으며, 자신의 억지행위를 숨기지 않습니다.[8]

대지의 도地道는 위로는 천도에 위배되지 않고 아래로는 만물의 본성을 거스르지 않는 것이기 때문에, 천도와 호응하게 되어서 만물은 이러한 대지로부터 생장되고 양육을 당하게 되는 것이다.

> 발로 걸어 다니거나 입으로 숨을 쉬며 날개로 날아다니고 기어서 움직이는 동물 부류, 물에서 살거나 육지에 번식하며 뿌리를 드러내고 잎이 자라는 식물 족속이 모두 편안히 안심하며 제 자연본성에 따라 성장하게 되었습니다. 이 모두는 천지의 기운이 서로 도와 감응했기 때문입니다.[9]

---

7 『新語』, 「術事」, "天道調四時."

8 『新語』, 「道基」, "地封五嶽, 畫四瀆, 規洿澤, 通水泉, 樹物養類, 苞殖萬根, 暴形養精, 以立群生, 不違天時, 不奪物性, 不藏其情, 不匿其詐."

9 『新語』, 「道基」, "跂行喘息, 蜎飛蠕動之類, 水生陸行, 根著葉長之屬, 爲寧其心而安其性, 蓋天地相承, 氣感相應而成者也."

만물은 천지자연에 존재하는 것으로 천지의 도에 순응하여 생장하고 늙고 번성하다가 소멸하게 되는 것이다.

육가의 천도관념에는 이러한 자연적 의미의 천天 관념 이외에 또 다른 차원의 의미가 포함되어져 있다고 할 수 있는데, 그것은 바로 천天은 인간사에 감응할 수 있다고 하는 인격신 의미의 천天이다.

> 모든 존재는 천지사방의 범주 안에 포용되며 삼강과 육기로 인륜을 망라합니다. 재난과 변괴를 내려 사람들의 잘못을 고치도록 하고 길한 징조를 미리 알려줍니다. 살리고 죽임으로써 만물을 움직이며 각종 천문 현상으로 사람들에게 깨우침을 줍니다.[10]

천도天道는 육가의 관념 속에서 단지 만물을 생장하고 양육하는 것에 그치는 것이 아니고, 인간에게 경고를 해줄 수 있는 능력도 가지고 있어서 인도人道를 바로잡을 수 있는 존재이기도 했다. 심지어 육가는 이러한 천도가 덕성을 갖춘 군자가 천하를 경영할 수 있도록 도와주기도 한다고 보기까지 했다.

> 항우는 약속을 저버리고 스스로 서초의 패왕의 자리에 올랐고 제후들도 모두 그에게 귀속하였으니, 매우 강성한 나라라고 할 수 있습니다. 그러나 한왕께서 파촉에서 일어나 천하의 백성을 다스리고 제후들을 정복하여, 마침내는 항우를 정벌하셨습니다. 그리하여 5년 만에 천하가 평정되었으니, 이것은 사람의 힘이 아니라 하늘이 세워준 것입니다.[11]

육가는 하늘이 천명을 내려준다고 하는 관점을 이용하여 한나라 황제

---

10 『新語』, 「道基」, "苞之以六合, 羅之以紀綱, 改之以災變, 告之以禎祥, 動之以生殺, 悟之以文章."

11 『史記』, 「酈生陸賈列傳」, "項羽倍約, 自立爲西楚霸王, 諸侯皆屬, 可謂至彊. 然漢王起巴蜀, 鞭笞天下, 劫略諸侯, 遂誅項羽滅之. 五年之間, 海內平定, 此非人力, 天之所建也."

의 권위를 드높임으로써 남월南越의 왕이었던 위타尉佗를 한나라에 복종시킬 수 있었던 것이라고 주장했던 것이다. 이러한 사례는 육가의 인격신 의미의 천 관념에 대하여 방증이 될 수 있을 것이다.

> 큰 분노에서 비롯되는 위엄은 기운이나 힘에 기대어 행해질 수 있는 것이 아닙니다. 성인은 하늘의 위엄에 순응하고, 하늘의 기운에 합치하고, 하늘이 부여한 소임을 받들고, 하늘의 모습을 띠고 있는데, 그럼에도 하늘과 더불어 공을 세우지 않는나는 것은 너무 어려운 일 아니겠습니까?[12]

역대로 성왕이나 현명한 군주들 모두는 하늘의 권위를 빌려 신하들과 백성들을 복종시키고 천하를 통치했는데, 그들은 천지와 덕을 합하여 뛰어난 공적을 이루었다. 반면 그렇지 않은 군주들의 경우 즉 천도를 위배한 군주들은 국가를 패망의 길로 끌고 갔던 사례가 역사적으로 비일비재하다고 할 수 있다.

육가의 천天에 대한 견해는 순자의 자연적 의미의 천天 관념을 계승하여 인간사와는 무관하다고 하는 자연적 의미의 천天관념이 주류를 이루고 있지만, 한편으로는 천인감응天人感應의 사상이 혼재되어 있는 인격신 의미의 천天관념이 있기도 하다. 이처럼 육가는 이중적 성격을 띤 천도 관념을 가지고 있다고 말할 수 있는데, 이는 오늘날의 관점에서 볼 때 모순점을 가지고 있지만, 육가가 처했던 당시의 시대적 상황을 고려한다면 충분히 수긍할 만하다고 할 수 있을 것이다.

세상의 만물은 천지가 화육하여 생성한 것인데 인류 역시 예외가 될 수는 없지만, 인류는 "고개를 들어 천문을 보고 고개를 숙여 지리를 관찰한다."[13]라고 하는 능력이 있어서 인도人道를 만들 수 있었던 것이다.

---

12 『新語』, 「本行」, "大怒之威, 非氣力所能行也. 聖人乘天威, 合天氣, 承天功, 象天容, 而不與爲功, 豈不難哉?"

13 『新語』, 「道基」, "仰觀天文, 俯察地理."

이에 옛 성인 복희씨는 고개를 들어 천문을 보시고 고개를 숙여 지리를 관찰하시어 천지음양 건곤 등 팔괘를 그려내셨습니다. 이로써 인간세상의 도덕규범이 정해지고 백성들은 깨치기 시작하여 부자유친, 군신유의, 부부유별, 장유유서의 도리를 알게 되었습니다. 이에 모든 관직이 바로 서고 왕도가 생겨나게 되었습니다.[14]

인도人道는 성인이 천지의 도道를 본받아 만들어낸 것이며, 그것의 주요한 내용은 바로 인륜인 것이다. 인류는 천지지간에 살면서 안신입명安身立命을 해야 하는 존재로서 제반 행위를 반드시 인의仁義에 의거해서 해야만 하는 것이라고 육가는 주장했다.

천지가 인간을 낳고 예의로써 본성을 삼았다. 인간은 자기 스스로를 돌이켜 반성함으로써 천명을 받게 되고 그것에 순응하였던 것이다. 이렇게 천명에 순응하는 것을 도라고 한다.[15]

인류는 만물가운데 우뚝 선 존재라고 할 수 있는데, 그 이유는 인류만이 만물이 가지고 있지 않은 예의禮義를 가지고 있으며, 하늘로부터 부여받은 본성에 대한 반성적 사고를 통하여 이를 적극적으로 발휘할 수 있게 될 때에 비로소 도道를 체득하게 되는 것이다. 심지어는 천지만물의 화육에까지도 참여할 수 있게 되는 것이다. 이러한 주장은 『중용中庸』에서 언급하는 "하늘이 명한 것을 본성이라 하고, 본성을 따르는 것을 도라고 한다."[16]라고 하는 견해와 상당히 유사하다고 할 수 있다. 천명天命에 순응하여 따르는 예의禮義의 본성은 바로 인도人道의 드러남이 되는 것이다. 인도人道가 드러나면 바로 "하늘의 기운에 합치하고, 하늘이 부여한

14 『新語』, 「道基」, "於是先聖乃仰觀天文, 俯察地理, 圖畫乾坤, 以定人道, 民始開悟, 知有父子之親, 君臣之義, 夫婦之道, 長幼之序. 於是百官立, 王道乃生."

15 『論衡』, 「本性」, "天地生人也, 以禮義之性, 人能察己, 所以受命則順, 順之謂道."

16 『中庸』, 「1章」, "天命之謂性, 率性之謂道."

소임을 받들고, 하늘의 모습을 띠게 된다."[17]고 할 수 있게 되는 것이다.

이러한 인도人道는 천도에서 비롯된 것이기 때문에 마땅히 천도天道에 의거해서 인도人道가 행해져야 하는 것인데, 만일 그렇지 않게 되면 인도人道의 효용가치는 바로 상실되어버리는 것이라고 할 수 있다.

> 일이 법도에 맞게 생겨나는 것이 아니라든지 도가 천지에 근본을 두고 있지 않다는 등은 입으로 말은 할 수 있되 실천하여선 안 되고, 귀로 들을 수는 있되 선파해서는 안 되고, □하게 삿고 놀 수는 있되 크게 이용해서는 안 됩니다.[18]

육가는 하늘의 뜻과 인간의 의지가 하나로 합해져야 만이 비로소 근본적인 도道가 모두 갖춰지게 되는 것이며, 이러한 도道 역시 인간의 실천을 통해야 만이 비로소 그 빛을 발하게 되는 것이라고 했다.

> 도라고 하는 것은 사람들이 다니는 길입니다. 큰 도가 밟고서 지나가면 할 수 없는 일이 없습니다. 그래서 도라고 일컫는 것입니다.[19]

천도天道는 인도人道를 통하여 세상에 드러날 수 있게 되는 것이다. 그렇기 때문에 공자가 "사람이 도를 넓힐 수 있는 것이다."[20]라고 했던 것이다. 그러므로 도道가 천하에 행해지지 않는다면 그것은 바로 사람들이 도道를 실천하지 않았기 때문인 것이다. 즉 사람들이 도道에 부합하여 그것을 실행할 수 없다면, 천도天道 역시 체현해낼 수 없게 되는 것이다.

---

17 『新語』, 「本行」, "合天氣, 承天功, 象天容."

18 『新語』, 「懷慮」, "事不生於法度, 道不本於天地, 可言而不可行也, 可聽而不可傳也, 可□翫而不可大用也."

19 『新語』, 「愼微」, "道者, 人之所行也. 夫大道履之而行, 則無不能, 故謂之道."

20 『論語』, 「衛靈公」, "人能弘道."

> 공자께서 "도가 더 이상 행해지지 않는다."고 말씀하신 것은 사람들이 있는 도를 실천할 수 없게 되었다는 말입니다. 그래서 안연에게 이렇게 말했습니다. "도를 운용할 수 있으면 실천하고, 그것을 버려야 한다면 감춰두는 것, 이것은 오직 너와 나 둘만이 갖게 된 상황이구나." 이것은 안연의 도가 세상에 퍼졌는데도 그것이 쓰이지 못하고 있다는 말입니다. 사람들은 인애의 마음을 품고서 정의를 실천할 수 없고, 미세한 일을 분별할 수 없고, 천지의 이치를 헤아릴 수도 없습니다.[21]

도道라는 것은 항상 은미하여 드러나지 않는 것이지만, 지혜로운 사람만이 그것과 소통하여 그 전모를 밝힐 수 있는 것이다. 그렇기 때문에 육가는 "도는 지혜로운 사람을 만나야 제대로 발휘된다."[22]라고 언급한 것이며, 일반 백성들은 윗사람의 교화와 인도가 필요하다는 점을 강조했던 것이다.

백성들을 다스리는 왕도王道는 인도人道를 기초로 하여 발전해 나온 것이며, 이러한 왕도王道는 천지의 도를 계승할 때에만이 비로소 국가는 오랜 안정과 번영을 누릴 수 있게 되는 것이다.

> 성인은 하늘의 광명을 받들고, 해와 달의 운행을 바르게 하고, 별자리 움직임의 도수를 기록하고, 하늘과 땅이 가져다주는 이로움에 근거하고, (고원이나 평지 등의) 높고 낮음에 따라 작물의 등급을 정하고, 산과 물의 편의에 따라 (수레, 배 등과 관련된) 설비를 하고, 사해를 평정하고, 구주를 획분 하고, 좋아하고 싫어하는 가치기준을 같게 만들고, 풍속을 통일시킵니다.……그래서 "하늘의 광명을 모범으로 삼고 땅이 가져다주는 이로움에 근거한다."고 말한 것입니다. 천문의 변화를 관찰하고 그로부터 지상 만사만물의 유사성을 연역 추론 하여 그것을 □□ 사이에 산

---

21 『新語』, 「愼微」, "孔子曰: 道之不行也. 言人不能行之. 故謂顔淵曰: 用之則行, 舍之則藏, 唯我與爾有是夫. 言顔淵道施於世而莫之用. 猶人不能懷仁行義, 分別纖微, 忖度天地."

22 『新語』, 「術事」, "道爲智者設."

포하고, 그것을 추위·더위라는 절기에 맞추어 조절하고, 그것을 사시사철의 기운에 따라 양육하고, 그것을 비바람의 변화에 맞추어 동일하게 만듦으로써 먼 나라, 풍속이 상이한 곳이더라도 □□□할 것을 모르지 않고, 즐거우면 노래하고 슬프면 울게 됩니다.[23]

성인이 만물과 모든 백성을 다스리기 위해서는 반드시 만물의 상황에 정통해야 하는데, 그것은 바로 만물이 천지에서 생성되었기 때문이다. 그리므로 하늘의 법칙을 본받아야 하고 대지가 가져다주는 이로움에 순응해야 만이 비로소 만물과 백성들에게 적합한 환경을 만들어 낼 수 있는 것이다. 이러한 가운데 백성들의 양생이 순조롭게 이루어지게 되는 것이며 더나가 그러한 천지의 도가 가져다주는 은택이 만물 자연과 천하 만민에게 까지 미치게 되는 것이다. 이러한 성인의 치세를 육가는 다음과 같이 더욱 상세하게 묘사했다.

성인이 나라를 다스리면 그 은혜가 곤충에까지 미치고 은택이 초목에까지 미쳐서, 하늘의 기운을 타고 태어나 추위와 더위 등 계절의 변화에 따라 움직이는 것들 가운데 목을 길게 빼고 성인의 통치를 앙망하지 않는 자가 없고, 귀를 기울여 성인의 교화를 경청하지 않는 자가 없습니다.[24]

성인이 이러한 경지에 도달할 수 있게 된 까닭은 바로 천지의 도를 체득하고 만물의 성정에 순응했기 때문에 있는 것이다. 그렇기 때문에 육가의 하늘의 도天道나 땅의 도地道 및 인간의 도人道는 어떠한 형태의

23 『新語』, 「明誡」, "聖人承天之明, 正日月之行, 錄星辰之度, 因天地之利, 等高下之宜, 設山川之便, 平四海, 分九州, 同好惡, 一風俗.……故曰: 則天之明, 因地之利. 觀天之化, 推演萬事之類, 散之於□□之間, 調之以寒暑之節, 養之以四時之氣, 同之以風雨之化, 故絶國異俗, 莫不知□□□, 樂則歌, 哀則哭."

24 『新語』, 「明誡」, "聖人之理, 恩及昆蟲, 澤及草木, 乘天氣而生, 隨寒暑而動者, 莫不延, 傾耳而聽化."

신비주의적인 색채도 갖고 있지 않게 되는 것이다.

> 하늘에 있는 것들은 관찰할 수 있으며, 땅에 있는 것들은 측량할 수 있으며, 만물에 깃든 것들은 규율을 찾을 수 있으며, 사람에게 나타나는 것들은 관상을 파악할 수 있습니다.[25]

육가는 도道라는 것은 요원한 곳에 있어서 절대로 도달할 수 없는 것이 아니고, 고원한 곳에 있어서 올라갈 수 없는 것이 아니라 아주 가까운 곳에 있어서 체득되고 인식될 수 있는 것이라고 생각했다. 그러나 이러한 도道가 은미하여 드러나지 않게 되는 주요한 원인을 육가는 사람들이 "사물의 겉모습에 미혹되어서 내면의 실정을 놓치고 있다."[26]라고 하는 데에 있다고 보았다.

3. 기론氣論에 대한 검토

육가는 우주의 탄생에 대하여 먼저 천지가 생겨나고 그 후에 만물이 생겨났다고 생각했다. 그래서 그는 만물은 "천지의 기운이 서로 도와 감응했다."[27]라고 하기 때문에 생겨난 것이라고 언급 했으며, 만물은 "하늘의 기운으로 생겨났다."[28]고 하는 것이라는 언급도 했다. 그렇다면 여기에서 말하는 기氣라는 것은 도대체 어떤 것을 말하는 것인가?

> (하늘은)음양의 기운을 적절히 조화시킵니다. 그 기운이 퍼져서 만물은 각자의 본성을 조절하게 되며 순서에 따라 오행이 배치됩니다. 만물은 봄에 태어나고 여름에 성장하며 가을에 거둬들이고 겨울에 감추어둡

25 『新語』, 「道基」, "在天者可見, 在地者可量, 在物者可紀, 在人者可相."

26 『新語』, 「術事」, "惑於外貌, 失於中情."

27 『新語』, 「道基」, "天地相承, 氣感相應."

28 『新語』, 「道基」, "天氣所生"

니다. 양기가 움직여 천둥번개가 생기고 음기가 모여 눈서리가 만들어집니다. 그리하여 뭇 생명들이 생육하고 성장하여 무성해지기도 하고 사라지기도 합니다.[29]

육가는 하늘이 기氣를 널리 퍼트려 만물의 본성을 이루게 한다고 생각했다. 이러한 기氣는 곧 음기와 양기를 의미하는 것으로 만물은 모두 음기와 양기가 서로 감응하여 이루어진 것이다.[30] 만물의 본성은 하늘이 음양이기陰陽二氣의 감응을 통하여 만물에게 부여한 것이며, 만물의 생명은 바로 기氣에 의해서 이루어진 것이며 우주 역시 기氣로 이루어진 것이다. 인간이 생명을 더욱 잘 유지시키기 위해서는 반드시 기氣를 조절하고 양성해야 하는 것이다.

기운을 다스리고 심성을 수양하면 어진 사람은 장수합니다.[31]

기운을 정양하고 성정을 함양하여 정신창달과 수명 연장을 생각하는 사람은 바깥일에 뜻을 두지 않습니다.[32]

기운을 정양하는 방법은 마음의 평정을 유지하는 것과 정신창달에 전념하여 마음의 기운이 평온해지게 만드는 것이다. 이렇게 되면 자연히 "의지가 굳건하고 마음이 평정하면 혈과 맥이 강건하게 된다."[33]는 것과 같이 되는 것이지만, 그렇지 않을 경우에는 "정기가 새서 병이 생기면 수명을 길게 누리지 못하게 된다."[34]와 같은 상황에 직면하게 될 것이다.

---

29 『新語』, 「道基」, "調陰陽, 布氣治性, 次置五行, 春生夏長, 秋收冬藏, 陽生雷電, 陰成雪霜, 養育群生, 一茂一亡."

30 祝瑞開, 『兩漢思想史』, 上海, 上海古籍出版社, 1989년, 51쪽 참조.

31 『新語』, 「道基」, "調氣養性, 仁者壽長"

32 『新語』, 「懷慮」, "養氣治性, 思通精神, 延壽命者, 則志不於外."

33 『新語』, 「懷慮」, "志定心平, 血脈乃彊."

34 『新語』, 「懷慮」, "氣泄生疾, 壽命不長."

육가는 개인의 수명 연장과 기운을 다스리는 차원에만 머무르지 않고 이러한 관념을 통치의 도리에까지 적용하였다.

> 성인이 다스리는 왕도의 세계에는 현인이 큰 공을 세웁니다. 은나라 탕임금은 이윤을 중용했고 주나라는 태공 여망을 임용하였는데 그들의 행위는 천지의 법도에 합치하였으며, 그들의 덕은 음양의 변화에 부합하였습니다. 하늘의 뜻을 이어받아 악을 징벌하고 횡포를 억제시키고 재앙을 없앴습니다. 천지의 기운과 만물이 모두 잘 길러질 수 있도록 하였습니다.[35]

성인이 세상을 통치하게 되면 만물의 성정性情과 소통하게 되고 음양이기陰陽二氣가 조화를 이루게 되어서 만물은 그 자신의 본성에 따를 수 있게 되고 생장을 이룰 수 있게 되는 것이다. 또한 군주 역시 자신의 기운에 대하여 정양하고 다스릴 수 있게 되어 개인의 심성이 극단으로 치닫지 않게 만들어 주게 되는 것이다. 그러므로 그가 채택하는 정책은 자연히 중용적이고 평화로운 것이 되어서 포악한 학정으로 빠지게 되는 것을 방지할 수 있게 되는 것이다.

> 말절의 작은 일을 처리하려면 근본의 큰일부터 다스려야 하고, 그림자를 단정히 하고 싶으면 제 몸을 먼저 바르게 챙겨야 합니다. 뿌리를 잘 기르면 가지와 잎사귀가 무성해지고, 뜻과 기운이 잘 조화하면 도에 합치하게 됩니다.[36]

도道에 합치된다고 하는 말의 구체적인 표현은 바로 관용과 원만함 및 중화中和의 도道라고 할 수 있다.

---

35 『新語』, 「道基」, "聖人王世, 賢者建功, 湯擧伊尹, 周任呂望, 行合天地, 德配陰陽, 承天誅惡, 剋暴除殃, 將氣養物."

36 『新語』, 「術事」, "治末者調其本, 端影者正其形, 養其根者則枝葉茂, 志氣調者卽道沖."

군자는 관용과 원만함을 숭상하여 자기 몸을 덕으로 감싸고, 스스로 중화의 도를 실천하여 머나먼 지역까지 그 영향을 미칩니다. 백성들은 군자의 위엄을 두려워하여 그의 교화에 따르고, 군자의 덕을 흠모하여 그의 경내로 귀순하며, 군자의 정치를 찬미하여 감히 그의 통치를 거역하지 못합니다. 백성들은 벌을 주지 않아도 두려워하고, 상을 주지 않아도 선을 권장합니다. 이는 도덕에 물이 들고 중화의 도에 감복당해서 이루어진 결과입니다.[37]

관용정책은 반드시 군주가 관대하고 원만해질 수 있게 만드는 수양에 부합되어야 만이 비로소 중화中和의 도道를 기반으로 한 정령을 분명하게 관철시킬 수 있게 되는 것이다. 개인의 수양과 정치는 바로 여기에서 합치되는 것이다.[38] 육가가 언급한 음양陰陽은 반드시 인의仁義도덕으로 귀결 되는데, 그렇기 때문에 여기에서는 중화中和와 도덕을 정치의 도리를 의미하는 것으로 병칭하고 있는 것이다.

육가의 관념 속에서 기氣는 심신의 정양과 정치의 도리에서 빠져서는 안 될 뿐만 아니라 하늘과 인간이 소통하는 매개체의 역할을 한다고 볼 수 있다.

본성은 사람에게 간직되어 있지만 기는 하늘에까지 이르니, 섬세하고 작은 일에서 크고 원대한 일에 이르기까지 그리고 아래로 인간사에서 위로 천명까지 두루 통합니다. 사물들은 유유상종하며, 소리는 가까운 음끼리 서로 조화합니다.[39]

기氣의 유동성과 감응이 근거하는 원칙은 같은 부류의 것들끼리 서로

---

37 『新語』, 「無爲」, "君子尙寬舒以苞身, 行中和以統遠; 民畏其威而從其化, 懷其德而歸其境, 美其治而不敢違其政. 民不罰而畏罪, 不賞而歡悅, 漸漬於道德, 被服於中和之所致也."

38 吳力行, 「陸賈政治思想硏究」, 『中華文化復興月刊』, 第十卷, 十一期, 77쪽 참조.

39 『新語』, 「術事」, "性藏於人, 則氣達於天, 纖微浩大, 下學上達, 事以類相從, 聲以音相應."

어울리는 것이다. 육가의 천인감응天人感應 이론체계는 바로 이러한 것에 기초해서 이루어졌다고 할 수 있다.

> 사악한 정치가 사악한 기운을 낳으며, 사악한 기운이 재앙이변을 낳습니다.[40]

재앙이변이 발생하게 되는 것은 인격신 의미의 천天이 복을 내려주거나 재앙을 내려줬기 때문에 생기는 것이 아니고, 군주의 정치 행위를 반영하는 것이다. 즉 기氣의 감응이 위로 하늘에게까지 도달하게 되어서 하늘이 각종의 재앙이변을 통하여 군주에게 경고하는 것이다. 사악한 정치로 인해서 발생하게 되는 재앙이변은 기氣의 소통과 감응에 의한 것이며,[41] 덕치와 교화에 의해서 발생하게 되는 효과도 역시 기氣의 소통과 감응에 의한 것이다.

> 사물들은 유유상종하며, 소리는 가까운 음끼리 서로 조화합니다. 도가 주창되면 덕이 따라 호응하고, 인이 수립되면 의가 따라 일어납니다.[42]

> 그래서 요임금 순임금 시절 백성들은 집집마다 덕행으로 표창을 받게 되었으나, 걸왕이나 주왕 시절 백성들은 집집마다 악행으로 징벌을 받게 되었습니다. 왜 그랬겠습니까? 교화를 잘하고 못하고가 그렇게 만든 것입니다. 따라서 하천에 가까운 지역은 습하고, 산에 가까이 있는 나무는 건조합니다. 비슷한 부류끼리 한데 모이는 것입니다.[43]

사람과 사람들 사이의 감응과 소통은 같은 부류의 것들끼리 서로 어울

40 『新語』, 「明誡」, "惡政生於惡氣, 惡氣生於災異."

41 羅光, 『中國哲學思想史-兩漢南北朝篇』, 臺北, 學生書局, 1986년, 146쪽 참조.

42 『新語』, 「術事」, "事以類相從, 聲以音相應, 道唱而德和, 仁立而義興."

43 『新語』, 「無爲」, "故曰: 堯舜之民, 可比屋而封, 桀紂之民, 可比屋而誅. 何者? 教化使然也. 故近河之地濕, 近山之土燥, 以類相及也."

리는 원칙을 따르는 것인데, 이러한 것에 기초하여 군주는 덕치를 시행하고 백성들을 덕으로 교화하면 백성들을 감화시킬 수 있게 되어 결국에는 국가의 안정과 번영을 구가할 수 있게 되는 것이다. 이러한 기氣의 소통과 감응은 천인감응天人感應의 관념을 잘 설명하고 있다고 할 수 있다.

4. 천인관계

육가는 천天에 대하여 서로 다른 두 종류의 견해를 가지고 있었는데, 그것은 자연적 의미의 천天 관념과 인격신 의미의 천天 관념이다. 여기에서 인격신 의미의 천天 관념은 천인감응天人感應 이론의 기초를 이루고 있다고 볼 수 있다.

> (하늘은) 재난변괴를 내려 사람들의 잘못을 고치도록 하고 길한 징조를 미리 알려줍니다. 살리고 죽임으로써 만물을 움직이며 각종 천문현상으로 사람들에게 깨우침을 줍니다.[44]

하늘은 각종의 천문현상의 재앙이변을 통하여 군주에게 경고를 하지만, 재앙이변이 발생하게 되는 근본적인 원인은 바로 군주 자신의 정치 행위가 올바른 법도에 맞는지 여부에 있는 것이었다.

> 사악한 정치가 사악한 기운을 낳으며, 사악한 기운이 재앙이변을 낳습니다. (곡물줄기를 갉아먹는) 마디충 부류는 사악한 기운에 따라 생겨나며, 무지개 등속의 징조는 사악한 정치로 인해 나타납니다. 아래에서 군주가 치국의 도를 잃으면 위에서 천문이 그에 대응하여 바뀌고, 백성들에게 사악한 정치가 행해지면 들에 (곡물줄기를 갉아먹는) 마디충 재난이 생겨납니다.[45]

---

44 『新語』, 「道基」, "改之以災變, 告之以禎祥, 動之以生殺, 悟之以文章."

주공께서 몸소 예의를 실천하고 후직에게 교제사를 올리니 남해 월상국에서 공물을 받들고 내조하였으며, 기린·봉황·흰 꿩·상서로운 풀과 나무 등이 그것에 호응하여 출현하였습니다.[46]

하늘이 발생시키는 재앙이변이나 내보여주는 상서로운 징조는 단지 군주가 베푸는 정치에 대한 반응일 뿐이다. 그렇기 때문에 재앙이변의 출현은 하늘이 군주에게 대하여 내리는 경고이므로 다만 군주는 사악한 정치를 그만두고 올바른 법도에 따라 선정을 베풀면 천하를 안정적으로 다스릴 수 있게 되는 것이다.

『주역』에 이렇게 얘기합니다. "하늘이 상을 드리워 길흉에 관한 징조를 보이니 성인이 그것을 모범으로 삼고, 하늘이 선한 도를 내세우니 성인이 그것을 얻도다." 이는 도참·역법의 변화를 점단하여 이용하고 풍속·교화의 실책을 모아 감소시킴으로써 국가의 성쇠를 바로잡고 만물에 관한 일들을 기록하여 세상을 안정시키면, 그런 뒤에는 실행해선 안 될 정치가 없어지고, 다스려지지 않는 백성이 없어진다는 말입니다.[47]

재앙이변을 통한 경고로서 국가의 흥성과 쇠락을 바로잡는다고 하는 것은, 육가가 방사方士와 같은 부류들이 일삼는 망언이나 미신에 빠지지 않고, 그가 군주에게 적극적으로 법도에 맞는 정치를 행할 것을 촉구하는 염원이 담겨져 있는 것이라고 할 수 있다.

태양이 □□□□□□□□하고 (스물)여덟 별자리가 나란히 벌여 있

45 『新語』, 「明誡」, "惡政生於惡氣, 惡氣生於災異. 蝮蟲之類, 隨氣而生; 虹蜺之屬, 因政而見. 治道失於下, 則天文度於上; 惡政流於民, 則蝮蟲生於野."

46 『新語』, 「明誡」, "周公躬行禮義, 郊祀后稷, 越裳奉貢重譯而臻, 麟鳳草木緣化而應."

47 『新語』, 「明誡」, "易曰: '天垂象, 見吉凶, 聖人則之; 天出善道, 聖人得之.' 言御占圖曆之變, 下衰風化之失, 以匡衰盛, 紀物定世, 後無不可行之政, 無不可治之民."

으나 각자 주관하는 바는 따로 있습니다. 수 만 가지 사물은 각자 다른 길을 가며, 수 천 가지 법도는 각기 다른 형태를 띱니다. 성인은 그들의 추세에 근거하여 조절을 하는데, 작은 것과 큰 것이 서로를 타넘지 않도록 하고, 모난 것과 둥근 것이 서로를 범하지 않도록 하며, 하늘의 도수에 맞추어 천체의 위치 등을 구분하고, 시절의 변환에 맞추어(추위·더위 밤낮 등을)기록합니다. 그리하여 별이 낮에 보이는 경우가 없고, 태양이 밤에 비추는 경우가 없으며, 우레가 겨울에 치는 경우가 없고, 서리가 여름에 내리는 경우가 없습니다. 신하가 군주를 능멸하는 일이 없으면 음이 양을 침범하는 경우가 없습니다. 한여름이 무덥지 않고, 한겨울에 찬 서리가 내리지 않고, 검은 기운이 태양을 감싸고, 혜성이 긴 꼬리를 흩날리고, 겨울에 무지개가 나타나고, 겨울잠 자는 벌레가 한여름에 땅 속에 숨어들고, 화성이 어지러이 별자리 위치를 못 잡고, 뭇 별들이 운행질서를 잃게 되면 성인은 그 변화에 맞추어 알맞은 공적을 세우고 괴이한 현상들로부터 벗어나 태평시대에 이르도록 합니다. 요임금 순임금은 치우의 실패한 교훈을 받아들여 위의를 엄정히 하고 사방을 밝힐 도를 생각했습니다. 군자는 외부에서 발생한 악을 보면 내부에 생길 변화를 곧 압니다.[48]

하늘이 드러내는 재앙변이현상은 군주에 대한 경고이자 덕이 있는 군자에 대한 권면이라고 할 수 있다. 성군과 현명한 신하는 혼란한 시기에 직면하여, 하늘의 뜻에 순응하고 백성들의 염원에 호응하여 폭군을 몰아내어 공덕을 세우는 것이다.

성인이 다스리는 왕도의 세계에는 현인이 큰 공을 세웁니다. 은나라

48 『新語』, 「思務」, "日□□□□□□□□八宿並列, 各有所主, 萬端異路, 千法異形, 聖人因其勢而調之, 使小大不得相, 方圓不得相干, 分之以度, 紀之以節, 星不晝見, 日不夜照, 雷不冬發, 霜不夏降. 臣不凌君, 則陰不侵陽, 盛夏不暑, 隆冬不霜, 黑氣苞日, 彗星揚光, 虹蜺冬見, 蟄蟲夏藏, 熒惑亂宿, 衆星失行. 聖人因天變而正其失, 理其端而正其本, 堯、舜承蚩尤之失, 而思欽明之道, 君子見惡於外, 則知變於內矣."

탕임금은 이윤을 중용했고 주나라는 태공 여망을 임용하였는데 그들의 행위는 천지의 법도에 합치하였으며, 그들의 덕은 음양의 변화에 부합하였습니다. 하늘의 뜻을 이어받아 악을 징벌하고 횡포를 억제시키고 재앙을 없앴습니다.[49]

은나라 탕왕과 주나라 무왕 같은 군주, 은나라의 이윤과 주나라의 여망 같은 신하는 천시에 입각하여 형벌을 행하였고, 음양에 순응하여 행동을 하였습니다. 위로 천문을 올려다보고 아래로 인심을 헤아렸습니다. 그리하여 소수의 군대로 다수의 적을 물리치고, 약한 힘으로 강한 상대를 눌렀으며,……음란반역의 군주를 토벌하여 혼탁의 근원을 끊어버리니 천하가 화평하고 집집마다 풍요로워졌습니다. 필부들도 인을 행하고, 상인들은 신용을 지키고, 공덕은 천지와 나란하고, 정신은 귀신과 일치하게 되니 황하에서 하도가 솟고, 낙수에서 낙서가 나왔습니다. 이 도에 근거하여 그것을 천지간에 전파하였으니, 옛 사람들이 말하는 득도한 사람 아니겠습니까?[50]

육가는 은나라 탕왕과 주나라 무왕이 하늘의 뜻을 계승하여 악행을 일삼은 걸桀 임금과 주紂 임금을 주살한 것에 대하여 매우 높은 평가를 부여했는데, 이것은 군주가 하늘의 계시를 따른 사실을 강조하기 위해서였다. 즉 오직 천지의 도리에 기인하고 음양의 법칙에 순응하며 백성들의 마음을 잘 살필 수 있어야 만이 왕도를 성취할 수 있게 된다는 것이다. 그렇기 때문에 성왕의 통치시기에는 위로는 천문현상에서부터 아래로는 모든 금수에 이르기까지 모든 것들이 이치에 맞게 돌아가게 되는

---

49 『新語』, 「道基」, "聖人王世, 賢者建功, 湯擧伊尹, 周任呂望, 行合天地, 德配陰陽, 承天誅惡, 剋暴除殃."

50 『新語』, 「愼微」, "若湯、武之君, 伊、呂之臣, 因天時而行罰, 順陰陽而運動, 上瞻天文, 下察人心, 以寡服衆, 以弱制强,……討逆亂之君, 絶煩濁之原, 天下和平, 家給人足, 疋夫行仁, 商賈行信, 齊天地, 致鬼神, 河出圖, 洛出書, 因是之道, 寄之天地之間, 豈非古之所謂得道者哉?"

것이다.

> 성인이 나라를 다스리면 그 은혜가 곤충에까지 미치고 은택이 초목에까지 미쳐서, 하늘의 기운을 타고 태어나 추위와 더위 등 계절의 변화에 따라 움직이는 것들 가운데 목을 길게 빼고 성인의 통치를 앙망하지 않는 자가 없고, 귀를 기울여 성인의 교화를 경청하지 않는 자가 없습니다. 성인은 사물을 관찰함에 어느 것 하나 빠뜨림이 없는데, 위로 해·달·별들에 미치고 아래로 새·짐승·초목·곤충에까지 이르며, □□□하는 익고가 멀리 나는 모양이나 다섯 개의 운석이 떨어지는 것 등을 모두 기록하여 아주 미세한 부분도 놓치지 않습니다. 구관조가 날아오고, 겨울에 큰 사슴이 늘어나는 등의 일에 이르면 새나 짐승의 부류를 말하는 □□□입니다. 12월에 서리가 내려도 콩잎을 죽이지 못하는 것은 한서의 기운이 절도를 잃었다는 말입니다. 새·짐승·초목 등속도 각자 제 위치를 알아 법도에 따라 통괄하고 절기의 역수를 벼리로 삼고자 하는데 하물며 사람에게 있어서이겠습니까?[51]

육가는 성인이 천하를 다스리면 백성들의 삶이 안정될 뿐만 아니라 천지만물이 제각기 정해진 위치에서 제 소임을 다하고 조화를 이루게 되어 천하는 태평성대를 구가하게 될 것이라고 생각했다. 바로 이러한 점이 육가가 하늘의 재앙이변을 강조한 이유 가운데의 하나로서 결코 소홀히 취급할 수 없는 부분이라고 할 수 있다.

육가는 하늘과 인간의 관계 즉 천인관계에서 인간의 행위가 발단이 되고 하늘의 변이는 단지 필연적인 반응에 불과한 것이라고 생각했다.

---

51 『新語』, 「明誡」, “聖人之理, 恩及昆蟲, 澤及草木, 乘天氣而生, 隨寒暑而動者, 莫不延, 傾耳而聽化. 聖人察物, 無所遺失, 上及日月星辰, 下至鳥獸草木昆蟲, □□□鷁之退飛, 治五石之所隕, 所以不失纖微. 至於鴝鵒來, 冬多麋, 言鳥獸之類□□□也. 十有二月李梅實, 十月殞霜不煞菽, 言寒暑之氣, 失其節也, 鳥獸草木尙欲各得其所, 綱之以法, 紀之以數, 而況於人乎?”

이와 같은 사실로 알 수 있는 것은 육가는 인간의 행위를 더욱 중시했다는 점을 알 수 있게 된다. 또한 육가는 인간이 행위를 할 때 천도天道는 인간사에 대하여 절대로 간섭하지 않는다고 하는 것을 강조하기도 했다.

> 안정이냐 위험이냐의 요체, 길이냐 흉이냐의 징조는 하나같이 제 몸에서 출발하여, 도의 존망과 일의 성패는 한결같이 선한 행위를 하느냐 마느냐에 기원합니다. 요임금 순임금은 해와 달 등 자연현상이 바뀌지 않았는데도 흥성하였으며, 하나라 걸왕 은나라 주왕은 별빛이 바뀌지 않았는데 멸망하였습니다. 천도는 바뀌지 않았는데 인도가 바뀐 때문입니다.……그러므로 세상이 쇠락하고 도덕이 상실된 상황은 하늘이 그렇게 만든 것이 아니라 군주 자신이 그런 행위를 했기 때문에 얻어진 것입니다.[52]

천도天道가 비록 인간의 도 즉 인도人道의 근본이 되지만, 인간사의 흥망성쇠는 하늘이 주재하거나 결정할 수 있는 것이 아니고, 군주가 정치를 어떻게 하느냐의 여부에 달려있는 것이다. 이와 같은 군주에게 중책을 부여하는 사상은 육가가 인위를 매우 중요시하는 경향을 가지고 있었음을 나타내고 있는 것이라고 할 수 있다. 그리고 이러한 경향은 순자의 사상을 계승하고 있음을 분명하게 드러내고 있다고 할 수 있다.[53] 순자는 세상 사람들에게 만연되어 있는 "무속에 미혹되고, 길흉의 징조를 믿는다."[54]라고 하는 세태를 바로잡고자 저술을 통하여 사람들을 미혹시키는 이론을 비판했는데, 육가 역시 같은 맥락에서 신선방사神仙方士사상에 대한 비판을 통하여 인위人爲의 중요성을 역설하지만, 전통적인 천인감응天人感應 사상에서 완전히 벗어나지는 못하는 한계를 가지고 있었다.

---

52 『新語』, 「明誡」, "安危之要, 吉凶之符, 一出於身; 存亡之道, 成敗之事, 一起於善行; 堯、舜不易日月而興, 桀、紂不易星辰而亡, 天道不改而人道易也.……故世衰道亡, 非天之所爲也, 乃國君者有所取之也."

53 侯外廬, 『中國古代思想史』, 北京, 三聯書店, 1950년, 54쪽 참조.

54 『史記』, 「孟子荀卿列傳」, "營於巫祝, 信禨祥"

육가가 인위人爲를 강조한 것은 도道에 위배되는 것이며 궁극적으로는 인의仁義로 귀결되는 것이라고 할 수 있다. 그렇기 때문에 개인의 영욕이나 국가의 흥망성쇠를 막론하고 모두가 개인의 마음과 의지에 의해서 결정되는 것이다.

> 선한 사람은 반드시 그런 선량한 군주가 있기에 몰려드는 것이며, 악한 사람은 반드시 그런 불량한 까닭이 있기에 다가오는 것입니다. 선과 악은 공연히 지어지지 않으며, 화와 복은 제멋대로 생겨나지 않습니다. 오직 군주의 마음이 향한 바와 군주의 의지가 실천하는 바에 따라 결정될 따름입니다.[55]

선악과 화복禍福이 개인의 마음과 의지에로 귀결되면 모든 일의 결과는 개인의 행위에 의해서 결정되는 것으로 이때 취사선택을 할 수 있는 선택권은 온전히 사람에게 있게 되는 것이다.

천인감응 사상의 기원은 매우 오래되었다고 할 수 있다. 초창기의 천인감응 사상에서는 인간과 신神 사이에 엄격한 구분이 없어 신神이 인간사에 적극 개입하고 관장했다. 그 후 인문정신이 점진적으로 싹터남에 따라 천인관계에서 하늘에 치우쳐져 있었던 무게 중심이 인간에게로 옮겨지게 된다.[56]

초기 유가의 문헌에 기록되어 있는 재앙이변 현상은 『춘추春秋』에서 가장 빈번하게 찾아 볼 수 있다고 하는데,[57] 이러한 문헌 속에 담겨져 있는 주요한 요지는 바로 인간사에 관한 문제이다. 한나라 사람들은 『춘추春秋』를 계승하는 한편 그것에 음양가의 이론을 섞어서 천인감응天人感應

---

55 『新語』, 「思務」, "善者必有所主而至, 惡者必有所因而來. 夫善惡不空作, 禍福不濫生, 唯心之所向, 志之所行而已矣."

56 戴君仁, 『梅園論學集』, 臺北, 開明書店, 1970년, 365~376쪽 참조.

57 楊向奎 외, 『中國古代哲學論叢』, 北京, 中華書局, 1957년, 75~76쪽 참조.

사상을 시대적 담론으로 삼았던 것이다. 한나라 초창기에 활동하였던 육가 역시 이러한 시대적 분위기 속에서 자유롭지 못했을 것은 자명한 사실이라고 할 수 있다. 그러나 육가의 천인감응天人感應 사상은 천에 중점을 두지 않고 인간사에 중점을 두었다는 것이 여타의 사상가들과 가장 큰 차이라고 할 수 있다. 게다가 육가는 참위설과 같은 미신에 빠져들지 않았을 뿐만 아니라 인간의 주관적 행위를 상당히 중시하여 결국 인간에게 모든 현상에 대한 조처를 취사선택할 수 있게 하는 주도권을 부여하기도 했다.

육가의 인위人爲를 중시하는 사상은 하늘과 땅 그리고 인간 셋 중에서 특히 성인이 이룩한다고 하는 것을 중시하는 관념과 일치한다고 볼 수 있다. 이처럼 육가의 사상 속에서의 인간은 도덕을 실현하는 관건적인 존재이자 문명의 발전을 촉진시키는 촉매제였다고 할 수 있다. 인간의 모든 행위가 비록 천도를 위배할 수는 없는 것이지만, 천도의 내함은 반드시 인도로 귀결되는 것이기 때문에 천인관계에서 표면적으로는 하늘이 인간을 지배하고 주재하는 것처럼 보이지만 실제로는 그 주도권은 인간 자신에게 있는 것이다. 즉 인간의 역량과 작용은 음양오행의 균형을 깨뜨릴 수 있기도 하고 음양오행을 조정할 수도 있는 것이다.[58] 육가의 관념 속에서의 하늘은 인간의 행위와 그 결과에 대하여 책임을 질 수 없으며, 인간의 행위에 대해서 재제를 가할 수도 없지만 그것에 대한 반응은 보일 수 있는 존재였다. 이와 같은 하늘은 군주의 통치행위에 대하여 긍정을 표하거나 경고를 보내기도 했던 것이다. 육가에게 있어서의 천도天道는 비록 최고의 원칙으로 자리를 잡고 있지만, 그것은 다만 피동적인 반응만 할 수 있었으며, 인간이 행위를 하는데 있어서 그것에 의거하거나 참고를 하게 되는 존재에 불과할 뿐이었던 것이다.

---

58 金春峰, 『漢代思想史』, 北京, 中國社會科學出版社, 1987년, 6쪽 참조.

5. 맺는 말

이상과 같이 육가의 천도론 사상에 대하여 천도에 대한 분석과 기론에 대한 검토 및 천인관계론을 중심으로 조명해 보았는데, 이를 정리하면 다음과 같다.

육가의 천天에 대한 견해는 순자의 자연적 의미의 천天 관념을 계승하여 인간사와는 무관하다고 하는 자연적 의미의 천天관념이 주류를 이루고 있지만, 한편으로는 천인감응天人感應의 사상이 혼재되어 있는 인격신 의미의 천天관념이 있기도 하다. 이처럼 육가는 이중적 성격을 띤 천도 관념을 가지고 있다고 말할 수 있는데, 이는 오늘날의 관점에서 볼 때 모순점을 가지고 있지만, 육가가 처했던 당시의 시대적 상황을 고려한다면 충분히 수긍할 만 하다고 할 수 있을 것이다. 또한 육가는 천도天道는 인도人道를 통하여 세상에 드러날 수 있게 되는 것이라고 생각했다. 그러므로 육가는 도道가 천하에 행해지지 않는다면 그것은 바로 사람들이 도道를 실천하지 않았기 때문인 것이라고 한 것이다. 즉 사람들이 도道에 부합하여 그것을 실행할 수 없다면, 천도天道 역시 체현해낼 수 없게 되는 것이다.

육가의 관념 속에서 기氣는 심신의 정양과 정치의 도리에서 빠져서는 안 될 뿐만 아니라 하늘과 인간이 소통하는 매개체의 역할을 한다고 볼 수 있다. 기氣의 유동성과 감응이 근거하는 원칙은 같은 부류의 것들끼리 서로 어울리는 것인데, 육가의 천인감응天人感應 이론체계는 바로 이러한 것에 기초해서 이루어졌다고 할 수 있다. 또한 재앙이변이 발생하게 되는 것은 인격신 의미의 천天이 복을 내려주거나 재앙을 내려줬기 때문에 생기는 것이 아니고, 군주의 정치 행위를 반영하는 것이다. 즉 기氣의 감응이 위로 하늘에게까지 도달하게 되어서 하늘이 각종의 재앙이변을 통하여 군주에게 경고하는 것이다. 사악한 정치로 인해서 발생하게 되는 재앙이변은 기氣의 소통과 감응에 의한 것이며, 덕치와 교화에 의해서 발생하게 되는 효과도 역시 기氣의 소통과 감응에 의한 것이다.

육가는 하늘과 인간의 관계 즉 천인관계에서 인간의 행위가 발단이 되고 하늘의 변이變異는 단지 필연적인 반응에 불과한 것이라고 생각했다. 이와 같은 사실로 육가는 인간의 행위를 더욱 중시했다는 점을 알 수 있게 된다. 육가는 인간이 행위를 할 때 천도天道는 인간사에 대하여 절대로 간섭하지 않는다고 하는 것을 강조하기도 했다. 또한 육가의 천인감응天人感應 사상은 전통의 천인감응 사상처럼 천에 중점을 두지 않고 인간사에 중점을 두었다는 것이 여타의 사상가들과 가장 큰 차이라고 할 수 있다. 게다가 육가는 참위설과 같은 미신에 빠져들지 않았을 뿐만 아니라 인간의 주관적 행위를 상당히 중시하여 결국 인간에게 모든 현상에 대한 조처를 취사선택할 수 있게 하는 주도권을 부여하기도 했다. 육가의 인위人爲를 중시하는 사상은 하늘과 땅 그리고 인간 셋 중에서 특히 성인이 이룩한다고 하는 것을 중시하는 관념과 일치한다고 볼 수 있다. 이처럼 육가의 사상 속에서의 인간은 도덕을 실현하는 관건적인 존재이자 문명의 발전을 촉진시키는 촉매제였다고 할 수 있다.

참고문헌

李光坡, 『周易述注』, 『四庫全書』本.
劉寶楠, 『論語正義』, 『續皇淸經解』本.
朱　熹, 『四書章句集註』, 『四庫全書』本.
司馬遷, 『史記』, 北京, 中華書局, 1982년.
班　固, 『漢書』, 北京, 中華書局, 1990년.
王利器, 『新語校注』, 北京, 中華書局, 1996년.
黃　暉, 『論衡校解』, 北京, 中華書局, 1995년.
侯外廬, 『中國古代思想史』, 北京, 三聯書店, 1950년.
楊向奎 외, 『中國古代哲學論叢』, 北京, 中華書局, 1957년.
賀凌虛, 『中國古代政治思想論集』, 南投, 霧峰出版社, 1970년.
戴君仁, 『梅園論學集』, 臺北, 開明書店, 1970년.
羅　光, 『中國哲學思想史 - 兩漢南北朝篇』, 帶北, 學生書局, 1986년.
金春峰, 『漢代思想史』, 北京, 中國社會科學出版社, 1987년.
祝瑞開, 『兩漢思想史』, 上海, 上海古籍出版社, 1989년.

제9장
동중서의 천인관계론

1. 시작하는 말

선진시기이래 제자백가의 학설들은 대부분 당면한 시대적 문제에 대한 해결방법을 모색하기 위한 대안으로부터 시작된다. 이러한 결과 학술과 정치의 경계는 매우 모호해지게 된다. 이러한 현상은 점진적으로 만연되어 특히 전제정치체제가 확고히 자리를 잡게 되는 통일된 제국이 건립된 후부터는 학술의 자유는 그 빛이 퇴색되어 갔다. 학자들은 자신의 학설을 확대시키기 위해 자신의 학설을 황제에게 추천했으며 심한 경우에는 자신의 학설을 황제의 통치에 필수 불가결한 정책으로 만들기 위해 많은 노력을 기울이기도 했다. 그리하여 사상과 현실사무의 관계는 융합의 양상을 띠게 된다. 동중서董仲舒의 사상 역시 이러한 환경 속에서 형성되어진다. 또한 동중서의 사상은 현실 문제를 그 사상의 귀착점으로 삼는 반면, 추상적인 천인관계天人關係의 문제를 자신의 사상체계 정립의 기초로 삼는다.

동중서는 서한시기의 사상가로 그가 제창한 유가사상의 학설만을 존숭해야 한다고 하는 '독존유술獨尊儒術'은 중국학술사상에 중대한 영향을 끼쳤다. 그래서 일부학자들은 공자, 주자와 함께 동중서를 중국학술사상사에 있어서 지대한 영향을 끼쳤던 주요한 삼대 사상가의 하나로 꼽기도 한다. 동중서의 사상 체계는 당시 유행하고 있었던 음양오행학설이 그 기본적인 골간을 이루고 있으며, 이러한 학설을 바탕으로 천인감응설天人感應說로 특징을 지울 수 있는 천인관계론을 건립한다. 그런 후에 동중서는 이러한 이론들을 바탕으로 선진유학의 인성론, 윤리론, 정치론 등의 문제에 대한 새로운 해석 작업을 통하여 새로운 의미를 부여한다.

이러한 동중서의 사상에 대하여 본문에서는 철학적 관점에서 동중서의 천인관계론에 대하여 천인감응설의 이론적 기반 분석과 천인감응설을 중심으로 분석해보도록 하겠다.

2. 천인감응설의 이론적 기반 분석

철학에서 중요한 영역으로 다루고 있는 문제 가운데의 하나는 어떤 사실이나 현상에 대하여 설명을 하고자 할 때 반드시 선행되어야 할 작업이 있는데, 그것은 바로 개념의 분석이다. 마찬가지로 동중서의 천인감응설에 대하여 정확하게 이해하고 조명하기 위해서는 반드시 그 이론체계 속에서 사용되고 있는 개념들에 대한 체계적인 분석이 필요하다고 판단된다. 동중서의 천인감응설의 이론적 기본 틀을 형성하고 있는 개념들은 천天·기氣·음양陰陽·오행五行·재이災異 등이며 이러한 개념들에 대한 분석은 동중서의 천인감응설을 이해할 수 있는 중요한 단서가 되기 때문에 개념들 하나하나를 명확하게 분석해보도록 하겠다.

동중서에 있어서의 천天은 전통적 관념을 계승한 측면과 자신의 독특한 사유를 반영한 측면이 혼재되어 있는 양상을 보이고 있는데, 이는 역사적인 배경과 개인적인 사고방식 및 주관적인 목적 등의 세부적인 요소에 기인한 것으로 볼 수 있다. 이렇게 복잡한 양상을 띠고 있는 동중서의 천天 관념에는 여러 종류의 함의가 담겨져 있는데 구체적으로 살펴보면 다음과 같다.

첫째는 최고신의 의미이다. 여기에서 말하는 최고신이란 고대로부터 전해져 내려오는 상제를 의미함과 동시에 상제의 조정을 의미하기도 한다. 상제의 조정에는 일신日神·월신月神·풍신風神·우신雨神 등의 자연신들이 포진되어 있다. 그래서 동중서는 "천은 여러 신들의 군주이다. 여러 신들의 왕으로 가장 존귀한 존재이다."[1]라고 언급했던 것이다. 그렇다면 천이 과연 어떻게 존귀한 대우를 받겠는가? 당시 종묘에서 거행되는 기타의 제사는 사계절의 변화에 의거해서 진행되지만 교제사에서 거행되는 천에 대한 제사는 새해의 첫날 진행하는 것이 일반적인 관행이었다. 또한 만일 나라에 국상이 발생했다면 종묘의 제사는 일체 중지가 되지만 천에 대한 제사만큼은 국상과 무관하게 진행되었다. 그래서 동중서는 "오직 천에 대한 제사만이 국상을 초월해 진행된다."[2]라고 언급한 것이다. 이와 같이 천이 존귀한 존재로 대접을 받은 이유는 바로 천이 최고의 신이었기 때문이다.

둘째로 만물의 근본이다. 『시경詩經』에 "하늘이 여러 백성들을 낳으셨으니, 사물이 있으면 법칙이 있다. 백성들은 불변하는 마음을 가져, 이 아름다운 덕을 좋아 한다"[3]라고 하는 언급이 있는데, 여기에서의 천天은 종교적 색채를 탈피한 진일보한 형태로서 만물의 근본이라는 의미로서 다가온다. 또한 『장자莊子』에 있는 "천지라는 것은 만물의 부모가 된다."[4]라고 하는 언급은 천天이 만물의 근본이라는 의미에 더욱 힘을 실어 준다. 동중서에 있어서 천이 만물의 근원이라고 하는 주장[5] 속에는 대체

1 『春秋繁露』, 「郊義」, "天者, 百神之君也, 王者之所最尊也."
2 『春秋繁露』, 「郊義」, "唯天爲越喪而行事."
3 『詩經』, 「大雅」, "天生蒸民, 有物有則, 民之秉彝, 好是懿德"
4 『莊子』, 「達生」, "天地者, 萬物之父母."
5 王永祥, 『董仲舒評傳』, 南京, 南京大學出版社, 1995년, 98쪽 참조.

로 『시경』과 『장자』에서 주장하는 천天의 특색이 보존되어 있으나 주관적 목적에 있어서는 그것들과 약간의 다른 점을 보이고 있다. 예를 들어 「현량대삼책賢良對三策」에 있는 "저는 천이 만물의 근본이라고 들었습니다."[6]라는 언급과 『장자』의 견해는 유사하지만 동중서는 다시 천에 "널리 백성들을 사랑하고 개인의 사적인 욕망을 없앤다."고 하는 도덕적 의미를 부여하여 "성인은 천을 본받아 도를 세운다."는 주장의 근거를 만든다. 『춘추번로』에 "천지는 만물의 근본이고 각각의 조상들이 태어나도록 한 터전이다. 천지는 트이고 넓어서 끝을 볼 수가 없고 그 덕은 모든 곳을 밝게 비추고, 지나간 햇수가 많이 쌓였어도 길이길이 이어져 끝이 없다."라는 언급과 그 뒤에 이어서 "천天은 최상의 밝음을 분출한다."와 "땅은 최고의 어두움을 깔리게 한다."라는 언급 그리고 "군주와 신하, 아버지와 자식, 남편과 아내의 길은 모두 천지에서 이끌어낸 것이다."와 같은 언급에서 볼 수 있듯이 동중서의 이러한 주장의 목적은 윤리관에 우주론적 근거를 제공하기 위한 것에 있었던 것이다.

셋째로 도덕적 의미이다. 동중서는 만물의 생성이 되풀이되는 과정 속에 도덕이 충만 되어져 있다고 보았다. 동중서는 "인仁의 아름다움은 천에 달려 있다. 천은 인仁의 표본으로 천은 만물을 지켜주고 길러주며 이미 탈바꿈하게 하고서 제대로 살아가게 하고 또 길러주고서도 틀을 갖추도록 한다. 이처럼 천은 하는 일의 공적은 끝이 없지만 한 주기의 매듭이 지어지면 다시 시작하고 모든 움직임이 사람에게로 집중되고 사람을 위해 이루어진다. 천의 뜻을 살펴보면 끝과 한계가 없는 인仁이다. 사람은 천으로부터 명령을 받고 천으로부터 인仁을 받아서 그런 인仁을 펼친다."[7]라고 했는데, 이것은 그가 천의 인仁을 심성론적인 측면에서 조명하지

---

6 『漢書』, 「董仲舒傳·擧賢良對策」, "臣聞天者群物之祖也."

7 『春秋繁露』, 「王道通三」, "仁之美者在於天, 天, 仁也. 天覆育萬物, 旣化而生之, 有養而生之, 事功無已, 終而復始, 凡擧歸之以奉人, 察於天之意, 無窮極之仁也. 人之受命於天

않았다는 것을 의미한다. 동중서는 사람이 "천으로부터 인을 받아서 그런 인을 펼친다."라는 각도에서 인을 조명하는데, 이는 『중용中庸』의 인간의 도道가 곧 천의 도라고하는 천과 사람이 하나로 관통한다고 하는 이론과 같은 맥락을 형성한다고 볼 수 있다. 다만 『중용』에서는 심성론을 가볍게 간과하지는 않은 반면 동중서는 심성론을 그다지 중시하지 않았는데, 이것은 바로 그의 관심의 초점이 개인의 도덕수양에 있지 않고 사회와 정치의 문제에 있었다는 것을 의미한다. 그러므로 "끝과 한계가 없는 인仁"의 천은 사회와 정치적 상황에 대한 합리적인 근거를 제공하기 위한 매개체로서 역할을 하는 것이다.

넷째로 자연으로서의 의미이다. 동중서는 사계절이나 음양 등의 자연현상으로 천을 말하기도 하는데 이것이 바로 천의 자연적인 의미이다. 동중서는 "천의 도는 다음과 같이 진행된다. 봄은 따뜻하여 만물을 태어나게 하고, 여름은 더워서 만물을 자라게 하고, 가을은 서늘하여 만물을 시들어 죽게 하고, 겨울은 추워서 만물을 움츠려들어 숨게 한다. 이처럼 따뜻함·더움·서늘함·추움의 기가 각각 다르지만 (생명의 탄생과 결실이라는) 목적을 공유하므로 모두 다 천이 한 해의 사업을 완수하게 하는 바탕이 된다."[8]라고 언급했다. 이와 같이 비록 동중서가 사계절의 변화로 천을 언급하기는 했지만, 그의 의도는 사계절에 대하여 단순히 자연현상으로서의 묘사에 있지 않고 사계절의 따뜻함·더움·서늘함·추움이라는 특성으로 경사·수상·징벌·중형의 정치행위를 설명하는데 있었다.[9] 이외에 동중서는 "천지 운행의 규칙은 음陰이 한 번 주도하고, 양陽이 한 번 주도하는 것이다. 양은 천이 베푸는 덕을, 음은 천이 내리는 형벌을 대변

也, 取仁於天而仁也."

8 『春秋繁露』, 「四時之副」, "天之道, 春暖以生, 夏暑以養, 秋淸以殺, 冬寒以藏, 暖·暑·淸·寒, 異氣而同功, 皆天之所以成歲也."

9 周桂鈿, 『董學探微』, 北京, 北京師範大學出版社, 1989년, 87쪽 참조.

한다."[10]라고 하여 음양으로써 천을 언급하기도 했다.

끝으로 군주의 화신이라는 의미이다. 천이 군주의 화신이라는 의미는 동중서에 의해 제기된 새로운 이론으로 그의 천에 관한 여러 종류의 함의 가운데 가장 중요한 이론이라고 할 수 있다.

> 천은 높은 곳에서 자리 잡고 있으면서 비와 이슬을 내려 보내고, 제 모습을 숨기지만 해와 달로 빛을 내뿜는다. 위치가 높기에 존엄한 존재로 생각되고, 비와 이슬을 내리기에 진실한 사랑을 펼치는 것으로 여겨지게 되고, 모습을 감추기에 현묘한 존재로 생각되고, 빛을 내뿜기에 명철한 존재로 생각된다. 위치가 존귀하고 작용이 인자하며 숨어서 신묘하고 드러나 빛나는 것은 천天의 기능이다. 그러므로 사람의 주인이 된 자는 천天의 기능을 본받는다. 즉 안으로 제 모습을 구중궁궐에 깊숙이 감추어서 신묘한 존재로 여겨지게 되고, 밖으로는 구석구석 들여다보아 명철한 존재로 여겨지게 된다. 또 여러 현명한 신하에게 일을 맡겨서 좋은 성과를 거두어들이지만 제 스스로 일에 골치를 썩이지 않으니 존엄한 존재로 생각되고, 여러 부류의 사람을 보호하지만 개인적 기쁨이나 성냄에 따라 상주고 벌주지 않으니 자애로운 존재로 생각된다.[11]

위의 인용문에서 말하고자 하는 요지는 바로 "사람의 주인이 된 자는 천의 기능을 본받는다."에 있는데, 이러한 것이 바로 동중서가 생각한 가장 이상적인 군주의 모습이었다. 그러나 그는 이러한 이상적인 군주의 모습을 현실의 군주에게 직접 요구할 수는 없었다. 그래서 그는 먼저 이러한 이상적인 군주의 모습을 천에 투영시킨 후에 군주가 천을 본받을

10 『春秋繁露』, 「陰陽義」, "天地之常, 一陰一陽. 陽者, 天之德也; 陰者, 天之刑也."

11 『春秋繁露』, 「離合根」, "天高其位而下其施, 藏其形而見其光. 高其位, 所以爲尊也; 下其施, 所以爲仁也; 藏其形, 所以爲神; 見其光, 所以爲明. 故位尊而施仁, 藏神而見光者, 天之行也. 故爲人主者, 法天之行, 是故內深藏, 所以爲神; 外博觀, 所以爲明也; 任群賢, 所以爲受成; 乃不自勞於事, 所以爲尊也; 汎愛群生, 不以喜怒賞罰, 所以爲仁也."

것을 요구하는 방법을 씀으로서 자신의 요구에 설득력을 더했다.[12] 다른 한편으로는 천에게 이상적인 군주의 모습을 부여하여 현실의 군주가 국가의 정무를 처리할 때 반드시 천天을 본받아야만 하며 절대로 천도나 천의 뜻에 위배되는 통치행위는 안 된다고 하였다. 이러한 요구 속에는 자연히 군주의 권한에 대하여 종교적 색채를 띠는 제한을 두고 있는 사실을 발견할 수 있을 것이다.

기氣는 동중서의 사상 속에서 체계적인 사고와 천인감응설의 이론 성립에 있어서 필수 불가결한 요소 가운데의 하나이다. 이렇게 동중서의 천인감응설의 이론 체계에 있어서 중요한 요소의 하나로 자리 잡고 있는 기에는 여러 종류의 함의가 담겨져 있는데, 구체적으로 살펴보면 다음과 같다.

먼저 우주만물을 낳아 기른다는 의미이다. 이러한 기능을 갖추고 있는 기를 동중서는 원기元氣라고 불렀다. 그는 원기에 대하여 "왕이 모범을 보이면 원기가 균형을 이루어, 때에 맞게 바람이 불고 비가 내리고, 경성景星과 같은 상서로운 별자리가 나타나고, 황룡이 지상으로 내려온다. 반대로 왕이 제 할 일을 하지 못하면 위로는 하늘에 변괴가 나타나고 재앙의 조짐이 동시 다발적으로 일어난다."[13]라고 언급했다. 이와 같이 동중서는 원기와 천을 동등한 것으로 보는 한편 원기가 우주만물을 낳아 기른다고 보았다. 또한 원기는 우주만물에 유포되어 있는데, 이러한 원기의 유포가 순조로울 경우에는 때에 맞게 바람이 불고 비가 내리지만, 유포가 순조롭지 못할 때는 "위로는 하늘에 변괴가 나타나고 재앙의 조짐이 동시 다발적으로 일어난다."는 상황이 발생한다. 또한 동중서는 "천지의 기氣는 서로 결합하여 일체를 이루었다가 음과 양으로 나뉘고 사계절로 쪼개어지고 오행으로 펼쳐진다."[14]라고 언급했는데 여기에서 결합

---

12 徐復觀, 『兩漢思想史』, 卷二, 臺北, 學生書局, 1989年, 374쪽 참조.

13 『春秋繁露』, 「王道」, "王正, 則元氣和順, 風雨時, 景星見, 黃龍下; 王不正, 則上變天, 賊氣並見."

하여 일체를 이루는 "천지의 기"가 바로 원기인 것이다.

다음으로 천과 인간을 연결한다는 의미이다. 기가 천과 인간을 연결한다는 의미는 동중서의 천인감응론의 이론 체제를 지탱해주는 기본적인 요소라고 할 수 있다. 동중서는 "천에는 기쁨과 성냄의 기가 있고 슬픔과 즐거움의 마음이 있어서 사람과 서로 딱 들어맞고 종류도 같으니 천과 사람은 동일하다고 할 수 있다. 봄에는 기쁨의 기가 넘치므로 만물이 태어나고, 가을에는 성냄의 기가 넘치므로 만물이 시들어가고, 여름에는 즐거움의 기가 넘치므로 만물이 자라나고, 겨울에는 슬픔의 기가 넘치므로 만물이 숨게 된다. 이 네 가지는 천과 인간에게 공통으로 나타나는 현상이어서 그 이치와 작용도 동일하다."[15]라고 하는 한편 또 "음양의 기는 천에도 존재하고 사람에게도 존재한다. 사람에게는 좋아함과 싫어함, 기쁨과 성냄으로 표현되고, 하늘에서는 따뜻함과 차가움, 추위와 더위로 나타난다."[16]라고 언급한 바와 같이 사람에게 기쁨과 즐거움과 성냄과 슬픔이 있는 것처럼 천天에도 봄 여름 가을 겨울이 있어 이것들이 서로 상응할 수 있도록 기가 연결을 한다는 것이다.

음양陰陽관념은 동중서의 천인감응 사상체계에 있어서 오행五行관념과 함께 이론적 토대의 기초를 이루고 있다. 동중서의 음양관념은 다음과 같이 여러 가지의 함의를 담고 있다.

동중서는 음양은 천에도 있고 사람에게도 있는 것이라고 주장했다. 그는 "음양의 기는 천에도 존재하고 사람에게도 존재한다. 사람에게는 좋아함과 싫어함, 기쁨과 성냄으로 표현되고, 하늘에서는 따뜻함과 차가움, 추위와 더위로 나타난다."[17]라고 하는 한편 또 "봄과 여름의 주도적인

---

14 『春秋繁露』, 「五行相生」, "天地之氣, 合而爲一, 分爲陰陽, 判爲四時, 列爲五行."

15 『春秋繁露』, 「陰陽義」, "天亦有喜怒之氣, 哀樂之心, 與人相副, 以類合之, 天人一也. 春, 喜氣也, 故生; 秋, 怒氣也, 故殺; 夏, 樂氣也, 故養; 冬, 哀氣也, 故藏; 四者天人同有之."

16 『春秋繁露』, 「如天之爲」, "陰陽之氣在上天亦在人, 在人者爲好惡喜怒, 在天者爲暖淸寒暑."

양기나 가을과 겨울의 주도적인 음기는 천에게 중요할 뿐만이 아니라 사람에게도 중요하다."[18]라고 말했는데 이러한 음양의 의미는 앞에서 언급한 천天과 인간을 연결하는 기의 의미와 같은 것이라고 할 수 있다. 또한 동중서는 음양의 운행으로 사계절 순환의 법칙을 설명하기도 한다. 동중서의 사상체계 속에서 사계절의 변화는 음양의 작용 때문에 발생하는 것으로 묘사되어 있는데, 예를 들면 "천天의 운행의 중대한 규칙은 상반성을 띠는 것이다. 예컨대 한꺼번에 출현하지 않는데 음과 양의 경우가 그러하다."[19]와 같은 경우이다.

또한 동중서는 양이 덕이고 음이 형벌이라는 주장도 한다. 음양으로 형벌과 덕을 설명하는 사례는 『관자管子』와 『대대예기大戴禮記』에 이미 언급되어 있지만 동중서에 이르러 커다란 진전을 보인다. 동중서는 "양은 권위의 자리로 나왔다가 그런 자리로 들어가지만, 음은 공위의 자리로 나왔다가 그런 자리로 들어간다. 따라서 이처럼 하늘은 양에 의지하지 음에 의지하지 않고 덕을 좋아하지 형벌을 좋아하지 않는다."[20]라고 했는데, 이것은 천이 덕을 좋아하지 형벌을 좋아하지 않는 원인이 바로 양은 권위의 자리로 나왔다가 그런 자리로 들어가는 것을 논하지 않고, 음은 공위의 자리로 나왔다가 그런 자리로 들어가는 것을 논하지 않는 것에 있다는 사실을 의미하는 것이다.

동중서가 언급한 오행五行은 목木·화火·토土·금金·수水의 순서로 이루어져 있다. 즉 목이 오행의 시작이고 수가 오행의 끝이 되고 토가 오행의 중간이 된다. 동중서는 "나무로 인해 불이 생기고, 불로 인해 흙이 생기고, 흙으로 인해 쇠가 생기고, 쇠로 인해 물이 생기고, 물로 인해 나무가

---

17 『春秋繁露』, 「如天之爲」, "陰陽之氣在上天亦在人, 在人者爲好惡喜怒, 在天者爲暖清寒暑."

18 『春秋繁露』, 「天辨在人」, "而春夏之陽, 秋冬之陰, 不獨在天, 亦在於人."

19 『春秋繁露』, 「陰陽出入上下」, "天之大數, 相反之物也, 不得俱出, 陰陽是也."

20 『春秋繁露』, 「陰陽位」, "陽出實入實, 陰出空人空, 天之任陽不任陰, 好德不好刑, 如是也."

생긴다. 이것은 아버지와 자식의 사이를 나타낸다."[21]라고 하는 도식의 오행상생설五行相生說을 주장한다. 오행상생의 원래 의미는 일상생활 속에서 얻어진 경험[22]에서 연상된 것이지만 동중서는 이러한 오행상생의 의미에 우주론적 의미를 부여한다. 구체적으로 말하면 동중서는 오행의 운행에는 끊임없이 생성하고 변화하면서 성장하고 번식하는 과정에서 반복하는 생명의 순환성의 의미가 담겨져 있다고 생각한 것이다. 그래서 그는 나무로 인해 불이 생기고, 불로 인해 흙이 생긴다는 등은 부모가 자식을 낳는 것과 같은 원리로 보았던 것이다. 부모로 인해 자식이 생긴다는 것은 인류의 생명을 끊임없이 생성시킨다는 의미이고, 오행상생은 자연의 생명을 끊임없이 생성시킨다는 의미이다. 이러한 순환의 과정을 동중서는 천天의 도道라고 했다.

재이감응론災異感應論은 동중서의 시대에 이르러 비로소 완전한 이론 체제를 갖추게 된다. 또한 이러한 이론에 의해서 감응론 유형의 천일합일론의 체제가 비로소 완정한 형태로 탄생하게 되는 것이다. 그렇다면 도대체 재災는 어떤 것이며 이異는 무엇이란 말인가? 이것에 대하여 동중서는 다음과 같이 언급했다.

> 천지에 있는 모든 사물에 보통 있었을 수 없는 사건이 나타나게 되면, 그것을 '사변(異)'이라 하고 규모가 작은 경우 '이상 현상(災)'이라고 한다. 둘 가운데 이상 현상이 늘 먼저 일어나고 사변은 뒤따라 출현한다. 이상 현상이 천의 질책이고 경고이고, 사변은 천天의 징벌이자 위력이다. 천이 경고를 했는데도 사람들이 알아차리지 못하면 위력을 행사하여 사람들

---

21 『春秋繁露』, 「五行之義」, "木生火, 火生土, 土生金, 金生水, 水生木, 此其父子也."

22 예를 들어 나무로 인해 불이 생긴다는 것은 목재가 가연성을 지닌 것이기 때문에 불이 발생한다는 의미이고, 불로 인해 흙이 생긴다는 것은 어떤 사물이든 불로 연소된 뒤에 재가 남는다는 의미이고, 흙으로 인해 쇠가 생긴다는 것은 금속 성분을 땅에서 발굴한다는 의미이고, 쇠로 인해 물이 생긴다는 것은 금속이 액체로 변한다는 의미이고, 물로 인해 나무가 생긴다는 의미는 물이 식물을 생장시킨다는 의미이다.

이 두려움에 빠지게 만든다. 『시경』에 "하늘의 위력을 겁낸다."는 말은 대략 이와 같은 것을 의미한다. 이상 현상과 사변의 근원은 한결 같이 국가의 실책으로부터 생겨난다. 국가의 실책이 처음으로 가시화되려고 하면 하늘이 이상 현상을 일으켜 경고하여 다가올 위험을 알려준다. 경고를 했는데도 정치인들이 고칠 줄 모르면 사변을 일으켜 사람들을 놀라게 하고 두렵게 만든다. 그럼에도 불구하고 여전히 두려워할 줄 모르면 재앙이 일어난다. 이런 경과를 보면 우리는 천의 의지가 사랑에 있지 사람들을 위험에 빠뜨려 그들을 다치게 하는 데 있지 않음을 알 수 있다.[23]

천은 재이災異를 통하여 자신의 의지를 보여준다. 그러나 천의 의지는 구체적으로 인간 세계에 드러날 수 있는 것이 아니기 때문에 감응론 출현에 직접적인 영향을 주지는 못한다. 이러한 사상은 사람의 이성에 호소하는 것이 아니고 신앙심에 호소하는 것이기 때문에 그 효과의 정도는 신앙심의 깊고 얇음에 의해 결정된다. 또한 천은 비록 최고의 주재자이지만 아무 이유 없이 사람들에게 위력을 행사하지 않는다. 즉 만일 사람들이 큰 잘못을 하지 않는다면 천은 재해를 내리지 않는다는 것이다. 설사 사람들이 천의 위력에 두려움을 느낄 수 있더라도 그것은 사람들을 구제하기 위한 것이다. 그러므로 동중서는 "천의 의지가 사랑에 있다"고 말하는 것이다.

이와 같이 볼 때 동중서가 언급한 재이災異의 주요한 작용은 군주의 내적 자기반성과 마음에서 징계하는 소리를 내기 위함이라는 사실을 확인할 수 있다. 바꿔 말하면 재이론을 수단으로 하여 도덕적 목적을 달성하려고 한 사실을 파악할 수 있는 것이다. 이른바 "이상 현상과 사변의

---

23 『春秋繁露』, 「必仁且智」, "天地之物, 有不常之變者, 謂之異, 小者謂之災, 災常先至, 而異乃隨之. 災者, 天之譴也, 異者, 天之成也, 譴之而不知, 乃畏之以成, 詩云: "畏天之成", 殆此謂也. 凡災異之本, 盡生於國家之失, 國家之失乃始萌芽, 而天出災害以譴告之; 譴告之, 而不知變, 乃見(現)怪異以驚駭之; 驚駭之, 尙不知畏恐, 其殃咎乃至. 以此見天意之仁, 而不欲陷人也."

근원은 한결 같이 국가의 실책으로부터 생겨난다."는 언급은 국가의 실책이 인위적인 요인에 의해서 발생한다는 사실을 강조하는 한편 인간의 의식행위가 자연계의 이변을 일으킬 수 있다는 것이다. 이러한 이변의 관념은 천과 인간은 같은 종류라는 가설의 이론적 근거가 된다.

3. 천인감응설

천인감응天人感應은 동중서의 철학사상의 핵심이라고 할 수 있다. 이러한 천과 인간은 감응이 발생할 수 있다는 주장은 동중서가 가장 먼저 제기한 것이 아니고, 선진시기에 이미 광범위하게 퍼져 있던 학설이었다. 다만 동중서에 의해서 이러한 학설이 비교적 상세하게 논증되고 해석되어졌던 것이며 발전되어졌던 것이다.

주계전周桂鈿과 같은 경우 동중서가 논증한 천인감응은 세 부분으로 나누어 볼 수 있다고 했다.[24]

먼저 천과 인간은 동류라고 하는 것을 증명하려 한 것이다. 동중서는 만물은 모두가 하늘이 낳은 것이라고 생각했으며, 인간도 만물 가운데의 하나이기 때문에 그것의 생성 역시 인간 자신에 근원하는 것이 아닌 것이라고 언급했던 것이다. "인간을 키울 수는 있으나 만들 수는 없다. 인간을 만든 것은 하늘이다."[25] 인간이 천을 닮은 것은 마치 아이가 아버지를 닮은 것과 마찬가지로, 천과 인간은 하나하나 서로 상응하는 것이며, 이러한 점에 대한 구체적인 사례는 「인부천수人副天數」편에 나와 있는 바와 같이, 인간의 작은 관절이 삼백 육십 개 있는 것은 일 년의 날짜가 삼백 육십 일 있는 것과 서로 부합하고, 큰 관절이 열두 개 있는 것은 일 년의 개월 수가 열두 개 있는 것과 서로 부합하며, 인체에 오장이 있

---

24 周桂鈿, 『中國傳統哲學』, 北京, 北京師範大學出版社, 1991년, 7~8쪽 참조.
25 『春秋繁露』, 「爲人者天」, "爲生不能爲人, 爲人者天也."

는 것은 오행과 서로 부합하고, 육체에 사지가 있는 것은 일 년에 사계절이 있는 것과 서로 부합하는 것이 그 좋은 예이다. 또한 이러한 것들 외에도 인간에게 기쁨 노여움 슬픔 즐거움이 있는 것은 하늘에 따뜻하고 덥고 춥고 차가움이 있는 것과 서로 부합한다는 것이다. 이와 같이 천과 인간은 동류이기 때문에 이 둘 사이에는 감응이 발생할 수 있다는 것이다.

다음으로 동중서는 선대 학자들의 동류는 상응한다는 사상을 계승하여 천과 인간은 동류이며 서로 감응을 할 수 있다고 했다.

> 만약 평지에 물을 끌어댄다면 그것은 마른 땅으로 가지 않고 젖은 곳으로 흘러간다. 땔감을 가지런히 해놓고 그곳에다 불을 붙이면 그것은 젖은 나무더미에 옮겨 붙지 않고 마른 나무더미에 잘 탄다. 모든 자연물이나 자연 현상은 자신과 다른 것을 피하고 자신과 같은 것끼리 어울린다. 따라서 기氣가 같으면 서로 모이고 음音의 진동수가 같으면 공명 현상이 일어나니, 이와 같은 효험이 너무나도 명백하다.[26]

동중서는 묵자의 천지설에 대하여 매우 호의적인 평가를 했는데, 그 이유는 바로 묵자가 천은 의지가 있다고 여겼기 때문이다. 동중서는 이러한 천과 인간은 서로 감응할 수 있다고 생각했으며, 이러한 묵자의 천지설이 동중서의 천인감응설을 탄생시키는 촉진제의 역할을 했다고 생각되어진다. 또한 동중서는 『여씨춘추呂氏春秋』, 「유시람有始覽·응동應同」편의 견해를 찬동함과 동시에 이러한 견해를 바탕으로 「동류상동同類相動」 가운데 감응론을 더욱 정교하게 다듬는다. 「유시람·응동」 편의 천인감응설에 대한 견해는 "무릇 제왕이 장차 흥성하려 하면 하늘은 반드시 먼저 상서로운 조짐을 백성들에게 보여준다. …… 재앙과 축복이 그곳으로부터 오는 것이니, 백성들은 이를 운명이라고 여기고 있으니, 어떻게

26 『春秋繁露』, 「同類相動」, "今平地注水, 去燥就濕, 均薪施火, 去濕就燥. 百物去其所與異, 而從春所與同, 故氣同則會, 聲比則應, 其驗然也."

그러한 것을 알겠는가?"[27]와 같은데, 이는 새로운 제왕이 흥기하려 할 때, 천은 반드시 먼저 그러한 징조를 백성들에게 알려준다는 것이다. 이러한 징조들의 출현은 백성들이 하늘의 의도를 이해시키기 위해서임과 동시에 하늘의 뜻에 순응케 하기 위함이며, 만일 백성들이 하늘의 뜻에 순응한다면 그들은 축복을 받게 되지만, 순응하지 않을 경우 재앙을 받게 된다는 것이다.

끝으로 동조 반응 가운데서 천인감응설을 끌어냈다는 것이다. 악기를 예로 들자면, 같은 파동의 악기는 서로 공명 현상을 발생시킬 수 있어서 상호 간에 감동을 주는데, 이는 무형의 소리를 통하여 상호간에 영향을 주는 것이다. 마찬가지로 천과 인간은 무형의 기氣를 통하여 상호간에 감응이 발생하게 된다는 것이다. 천은 기를 통하여 인간과 감응하는 반면 인간은 기를 통하여 정감을 천에 전한다. 다시 말하자면 천과 인간의 매개자는 바로 '기'라고 하는 것이다.

> 하늘과 땅 사이에는 음기와 양기가 가득 차있다. (이러한 기가) 늘 인간을 적시고 있는 것은 물이 어류를 적시는 것과 비슷하다. 기가 물과 다른 점은 볼 수 있는가 없는가에 있을 뿐인데 기는 고요하기도 하고 어른거리기도 한다. 인간은 하늘과 땅 사이에 살고 있는데 이 점은 어류가 물에 잠겨 있는 것과 비슷하다. 기와 물, 둘 사이에 질적 차이는 없지만 기가 물보다 희박하고 유연하다. 물이 기와 비슷한 점이 있듯이 진흙이 물과 닮은 점이 있다. 하늘과 대지 사이에는 마치 텅 빈 듯하나 실제로는 기로 꽉 차 있다.[28]

---

27 『呂氏春秋』, 「有始覽·應同」, "凡帝王者之將興也, 天必先見祥乎下民……禍福之所自來, 衆人以爲命, 安知其所."

28 『春秋繁露』, 「天地陰陽」, "天地之間, 有陰陽之氣, 常漸人者, 若水常漸魚也. 所以異於水者, 可見與不可見耳, 其澹澹也. 然則人之居天地之間, 其猶魚之離水, 一也. 其無間若氣而淖於水. 水之比於氣也, 若泥之比於水也. 是天地之間, 若虛而實."

기氣는 매우 미세한 존재로서 인간의 감각기관으로 포착할 수 없기 때문에 인간은 흔히들 하늘과 땅 사이가 텅 비어있는 것처럼 생각하지만, 실제로는 천지간에 음양의 기가 충만해 있다는 것이다. 일상생활 속에서 흐린 날 관절염 환자가 더욱 통증을 느끼게 되는 것은 동중서의 주장에 의하면 관절염 환자와 천의 음기가 서로 통했기 때문이며, 이러한 사례를 근거로 인간과 천이 서로 감응한다는 것을 증명했다. 또한 동중서는 음양을 지기地氣와 천기天氣로 변화시켜 자연현상과 인체의 반응을 해석했다. 즉 "양은 하늘의 기고 음은 대지의 기다. 따라서 음양의 작용으로 인간의 발에 병이 생기고 목구멍이 뻣뻣해지면, 땅의 기는 위로 올라가 구름과 비가 되고, 하늘의 형상도 그것과 상응하게 된다."[29] 동중서는 음기와 양기의 운행과 작용에 의해서 인간의 병 역시 그것에 수반하여 흥기하고, 음기가 상승하여 비와 구름이 되는 것처럼 기상도 역시 그것에 수반하여 호응하고 변화를 한다고 했던 것이다. 감응 역시 무형의 기를 통해서 생성되는 것이기 때문에 인간은 전혀 지각하지 못하는 사이에 천과 감응을 하게 된다는 것이다.[30]

기氣 자체는 동중서에게 있어서는 정신적 의지의 속성을 가지고 있었다고 할 수 있다. 동중서는 "하늘에는 기쁨과 성냄의 기가 있고 슬픔과 즐거움의 마음이 있어서 사람과 서로 딱 들어맞고 종류도 같으니 하늘과 사람은 동일하다고 할 수 있다."[31]라고 언급한 바와 같이 기에는 기쁨 성냄 슬픔 즐거움이 있으며, 인간과 천은 기에 속하기 때문에 천의 기쁨 성냄 슬픔 즐거움의 기와 인간의 기쁨 성냄 슬픔 즐거움의 기는 서로 부합되는 것이라고 할 수 있는 것이다.

---

29 『春秋繁露』, 「人副天數」, "陽, 天氣也; 陰, 地氣也. 故陰陽之動, 使人足病, 喉起, 則地氣痹起, 則地氣上爲雲雨, 而象亦應之也."

30 周桂鈿, 「董仲舒天人感應論的眞理性」, 『中國哲學』第7期, 北京, 人民大學出版社, 2001년, 69쪽 참조.

31 『春秋繁露』, 「陰陽義」, "天亦有喜怒之氣, 哀樂之心, 與人相副."

> 인간에게 봄의 기가 없으면, 어떻게 두루 사랑하고 대중을 끌어안을 수 있겠는가? 인간에게 가을의 기가 없다면, 어떻게 엄격함을 내세워 공적을 마무리 지을 수 있겠는가? 인간에게 여름의 기가 없다면, 어떻게 아름답게 성장하여 삶을 즐길 수 있겠는가? 인간에게 겨울의 기가 없다면, 어떻게 죽은 자를 슬퍼하고 상실의 고통을 위로할 수 있겠는가?[32]

동중서는 인간의 기쁨 성냄 슬픔 즐거움을 천의 봄 여름 가을 겨울에 부합시킴으로써 각종의 다른 감정을 표현해냈으며, 그 뒤에 다시 천의 기쁨 성냄 슬픔 즐거움의 표현을 인간의 봄 여름 가을 겨울의 '기'에 부합시킨다.

> 하늘에 기쁨의 기가 없다면, 어떻게 날씨가 따뜻하여 봄에 만물이 태어나 자랄 수 있겠는가? 하늘에 성냄의 기가 없다면, 어떻게 날씨가 서늘하여 가을에 만물이 시들어 죽어가게 할 수 있겠는가? 하늘에 즐거움의 기가 없다면, 어떻게 양기를 소통시키며 여름에 만물이 자라서 커나가게 할 수 있겠는가? 하늘에 슬픔의 기가 없다면, 어떻게 음기를 자극시켜서 겨울에 만물이 움츠려들어 활동을 줄이도록 할 수 있겠는가?[33]

이와 같이 동중서는 천의 기쁨 성냄 슬픔 즐거움의 기로써 봄 여름 가을 겨울을 표현함과 동시에 만물의 생육과 성장 및 쇠약해짐 그리고 사망에 대해서도 표현해내고 있다. 아울러 동중서는 "하늘에는 기쁨 성냄 슬픔 즐거움의 표현이 있고, 인간에게도 봄 가을 겨울 여름의 시절이 있다. 이에 하늘과 인간은 서로 상응하는 성질의 기를 가진 동류이다."[34]

---

32 『春秋繁露』, 「天辨在人」, "人無春氣, 何以博愛而容衆? 人無秋氣, 何以立嚴而成功? 人無夏氣, 何以盛養而樂生? 人無冬氣, 何以哀死而恤喪?"

33 『春秋繁露』, 「天辨在人」, "天無喜氣, 亦何以暖而春生育? 天無怒氣, 亦何以淸而秋殺就? 天無樂氣, 亦何以疏陽而夏養長? 天無哀氣, 亦何以激陰而冬閉藏?"

34 『春秋繁露』, 「天辨在人」, "天乃有喜怒哀樂之行, 人亦有春秋冬夏之氣者, 合類之謂也."

라고 언급한 바와 같이 천과 인간은 동류이기 때문에 서로가 감응할 수 있다는 것이며, 천과 인간은 서로 같은 정신적 의지를 갖고 있다고 설명한 것이다. 동중서는 천에 의식적인 활동이 있고 음양을 통하여 천과 인간의 각 방면을 모두 연결하여 천과 인간 사이를 합하여 하나로 만들고자 했던 것이다.

동중서는 선진유가의 관점을 계승하여 천인동류·천인감응설을 제기함과 동시에 이러한 것들을 기반으로 천인합일의 사상을 도출해낸다. 동중서는 천·음양·사시·오행 등 자연현상을 윤리화 하여 일월성신의 운행과 사계절의 교체와 음양의 변화가 모두 하늘의 의지의 표현이라고 생각했다. 자연의 변화와 사회적 현상의 상호 결합은 천에게 인륜도덕의 관념을 부여하게 되기 때문에 천의 의지적 성질과 도덕성이 드러나게 되는 것이다. 또한 동중서는 투철한 도덕의식을 겸비한 사명감이 강렬한 사람으로서 공자와 맹자의 '천인합일'설과 심성론을 군주에게 접목시키고자 했다. 이러한 시도는 매우 지나친 감이 있어서 실현 가능성이 떨어지는 시도였다고 할 수 있는데, 이는 통치자에게 심성수양의 공부를 수행할 것을 요구하는 것은 그 효과에 있어서 한계가 있을 수밖에 없기 때문이다. 그렇기 때문에 동중서는 천의 권위를 빌려서 감응과 재이에 대한 언급을 통하여 군주가 하늘의 변화에 민감하게 반응함과 동시에 그러한 자연현상을 통한 경고들을 매개로 군주의 행위에 제약을 가하려고 했던 것이다. 또한 이를 통한 '인정'의 시행을 열망했던 것인데, 이것이 바로 동중서가 주장한 '천인합일'의 목적이 된다.

4. 맺는 말

이상과 같이 동중서의 천인관계론에 대하여 천인감응설의 이론적 기반 분석과 천인감응설을 중심으로 살펴보았는데, 이를 정리하면 다음과 같다.

동중서의 천인감응설의 이론적 기본 틀을 형성하고 있는 개념들은 천·기·음양·오행·재이 등인데, 먼저 동중서에 있어서의 천天은 전통적 관념을 계승한 측면과 자신의 독특한 사유를 반영한 측면이 혼재되어 있는 양상을 보이고 있으며, 여러 종류의 함의를 담고 있다. 즉 최고신의 의미, 만물의 근본의 의미, 도덕적 의미, 자연으로서의 의미, 군주의 화신이라는 의미가 바로 그것이다.

기氣는 동중서의 사상 속에서 체계적인 사고와 천인감응설의 이론 성립에 있어서 필수 불가결한 요소 가운데의 하나로, 이러한 기에는 여러 종류의 함의가 담겨져 있다. 즉 우주만물을 낳아 기른다는 의미와 천과 인간을 연결한다는 의미가 바로 그러한 것들 이라고 할 수 있다. 또한 음양 관념은 동중서의 천인감응 사상체계에 있어서 오행관념과 함께 이론적 토대의 기초를 이루고 있다고 할 수 있다. 이러한 음양 관념에는 음양은 천에도 있고 인간에게도 있는 것이라는 것과 양이 덕이고 음이 형벌이라는 것 등의 여러 가지의 함의가 담겨져 있다. 동중서는 오행상생의 의미에 우주론적 의미를 부여하는데, 그는 오행의 운행에는 끊임없이 생성하고 변화하면서 성장하고 번식하는 과정에서 반복하는 생명의 순환성의 의미가 담겨져 있다고 주장했다. 또한 동중서가 언급한 재이의 주요한 작용은 군주의 내적 자기반성과 마음에서 징계하는 소리를 내기 위함인데, 이는 재이론을 수단으로 하여 도덕적 목적을 달성하려고 한 것이라고 할 수 있다. 또한 그는 재이론을 통하여 국가의 실책이 인위적인 요인에 의해서 발생한다는 사실을 주지시키는 한편 인간의 의식행위가 자연계의 이변을 일으킬 수 있다는 것을 일깨워준다.

동중서의 천인감응은 다음과 같은 세 부분으로 나누어 볼 수 있는데, 먼저 천과 인간은 동류라고 하는 것을 증명하려 한 것이다. 즉 인간이 천을 닮은 것은 마치 아이가 아버지를 닮은 것과 마찬가지로, 천과 인간은 하나하나 서로 상응하는 것이며, 인간에게 기쁨 노여움 슬픔 즐거움이 있는 것은 하늘에 따뜻하고 덥고 춥고 차가움이 있는 것과 서로 부합한다는 것이다. 이와 같이 천과 인간은 동류이기 때문에 이 둘 사이에는 감응이 발생할 수 있다는 것이다.

선대 학자들의 동류는 상응한다는 사상을 계승하여 동중서는 천과 인간은 동류이며 서로 감응을 할 수 있다고 했다. 즉 동중서는 묵자의 천지설을 천인감응설의 기반으로 삼는 한편 『여씨춘추』의 견해를 계승발전시켜서 감응론을 더욱 정교하게 다듬었다. 또한 동중서는 동조 반응 가운데서 천인감응설을 끌어내기도 했다. 즉 동중서는 같은 파동의 악기는 서로 공명 현상을 발생시킬 수 있어서 상호 간에 감동을 주는데, 이는 무형의 소리를 통하여 상호간에 영향을 주는 것처럼 천과 인간은 무형의 기를 통하여 상호간에 감응이 발생하게 된다고 했던 것이다. 또한 그는 천과 인간은 동류이기 때문에 서로가 감응할 수 있다는 것이며, 천과 인간은 서로 같은 정신적 의지를 갖고 있다고 설명했다. 결과적으로 동중서는 천에 의식적인 활동이 있고 음양을 통하여 천과 인간의 각 방면을 모두 연결하여 천과 인간 사이를 합하여 하나로 만들고자 했던 것이다.

이상과 같은 동중서의 '천인관계'의 학설을 오늘날의 관점에서 보았을 때 천과 인간의 관계를 견강부회한 측면이 적지 않은 곳에서 발견되는 한편 일정부분에 있어서는 신학목적론의 색채가 농후하게 느껴지기도 한다. 그렇지만 당시의 시대적 상황을 고려했을 때 동중서의 천인관계론은 당시로서는 가장 선진적인 자연과 인간에 관한 이론체계였다고 말할 수 있을 것이다. 바로 이점이 동중서의 천인관계론이 갖는 시대적 의의인 것이다.

참고문헌

朱公遷,『詩經義疏』,『四庫全書』本.

劉文典,『莊子補注』, 昆明, 雲南人民出版社, 1991년.

許維遹,『呂氏春秋集釋』, 北京, 文學古籍刊行社, 1955년.

蘇　輿,『春秋繁露義證』, 北京, 中華書局, 1992년.

班　固,『漢書』, 北京, 中華書局, 1990년.

周桂鈿,『董學探微』, 北京, 北京師範大學出版社, 1989년.

王永祥,『董仲舒評傳』, 南京, 南京大學出版社, 1995년.

徐復觀,『兩漢思想史』, 卷二, 臺北, 學生書局, 1989년.

周桂鈿,『中國傳統哲學』, 北京, 北京師範大學出版社, 1991년.

周桂鈿,「董仲舒天人感應論的眞理性」,『中國哲學』第7期, 北京, 人民大學出版社, 2001년.

제10장

『회남자』의 천인관계론

1. 시작하는 말

『회남자淮南子』는 서한 초기 회남왕 유안劉安과 그의 빈객들 및 방술가들이 편찬한 일종의 백과사전이라고 할 수 있다. 일반적으로 『회남자』는 잡가류로 분류하기도 하지만, 도가사상을 중심으로 전국戰國 시대에서부터 서한 초기에 이르는 황노학파黃老學派의 세계관을 집대성했다는 점에서 황노학파 계열에 속한다고 할 수 있을 것이다. 특히 『회남자』에서 논의하고 있는 천인관계론은 그들이 추구하고 있었던 처세론과 인생론 및 정치론의 결정체라고 할 수 있을 정도로 매우 중요한 부분이라고 말할 수 있다.

『회남자』에 기록되어 있는 "무릇 최상의 도는 만물을 만들어 내지만 자기 소유로 삼지 않고, 만사만물을 이루어 놓지만 주재하려고 하지 않는다."[1]라고 하는 언급을 통해서 『회남자』는 만물이 천도天道에 의해서 화생된 것이라고 하는 입장을 견지하고 있음을 충분히 알 수 있다. 그리

1 『淮南子』, 「原道訓」, "夫太上之道, 生萬物而不有, 成化像而弗宰."

고 이러한 관념은 노장老莊사상의 천도가 만물을 화생시킨다고 하는 관념을 계승한 것이라고 하는 사실을 어렵지 않게 발견할 수 있다. 즉『노자』의 "도가 처음 낳는 것이 일이다. 일은 음과 양을 낳는다. 음양은 하늘과 땅 및 사람 셋을 낳고, 이러한 셋은 만물을 낳는다."[2]라고 하는 언급이나, "천하 만물은 유에서 생겨나고, 유는 무에서 생겨난다."[3]라고 하는 언급 및 "위대한 도는 넓게 퍼져 있어 왼쪽으로 될 수도 오른쪽으로 될 수도 있다. 만물은 도를 기다려 생겨나지만 (도는 만물을) 사절하는 법이 없다."[4]라고 하는 언급과『장자』의 "만물이 매달려 있고 일체의 변화가 기대하고 있는 것에 대해서야 더 말해 무엇 하랴."[5]라고 하는 언급과 같은 것에서 그러한 관념을 찾아볼 수 있다.

천도는 과연 어떻게 만물을 화생시키는 것인가? 천도가 만물을 화생시키는 것은 천도 자체가 스스로 화생하는 것이다. 즉 천도와 만물은 결코 서로 다른 개체가 아닌 것으로 일체라고 할 수 있는 것이다. 만물은 천도가 낳은 것이 되기 때문에 반드시 천도에 의탁해서 제각각의 특성을 이룩해야 하는 것이다.

서한 초기 유가의 천인감응설과 다른 새로운 세계관을 제시했던『회남자』의 천인관계론은 서한 초기의 또 다른 형태의 인간과 하늘의 관계에 대한 논의를 진행했다고 하는 점에서 충분히 연구할 만한 가치가 있다고 생각한다. 본문에서는『회남자』의 천인관계론에 대하여 천하 만물과 천도의 관계와 인간과 천도의 관계를 중심으로 논의를 진행해보도록 하겠다.

2『老子』,「42章」, "道生一, 一生二, 二生三, 三生萬物."
3『老子』,「40章」, "天下萬物生於有, 有生於無."
4『老子』,「34章」, "大道氾兮, 其可左右, 萬物恃之而生而不辭."
5『莊子』,「大宗師」, "萬物之所系, 而一化之所待."

2. 천하 만물과 천도의 관계

천도天道는 천하의 만물을 화생하였기 때문에 반드시 천하 만물과 밀접하고 불가분한 관계를 형성하고 있다고 할 수 있다. 『회남자』에서 한 "도는 만물을 이끌어주는 것이며 덕은 천성을 북돋아 주는 것이다."[6]라고 하는 언급은 천하 만물을 인도하는 것이 천도라고 하는 사실을 분명하게 밝히고 있다. 또한 「원도훈原道訓」에서도 천도와 천하 만물과의 관계에 대하여 다음과 같이 상세하게 언급하고 있다.

> 도라고 하는 것은 하늘도 덮고 땅도 싣고 있는 것이어서 사방팔방 무한대로 펴지며 그 높이를 가늠할 수 없고 그 깊이를 잴 수도 없다. 천지를 그 안에 포용하고 무형의(만물에) 형체를 준다.……그 도로써 산은 높고 못은 깊으며, 짐승은 달리고 새는 날며, 해와 달은 비추고 뭇별들은 운행하며, 기린도 노닐고 봉황도 비상한다.[7]

천도는 천하의 만물을 화생하는 것이면서 동시에 천하 만물이 변화하는 원천이 되는 것이면서 근거가 되는 것이기도 하다. 그리고 천하의 만물은 모두가 반드시 천도에 의탁하여 제각기 자신의 능력을 발휘할 수 있게 되는 것이다. 그렇기 때문에 "도는 만물을 이끌어주는 것이며 덕은 천성을 북돋아 주는 것이다."라고 하는 것인데, 이것은 곧 천도가 구체적인 사물에 체현되어서 나타나는 것이 덕德이 된다고 하는 것이다. 천하의 만물은 덕을 품고 있기 때문에 "무지개라든가 요사스러운 별이 나타나는 일도 없다."[8]라고 하는 이상한 현상이 출현하지 않게 되는 것이다.

---

6 『淮南子』, 「原道訓」, "道者, 物之所導也; 德者, 性之所扶也."

7 『淮南子』, 「原道訓」, "夫道者, 覆天載地, 廓四方, 柝八極, 高不可際, 深不可測, 包裹天地, 稟授無形.……山以之高, 淵以之深, 山以之高, 淵以之深, 獸以之走, 鳥以之飛, 日月以之明, 星歷以之行, 麟以之游, 鳳以之翔."

8 『淮南子』, 「原道訓」, "虹蜺不出, 賊星不行."

즉 괴이한 현상이 출현하지 않게 되는 것은 자연계의 만물이 "복희와 여와의 덕을 품은 소치이다."[9]라고 말할 수 있는 것이다.

그렇다면 천도는 비록 천하 만물의 인도자가 되는 것이지만 한편으로는 만물이 변화하게 되는 원천이면서 근거가 되는 것이기도 한다는 언급은 결코 천도에 의식적인 측면이 있으면서 목적을 가지고 천하 만물의 생성과 변화를 주재한다고 하는 의미는 아니라고 할 수 있다.

> 무릇 최상의 도는 만물을 만들어 내지만 자기 소유로 삼지 않고, 만사 만물을 이루어 놓지만 주재하려고 하지 않는다. 다리로 걸어 다니는 것, 부리로 호흡하는 것, 꿈틀거리는 것 모두가 도의 덕으로 살아가는데 그렇다고 이것을 은혜라고 생각하지 않는다. 또한 도로 말미암아 죽어가지만 그렇다고 이것을 원망하는 일도 없다. 도의 덕택에 이익을 얻더라도 칭찬하고자 하지 않으며, 도에 의해 실패했다 하더라도 비난할 수가 없다. 아무리 거두어들여서 쌓더라도 그것에 의해 부유함을 더할 생각은 없고, 아무리 시혜를 베풀더라도 그것에 의해 빈곤함을 더하는 모습도 없다.[10]

위의 문장에서 언급되어져 있는 것은 노자가 제기한 "도는 만물을 낳았지만 소유하려 하지 않고, 만들었지만 자랑하지 않고, 길러내면서 주재하려 하지 않는다."[11]라는 천도관 보다 진일보한 사상적 발휘라고 할 수 있다. 천도는 천하 만물을 화생하지만 천하의 모든 자연물을 주재하지는 않는다. 또한 천도는 천하 만물에 대해서도 어떠한 형태의 감정이나 은혜 및 원망 같은 것들도 없다. 즉 "천지는 어질지 않아서 만물을

---

9 『淮南子』, 「原道訓」, "含德之所致也."

10 『淮南子』, 「原道訓」, "夫太上之道, 生萬物而不有, 成化像而弗宰, 跂行喙息, 蠉飛蠕動, 待而後生, 莫之知德, 待之後死, 莫之能怨. 得以利者不能譽, 用而敗者不能非, 收聚畜積而不加富, 佈施稟授而不益貧."

11 『老子』, 「51章」, "生而不有, 爲而不恃, 長而不宰."

짚으로 만든 개처럼 여긴다."[12]라고 하는 것이다. 그리고 천하 만물도 역시 천도에 대하여 어떠한 형태의 감정 및 은혜나 원망 같은 것이 없다. 또한 천도는 의식이 없는 것이기 때문에 그것이 천하의 만물을 화생하는 것에는 어떠한 목적도 없는 것이다.

> 하늘은 그 높이를 다하고 땅은 그 두께를 다하며 달은 밤을 비추고 해는 낮을 비춰주며 뭇별이 빛나고 음양이 변화하는 것은 그러한 천도가 그렇게 하는 것이 아니고 만물이 저절로 자연히 그렇게 되는 것이다. 즉 음양 사계는 만물을 생육시키고자 하는 것이 아니며, 비와 이슬이 시절에 따라 내리는 것은 초목을 성장시키고자 하는 것이 아니다. 신명이 교접하고 음양이 조화하면 만물이 자연히 생육될 뿐인 것이다. 또 높은 산의 깊은 숲은 호랑이나 표범을 위해 있는 것이 아니고, 커다란 나무의 울창한 가지는 새들을 위해 있는 것이 아니며, 천리의 장강이라든가 백길의 깊은 연못은 교룡을 위해 있는 것이 아니다. 다만 높이 솟아 있고 혹은 광대함을 이루는 것뿐인데, 산에 사는 것, 나무에 사는 것, 가지에 둥지를 트는 것, 구멍을 파는 것, 물에 자맥질하는 것, 땅 위를 걸어 다니는 것 등 생물 모두가 각기 안주할 장소를 얻고 있을 뿐이다.[13]

"그러한 천도가 그렇게 하는 것이 아니고 만물이 저절로 자연히 그렇게 되는 것이다"라고 하는 언급은 대자연 속에서 모든 만사 만물의 변화는 자연적으로 즉 저절로 그렇게 된 것이지 결코 어떠한 목적을 위해서 존재하는 것이 아니라고 하는 사실을 설명하고 있는 것이다. 그러므로 "비와 이슬이 시절에 따라 내리는 것은 초목을 성장시키고자 하는 것이

---

12 『老子』, 「5章」, "天地不仁, 以萬物爲芻狗."

13 『淮南子』, 「泰族訓」, "天致其高, 地致其厚,月照其夜, 日照其晝, 陰陽化, 列星朗, 非其道而物自然. 故陰陽四時, 非生萬物也; 雨露時降, 非養草木也. 神明接, 陰陽和, 而萬物生矣. 故高山深林, 非爲虎豹也; 大木茂枝, 非爲飛鳥也; 流源千里, 淵深百仞, 非爲蛟龍也. 致其高崇, 成其廣大, 山居木棲, 巢枝穴藏, 水潛陸行, 各得其所寧焉."

아니다.", "높은 산의 깊은 숲은 호랑이나 표범을 위해 있는 것이 아니고, 커다란 나무의 울창한 가지는 새들을 위해 있는 것이 아니며, 천리의 장강이라든가 백 길의 깊은 연못은 교룡을 위해 있는 것이 아니다."라고 하는 것이며, 이러한 여건들은 그러한 곳에 살고 있는 다양한 생명체들이 그곳에서 적응하여 살아가게 된 객관적인 생존환경인 것일 뿐이다.

「원도훈」에서는 한 걸음 더 나아가서 각기 다른 생존환경 속에서 적응해서 살아가고 있는 천하 만물에 대하여 설명을 하고 있다.

> 구의 남쪽은 육상에서 하는 일이 적고 수중에서 하는 일이 많다. 그러므로 사람들은 짧은 머리에 문신을 하여 물고기 비늘과 비슷하게 하고, 짧은 팬티만 입을 뿐 바지는 입지 않음으로써 강을 건너다니기에 편하도록 하며, 소매가 짧은 옷을 걸치어 배를 젓기 편하게 한다. 순응을 하기 때문이다. 안문관 북쪽에 사는 적인은 곡식을 먹지 않는다. 노인을 천대하고 장정을 귀히 여기며 그 습속은 원기가 왕성한 것을 으뜸으로 친다. 사람들은 활을 놓는 일이 없고 말은 재갈을 풀지 않는다. 그렇게 해야 편하기 때문이다. 그러므로 우임금이 나국에 갈 때면 옷을 벗고 입국했으며 의대를 갖춰 입고 출국했다. 이는 그들의 습속에 순응했기 때문이다. 이제 나무를 옮겨 심으려고 하는 사람이 그 음양 자연의 성을 무시하고자 하면 반드시 나무를 말라 죽이고 만다. 그러므로 귤나무는 강북에 옮겨 심으면 탱자나무가 되며, 검정개똥지빠귀는 제수를 건너는 일이 없고, 담비는 문수를 건너면 죽어버린다. 정해져 있는 성을 바꿀 수가 없으며 자연스럽게 만들어진 거처를 옮길 수 없는 것이다.[14]

천하 만물의 발전과 그것이 처한 환경과의 관계는 매우 밀접하게 연

---

14 『淮南子』, 「原道訓」, "九疑之南, 陸事寡而水事衆, 於是民人被發文身, 以像鱗蟲; 短綣不絝, 以便涉遊; 短袂攘卷, 以便刺舟; 因之也. 雁門之北, 北狄不穀食, 賤長貴壯, 俗尙氣力; 人不馳弓, 馬不解勒; 便之也. 故禹之裸國, 解衣而入, 衣帶而出; 因之也. 今夫徙樹者, 失其陰陽之性, 則莫不枯槁. 故橘樹之江北, 則化而爲枳, 鴝鵒不過濟, 貈渡汶而死, 形性不可易, 勢居不可移也."

결되어 있다고 할 수 있다. 서로 다른 자연환경 속에서 살아가고 있는 생명체는 제각기 다른 형태의 적응능력을 가지게 되는데, 이러한 것이 바로 천도의 속성에 순응하는 것이다.

3. 인간과 천도의 관계

『노자』에서 "도도 크고, 하늘도 크고, 땅도 크고, 사람도 큽니다. 세상에는 네 가지 큰 것이 있는데 사람도 그 가운데 하나입니다."[15]라고 한 언급에서 알 수 있듯이 우주에서 인간·도·하늘·땅은 동일하게 중요한 지위를 갖고 있다고 볼 수 있다. 또한 「지형훈墬形訓」에 "하늘은 일 땅은 이 사람은 삼"[16]이라고 하는 기록을 보면 사람이 『회남자』에서 매우 중요한 위치를 차지하고 있다는 사실을 알 수 있다. 또한 『회남자』의 여러 편에서 인간의 생성에 대하여 상당히 상세한 언급들이 기록되어져 있음을 알 수 있다.

> 첫 달에 기름덩어리가 생기고 2개월에 살덩어리가 되며 3개월에 태아의 형태를 갖추고 4개월에 피부가 생기며, 5개월에 근육이 생기고 6개월에 뼈가 굳어지며, 7개월에 모양세가 갖추어지고 8개월에 움직이기 시작하며 9개월에 놀고 10개월에 태어난다. 이처럼 형체가 갖춰지면 그곳에 오장이 또한 갖춰진다고 한다. 그러므로 폐장은 눈을 주관하고 신장은 코를 주관하며 담낭은 입을 주관하고 간장은 귀를 주관하며, 비장은 혀를 주관한다. 바깥의 오관은 표가 되고 안의 오장은 이가 되어, 개폐에도 신축에도 법칙이 있는 것이다. 그리고 머리의 원형은 하늘을 닮은 것이요, 발의 방형은 땅을 닮은 것이다. 하늘에 사시·오행·구해·366일이 있으면 사람에게도 사지·오장·구규·366개의 마디가 있으며, 하늘에 풍우·

---

15 『老子』, 「25章」, "道大, 天大, 地大, 王亦大, 域中有四大, 而王居其一焉."
16 『淮南子』, 「墬形訓」, "天一地二人三."

> 한서가 있으면 사람에게도 여탈·희노가 있다. 또 담낭은 구름에, 폐는 기에, 간장은 바람에, 신장은 비에, 비장은 우레에 해당하는데, 이처럼 천지자연과 상관되어 마음이 이런 것들을 주관하고 있다. 그리고 이목은 해와 달에 해당하고 혈기는 풍우에 해당한다.[17]

위의 인용문 가운데 "첫 달에 기름덩어리가 생기고 2개월에 살덩어리가 되며……9개월에 놀고 10개월에 태어난다."라고 하는 언급은 오늘날 태아의 성장과정에 대한 설명과 상당한 부분에서 유사하다고 말할 수 있다. 이를 통하여 서한시기에 이미 상당히 발달한 의학지식이 있었음을 알 수 있다. 또한 사람에게 있는 사지四肢·오장五臟·구규九竅·366개의 마디는 마치 천도에 사시四時·오행五行·구해九解·366일이 있는 것과 같으며, 사람의 희노애락의 정서는 천도에 바람·비·추위·더위의 변화와 같은 것이고, 사람의 귀와 눈은 해와 달과 같으며, 혈기는 비바람과 같은 것이라고 했음을 알 수 있다. 이러한 형태의 다양한 주장은 모두 사람의 육체에 갖춰져 있는 다양한 기관들이 천도와 같다는 것을 나타내는 것이다.

> 천지 사이에는 나뉘어져서 음양의 이기가 있다. 양은 음에 의해서 생기고 음은 양에 의해서 생긴다. 음양의 이기가 서로 뒤섞이어 사우가 서로 통하며 이기의 소장에 의해 만물이 생긴다. 살아 있는 모든 것 가운데서 제일 귀한 것은 사람이다. 그런즉 인간의 몸에 갖추어져 있는 구멍과 지체는 모두 하늘에 통해 있다. 하늘에 구중이 있는가 하면 사람에게도 아홉 구멍이 있고 하늘에 사시가 있어서 열두 달을 제정하는 것처럼 사

17 『淮南子』, 「精神訓」, "一月而膏, 二月而胅, 三月而胎, 四月而肌, 五月而筋, 六月而骨, 七月而成, 八月而動, 九月而躁, 十月而生. 形體以成, 五臟乃形. 是故肺主目, 腎主鼻, 膽主口, 肝主耳, 外爲表而內爲裏, 開閉張歙, 各有經紀. 故頭之圓也象天, 足之方也象地. 天有四時、五行、九解、三百六十六日, 人亦有四支、五藏、九竅、三百六十六節. 天有風雨寒暑, 人亦有取與喜怒. 故膽爲雲, 肺爲氣, 肝爲風, 腎爲雨, 脾爲雷, 以與天地相參也, 而心爲之主. 是故耳目者, 日月也; 血氣者, 風雨也."

람에게도 사지가 있어서 열두 절을 구사하고 있다. 하늘에 열두 달이 있어서 365일을 제정하고 있는 것처럼, 사람에게도 열두 개의 사지가 있어서 삼백 육십 마디를 구사하고 있다. 그러므로 일을 함에 있어서는 하늘에 순응하지 않을 경우 그 삶에 위배되는 것이다.[18]

이상과 같이 「정신훈」과 「천문훈」 편에서 언급되어져 있는 것은 결국 같은 의미에 대한 다른 서술이라고 할 수 있다. 이러한 천인합일天人合一의 관념은 서한 시기에 매우 유행했던 관념이라고 할 수 있는데, 이러한 관념에서는 사람의 눈 코 입 귀 등의 감각기관 및 사지 모두는 대자연과 매우 밀접하게 관련되어 있다고 볼 수 있다. 예를 들자면 하늘이 봄 여름 가을 겨울의 사계절로 열두 달을 나누는 것과 마찬가지로 사람 역시 사지로 열두 경맥을 관통하는 것이나, 또한 하늘이 열두 달로 삼백 육십일을 나누는 것과 마찬가지로 사람 역시 열두 개의 팔다리와 몸통으로 삼백 육십 마디를 관장한다. 인체의 모든 구조가 천도의 구조와 같은 것이기 때문에 사람이 하는 모든 행위는 반드시 천도의 준칙에 부합해야 하는 것이며 천도의 법칙에 순응해야만 하는 것이다.

옛날에 하늘도 땅도 없었을 때, 다만 무형이라고 밖에 말할 수 없어서, 어둡고 깊게 망막하고 혼돈한 기가 어디선가 용솟음쳐 나와서 끝없이 이어졌다. 두 신이 혼연일체가 되면서 나타나 천지를 창조하기 시작했다. (그 만드는) 방법은 너무나 깊어서 언제 끝이 날지 알 수가 없고 광막하여 언제 끝이 보일지도 알 수가 없었다. 여기서 나뉘어 음양 두 기가 생겨났고 흩어져서 팔방의 극이 세워졌으며 강하고 부드러움이 서로 이루어지고 만물이 만들어졌다. 그때 혼탁한 기는 짐승이나 곤충이 되었고

---

18 『淮南子』, 「天文訓」, "天地以設, 分而爲陰陽, 陽生於陰, 陰生於陽. 陰陽相錯, 四維乃通. 或死或生, 萬物乃成. 蚑行喙息, 莫貴于人, 孔竅肢體, 皆通於天. 天有九重, 人亦有九竅; 天有四時以制十二月, 人亦有四肢以使十二節; 天有十二月以制三百六十日, 人亦有十二肢以使三百六十節. 故擧事而不順天者, 逆其生者也."

> 맑은 기는 사람이 되었다. 한편 사람의 정신은 하늘의 것이며 육체는 땅의 것이다. (사람이 죽어서) 정신이 하늘의 문으로 들어가고 육체가 땅의 뿌리로 돌아간다.[19]

이상의 인용문을 통해서 『회남자』는 사람은 천도에 의해서 생겨난 것일 뿐만 아니라 천지간의 정신에 의해서 생겨난 것이라고 생각하고 있으며, 또한 정신은 하늘에 속하는 것이고 육체는 땅에 속하는 것이라고 생각하고 있음을 일 수 있다. 하늘에 속하는 것은 형체가 없는 것이기 때문에 정신은 하늘의 문으로 돌아간 이후에 비로소 보이지 않게 되는 것이며, 육체는 땅에 속하는 것이기 때문에 형체가 있는 것으로 죽은 후에야 땅으로 돌아가 비로소 소실될 수 있게 되는 것이다. 이는 사람이 천지의 정수가 되는 존재이기 때문에 살아있을 때 천지간에 존재하는 것이며 죽은 뒤에도 역시 천지간으로 돌아가게 되는 것이다.

사람의 육체가 천도를 그대로 본받은 것이기 때문에 사람은 천도에 대하여 순종해야 한다. 특히 천도의 준칙에 대하여 순종해야 하며 절대로 위배되는 행위를 해서는 안 되는 것이다. 그러므로 천도에 순응을 하게 되면 일을 성취할 수 있는 것이지만, 천도를 위배했을 경우에는 사업을 성취할 수 없게 되는 것이다. 천도에 순응한다고 하는 것은 천도와 합일을 이룰 수 있게 되는 것을 의미하며 이때 비로소 도를 터득하게 되는 것이다. 천도를 터득한 사람은 천도로써 만사만물을 부릴 수 있는 것이기 때문에 당연히 그가 하는 모든 행위는 매우 자연스럽고 간략하게 되는 것이다. 이러한 사례는 『회남자』의 여러 편에서 찾아 볼 수 있다.

---

19 『淮南子』, 「精神訓」, “古未有天地之時, 惟像無形, 窈窈冥冥, 芒芠漠閔, 澒蒙鴻洞, 莫知其門. 有二神混生, 經天營地, 孔乎莫知其所終極, 滔乎莫知其所止息, 於是乃別爲陰陽, 離爲八極, 剛柔相成, 萬物乃形, 煩氣爲蟲, 精氣爲人. 是故精神, 天之有也; 而骨骸者, 地之有也. 精神入其門, 而骨骸反其根.”

옛날에 풍이와 대병이 음양을 부릴 때에는 우레구름을 타고 구름을 육두마로 삼아 짙은 안개 속을 달려 황홀한 경지를 치달았으며 매우 멀고 무척이나 높이 수레를 몰아 지극히 멀리까지 갈 수 있었다.……그러므로 도에 뜻을 둔 사람은 엄연하게 사려를 없애고, 하늘을 덮개로 삼고 땅을 수레로 삼되 사시를 말로 삼고 음양을 마부로 삼아 구름을 타고 하늘을 건너 조화와 일체가 된다. 마음은 평온하되 스스로 절도에 맞추며, 하늘을 집 삼아서 달린다. 그 모습은 때로는 서서히 때로는 빠르게 하여 완급을 자유자재로 하고, 우사에게 명하여 길을 적시게 하고, 풍백에게 명하여 먼지를 쓸게 하며, 번개를 채찍으로 우레를 수레바퀴로 하여 위로는 허무하고 적막한 들을 돌아다니고 아래로는 무제한의 문으로 출입한다. 이처럼 골고루 사방을 돌아보되 그 총체를 잃지 않고 사방을 경영하다가 그 근본으로 되돌아온다. 이와 같이 하늘을 수레 덮개로 삼으면 모든 것을 덮을 수 있으며, 땅을 수레로 삼으면 모든 것을 실을 수 있다. 사시를 말로 삼으면 만사를 조종할 수 있고, 음양을 마부로 삼으면 만반에 대응할 수가 있다. 그런 다음에는 아무리 달려도 미동도 않고 아무리 멀리 나가도 지지치 않는다. 무릇 사지를 움직이지도 않고 눈과 귀를 사용하지 않더라도 천지간의 형세를 알 수 있는 것은 어찌된 일일까? 그것은 도의 중추를 장악하여 무궁한 경지에서 자적하고 있기 때문이다. 그렇게 하려면 천하 만반의 일에 인위를 가하는 일이 없이 자연스럽게 되어가는 대로 맡기는 것이 좋다. 만물의 변화를 하나하나 따라가는 일 없이 그 궁극을 붙들고 돌아가게 하는 것이 좋다.[20]

20 『淮南子』, 「原道訓」, "昔者馮夷、大丙之御也, 乘雲車, 入雲蜺, 遊微霧, 騖怳忽, 歷遠彌高以極往.……是故大丈夫恬然無思, 澹然無慮, 以天爲蓋, 以地爲輿, 四時爲馬, 陰陽爲御, 乘雲陵霄, 與造化者俱. 縱志舒節, 以馳大區. 可以步而步, 可以驟而驟. 令雨師灑道, 使風伯掃塵; 電以爲鞭策, 雷以爲車輪. 上游於霄雿之野, 下出於無垠之門, 劉覽偏照, 複守以全. 經營四隅, 還反於樞. 故以天爲蓋, 則無不覆也; 以地爲輿, 則無不載也; 四時爲馬, 則無不使也; 陰陽爲御, 則無不備也. 是故疾而不搖, 遠而不勞, 四支不動, 聰明不損, 而知八紘九野之形埒者, 何也? 執道要之柄, 而游於無窮之地. 是故天下之事, 不可爲也, 因其自然而推之; 萬物之變, 不可究也, 秉其要歸之趣."

위의 인용문 가운데 풍이馮夷와 대병大丙은 천도를 장악할 수 있었던 사람이었기 때문에 그들은 매우 먼 곳까지 갈 수 있었고 끝없이 커다란 세상을 볼 수가 있었던 것이다. 그들이 견지한 입장은 세상일에 대해서는 결코 인위적인 방법으로 간섭하지 않으려고 했다는 것이다. 인위적인 방법은 자연의 법칙에 위배되는 것이기 때문에 만물이 변화하게 되는 원리를 파악할 수 없게 되는 것이며, 이로 인해서 일을 수행하는 데에도 힘만 낭비하게 되는 것이다.

> 무릇 도에는 일관된 법칙이 있어서 근본적인 도가 정해지면 모든 것에게까지 이어지게 마련이다. 즉 고귀하면 영을 시행하고, 비천하면 그 환경과 처지를 잊고, 빈곤하면 생업에 정력을 쏟고, 곤란해지면 위기에 처한다는 식이다. 무릇 추워져서 서리와 눈이 내리면 비로소 소나무와 측백나무의 푸름이 눈에 띄는 법인데 이처럼 위난에 직면하여 이익과 해로움을 보고서야 비로소 성인의 도를 잃지 않음을 아는 것이다. 그런 까닭에 제대로 하늘을 이고 있는 자는 대지를 튼튼히 밟고 서며, 도를 잘 비추어 보고 있는 자는 대명을 보며, 태평을 확립하는 자는 조정에 있으며, 듣거나 볼 수 없는 경지에 몸을 제대로 맡기는 자는 그 덕이 해와 달처럼 빛나고 있다. 그런 까닭에 도를 낚싯대로 삼고 덕을 낚싯줄로 삼고 예악을 낚싯바늘로 삼고 인의를 미끼로 하되, 이것을 커다란 강에 던지거나 바다에 띄우면 만물이 어지럽게 모여들 것인즉 어느 것인들 잡지 못하겠는가?[21]

모든 천지만물에게는 천도가 깃들여져 있기 때문에 천도의 요체를 장

21 『淮南子』, 「俶眞訓」, "夫道有經紀條貫, 得一之道, 連千枝萬葉. 是故貴有以行令, 賤有以忘卑, 貧有以樂業, 困有以處危. 夫大寒至, 霜雪降, 然後知松柏之茂也. 據難履危, 利害陳於前, 然後知聖人之不失道也. 是故能戴大員者, 履大方, 鏡太淸者視大明, 立太平者處大堂. 能遊冥冥者與日月同光. 是故以道爲竿, 以德爲綸, 禮樂爲鉤, 仁義爲餌, 投之于江, 浮之於海, 萬物紛紛孰非其有."

악할 수 있는 사람은 귀한 신분이 되어서도 그 귀함을 망각하게 되고 천한 신분이 되어서도 그 천함을 망각하게 되는 것이며, 어떠한 일이라도 모두 해결할 수 있게 되는 것이다.

> 무릇 강가에서 낚시질을 하는 경우 하루 종일 하더라도 그물 가득히 채울 수는 없다. 비록 정교한 낚싯대와 아주 가느다란 실과 먹음직한 미끼에다 첨하나 연현과 같은 낚시꾼을 더한다고 하더라도 그물로 잡는 것과 그 어획량을 경쟁할 수는 없는 것이다. 새를 잡고자 하는데 오호의 활을 가지고 기위의 화살을 먹인 다음 예나 봉몽자의 재주로서 나는 새를 쏘고자 하더라도 새그물을 치는 자와 사냥한 양을 경쟁할 수는 없다. 왜 그러냐 하면 그 방법과 수단이 부족하기 때문이다. 천하를 뒤덮을 만한 새그물을 만들고 강과 바다를 다 담을 수 있는 그물을 만든다면 모든 새와 물고기를 모조리 잡고 놓치는 일이 없을 것이다. 그러므로 화살은 주살만 못하고 주살은 그물만 못하며, 그물은 무형의 도구에 미치지 못하는 것이다……해를 입히려는 마음이 없다면 굶주린 호랑이의 꼬리를 밟더라도 탈이 없다. 하물며 상대가 개나 말임에랴. 그러기에 도를 따르는 사람은 안락하게 지내면서도 막힘이 없고, 술수를 일삼는 자는 힘만 많이 들뿐, 공을 세울 수가 없다.[22]

위의 인용문은 천도로 모든 일을 행하면 곧 성공하게 된다고 하는 사실과 술수를 부리게 되면 매사에 실패를 하게 된다고 하는 이론을 설명하고 있다. 사람이 천도를 얻고자 한다면 천도는 사람이 교묘한 지혜와 작위를 잊게 만들어 그가 사용하는 기술을 더욱 정교하게 만들어서 더욱 많은 방비를 할 수 있게 해준다.

---

22 『淮南子』, 「原道訓」, "夫臨江而釣, 曠日而不能盈羅, 雖有鉤箴芒距, 微綸芳餌, 加之以詹何、娟嬛之數, 猶不能與網罟爭得也. 射鳥者扜烏號之弓, 彎棋衛之箭, 重之羿、逢蒙子之巧, 以要飛鳥, 猶不能與羅者競多. 何則? 以所持之小也. 張天下以爲之籠, 因江海以爲罟, 又何亡魚失鳥之有乎? 故矢不若繳, 繳不若無形之像……欲害之心亡於中, 則飢虎可尾, 何況狗馬之類乎? 故體道者逸而不窮, 任數者勞而無功."

> 무릇 수영을 잘하는 사람이 물에 빠지고 승마를 잘하는 사람이 낙마하는 것은 좋아하는 것을 즐기다가 그렇게 되는 것으로서 도리어 화를 자초한 것이다. 그러므로 일을 좋아하는 사람은 반드시 해를 입고 이익을 다투는 사람은 반드시 궁핍해진다. 그 옛날 공공은 부주산에 부딪쳤을 때 그 땅이 동남쪽으로 기울어질 만한 힘의 소유자였는데, 고신과 제위를 다투다가 끝내는 연못 속에 빠졌고, 그의 종족은 모두 죽어서 후사가 끊기는 결과가 되었다. 월왕 예는 산속의 동굴로 도망쳤는데 월나라 백성들에게 이끌려 나와 마침내는 왕이 될 수밖에 없었다. 이런 것을 볼진대 사람이 지위를 얻는 것은 시운에 따름이지 다투어서 얻어지는 것이 아니다. 세상이 잘 다스려지는 것도 도에 의함이지 성에 의함이 아니다.[23]

이상의 언급은 비록 공공共公과 고신高辛의 신화 이야기를 사례로 들었으나 그 주요한 포인트는 성공을 이루고자 하는 것을 천명한 것에 있다고 할 수 있다. 즉 반드시 자연의 도에 순응을 해야 만이 성공을 할 수 있는 것이며, 만일 그렇지 않고 인위적인 술수에 기대서는 성공을 할 수 없다고 하는 것을 밝히고 있는 것이다. 사람들은 자주 자신들이 터득한 기술에 의지해서 만사를 처리하려고 하기 때문에 인위적인 조작에 반드시 실패의 요소가 있다고 하는 사실을 홀시하는 경향이 있다. 이는 마치 수영을 잘하는 사람들이 왕왕 물에 빠져서 익사하는 경우가 있는 것과 같으며, 또한 말을 잘 타는 사람이 왕왕 말에서 떨어져 부상을 당하는 경우가 있는 것과 같은 것이다.

> 그러므로 포저자가 백 길이나 되는 높은 하늘에서 날고 있는 새를 쏘아 떨어뜨린다거나 첨하가 물속 깊은 곳에 있는 물고기를 유인해낼 수

---

23 『淮南子』, 「原道訓」, "夫善遊者溺, 善騎者墮, 各以其所好, 反自爲禍. 是故好事者未嘗不中, 爭利者未嘗不窮也. 昔共工之力, 觸不周之山, 使地東南傾. 與高辛爭爲帝, 遂潛於淵, 宗族殘滅, 繼嗣絶祀. 越王翳逃山穴, 越人熏而出之, 遂不得已. 由此觀之, 得在時, 不在爭; 治在道, 不在聖."

있는 것은 두 사람 모두 자연의 도의 청정함과 조화를 몸에 익히고 있었기 때문이다.[24]

포저자蒲且子가 활을 잘 쏘는 것과 첨하詹何가 물고기를 잘 잡는 것은 모두가 천도를 체득한 후에 터득하게 된 방법과 기교인 것이다. 천도와 술수는 비록 자연과 인위의 구별과 같은 것이 되는 것이지만, 천도를 좇아서 행한 술수는 자연과 차이가 없는 것이라고 할 수 있는 것이다. 그러므로 "마음에 정성이 있으면 겉으로 드러난다."[25]라고 하는 말은 마음은 내부에 존재하고 자연은 외부로 드러난다는 의미인 것이다.

> 옛날에 창힐이 처음으로 문자를 만들어 내자 하늘은 곡식의 비를 내렸고 귀신은 밤에 통곡을 했다. 또 백익이 처음으로 우물을 파서 만들자 용은 검은 구름을 타고 사라졌으며 신은 곤륜산으로 피하여 살게 되었다. 이러한 일들은 지능이 증대되어감에 따라서 덕이 박해지는 것을 두려워했기 때문이다. 그러므로 주나라의 정에는 수가 손가락을 깨물고 있는 상을 조각하여 큰 기교를 행하지 못하도록 경계했었다.[26]

옛날에 창힐蒼頡이 문자를 처음 만들었을 때 하늘에서 곡식이 내렸고 귀신들이 밤에 울었으며, 백익伯益이 우물을 파는 방법을 개발하여 우물을 만들자 교룡이 검은 구름을 타고 승천했으며 수신水神은 곤륜산으로 거처를 옮겼다고 하는 신화적인 이야기를 통하여 『회남자』는 술수의 해악에 대해서 설명을 했다. 즉 사람이 만일 지나치게 기교를 숭상할 경우 덕성을 손상시킬 수 있다고 하는 것을 천명한 것이다. 『회남자』의 이러

24 『淮南子』, 「覽冥訓」, "故蒲且子之連鳥於百仞之上, 而詹何之騖魚於大淵之中, 此皆得清淨之道, 太浩之和也."

25 『大學』, "誠於中, 形於外."

26 『淮南子』, 「本經訓」, "昔者蒼頡作書, 而天雨粟, 鬼夜哭; 伯益作井, 而龍登玄雲, 神棲昆侖; 能愈多而德愈薄矣. 故周鼎著倕, 使銜其指, 以明大巧之不可爲也."

한 설명을 현대적인 시각에서 본다면 이와 같은 지식의 진보에 반대하는 관념은 21세기의 사회에 진입한 오늘날 그 효용성을 발휘하기는 어렵다고 볼 수 있을 것이다. 『회남자』에 나타나 있는 이러한 관념이 비록 도가 사상에서 도달하려고 하는 무위無爲에 의한 통치 이상에 불과한 것이라고 할 수는 있겠지만, 돌이켜 본다면 현대 사회를 살아가고 있는 사람들의 삶의 방식이 너무 편리한 것만을 추구한 나머지 오히려 자신들의 생존능력의 퇴보를 초래하게 되었다고 하는 것은 아이러니컬한 사실이라고 할 수 있다.

> 옛날 풍이는 도를 체득하여 큰 강에 잠수했고, 겸저는 도를 체득하여 곤륜산에 거처했다. 편작은 병을 잘 치료했고, 조보는 말을 잘 몰았으며, 예는 활을 잘 쏘았고, 수는 나무를 잘 다루었다. 하는 일은 제각기 달랐으나 도를 체득했다는 점에서는 마찬가지이다.[27]

풍이馮夷·겸저鉗且·편작扁鵲·조보造父·예羿·수倕는 모두 천도를 체득한 사람들이다. 그렇지만 풍이는 천도를 체득한 뒤에 큰 강 속으로 잠수해버렸고, 겸저는 천도를 체득했으나 곤륜산으로 가서 은거했고, 편작은 천도를 체득한 후에 병을 잘 치료할 수 있게 되었고, 조보는 천도를 체득한 후에 말을 잘 몰 수 있게 되었으며, 예는 천도를 체득한 후에 신궁이 되었으며, 수는 천도를 체득한 후에 나무를 잘 다루어 신묘한 조각을 할 수 있었는데, 그들이 하는 일은 제각기 달랐지만 천도의 법칙을 체득한 것은 같았다는 것이다.

이상에서 언급한 바와 같이 도를 체득한 사람이 유유자적하게 거처하게 되는 것은 천도가 "지극히 높아서 위가 없고, 지극히 깊어서 아래가

---

27 『淮南子』, 「齊俗訓」, "昔者馮夷得道, 以潛大川; 鉗且得道, 以處昆侖. 扁鵲以治病, 造父以御馬; 羿以之射, 倕以之斫. 所爲者各異, 而所道者一也."

없다. 수평 하기는 수준기 보다 우수하고, 곧기는 먹줄 보다 나으며, 지극히 둥글기는 컴퍼스보다 낫고, 네모난 것은 자 보다 우수하다. 우주를 포용하고 있어서 겉과 속의 구별도 나타나지 않고 천지를 꿰뚫고 있어서 훼방하는 것도 없다."[28]는 것이기 때문이다. 이러한 천도는 특별한 형상이 없는 것이기 때문에 광막한 우주 가운데에서 대화유행大化流行을 하는 것이다. 그러므로 "이러한 도를 체득한 자는 슬퍼하지 않고 즐거워하지 않으며, 기뻐하지 않고 노하지 않으며, 앉아 있더라도 사려하지 않고 누워 자더라도 꿈을 꾸지 아니한다. 외물이 다가와 나타나면 식별하고 사태가 일어나면 대응한다."[29]라고 하는 것이다. 즉 천도를 체득한 사람은 앉아 있거나 누워 있을 때에도 유유자적하게 자족할 수 있으며 어떠한 것에도 속박되거나 구속됨이 없게 되는 것이다. 이것은 그들이 천도의 중추를 장악했기 때문이라고 할 수 있는 것이다. 이와 같이 볼 때 『회남자』는 노장老莊의 추상적인 천도를 구체적인 인도에 구현함으로써 세상사람들이 이러한 천도를 좇아 일을 처리할 수 있게 만들었다고 말 할 수 있다.

4. 맺는 말

이상과 같이 『회남자』의 천인관계론에 대하여 자연과 천도의 관계와 인간과 천도의 관계를 중심으로 살펴보았는데, 이를 정리하면 다음과 같다.

천도天道는 천하의 만물을 화생하였기 때문에 반드시 천하 만물과 밀접하고 불가분한 관계를 형성하고 있다고 할 수 있다. 『회남자』에서 한 "도는 만물을 이끌어주는 것이며 덕은 천성을 북돋아 주는 것이다."라고

28 『淮南子』, 「繆稱訓」, "至高無上, 至深無下, 平乎准, 直乎繩, 圓乎規, 方乎矩, 包裹宇宙而無表裏, 洞同覆載而無所礙."

29 『淮南子』, 「繆稱訓」, "是故體道者, 不哀不樂, 不喜不怒, 其坐無慮, 其寢無夢, 物來而名, 事來而應."

하는 언급은 천하 만물을 인도하는 것이 천도라고 하는 사실을 분명하게 밝히고 있다. 또한 천도는 천하의 만물을 화생하는 것이면서 동시에 천하 만물이 변화하는 원천이 되는 것이면서 근거가 되는 것이기도 하다. 그리고 천하의 만물은 모두가 반드시 천도에 의탁하여 제각기 자신의 능력을 발휘할 수 있게 되는 것이다. 그렇기 때문에 "도는 만물을 이끌어 주는 것이며 덕은 천성을 북돋아 주는 것이다."라고 하는 것인데, 이것은 곧 천도가 구체적인 사물에 체현되어서 나타나는 것이 덕德이 된다고 하는 것이다. 천하의 만물은 덕을 품고 있기 때문에 "무지개라든가 요사스러운 별이 나타나는 일도 없다."라고 하는 이상한 현상이 출현하지 않게 되는 것이다.

천도는 천하 만물을 화생하지만 천하의 모든 자연물을 주재하지는 않는다. 또한 천도는 천하 만물에 대해서도 어떠한 형태의 감정이나 은혜 및 원망 같은 것들도 없다. 즉 "천지는 어질지 않아서 만물을 짚으로 만든 개처럼 여긴다."[30]라고 하는 것이다. 그리고 천하 만물도 역시 천도에 대하여 어떠한 형태의 감정 및 은혜나 원망 같은 것이 없다. 또한 천도는 의식이 없는 것이기 때문에 그것이 천하의 만물을 화생하는 것에는 어떠한 목적도 없는 것이다.

『회남자』는 사람은 천도에 의해서 생겨난 것일 뿐만 아니라 천지간의 정신에 의해서 생겨난 것이라고 생각하고 있으며, 또한 정신은 하늘에 속하는 것이고 육체는 땅에 속하는 것이라고 생각하고 있음을 알 수 있다. 하늘에 속하는 것은 형체가 없는 것이기 때문에 정신은 하늘의 문으로 돌아간 이후에 비로소 보이지 않게 되는 것이며, 육체는 땅에 속하는 것이기 때문에 형체가 있는 것으로 죽은 후에야 땅으로 돌아가 비로소 소실될 수 있게 되는 것이다. 이는 사람이 천지의 정수가 되는 존재이기

---

30 『老子』, 「5章」, "天地不仁, 以萬物爲芻狗."

때문에 살아있을 때 천지간에 존재하는 것이며 죽은 뒤에도 역시 천지간으로 돌아가게 되는 것이다.

사람의 육체가 천도를 그대로 본받은 것이기 때문에 사람은 천도에 대하여 순종해야 한다. 특히 천도의 준칙에 대하여 순종해야 하며 절대로 위배되는 행위를 해서는 안 되는 것이다. 그러므로 천도에 순응을 하게 되면 일을 성취할 수 있는 것이지만, 천도를 위배했을 경우에는 사업을 성취할 수 없게 되는 것이다. 천도에 순응한다고 하는 것은 천도와 합일을 이룰 수 있게 되는 것을 의미하며 이때 비로소 도를 터득하게 되는 것이다. 천도를 터득한 사람은 천도로써 만사만물을 부릴 수 있는 것이기 때문에 당연히 그가 하는 모든 행위는 매우 자연스럽고 간략하게 되는 것이다. 또한 모든 천지만물에게는 천도가 깃들여져 있기 때문에 천도의 요체를 장악할 수 있는 사람은 귀한 신분이 되어서도 그 귀함을 망각하게 되고 천한 신분이 되어서도 그 천함을 망각하게 되는 것이며, 어떠한 일이라도 모두 해결할 수 있게 되는 것이다.

『회남자』에서는 신화적인 이야기를 통하여 술수의 해악에 대해서 설명을 하는데, 즉 사람이 만일 지나치게 기교를 숭상할 경우 덕성을 손상시킬 수 있다고 하는 사실을 밝히고 있다. 『회남자』의 이러한 설명은 오늘날의 관점에서 본다면 지식적인 측면의 발전에 대해 반대하는 관념은 인공지능이 인간을 대체하기 시작한 현대 사회에서 그 효용성을 발휘하기는 어렵다고 볼 수 있을 것이다. 『회남자』에 나타나 있는 이러한 관념이 비록 도가사상에서 도달하려고 하는 무위無爲에 의한 통치 이상에 불과한 것이라고 할 수는 있겠지만, 돌이켜 본다면 현대 사회를 살아가고 있는 사람들의 삶의 방식이 너무 편리한 것만을 추구한 나머지 오히려 자신들의 생존능력의 퇴보를 초래하게 되었다고 하는 것은 아이러니컬한 사실이라고 할 수 있다.

참고문헌

賀榮一, 『道德經註譯與析解』, 天津, 百花文藝出版社, 1994년.
吳　怡, 『新譯老子解釋』, 臺北, 三民書局, 2003년.
王先謙, 『莊子集解』, 北京, 中華書局, 1987년.
何　寧, 『淮南子集釋』, 北京, 中華書局, 1998년.

제11장
환담의 천인관계론

1. 시작하는 말

참위설讖緯說이 일세를 풍미하고 있던 서한 말기에서 동한 초기에 이르는 시기에 생존했던 환담桓譚은 당시 주류를 이루고 있었던 사조에 과감하게 반대의 기치를 내세웠던 사상가라고 할 수 있다. 서한 말기부터 동한 말기에 이르는 동안 참위설의 발전은 크게 두 단계로 구분할 수 있다. 감충가甘忠可가 참위서를 제작한 것에서부터 동한의 광무제가 도참사상을 천하에 선포한 시기가 참위설 발전의 제1단계라고 할 수 있으며, 광무제가 도참사상을 천하에 선포한 후부터 동한왕조가 멸망하기까지가 참위설 발전의 제2단계라고 할 수 있다.[1]

환담은 칠십 여년의 삶을 이처럼 참위설이 만연했던 사회적 분위기 속에서 보내야 했던 것이다. 동한 왕조가 존속했던 두 세기는 비록 유가의 인의도덕 학설이 엄연하게 존재하고 있었지만 그 시기의 위정자들은 참위설을 추종하고 있었으며 사회적으로 요사스러운 말들이 백성들을

1 黃開國, 「論漢代讖緯神學」, 『中國哲學史研究』, 北京, 中國社會科學出版社, 1984년, 第一期, 55～60쪽 참조.

현혹시키고 있었다. 상황이 이와 같이 전개되어 가는데도 당시의 유학자들은 그러한 참위설과 요사스러운 언설에 대하여 정면으로 대응을 하지 못했을 뿐만 아니라 인생의 문제에 대하여 소극적인 태도를 취했다. 이러한 시기에 왕충王充은 참위설에 대한 비판의 중심에 서있었으며 그보다 앞선 시기에 환담이 있었고 그 뒤의 시기에는 왕부王符와 순열荀悅 및 중장통仲長統과 같은 사상가들이 있었다고 할 수 있다.

양한시기에 참위설에 대하여 반대의 입장을 취했던 사상가들 가운데 환담은 단연 핵심적인 위치에 있다고 생각한다. 즉 환담은 양웅의 참위부명讖緯符命을 비판하는 관점을 계승하여 후대 왕충이 허망함을 비판한다고 하는 관념을 형성할 수 있는 발판을 마련했다고 하는 점에서 동한 초기의 참위설을 가장 철저하게 배격했던 사상가라고 할 수 있다. 이러한 참위설의 비판으로부터 환담의 고유의 사상이 형성되었다고 할 수 있는데, 특히 천도론이 그 핵심을 이룬다고 할 수 있을 것이다.

서한에서 동한으로 넘어가는 과도기적 상황 속에서 혼란한 현실을 참위설에 의지하려 했던 위정자들과 백성들을 일깨우기 위해서 적극적으로 미신의 타파를 주창했던 환담의 사상은 양한시기의 유학사상을 조명하는데 있어서 빠져서는 안 될 중요한 사상체계라고 할 수 있을 것이다. 양웅의 사상을 계승 발전시켜 동한의 유학사상 발전에 한 획을 그은 환담의 사상은 이제 새롭게 조명되어야 한다고 생각한다.

이상과 같은 환담의 천도론 사상에 대하여 본문에서는 사상의 연원과 천체자연론 및 합리적 사유방식을 중심으로 논의를 진행해보도록 하겠다.

2. 사상의 연원

환담은 부친이 서한 성제成帝 재위시기에 음악을 관장하는 태악령太樂令에 재직했던 관계로 음악을 좋아했으며 거문고를 잘 탔다. 또한 환담은 오경五經을 두루 공부했으며 문장이 뛰어났다. 특히 옛날의 학문을 좋아하여 수차례에 걸쳐 유흠과 양웅에게 나아가 학문상의 질의를 하기도 했다. 성정이 노래와 음악을 좋아했으며 소탈하여 위엄을 내세우길 좋아하지 않았으며, 속된 유학자들을 천시했기 때문에 많은 사람들로부터 배척을 당했다.[2] 그렇기 때문에 애제哀帝와 평제平帝 재위시기에 낮은 벼슬을 전전 했다.

환담은 옛날의 학문을 좋아한 것 이외에 항상 함께 근무했던 동료들과 학문적 토론하기를 즐겨했다. 그러한 학문적 토론과정 속에서 서로에게 영향을 주었으며, 이러한 학문연마의 경험은 뒷날 그가 참위설의 허망함을 비판하는데 굳건한 이론적 토대를 마련해 주었다고 할 수 있다. 그러나 환담은 한때 왕망王莽의 진영에 의탁한 적이 있었는데, 그 당시 환담의 참위설에 대한 태도는 전혀 다른 형태를 보이고 있었다. 즉 환담은 고문경학을 전파하려는 희망을 왕망에게 걸고 있었기 때문에 왕망의 진영에서 참위설을 이용하는 것에 대하여 반대를 하지 않았다. 심지어는 동군東郡 태수인 적의翟義가 왕망을 타도하기 위하여 군대를 일으켰을 때 환담은 왕망의 명을 받들어 각지를 돌아다니며 왕망을 위하여 도참설을 이용하여 적의를 토벌할 것을 독려하였다. 그 결과 환담은 작은 작위를 받을 수 있었는데, 이러한 시기의 환담은 참위설에 반대를 하지 않았을 뿐만 아니라 왕망의 진영을 위하여 도참설을 만들고 널리 퍼트렸던 것이다.[3] 그러나 환담은 후에 왕망이 대권에 대한 야심을 드러내자 조금도 망설임 없이 왕망에 대한 비판을 전개해 나간다.

> 서한 경제와 무제의 치세에 이르러 오초칠국의 난이 일어나 그들을 진압했으나, 번왕들이 무위도식하며 세금을 축내고 있는 실정이었다. 그

---

2 范曄, 『後漢書』, 「桓譚馮衍列傳上」.

3 陳玉璟, 「關於桓譚思想的機個問題」, 『安徽師大學報』, 1982년, 第一期, 47~52쪽 참조.

> 렇기 때문에 서한 왕조는 갈수록 쇠약해져가고 고립무원의 상태에 있었다. 그래서 왕망이 군대를 동원하지 않고 천하를 장악했던 것이다…… 왕망이 천하를 장악했을 때 많은 사람들과 함께 권세를 나누었으나, 천하를 자신의 것으로 만들자 더 이상 다른 사람들과 권세를 나누려고 하지 않았다……왕망이 천하의 유능한 인재들을 잘 대접하여 모든 인재들을 불러 모았으나 그들을 기용하기를 원치 않았다. 그래서 사람들로부터 비방을 받고 원망을 사게 되었다.[4]

환담은 서한 왕조가 왕망에게 양위를 하게 된 것은 어떠한 무력에 의한 위협에 의한 것이 아니라고 보았다. 단지 경제景帝와 무제武帝이래로 번왕藩王들의 세력이 지속적으로 약화되어 왕망에게 기회가 주어진 것일 뿐이며, 거기에 왕망이 더 이상 다른 사람들과 권세를 공유하지 않으려 한 것과 인재들을 불러 모았으나 그들을 등용하기를 원치 않은 심태에 기인한다고 보았던 것이다. 그렇기 때문에 환담은 왕망에게 올바른 도리에 대해서 간언을 해도 소용이 없을 것을 알고 다만 무언의 시위를 통하여 제지할 수밖에 없었던 것이다. 이러한 점에 대하여 진옥경陳玉璟은 부득이하게 그럴 수밖에 없었다라고 했으며, 동준언董俊彦의 경우 "환담은 반드시 왕망에게 간언을 하여 그의 실정을 바로잡았다."[5]라고 주장하고 있으나, 사실은 꼭 그러한 것만은 아니다. 즉 환담은 왕망의 마음을 읽고 말을 아꼈던 것이다.

> 왕망의 때에 유흠과 견풍 모두는 상공이 되었다. 왕망은 이미 부명符命을 받아 스스로 즉위하였고, 즉위한 후에 그 원천을 끊어버려 이로써 그 일을 신비화하려고 하였다……왕망은 견풍 부자를 죽이고 유분을 사방

4 『新論』, 「譴非」, "至景武之世, 見諸王數作亂因抑痔其權勢, 而王但得虛尊坐食租稅, 故漢朝遂弱, 孤單特立, 是以王翁不興兵領士而徑取天下……王翁取天下時乃樂與人分之, 及已得, 而重愛不願與……王翁善天下賢智材能之士, 皆徵聚而不願用, 使人懷誹謗而怨之."

5 董俊彦, 『桓子新論硏究』, 臺北, 文津出版社, 1989년, 77쪽 참조.

> 의 먼 곳으로 유배 보냈으며 옥사에 연좌된 사람은 모두 잡아들이면서 주청할 필요도 없다고 하였다.[6]

환담의 마음 속에서 왕망王莽은 이미 돌이킬 수 없는 강을 건너간 사람이라고 하는 사실이 분명하게 드러나 있다. 양웅揚雄조차 사건에 연루되는 것이 두려운 나머지 누각에서 뛰어내려 자살을 시도 했으니, 박학통달한 환담이 어떻게 많은 말을 할 수 있었을까? 그러나 왕망의 신하가 된 기간에는 환담은 각 분야에 대하여 매우 상세한 관찰을 함으로써 『신론新論』안에 왕망의 신나라에서 발생한 사건들에 대하여 경험적 측면에서 분석한 참위설 이론의 허망함을 질타하는 사상적 기틀을 마련한다. 그런 후 동한 광무제光武帝시기에 이르러 죽음을 불사하고 참위설에 대한 반대의 입장을 굳건하게 지켜나갔던 것이다.

광무제 역시 도참이론을 기반으로 거병을 하여 결국에는 동한의 황제가 되는 형국에까지 이르게 된 사람이다. 그렇기 때문에 광무제는 도참의 허망함과 사악함을 주장하는 상소문에 대해서 매우 불쾌하게 여겼던 것이다.

> 그 후 영대를 건립할 곳을 결정하려고 회의를 소집하였는데, 광무제가 환담에게 짐은 도참으로 그것을 결정하려 하는데 어떤가? 라고 묻자, 환담은 오랫동안 침묵하고 있다가 신은 도참에 관한 서적을 읽지 않습니다. 라고 대답했다. 그래서 광무제가 그러한 이유를 묻자, 환담은 다시 도참이론이 경전의 가르침에 위배되는 것이라고 강력하게 언급했다. 광무제가 크게 노하여 환담은 성인의 가르침을 부정하고 무도한 자이구나, 장차 그를 참할 것이다. 라고 하자, 환담은 땅에 머리를 부딪쳐서 유혈이 낭자할 정도로 용서를 빌어 오랜 시간이 흐른 뒤에야 용서를 받을 수 있었다.[7]

---

6 『漢書』, 「揚雄傳下」, "王莽時, 劉歆甄豐皆爲上公, 莽旣以符命自立, 卽位之後欲絶其原以神前事.……莽誅豐父子, 投棻四裔, 辭所連及, 便收不請."

건무建武 칠년에 광무제가 회의를 소집하여 영대靈臺를 건립할 곳을 결정하려 하면서 도참이론을 이용하여 결정하려고 하자, 환담이 도참이론은 경전의 가르침이 아니기 때문에 안 된다고 강력하게 반대하여 광무제의 심기를 불쾌하게 만들었다. 그래서 광무제가 그러한 까닭을 물으니, 도참이론이 경전의 가르침에 반한다고 하는 관점을 역설한다. 이러한 환담의 언급은 도참이론을 기반으로 거병하여 천하를 취득한 광무제에 대한 직접적인 비판이었던 것이라고 할 수 있다. 그래서 광무제는 대노하면서 환담을 참수하려고 했다. 그러나 환담이 땅에 머리를 부딪치며 용서를 오랫동안 구하며 유혈이 낭자할 정도에 이르자 광무제의 사면을 받게 된다.

환담이 광무제가 신앙하는 도참이론을 반대한 까닭은 바로 광무제가 금문경학今文經學의 제창자였는데, 황제로 즉위한 후 곧바로 왕망이 설치했던 고문경학古文經學 박사관博士官을 폐지하는 등 고문경학에 대하여 신뢰하지 않는 태도를 보였기 때문이다. 이러한 행태는 환담으로 대표되는 왕망정권의 핵심세력이었던 고문경학파에 매우 심각한 타격을 주었던 것이다. 또한 환담은 도참이론이 고문경학의 커다란 적이라고 생각하여 그것을 철저하게 혁파하지 않을 경우 고문경학이 정치적으로 발을 디딜 틈이 없어지게 될 것이라고 여겼다. 또한 그러할 경우 경학이 세상을 다스리는 방법이라고 하는 포부가 공허한 메아리가 될 것이라고 생각했던 것이다. 그렇기 때문에 이러한 시기의 환담은 도참이론에 반대하는 이론적 기반이 가장 굳건했으며 결심 역시 가장 확실했던 것이다. 황제가 도참이론을 천하에 공포하려 할 때 환담은 감히 공개적으로 황제가 손수 제정한 법전에 저촉하면서까지 도참이론의 허망함을 명확하게 지

7 『後漢書』, 「桓譚馮衍列傳上」, "其後有詔會議靈臺所處, 帝謂譚曰: 吾欲讖決之, 何如? 譚默然良久, 曰: 臣不讀讖. 帝問其故, 譚復極言讖之非經. 帝大怒曰: 桓譚非聖無法, 將下斬之. 譚叩頭流血, 良久乃得解."

적함으로써 직접적으로 황제에게 상소를 올려 도전했던 것이다.[8]

환담이 옛날의 학문을 좋아한 것에는 양웅의 참위설 반대 사상의 영향을 심도 있게 받은 측면이 있다고 할 수 있다. 환담은 참위이론이 하도락서河圖洛書에서 나온 것이라고 하는 사실을 분명하게 알고 있었지만, 그것이 선진유학의 이론과는 차이가 매우 크다는 것을 인식하고 있었다. 신新나라 시기에 왕망은 부명符命을 이용하여 황제로 즉위한 이후 다른 사람들이 이러한 신비스러운 일에 대하여 다시 언급하는 것을 원치 않았다. 그러한 이유는 아마도 어렵게 얻은 천하를 자신과 같은 방법을 사용하여 찬탈할 것을 우려하였기 때문이라고 생각한다.

왕망은 재위시절에 고문경학의 설립을 적극적으로 지원하였지만, 그는 일찍이 부명符命에 대하여 그 원천을 끊어버려 이로써 그 일을 신비화하려고 하였다. 그렇기 때문에 환담은 언급을 자제하고 있었으며, 조정의 중신인 장악대부掌樂大夫의 신분으로 자신의 의견을 피력하기가 어려웠기 때문에 단지 홀로 자숙하는 방식으로 그러한 사안에 대응했던 것이다. 왕망의 신나라가 멸망한 이후 그 전후로 십 오년 동안 환담의 사상여정을 보면, 그가 장악대부를 역임하던 시기가 참위설에 대한 반대의 이론적 토대를 구축하던 기간이라고 보인다. 이러한 시기에 환담은 다양한 방면의 증험을 통하여 체득한 참위설의 허망한 본질을 명확하게 밝히고 있다. 환담은 이를 통하여 광무제가 왕망의 전철을 밟지 않기를 염원했던 것이다.

3. 천체자연론

환담은 참위설의 천명관天命觀에 대하여 반대하는 과정 속에서 참위설이 음양오행설을 이용하여 건립한 인격화 된 천의天意나 천도天道 및 신

8 陳玉璟, 「關於桓譚思想的機個問題」, 『安徽師大學報』, 1982년, 第一期, 47~52쪽 참조.

의 의지 혹은 천天이 지고 무상의 권위를 가지고 있으며 또한 경배의 대상이 된다고 하는 점을 지적했다. 아울러 제왕은 하늘의 자식이라고 하는 이론을 제시하면서 제왕의 권좌를 신으로부터 수여받았으며 천도에 의해서 통치를 한다고 하는 이론적 근거를 만들었다는 점 역시 지적하고 있다. 이처럼 제왕 한 사람에게 절대 권력이 집중되는 것을 환담은 경계했던 것이다.

환담이 음양오행설의 세례를 받은 참위설의 천명사상에 반대한 주된 이론적 근거는, 바로 선진유가 순자의 자연적인 의미의 천天관념을 계승하여 천은 바로 자연이며,[9] 만물은 스스로 생성되는 것이지 천에 의해서 생성된 것이 아니라고 하는 것에 있다고 할 수 있다. 또한 환담은 천에 의지가 있다고 하는 것과 목적을 가지고 주재한다고 하는 것을 부정하는 한편 세상의 만사만물이 천의 의지의 표현이라고 하는 것과 천이 목적을 가지고 안배했다고 하는 주장에 대하여 부정을 했다.[10] 사실상 이러한 주장은 어떠한 객관적인 근거가 없는 것으로, 단지 순자와 환담 두 사람의 유사한 사상관점에 의거하여 두 사람의 천天관념을 같은 것으로 본 것이다. 이는 분명히 견강부회의 측면이 있다고 할 수 있다. 환담의 『신론新論』과 환담과 관련된 자료들 분석해 보아도 어디에서고 순자의 사상을 언급한 부분을 찾아볼 수 없다. 그렇다고 해서 동준언董俊彦의 주장이 무리한 것이라고는 보지 않으며 일견 충분히 참고할 만한 가치가 있다고

---

9 동준언의 경우 선진유가 가운데 순자만 천명사상이 없다고 보고, 순자야말로 제일 처음 체계적으로 천을 자연적인 의미의 천으로 보았으며, 천의 규범은 단지 자연적으로 만물을 생성하는 것에 있고, 기타의 모든 것들은 인간의 노력에 의해서 완성되는 것이라고 보았다. 그래서 천은 천이고 인간은 인간으로 천과 인간은 어떠한 관계도 없는 것으로 천이 인간에 재앙과 축복을 내려준다고 하는 것은 불가능한 일이며, 또한 인간의 좋아함과 싫어함에 따라서 천의 운행이 좌우되는 것이 아니라는 것이다. 이러한 측면에서 볼 때 환담이 순자의 천도자연사상을 계승했다고 단정할 수 있는 것이다.

10 董俊彦, 『桓子新論研究』, 臺北, 文津出版社, 1989년, 137쪽 참조.

생각한다.

『신론新論』에서 환담이 양웅에 대하여 언급한 부분이 십여 곳이나 되는 것을 보았을 때 그가 양웅을 얼마나 중요시했는가를 충분히 발견할 수 있다. 또한 『한서漢書』, 「양웅전揚雄傳」에서도 환담은 양웅을 존숭하는 마음을 가감 없이 드러내는 한편 양웅의 저술을 반드시 후세에 전할 것을 굳게 다짐하기도 한다. 환담은 양웅의 저서가 문장이 매우 심오하고 논의가 성인의 가르침에 위배되지 않으며, 만일 시기와 군주를 잘 만나서 현명하고 지혜로운 사람들이 읽었다면 잘된 저작이라고 했을 것이며 반드시 제자백가를 뛰어 넘는 작품이라고 했을 것이라고 했다. 이와 같이 환담의 양웅에 대한 중시의 정도는 대단했으며, 또한 양웅이 죽고 나서 지금에 이르기까지 사십 년이 지났는데도 그의 『법언法言』은 여전히 성행하고 있다고도 언급했다. 또한 환담은 양웅에 대하여 "양웅의 자질과 지혜로움은 뛰어나서 성인의 도에 들어갈 수 있으며 일반 사람들보다 탁월하였다. 한 왕조가 건국된 이래로 이 사람처럼 뛰어났던 이는 없었다."[11]라고 하는 등의 언급들을 종합했을 때, 환담의 양웅에 대한 이해의 정도는 상당히 심도가 있었다고 할 수 있다. 이와 같이 다양한 흔적들을 통해서 환담의 천체자연론天體自然論 사상은 양웅의 영향을 받았음을 발견할 수 있다. 환담과 양웅 두 사람 모두 여러 차례에 걸쳐서 천체를 자연의 현상으로 보고, 인본의 측면에서 신비한 현상 혹은 이상한 소문이나 이야기들을 해석했다.

> 무릇 사람들이 귀와 눈을 통하여 듣고 보며, 마음의 의지는 인식하는 것이며, 정서는 좋아하거나 싫어하는 것이며, 이해관계가 있으면 나가는 것인데, 역시 모두가 동일하게 힘쓰는 것이다. 만일 재질과 능력에 대소의 차이가 있고, 지략에 깊고 얕음의 차이가 있으며, 들어서 명확한 것에

11 『新論』, 「閔友」, "揚子雲才智開通, 能入聖道, 卓絶於衆, 漢興以來, 未有此人也."

분명함과 불분명함의 차이가 있으며, 자질과 행위에 얄팍함과 후덕함의 차이가 있는 것인데, 역시 모두가 척도가 다른 것이다. 커다란 자질과 심도 있는 지혜를 갖지 못했다면 그 대체를 볼 수가 없는데, 대체라고 하는 것은 모두가 마땅한 일이다. 대체적으로 말이 의도한 것에 합당하고, 변화에 직면하여 합리적으로 운용하고 권세는 항상 올바름을 지킬 때, 사안에 따라 현혹되지 않을 수 있고 마음속으로 헤아림이 있어서 한쪽으로 기울어지지 않고 속임을 당하지 않는 것을 대체를 안다고 하는 것이다. 만일 커다란 재질이 없는데, 위엄과 권위는 마치 왕망처럼, 관찰하는 지혜는 공손룡처럼, 민첩하기는 동방삭처럼, 재이를 언급하는 것은 경방처럼 하며, 널리 보고 많이 들어서 읽은 책이 만권이나 되며 유교의 가르침을 수천 명에게 전수했더라도 이는 대체를 모르는 것이다. 왕망이 세상 사람들에게 저지른 과실이 세 가지다.[12]

왕망이 대체大體를 알지 못해서 저지른 과실은 세 가지로 언급될 수 있는데, 첫째로 지혜는 정당하지 않은 방법을 꾸며서 정당한 것을 탈취하기에 충분하고, 둘째로 분별력은 선비들의 죄를 끝까지 캐물을 수 있을 정도로 뛰어났고, 셋째로 위엄은 아랫사람들이 두려워 떨게 했다는 것이다. 이와 같은 과실 때문에 왕망은 끝내 패망했던 것이다. 반면 한나라 고조는 대체大體를 알고 있었기에 천하를 얻을 수 있었는데, 그 주요한 이유는 다음과 같은 네 가지라고 할 수 있다. 첫째로 사안의 겉모습을 보고 현혹되지 않고 안으로 크게 헤아렸다. 둘째로 인재를 알아보고 잘 등용했다. 셋째로 여러 신하들의 뜻을 잘 헤아리고 제도와 법을 제정했다. 마지막으로 적의 상황을 잘 살펴보아 자신과 적에 대하여 상세하게

12 『新論』, 「閔友」, “凡人耳目所聞見, 心意所知識, 情性所好惡, 利害所去就, 亦皆同務焉. 若材能有大小, 智略有深淺, 聽明有闇照, 質行有薄厚, 亦皆異度焉. 非有大材深智, 則不能見大體, 大體者, 皆是當之事也. 夫言是而計當, 遭變而用, 權常守正, 見事不惑, 內有度量, 不可傾移而誑以譎異, 爲知大體矣. 如無大材, 則雖威權如王翁, 察慧如公孫龍, 敏給如東方朔, 言災異如京君明, 及博見多聞, 書至萬篇爲儒教授數百千人, 祇益不知大體焉. 維王翁之過絶世人有三焉.”

파악하고 있었다. 이러한 이유들 때문에 한 고조는 최종적으로 성공을 할 수가 있었던 것이다. 환담은 한 고조와 왕망을 대조하여 비교하는 방식으로 대체大體를 인식한다고 하는 것의 의미를 언급하고자 했다. 즉 모든 것에서 사람들의 마음을 순종시키는 것을 가장 중요하게 생각했으며, 한 고조와 왕망 두 사람 모두가 황제가 되기 전에 비록 거짓으로 천명을 조작하여 신비한 현상을 퍼트렸으나, 환담은 그러한 것에 대하여 언급하지는 않았다. 이처럼 환담은 의도적으로 천명의 효력을 소홀히 하였으며, 오직 사람의 마음과 인성에 대해서만 심도 있는 논의를 했으며, 감각기관이나 의도 및 정서 그리고 이해관계의 동일한 부분에서부터 재질이나 지략 및 총명함 그리고 자질의 차이에 이르기까지 모두가 개인이 주의를 기울여야 하는 것의 차원에서 보았다. 그렇기 때문에 환담은 이상한 변고를 맞닥뜨릴 경우 상식적인 차원에서 살펴보고 올바른 도리를 지켜야 한다고 생각했던 것이다. 이럴 경우에야 비로소 사악하고 거짓된 소리에 미혹되지 않을 수 있는 것이며 대체大體를 인식할 수 있는 사람이 되는 것이다. 환담의 관념 속에서의 천天은 자연의 운행에 속하는 것이었다. 그래서 환담은 "하늘은 의도를 가지고 운행되는 것이 아니다."[13]라고 언급했던 것이다.

환담의 언급 가운데에서 우리들은 환담의 관념 속에서의 천天은 자연현상일 뿐이라고 하는 사실을 발견할 수 있다. 환담은 천天에게는 인간에게 고통이나 재난 같은 것을 내릴 수 있는 명령이나 권한 따위가 존재하지 않는다고 보았다. 그러나 환담은 대자연 속에는 자연스럽게 형성된 생명의 법칙이 있다고 보았는데, 그것은 바로 태어나고 자라고 늙고 죽는 것이다. 인간 역시 대자연 속에서 생존하는 존재이기 때문에 이러한 생명의 법칙에 따르는 것이다. 이는 마치 풀이나 나무가 사계절에 걸쳐

---

13 『新論』, 「祛蔽」, "天非故爲作也."

대사를 진행하는 것과 같은 것이기 때문에 환담은 이러한 자연의 법칙을 거스르려고 했던 한 고조를 직접적으로 비평했던 것이다.

진옥경陳玉璟은 "환담은 유가 출신의 학자였음에도 불구하고 감히 유가의 전통적인 천명론에 대하여 반대했다."[14]라고 지적하고 있으나, 환담의 천명에 대한 견해는 『후한서後漢書』에 잘 나타나 있다.

> 선왕이 기술한 것을 살펴보면, 모두가 인의의 정도를 근본으로 삼았으며 기이하고 괴상하며 허황된 사안에 대한 것은 없었다. 무릇 천도나 성명에 관한 문제는 성인도 언급하기가 어려운 문제이다. 천도와 성명에 관한 문제는 자공으로부터 그 아래의 공문제자들 역시 들어볼 수 없었는데 하물며 후세의 천박한 유학자들이 그것에 대하여 어떻게 정통할 수 있단 말인가![15]

여기에서 환담은 자공이 "선생님의 본성과 천도에 대한 말씀은 들을 수가 없다."[16]라고 한 언급을 인용하여 신비한 색채가 농후한 천도에 관한 문제에 대하여 성인은 언급하지 않았다고 하는 사실을 강조했다. 또한 환담은 성인도 신비한 천도에 대하여 언급을 회피했는데, 후세의 유학자들이 기괴하고 허황된 사안에 대하여 언급하고 있으니, 이는 성인의 말씀에 위배되는 것이 아니겠는가? 라고 하는 한탄을 했다. 이와 같이 볼 때 환담은 공자를 성인으로 여겼으며, 그가 존숭하는 유학사상이 공자의 가르침이라고 하는 점을 명확하게 밝히고 있다고 말할 수 있다. 그렇기 때문에 환담이 천명론에 대하여 반대하는 주된 이유는 후세의 천박한 유학자들이 성인의 말씀을 가탁하여 천天을 인격화시켜서 의지가 있

14 陳玉璟, 「關於桓譚思想的機個問題」, 『安徽師大學報』, 1982년, 第一期, 47~52쪽 참조.

15 『後漢書』, 「桓譚傳」, "觀先王之所記述, 咸以仁義正道爲本, 非有奇怪虛誕之事. 蓋天道性命, 聖人所難言也. 自子貢以下, 不得而聞, 況後世淺儒, 能通之乎!"

16 『論語』, 「公冶長」, "夫子之言性與天道, 不可得而聞也."

고 행위가 있는 천인감응사상으로 발전시키는 것이 선진유학의 가르침에 위배되는 것이라고 본 것에 있다고 할 수 있다.

4. 합리적인 사유방식

환담은 미신에 대하여 분명하게 반대의 입장을 견지했다. 즉 그는 인본주의와 실증주의 관점에서 신비주의적 색채가 짙은 각종의 미신과 소문 등의 허망함을 비판함과 동시에 견강부회나 가설의 방법으로 비유하는 것에 대해서도 반대를 표방했다. 환담은 인간의 언어와 행동 모두가 실제와 부합해야 만이 불필요한 오해를 불러일으키지 않을 수 있다고 생각했다.

> 공손룡은 전국시대의 변사로 견백론을 만들어서 허구적인 사물로 비유를 들었다. 그는 백마는 말이 아니다고 했는데, 말이 아니라고 하는 언급은 희다고 하는 것은 색깔에 대한 명칭이고 말은 형체에 대한 명칭인 것이다. 그래서 색깔은 형체가 아니고 형체는 색깔이 아닌 것이라고 말했다.……이러한 것이 허황된 말로써 실질적인 것을 탈취하기는 어렵다고 하는 것이다.[17]

환담의 관념 속에서는 기이하고 괴상한 것을 좋아하는 사람들은 모두가 하나같이 비현실적인 사람들로서 그들로부터 취할 만한 것은 전혀 없다고 하는 의식이 자리 잡고 있었다. 공손룡처럼 허구적인 사물을 실례로 드는 사변적인 사람들은 실제적인 난관에 봉착하게 되면 교묘한 논리로써 난관을 회피할 뿐이다. 그렇기 때문에 환담은 대체를 인식하는 사람은 사안의 겉모습을 보고 현혹되지 않고 마음속으로 헤아림이 있어

---

17 『新論』, 「離事」, "公孫龍, 六國時辯士也, 爲堅白之論, 假物取譬, 謂: 白馬爲非馬, 非馬者言白所以名色, 馬所以名形也, 色非形, 形非色.……此虛言難以奪實也."

서 한쪽으로 기울어지지 않고 속임을 당하지 않을 수 있으며, 권세에 대해서는 항상 올바름을 지킬 수 있는 사람이 될 수 있는 것이라고 주장했던 것이다. 그러나 도참설은 사람들이 길흉화복을 모두 하늘의 손아귀에 맡겨놓게 만들어서 사람들의 공포감을 조성하고 사람들의 마음속에 불온한 일이나 정변을 도모케 하여 사회적인 혼란을 야기 시키는 것으로 환담은 보았던 것이다.

양한시기나 왕망의 신나라 시대에는 천체현상과 관련하여 특히 행성의 불규칙한 움직임과 관련된 혼란한 상황들이 빈번하게 발생했었다. 그렇기 때문에 환담은 천지만물과 천체현상을 관찰할 때 그것들 가운데 실증적인 결과를 특별히 중시했다. 그래서 환담은 오늘날의 기상청에 해당하는 전누각典漏刻에서 관리로 재직할 당시에 천문현상의 관측을 통하여 그 시기에 유행하던 개천설蓋天說의 오류를 지적하면서 혼천설渾天說의 타당성을 실증적인 측면에서 조명하기도 했다. 동시에 환담은 유가에서 하늘이 좌측으로 돈다고 하는 이론이 잘못됐다고 하는 사실을 설명하기 위하여 「난개천팔사難蓋天八事」라고 하는 글을 발표하기도 했다. 이처럼 환담은 잘못된 이론이나 사안을 바로잡기 위해서 합리적이고 논리적인 주장을 펼쳐나갔던 것이다.

환담은 이성적인 사유방식을 통하여 관찰하고 판단하여 각종의 사안들에 대한 합리적인 해석을 내놓는다. 그 실례로 환담은 삼보三輔지역의 백성들 사이에 만연한 황새를 잡아먹으면 벼락을 맞을 것이라고 하는 믿음이 일고의 가치도 없는 미신일 뿐이라고 치부했는데, 즉 자연계에서 천天은 어떠한 특정 지역의 백성들을 특별히 보살펴줄 수 없을 뿐만 아니라, 우발적으로 발생한 사건 하나로 하늘과 인간 사이의 인과관계는 증명될 수 없는 것이라고 환담은 생각했던 것이다. 어떤 사람은 모든 현상 속에는 인과관계가 필연적으로 존재한다고 주장을 하기도 하지만 환담은 그러한 현상이 의외로 발생한 사건으로 사람들이 우연히 맞닥트린 것일 뿐이며 절대로 인과관계에 의해서 조우한 것이 아니라고 역설한다. 즉 환담은 자연계에서 발생하는 각종 현상은 우연적인 것이고 사람들이 그것을 우연한 기회에 직면하게 되는 것이기 때문에 이성적으로 자연계의 재이현상 등 각종의 현상들을 보아야 한다고 주장했던 것이다.

양한시기의 참위설은 통치자의 적극적인 지원정책과 세속적인 유학자들의 부화뇌동 아래에서 영향력은 갈수록 확대되어가는 추세였다. 그렇기 때문에 중대한 사건이 발생하게 되면 모든 것을 참위설에 의지하는 경향이 당시 사회에 만연하게 되었던 것이다. 환담은 양웅의 비판정신을 계승하였는데, 왕망의 신나라 시기에 환담은 묵묵히 자신의 본분을 지키며 당면한 현실상황을 관망하였다. 그러다가 경시제更始帝 재위시기에 태중대부太中大夫가 되지만, 경시제는 무능할 뿐만 아니라 주색에 빠져 정사를 제대로 돌보지 않다가 재위 3년 만에 붕어하게 되어 환담은 자신의 정치적 포부를 펼 기회를 갖지 못하게 된다. 그 뒤로 광무제 재위시기에 환담은 배의랑拜議郞이라고 하는 관직에 임명이 되지만 실질적으로는 광무제의 신임을 받지 못하는 상황에 놓이게 된다.

환담이 담당한 배의랑拜議郞이라고 하는 관직은 궁궐 연회에서 여흥프로그램을 담당하는 미관말직에 불과한 것이었던 것이다. 그렇기 때문에 환담을 천거했던 대사공大司空 송홍상宋弘相은 상당히 불쾌한 감정을 숨기지 않았으며, 광무제 역시 다시는 환담에게 연회의 여흥을 주관하라는 명령을 내리지 않게 된다. 환담은 제왕의 오락에 관한 업무에 대해서는 수긍을 했지만 참위설에 의한 업무처리에 대해서는 용인할 수가 없었다. 그래서 그는 참위설의 허망함에 대하여 상소를 올려 제왕의 잘못된 관행을 바로잡아보고자 했으나 광무제에 의해서 수용되지 않게 된다. 당시의 제왕은 참위설을 굳게 신봉하고 있었으며, 의심스러운 사안을 결정할 때는 반드시 참위이론을 사용했다. 결과적으로 천하는 안정을 잃게 되어 점차 혼란해지자 환담은 죽음을 무릅쓰고 재차 상소를 올리나 광무제는 환담의 상소를 받고나서 상당히 불쾌하게 여기게 된다.

환담의 두 차례에 걸친 상소는 그가 제왕의 신하가 되어 마땅히 전력을 다해서 군주를 보좌해야 한다고 하는 책임을 표방하는 것 이외에, 광무제의 도참이론을 이용한 정책적 판단과 결정에 대한 부당함을 지적하는 것이었다. 그래서 환담은 상소에서 참위설은 전부 교활한 지혜와 작은 재주를 가진 사람들이 거짓으로 연출해낸 것으로서 속임수를 통하여 사악한 탐욕을 충족시키는 것이기 때문에 근본적으로 신뢰할 수 없는 것이라고 주장하였던 것이다. 그렇기 때문에 환담은 “참위는 하도와 낙서에서 나왔다고 하지만, 징조가 있어도 알지 못한다. 후세 사람들이 허망하게 반복적으로 덧붙여 의탁하면서 공자의 가르침이라고 하는데, 이는 그릇됨이 매우 심한 것이다.”[18]라고 언급했던 것이다. 이처럼 환담은 도참설이 단지 징조에 불과한 것으로 후세 사람들이 공자의 권위에 가탁하여 설득력과 신뢰성을 부여하려고 하지만, 실제로는 그 어떤 것도 정확하게 해명할 수 없다고 하는 사실을 분명하게 천명했던 것이다.

> 소신은 국가의 흥성과 폐망은 정사에 달려있다고 들었습니다. 정사의 득과 실은 신하들의 보좌에 달려있는 것입니다. 현명한 신하가 보좌하면 뛰어난 선비들이 조정에 가득 차게 되고 합리적으로 정무를 처리하게 됩니다. 그러나 현명하지 못한 신하들이 보좌하게 되면 조정의 정론은 적합한 시기를 놓치게 되고 정무 처리를 잘못하는 경우가 빈번해지게 됩니다. 무릇 국가의 군주는 모두가 나라를 흥성하고 조화롭게 하여 잘 건설하려고 하고자 함에 있는 것인데, 정치적인 도리에 합리적인 성분이 없다면 그것은 현명한 것에 거역하는 것이라고 합니다.……정치를 잘한다고 하는 것은 속된 것을 보고 교화를 베풀며 실수를 살펴 대비책을 마련하며, 위엄과 덕을 더욱 흥하게 하고 문무를 겸용하는 것입니다. 그

18 『新論』, 「啓寤」, “讖出河圖洛書, 但有兆朕而不可知, 後人妄復加增依託, 稱是孔丘, 誤之甚也.”

런 후에 정치가 때에 맞게 조정되는 것이고 조급한 사람들이 안정을 찾게 되는 것입니다.[19]

환담은 각각의 군주들 모두가 나라를 흥성하고 조화롭게 하여 잘 건설하려고 한다고 여겼다. 그리고 국가의 흥망성쇠는 정사에 달려있고 정사의 득실은 군주를 보좌하는 신하들의 현명함 여부에 달려있으며, 군주를 보좌하는 신하들이 현명하다면 자연히 합리적으로 정무를 처리할 수 있게 되는 것이다. 그러나 이것과 반대일 경우는 조정의 정론은 적합한 시기를 놓치게 되고 정무 처리를 잘못하게 되는 경우가 매우 자주 발생하게 되는 것이다. 합리적으로 정무를 처리한다고 하는 측면에서 본다면, 이는 매우 확실하고 실질적인 견해라고 할 수 있는데, 이는 곧 구체적으로 현명한 선비들을 등용할 수 있다면 그들은 우선적으로 현실상황을 정확하게 파악하고 나서 다시 개인의 정확한 지식을 통하여 어떠한 정책이 진정으로 시의적절한 것인지를 판단하게 되는 것이다. 그렇기 때문에 환담은 "국가를 다스리는 것은 보좌의 근본이며, 그것은 바로 훌륭한 인재를 구하여 모두 임용하는 것에 있으며, 훌륭한 인재는 군주의 팔다리와 날개가 되는 것이다."[20]라고 역설했던 것이다.

광무제는 환담의 포부가 충만한 상소문에 대하여 주의 깊게 보지를 않았으며, 오히려 도참이론을 정무판단과 결정을 하는 것에 적극 활용했다. 그렇기 때문에 환담은 죽음을 무릅쓰고 재차 광무제에게 속된 유학자들이 『오경五經』의 올바른 의미를 곡해하고 성현의 가르침을 위배한다고 하는 한편 광무제가 방사方士들의 황노黃老사상을 명확하게 파악하

19 『後漢書』, 「桓譚傳」, "臣聞國之興廢, 在於政事. 政事得失, 由於補佐. 補佐賢明, 則俊士充朝, 而理合世務, 補佐未明, 則論失時宜, 而擧多過事. 夫有國之君, 俱欲興化建善, 然而政道未理者, 其所謂賢者異也.……蓋善政者, 視俗而施敎, 察失而立防, 威德更興, 文武迭用, 然後政調於時, 而躁人可定."

20 『新論』, 「啓寤」, "治國者補佐之本, 其任用咸得大才, 大才乃主之股肱羽翮也."

여 그들의 이론을 실제 정무에 활용하지 말기를 염원했다. 또한 환담은 만일 또 다시 참위설의 요망한 이론에 미혹된다면 한 왕조를 다시 부흥시키는 데에 방해가 될 것이라고 주장했다. 광무제는 환담의 이러한 상소문을 접하고 매우 불쾌하게 생각했다. 그 뒤에 광무제는 참위이론을 이용하여 영대를 건설할 장소를 결정하려고 생각하고 환담에게 의견을 구했으나, 환담은 "소신은 참위서를 공부하지 않습니다."라고 대답하는 것에 그치지 않고 "도참이론이 경전의 가르침에 위배된다고 극력 주장했다." 이에 광무제가 대노하여 "환담은 성인의 가르침을 부정하고 무도한 자이구나, 장차 그를 참수할 것이다."라고 까지 했다. 이처럼 환담이 굳건하게 참위설에 대하여 반대한 까닭은 바로 참위설은 단지 징조만 있을 뿐 그러한 사안을 알 수가 없다고 여겼기 때문이다. 즉 참위설의 이러한 맹점은 유학의 명분에 가탁하여 권위를 내세워 사욕을 채우려는 것에 있는 것으로서 실제로는 유가 경전의 가르침에 위배되는 것에 있었던 것이다. 환담은 참위설에 의해 해석된 현상들은 우연히 들어맞은 것에 불과한 것으로 유능한 군주나 현명한 신하 및 지혜로운 선비들은 이러한 재이현상이나 변고와 같은 사태를 직면했을 때 자신의 덕을 수양하고 좋은 정치를 베풀며 자신에게 주어진 직분을 살피고 신중하게 행동함으로써 그러한 재이현상이나 변고와 같은 사태에 대응하는 것이라고 했다. 이처럼 환담은 징조가 나타난 후에 지혜로운 판단과 선택을 통하여 참위설 따위의 미신에 현혹되지 말 것을 주장하였는데, 이는 인본주의 정신을 기반으로 한 이성적 행위에 부합되는 것이라고 할 수 있는 것이다.

5. 맺는 말

이상과 같이 환담의 천도론 사상에 대하여 사상의 연원과 천체자연론 및 합리적 사유방식을 중심으로 논의를 진행해 보았는데, 이를 정리하면 다음과 같다.

환담은 부친이 음악을 관장하는 태악령에 재직했던 관계로 음악을 좋아했으며 거문고를 잘 탔다. 그리고 환담은 오경五經을 두루 공부했으며 문장이 뛰어났는데, 특히 옛날의 학문을 좋아하여 수차례에 걸쳐 유흠과 양웅에게 찾아가 학문상의 질의를 하기도 했다. 성정이 노래와 음악을 좋아했으며 소탈하여 위엄을 내세우길 좋아하지 않았으며, 속된 유학자들을 천시했기 때문에 많은 사람들로부터 배척을 당해 서한말기에 낮은 벼슬을 전전 했다. 환담은 한때 왕망의 진영에 의탁한 적이 있었는데, 그 당시 환담의 참위설에 대한 태도는 전혀 다른 형태를 보이고 있었다. 즉 환담은 고문경학을 전파하려는 희망을 왕망에게 걸고 있었기 때문에 왕망의 진영에서 참위설을 이용하는 것에 대하여 반대를 하지 않았다.

왕망의 신하가 된 기간에는 환담은 각 분야에 대하여 매우 상세한 관찰을 함으로써 왕망의 신나라에서 발생한 사건들에 대하여 경험적 측면에서 분석한 참위설 이론의 허망함을 질타하는 사상적 기틀을 마련한다. 광무제는 황제로 즉위한 후 고문경학 박사관을 폐지하는 등 고문경학에 대하여 신뢰를 하지 않자, 환담을 비롯한 고문경학파는 상당한 타격을 받게 된다. 이러한 상황 속에서 환담은 도참이론이 고문경학의 커다란 적이라고 생각하여 그것을 철저하게 혁파하지 않을 경우 고문경학이 정치적으로 발을 디딜 틈이 없어지게 될 것이라고 여겼다. 그렇기 때문에 이러한 시기의 환담은 도참이론에 반대하는 이론적 기반이 가장 굳건했던 것이다.

환담은 참위설의 천명관에 대하여 반대하는 과정 속에서 참위설이 음양오행설을 이용하여 건립한 인격화 된 천의나 천도 및 신의 의지 혹은 천天이 지고 무상의 권위를 가지고 있으며 또한 경배의 대상이 된다고 하는 점을 지적했다. 아울러 제왕은 하늘의 자식이라고 하는 이론을 제시하면서 제왕의 권좌를 신으로부터 수여받았으며 천도에 의해서 통치를 한다고 하는 이론적 근거를 만들었다는 점 역시 지적하고 있다. 이처럼 제왕 한 사람에게 절대 권력이 집중되는 것을 환담은 경계했던 것이다. 그렇기 때문에 환담은 천天에게는 인간에게 고통이나 재난 같은 것을 내릴 수 있는 명령이나 권한 따위가 존재하지 않는다고 보았다. 반면 환담은 대자연 속에는 자연스럽게 형성된 생명의 법칙이 있다고 보았는데, 그것은 바로 태어나고 자라고 늙고 죽는 것으로, 인간 역시 대자연 속에서 생존하는 존재이기 때문에 이러한 생명의 법칙에 따르는 것이라고 하였다. 환담은 당시 사회에서 유행하고 있었던 천명론에 대하여 분명하게 반대의 입장을 표방하는데, 그러한 주된 이유는 후세의 속된 유학자들이 성인의 말씀을 가탁하여 천天을 인격화시켜서 의지가 있고 행위가 있는 천인감응사상으로 발전시키는 것이 선진유학의 가르침에 위배되는 것이라고 본 것에 있다.

환담은 미신에 대하여 분명하게 반대의 입장을 견지했다. 즉 그는 인본주의와 실증주의 관점에서 신비주의적 색채가 짙은 각종의 미신과 소문 등의 허망함을 비판함과 동시에 견강부회나 가설의 방법으로 비유하는 것에 대해서도 반대를 표방했다. 환담은 인간의 언어와 행동 모두가 실제와 부합해야 만이 불필요한 오해를 불러일으키지 않을 수 있다고 생각했다. 즉 환담의 관념 속에서는 기이하고 괴상한 것을 좋아하는 사람들은 모두가 하나같이 비현실적인 사람들로서 그들로부터 취할 만한 것은 전혀 없다고 하는 의식이 자리 잡고 있었던 것이다. 그래서 환담은 자연계에서 천天은 어떠한 특정 지역의 백성들을 특별히 보살펴줄 수 없을 뿐만 아니라, 우발적으로 발생한 사건 하나로 하늘과 인간 사이의 인과관계는 증명될 수 없는 것이라고 생각했다. 그렇지만 혹자는 모든 현상 속에는 인과관계가 필연적으로 존재한다고 주장을 하기도 하지만 환담은 그러한 현상이 의외로 발생한 사건으로 사람들이 우연히 맞닥트린 것일 뿐이며 절대로 인과관계에 의해서 조우한 것이 아니라고 역설한다. 즉 환담은 자연계에서 발생하는 각종 현상은 우연적인 것이고 사람들이 그것을 우연한 기회에 직면하게 되는 것이기 때문에 이성적으로 자연계의 재이현상 등 각종의 현상들을 보아야 한다고 주장했던 것이다.

환담은 참위설의 오류는 유학의 명분에 가탁하여 권위를 내세워 사욕을 채우려는 것에 있는 것으로서 실제로는 유가 경전의 가르침에 위배되는 것에 있었던 것이라고 생각했다. 그래서 환담은 참위설에 의해 해석된 현상들은 우연히 들어맞은 것에 불과한 것으로 치부하고, 유능한 군주나 현명한 신하 및 지혜로운 선비들은 이러한 재이현상이나 변고와 같은 사태에 직면했을 때 자신의 덕을 수양하고 좋은 정치를 베풀며 자신에게 주어진 직분을 살피고 신중하게 행동함으로써 그러한 재이현상이나 변고와 같은 현상에 대응하는 것이라고 했다. 이처럼 환담은 징조가 나타난 후에 지혜로운 판단과 선택을 통하여 참위설 따위의 미신에 현혹되지 말 것을 주장하였는데, 이는 인본주의 정신에 기반을 둔 것이라고 할 수 있는 것이다.

참고문헌

劉寶楠, 『論語正義』, 『續皇淸經解』本.

班　固, 『漢書』, 北京, 中華書局, 1990년.

范　曄, 『後漢書』, 北京, 中華書局, 1985년.

朱謙之, 『新輯本桓譚新論』, 北京, 中華書局, 2009년.

董俊彦, 『桓子新論研究』, 臺北, 文津出版社, 1989년.

黃開國, 「論漢代讖緯神學」, 『中國哲學史研究』, 北京, 中國社會科學出版社, 1984년, 第一期.

陳玉璟, 「關於桓譚思想的機個問題」, 『安徽師大學報』, 1982년, 第一期.

제12장

왕충의 천인관계론

1. 시작하는 말

고대 중국에서의 천인관계에 대한 논의는 주로 인간을 둘러싸고 있는 자연계에서 인간의 지위와 관련된 문제를 중심으로 이루어져 왔다고 할 수 있다. 즉 인간이 천지 자연 속에서 어떤 자리를 점하고 있느냐의 문제에 논의의 초점이 맞춰졌던 것이다. 유가와 도가의 사상은 중국 전통문화의 주요한 핵심을 이루고 있다고 할 수 있는데, 이들의 천인관계에 대한 견해는 중국 전통사상의 가장 전형적인 모습을 구비하고 있다고 볼 수 있다.

유가의 천인관계론에서는 인간을 중시하여 인의仁義의 학설을 중심으로 주장했는데, 그 주요한 내용은 역사와 문화에 대한 반성적 사고를 통하여 인간이 사회생활 속에서 직면하게 되는 여러 종류의 문제들에 관한 해답을 제시하는 것이다. 도가의 천인관계론은 주로 천도天道 자연에 대하여 체계적이고 심도 있는 서술과 인간이 우주 가운데에서 차지하는 존재의 문제를 명확하게 제시했다. 이러한 두 학파의 천인관계론 가운데 인간의 지위에 대한 문제는 서로 다른 각도에서 조명되어져 사상사에서 두 개의 기본적인 문제를 형성하였는데, 그것은 바로 천인天人과 고금古今의 문제였던 것이다.

비록 유가와 도가의 천인관계론이 출발점에서부터 서로 다른 양상을 보이고 있었지만, 중국 고대의 우주론 탐구에 대해서 그들이 시작 단계에서부터 보여준 것은 순수하게 객관적인 자연계의 지식을 추구하기 위함이 아닌 인생의 기본 정신을 추구하기 위한 것이었다. 인생에서의 필요를 위하여 우주 자연에 대하여 진행한 서술은 우주의 인문화 현상을 조성하게 된다고 할 수 있다. 이러한 전제 아래서 천인관계론이 인간은 어떤 존재인가? 또 인성은 어떠한 것인가? 라고 하는 문제에 대하여 논의를 진행한다면 그것은 가치의 문제에 관한 것이라고 할 수가 있는 것이다.

천인관계론에 대해서 한대는 선진시기의 인문적인 관점의 연속이라고 하는 의미 외에 실질적으로는 음양오행가의 이론과 천문역수가 융합된 형태의 우주론을 포함하고 있는 시기였다고 할 수 있다. 왕충의 천인관계론에 대하여 논의를 진행할 때 이와 같은 한대의 우주론을 결코 홀시할 수는 없는 것이다. 천인관계론은 한대에 매우 성행하던 학술이론이었다고 할 수 있으며, 서한시기의 동중서가 이러한 이론을 체계화하고 널리 알리는데 중요한 역할을 했다고 하기도 한다.[1] 동중서의 천인관계론에서는 인간에게 속하는 각종의 특징들이 자연계 안에 투사되어 천과 자연을 의인화시켜서 천과 인간이 서로 같은 구조를 가지고 있으며 비슷한 기능을 나타낸다고 했다. 왕충의 천인관계론은 바로 서한시기에 유행했던 천인감응론의 이론적 근거를 비판할 뿐만 아니라, 그 자신의 전체 사상체계의 기초가 된다고 할 수 있는 것이다. 이러한 왕충의 천도사상은 양한시기의 우주론에 있어서 새로운 전기를 마련했다고 할 수 있으며 뒤에 이어지는 위진남북조 시기의 우주론에도 많은 영향을 끼쳤다고 할

1 馮友蘭, 『中國哲學史新編』第三冊, 北京, 人民出版社, 1996년, 66쪽 참조.

수 있다.

양한 사상사에서 왕충이 차지하는 비중은 매우 크다고 판단되는데, 이는 그의 사상이 양한시기 이후 위진남북조 시기의 사상계에 상당한 영향을 끼쳤기 때문이라고 볼 수 있다. 이러한 왕충 사상체계의 근간을 이루고 있는 천인관계론은 그의 우주론을 이해하는 관건적인 이론이라고 할 수 있다. 그러므로 본문에서는 왕충이 비판한 천인감응론과 천인감응론의 비판을 통한 인간존재의 의미를 중심으로 왕충의 천인관계론에 대하여 논의를 진행해 보도록 하겠다.

2. 천인감응론에 대한 비판

동중서가 처했던 시대적 배경과 당시 사회가 안고 있었던 문제를 근거로 해서 볼 때, 그의 천인감응론과 당시 통일제국의 제도적 장치의 형성은 매우 밀접한 관련이 있음을 발견할 수 있다. 과연 어떠한 형태의 이론적 근거의 제시를 통하여 이러한 통일제국의 제도를 완벽하게 만들 수 있도록 하며, 아울러 어떻게 제국의 통치 질서를 순조롭게 유지하고 운용할 것인가의 문제는 동중서가 직면한 현실문제였다. 그렇기 때문에 천인감응론은 천인관계 도식의 이론적 기초가 되었으며, 이것을 현실 제도적 측면에 반영한 것은 바로 합리적인 사회구조의 건립과 사회적 윤리가치의 근원을 수립하는 것이었다. 이외에도 동중서는 재이론災異論을 제시하는데, 그 주요한 이유는 통일제국의 구조적인 안정과 조화로운 질서를 유지하기 위한 조절 시스템을 만들기 위함이었던 것이다. 이러한 견해는 지속되어 동한시기 왕충의 천인감응론의 주요한 함의가 되었던 것이라고 할 수 있다. 그러나 동한시기에 이르러 이러한 천인감응론의 학설에는 이미 참위설과 신선방술이 더해져 갈수록 미신화 되어가는 경향을 보이다가 결국에는 민간에서 왜곡된 의식형태를 이루게 되었다.

왕충이 재세했던 당시에 유행했던 사회적 의식형태는 이미 변형된 모습의 천인감응론이었다고 할 수 있는데, 왕충은 이러한 형태의 천인감응론은 허망한 것이라고 생각했기 때문에 매우 신랄하게 비판을 한다. 왕충의 비판은 두 가지 다른 측면에서 진행되었는데, 하나는 천인감응론에 대하여 인간의 경험적 사실의 입장에서 그것의 진위를 판단하는 것이었고, 다른 하나는 천인감응론이 인간과 사회의 가치 의미적 측면에서 가치취향의 옳고 그름을 판단하는 것이었다. 이와 같은 서로 다른 함의는 왕충의 비판작업 속에서 항상 중첩되어 나타나거나 동시에 나타나기도 한다.

현대의 중국사상사와 관련한 많은 저작들 가운데, 항상 왕충을 동중서와 대립하는 위치에 놓는 한편 유심주의와 유물주의의 투쟁으로 이해하여 두 사상가의 학설을 비교하는 저작들이 많이 보여 지고 있다.[2] 그러나 『논형』의 내용을 분석해 보면 왕충이 동중서에 대하여 언급한 부분들 가운데, 동중서의 천인감응론에 대하여 불경한 태도와 과도하게 비판한 흔적을 찾아보기 힘들다. 오히려 반대로 왕충은 『논형』에서 동중서를 존숭하며 그를 대유학자로 찬양하기까지 한다.[3] 『논형』에서 왕충이 신랄한 공격과 비판을 한 천인감응론은 단지 재이를 주장하는 무리나 통속적인 유학자 등의 견해 및 당시 사회에서 통속적인 이론가들이 저술한 각종의 저작들이었다.

동중서와 재이를 주장하는 무리들은 표면적으로 볼 때는 모두가 동일하게 천인감응론을 제창하는 것처럼 보인다. 즉 이들 둘은 동일하게 천인감응론을 전제로 삼는다. 이들 둘 사이에는 약간의 밀접한 관련이 있

---

2 馮友蘭, 『中國哲學史新編』第三冊, 北京, 人民出版社, 1996년, 252쪽 참조. 祝瑞開, 『兩漢思想史』, 上海, 上海古籍出版社, 1989년, 300~332쪽 참조.

3 『논형』에서 동중서를 언급한 것은 30차례에 걸쳐서 보인다. 中法漢學硏究所編, 『呂氏春秋通檢/論衡通檢』, 上海, 上海古籍出版社, 1986년, 125쪽 참조.

을 수도 있다는 것은 부인할 수 없는 사실이기는 하지만, 동중서의 천인감응론은 매우 광범위하고 엄밀한 구조를 갖춘 이론체계라고 말할 수 있는 반면에 재이를 주장하는 무리들의 견해는 단편적인 주장에 불과할 뿐이라고 할 수 있다. 이처럼 이들 둘 사이에는 근본적인 차이가 존재하는 것이다. 동중서의 이론체계 속에는 우주 전체의 구조적 안정을 유지하기 위한 것과 시스템 내부의 각각의 요소들 사이의 조화로운 운용의 관계를 확보하여, 개별적인 요소들이 기본적으로는 반드시 전체 시스템의 일정한 운용법칙에 복종해야 한다는 사실을 담고 있다고 할 수 있다.

우주 가운데 가장 존귀한 존재인 인간이나 인간세계에서 가장 존귀한 왕을 막론하고 모두가 천도天道와 천의天意를 따라야만 한다. 일단 천의를 위배하여 악행을 저지른다면 천은 각종 음양오행의 비정상적인 현상들을 일으켜 인간세계에 대한 경고나 징벌을 가한다. 그렇기 때문에 재이론은 동중서의 천인감응론 가운데 매우 중요한 조절 기능을 가지고 있다고 할 수 있다. 이러한 동중서의 견해와 재이를 주장하는 무리들의 주장과 비교해 본다면, 동중서의 천인감응론은 완정한 이론형태를 갖추고 있으며 또한 그것은 거대한 시스템 속에서 전체와 개별적 요소들 사이의 상호관계에 주안점을 두고 있으며, 개별이 전체에 대하여 복종해야 하는 기본원칙을 강조하고 있다. 반면 재이를 주장하는 무리들이나 통속적인 유학자들의 천인감응론은 각종의 비정상적인 현상에 착안하여 이변의 발생 원인에 대하여 잡다한 설명을 늘어놓는 한편 마땅히 누군가는 이러한 이변에 대하여 반드시 책임을 져야한다고 하는 것을 강조한다.

다시 말하자면, 재이를 주장하는 무리들의 천인감응론은 단지 동중서의 천인감응론 가운데 재이론 부분만을 단편적으로 발췌하여 발전시켰으며, 이것을 민간에서 광범위하게 유포되어 유행하고 있는 선행을 하면 복을 받고 악행을 하면 벌을 받는다고 하는 관념에 편입시켰던 것이다. 더 나아가서 그들은 본래 제기되기만 했던 가치관념 전체를 정치영역에 응용하여 천인감응론의 우주관을 형성시켰던 것을 점진적으로 민간에서 유행하는 신앙체계로 변모시켰는데, 그것이 바로 하늘은 선악에 대한 대갚음을 한다고 하는 관념이었던 것이다. 결국 동중서와 재이를 주장하는 무리들의 천인감응론에 관한 견해를 명확하게 구분하게 된다면 왕충이 비판한 천인감응론의 요체에 대하여 분명하게 파악할 수 있을 것이다.

『논형』에는 송나라 경공 시기에 발생한 형혹(화성)의 운행이 심수를 침범한 천문현상을 근거로 자위子韋가 재이설을 주장한 사실이 서술되어 있다.

> 전서에 다음과 같은 말이 있다. 송나라 경공 때 형혹(화성)의 운행이 심수를 침범했다. 경공이 두려워서 자위를 불러 "형혹이 심수에 있는데 어떤가?"라고 물어 보았다. 그러자 자위는 "형혹은 천벌입니다. 심수는 송나라 지역이어서 바로 군주께서 화를 당하십니다. 그러나 재상에게로 옮길 수 있습니다."라고 하니, 경공이 "재상은 내가 국가를 다스리도록 등용한 사람인데, 도리어 그에게 죽음의 화를 옮기는 것은 상서롭지 못하다."라고 말했다. 또 자위가 "백성에게 옮길 수 있습니다."라고 하자, 경공이 "백성이 죽어 버리면 과인은 장차 누구를 다스리겠느냐? 차라리 혼자 죽겠다."라고 말했다. 또 자위는 "농사의 수확으로 옮길 수 있습니다."라고 하자, 경공은 "백성이 굶주리면 죽고 만다. 군주가 되어서 자기 백성을 죽이고 자신만 살려고 하면 그 누가 나를 군주로 여기려고 하겠는가? 원래 과인의 명이 다한 것이니 그대는 더 이상 말하지 말라."고 하였다. 그러자 자위는 물러나 왕을 향해 두 번 절하며 말했다. "신은 감히 군주께 축하드리겠습니다. 하늘은 높은 곳에 있지만 하늘의 귀는 가까이 있습니다. 군주께서는 군주가 해야 할 세 마디 말을 하셨으니, 하늘은 반드시 군주께 세 번 상을 내릴 것입니다……한 번 이동할 때마다 일곱 개의 별을 지나니 이십일 년입니다. 따라서 군주의 수명은 이십일 년이 연장됩니다. 신이 궁궐에서 관찰해보겠습니다. 별이 움직이지 않는다면 신은 죽음을 청할 뿐입니다."라고 하였다. 이날 저녁, 과연 형혹은 세 자리를 이동했다.[4]

이상의 사례에서와 같이 발견할 수 있는 사실은 당시 유행하던 천인감응론의 해석 방식이 매우 전형적으로 반영되어 있는 모습인데, 그것은 주로 천문현상이나 자연현상을 인간사와 관련시켜 해석하는 것이었다. 당시의 사회에서 유행하고 있던 천인감응론은 확실히 하늘은 선악에 대한 대갚음을 한다고 하는 관념에 편중되어 있었다. 왕충이 비판하고자 했던 천인감응론은 바로 이와 같이 당시 사회에 유행하고 있었던 하늘은 선악에 대한 대갚음을 한다고 하는 관념체계였다고 할 수 있다.

이와 같은 하늘은 선악에 대한 대갚음을 한다고 하는 관념은 주로 강력한 인과론의 신념을 기초로 하여 수립된 것이라고 할 수 있다. 이러한 관념 속에는 하늘은 인간세상의 선악과 연결되어 있다고 하는 인과론적 견해가 보편적으로 존재하고 있었기 때문에, 필연적이고 보편적인 존재가 각종 자연현상과 인간사회의 현상에 대한 해석을 묘사하는 가운데 있다고 보았던 것이다. 그렇기 때문에 하늘은 선악에 대한 대갚음을 한다고 하는 관념에 기초하여 나오게 된 사회적 가치판단은 무의식중에 절대적이고 단일한 이유로 설립되어 모든 형태의 현상에 대한 해석의 기준으로 성립된다. 다시 말하자면, 이러한 가치판단은 강렬한 인과론적 연결원칙 위에 건립되었으며, 또한 천天에 의해 이러한 연결 관계의 안정성을 보장받는 것이다.

이처럼 변형된 의식형태로서의 천인감응론의 상식적인 견해 속에서 인간은 하늘로부터 제어 당하는 존재로 변하게 되어 자유로운 존재가

---

4 『論衡』, 「變虛」, "傳書曰: 宋景公之時, 熒惑守心. 公懼, 召子韋而問之, 曰: 熒惑在心, 何也? 子韋曰: 熒惑, 天罰也; 心, 宋分野也, 禍當君. 雖然, 可移於宰相. 公曰: 宰相, 所使治國家也, 而移死焉, 不祥. 子韋曰: 可移於民. 公曰: 民死, 寡人將誰爲也? 寧獨死耳! 子韋曰: 可移於歲. 公曰: 民饑, 必死. 爲人君而欲殺其民以自活也, 其誰以我爲君者乎? 是寡人命固盡也, 子毋復言! 子韋退走, 北面再拜, 曰: 臣敢賀君. 天之處高而耳卑, 君有君人之言三, 天必三賞君.……星當一年, 三七二十一, 故君命延二十一歲. 臣請伏於殿下以伺之, 星必不徙, 臣請死耳. 是夕也, 火星果徙三舍."

되질 못하게 되는 것이다. 왕충은 이러한 견해가 인간을 속박한다고 하는 사실을 통감했기 때문에 이러한 견해에 대한 비판의 고삐를 늦추지 않음과 동시에 인간의 존재적 의의를 새롭게 모색함으로써, 이로부터 자신의 인성문제에 대한 견해를 전개해 나간다.

왕충이 인간의 행위와 인간의 기회 사이에 대한 인과론적 연결에 관하여 기본적으로 부정적 입장을 취하게 된 주된 이유는, 바로 인간세상에서 인간에 대한 평가가 이처럼 단순한 하늘은 선악에 대한 대갚음을 한다고 하는 관념의 인과론과 필연적으로 연결되어 있으며, 또한 그러한 인과론이 인간사회의 모든 행위에 보편적으로 운용되고 있었기 때문에 인간이 부딪치게 되는 특별한 상황에 대해서도 개인의 자질과 행위의 문제로 치부하는 것에 대하여 그는 상당히 이론의 여지가 있다고 생각했기 때문이다.

왕충은 이러한 하늘은 선악에 대한 대갚음을 한다고 하는 관념을 비판하는데, 그 주된 요인은 바로 이러한 관념이 인간의 행위와 인간의 기회 사이의 인과론적 연결을 단절시키기 때문에, 그는 인간이 이러한 잘못된 편견 속에서 분연히 인간존재의 진실한 의미를 새롭게 인식시키는 한편 인간을 평가할 수 있는 새로운 기준을 마련할 수 있기를 염원했기 때문이다.[5]

---

5 하늘은 선악에 대한 대갚음을 한다고 하는 관념에 대한 의문은 종교사회학적 관점에서는 다음과 같이 해석하고 있다. 즉 사회와 문화 모두는 인간들에게 선한 행위를 하면 좋은 보답이 있고 악한 행위를 하면 나쁜 보답이 있다고 한다. 그러나 일반적인 상황은 착한 사람은 먼저 죽고 악한 사람은 장수를 누린다. 그래서 의미상의 문제가 발생하게 되는데, 즉 인간이 살아가는 가운데 이처럼 유쾌하지 못한 측면의 문제가 발생하는 것에 대하여 우리들은 무엇 때문에 라고 하는 의문을 제기하게 된다. 이러한 무엇 때문이라고 하는 문제에 대한 대답을 회피한다면 우리들의 신념은 심한 타격을 받게 되는 것이다. Thomas F. O'Dea, 胡榮譯, 『宗教社會學』, 銀川, 寧夏人民出版社, 1989년, 8쪽 참조.

3. 천인감응론의 비판을 통한 인간존재의 의미

동한시기의 민간사회에 일반적으로 유포되어져 있었던 하늘은 선악에 대한 대갚음을 한다고 하는 관념은 과도할 정도로 단순하게 천인감응론을 이해한 것이라고 할 수 있는데, 이는 외재되어 있는 다양한 형태의 자연현상을 표상으로 삼는 것에 근거한 것이라고 할 수가 있는 것이다. 그렇기 때문에 왕충의 비판은 자연현상의 조짐과 인간의 행위 사이에는 필연적으로 결정요인이 있다고 하는 견해를 단절하는데 그 초점이 맞춰져 있었다. 그는 이러한 견해가 정확한 인과 관계로 연결된 것이 아니라고 여겼다.

앞의 인용문에서 언급하였던 형혹의 운행이 심수를 침범한 천체현상의 사례 가운데, 송나라 경공의 세 마디 선한 말은 그에게 수명을 이십일 년 늘려주는 행운을 가져다 줬다고 하는 것은 사실상 형혹이 세 자리를 이동했다고 하는 천체현상을 표상으로 삼아 세상을 권면하려는 이야기에 가깝다고 할 수 있다. 그렇기 때문에 왕충의 비판은 두 가지 측면에서 착수했다고 볼 수 있다. 먼저 인간의 삶과 죽음은 수명의 길고 짧음에 있는 것이지 행위의 선하고 악함에 달린 것이 아니라고 하는 것, 즉 인간의 언행과 생사 및 요절하고 장수하는 것과 관련이 있다고 하는 사실을 부정한 것이다. 다른 하나는 천체현상의 변화가 인간의 언행에 영향을 받는다고 하는 것을 부정한 것으로, 이는 천체현상의 변화는 단지 인간의 외부에 존재하는 객관적인 사실로서 인간에 대하여 어떠한 형태의 영향을 끼칠 수 없는 것이라는 사실을 설명하는 것이다.

왕충이 비판한 천인감응론에서 천인관계와 관련하여 두드러진 주장은 대체적으로 보았을 때, 다음과 같은 두 가지 측면으로 조명해볼 수 있다.

먼저 천과 인간을 자연계의 존재물로 동일시 한 점이다.

한나라 시기의 천문학 속에서 천체와 관련 있는 학설은 대략 세 종류라고 할 수 있다. 즉 개천설蓋天說과 선야설宣夜說 및 혼천설渾天說이 바로 그러한 것들이라고 할 수 있다.[6] 왕충이 형혹의 운행이 심수를 침범한 천체현상에 대한 것을 포함하여 수많은 천체현상과 관련하여 진행한 비평은 실제로 당시의 천문학 분야의 성과를 근거로 하여 그 자신이 이해한 천의 성질을 설명한 것이다. 무릇 인격이 있고 의지가 있으며 심지어는 목적이 있고 의식이 있으며 도덕적 속성을 가진 천天이라고 하는 것에 대하여, 왕충은 분명하게 부정을 하며 이러한 천은 결코 존재하지 않는 것이라고 단언했다. 왕충은 천이란 단지 대지와 같은 것으로 옥이나 돌과 같은 유형의 물질적인 실체라고 생각하였으며, 결코 인격성을 가진 실체가 아니라고 여겼다.

> 하늘과 땅은 모두 실체다. 땅보다 낮은 곳이 없다면 하늘보다 높은 곳 역시 없다.[7]

> 무릇 하늘이라는 것은 실체이며 땅과 서로 같은 것이다.[8]

이러한 것 외에도 인간에 대하여 언급하자면, 왕충은 인간 역시 자연계에 속한 일종의 물질적 실체라고 생각했다.

> 인간은 물질실체이며, 물체 역시 물질실체이다.[9]

> 인간과 동물은 모두 물질실체로서 모두가 만물이 되는 것이다.[10]

---

6 金祖孟, 『中國古宇宙論』, 上海, 華東師範大學出版社, 1991년, 27~31쪽 참조.
7 『論衡』, 「道虛」, "天之與地皆體也, 地無下, 則天無上矣."
8 『論衡』, 「祀義」, "夫天者, 體也, 與地同."
9 『論衡』, 「論死」, "人, 物也; 物, 亦物也."
10 『論衡』, 「寒溫」, "人禽皆物也, 俱爲萬物."

> 그러므로 인간이 천지 사이에 있는 것은 마치 벼룩과 이가 옷 속에 있는 것과 같으며, 땅강아지와 개미가 구멍 틈 속에서 있는 것과 같은 것이다.[11]

왕충은 천과 인간 모두를 자연적인 존재로 보았으며, 인간과 동물 모두가 만물이 되는 것으로 천지의 실체 가운데 존재하고 있는 것으로 보았다. 천인감응론은 천과 인간의 정신활동에 관한 것인데, 왕충은 천과 인간 및 동물은 단지 물질실체에 불과 한 것으로 보고 천이 인간을 감동시킬 수 있는 가능성을 배제하였으며 마찬가지로 인간에게도 천을 감동시킬 수 있는 능력이 없다고 생각했던 것이다. 이외에도 왕충은 천지는 지극히 광대한 실체라고 생각했으며, 인간은 단지 넓고 푸른 망망한 바다에 한 알의 좁쌀과 같은 존재일 뿐이며 천은 지극히 높고 광대한 반면 인간은 매우 보잘것없는 존재라고 여겼다. 이처럼 천과 인간 사이에는 크기 자체부터 현격하게 차이가 존재하고 있는 것이다. 인간이 이처럼 보잘것없는 존재인데 그것의 정신활동이 어떻게 지극히 광대한 천을 감동시킬 수 있겠는가 라고 왕충은 생각했다. 그렇기 때문에 왕충은 천과 인간 사이에는 어떠한 형태의 감응도 출현할 수가 없다고 했던 것이다. 『논형』에는 천과 인간이 모두 물질실체라고 언급되어져 있으며, 크기 자체도 현격한 차이가 있기 때문에 어떠한 형태의 감응도 존재하지 않는다고 언급되어 있다. 이러한 이유 때문에 왕충은 천인감응론을 반박했던 것이다.

> 젓가락으로 종을 쳐서 울릴 수 없고 산가지로 북을 쳐서 울릴 수 없는 것은 종과 북을 칠 때 사용한 도구가 작기 때문이다. 사람의 육체는 칠 척에 불과하다. 하물며 칠 척 형체 속에 있는 정신의 힘으로 하고자 한다

---

11 『論衡』, 「變動」, "故人在天地之間, 猶蚤虱之在衣裳之內, 螻蟻之在穴隙之中."

> 면, 아무리 정성을 쌓는다 해도 마치 젓가락으로 종을 치고 산가지로 북을 치는 것과 같을 것이니, 어떻게 하늘을 감동시킬 수 있겠는가? 정신이 정성스럽긴 해도 감동시키기 위해 사용한 것이 작기 때문이다.[12]

『논형』 속에서 왕충은 자주 조그마한 감동으로 거대한 것을 감동시킬 수 없다고 하는 논리를 사용하여 추연이 연나라에서 죄 없이 구금당하였을 때 여름날임에도 불구하고 그가 하늘을 향해 탄식을 하니 하늘에서 서리가 내렸다고 하는 전언을 부정하였으며, 요임금 때에 열 개의 해가 동시에 나타나 만물이 메마르고 타들어가자 요임금이 열 개의 해를 향해 활을 쏘자 아홉 개의 해는 사라지고 항상 한 개만 나타났다고 하는 전언과 기량씨의 처가 성을 향해 통곡을 하니 이 때문에 성이 무너졌다고 하는 이야기 및 탕임금이 가뭄에 자신을 희생으로 삼아서 비를 내리기를 기원하여 비가 내렸다고 하는 전언들 모두를 비판한 사례가 다양한 형태로 보이고 있다.

다음은 천도무위와 인도유위라고 하는 주장이다.

왕충은 천을 물질적인 존재로 보는 한편 한걸음 더나가 천의 운행은 어떠한 목적이나 의지를 가지고 있지 않은 자연현상이자 자연적인 것일 뿐이라고 했다.

> 무엇을 근거로 천의 무위자연을 안다고 하는 것인가? 천에 입과 눈이 없다고 하는 사실로 알 수 있는 것이다.……무엇을 근거로 천에 입과 눈이 없다고 하는 사실을 알 수 있는 것인가? 땅에 상황을 근거로 그러한 것을 알 수 있는 것이다. 땅은 흙을 형체로 하는데 이러한 흙에는 본래 입과 눈이 없다. 하늘과 땅은 마치 부부와 같기 때문에 땅의 실체에 입과

---

12 『論衡』, 「感虛」, "夫以筯撞鍾, 以筭擊鼓, 不能鳴者, 所用撞擊之者小也. 今人之形不過七尺, 以七尺形中精神, 欲有所爲, 雖積銳意, 猶筯撞鍾, 筭擊鼓也, 安能動天? 精非不誠, 所用動者小也."

> 눈이 없으면 역시 하늘에도 입과 눈이 없다는 것을 알 수 있게 되는 것이다. 만일 하늘을 형체라고 말한다면 그것은 땅의 실체와 서로 같은 것이다. 만일 하늘을 기라고 말한다면 그것은 바로 구름이나 연기와 같은 것이 되는데, 구름과 연기와 같은 종류의 것들에게 어떻게 입과 눈이 있다고 할 수 있겠는가?[13]

위의 인용문 속에서 왕충은 인간은 입과 눈이 있기 때문에 욕구가 있다고 한 반면에 천에는 눈과 입에 의해서 발생하게 되는 욕구가 없다고 생각했기 때문에 만물에 요구하는 것이 없다고 여겼다는 사실을 유추할 수 있다. 이러한 관점에서 볼 때, 왕충은 천과 인간은 같은 종류 즉 동류가 아니라고 생각했기 때문에 '천인동류天人同類'라고 하는 것과 천과 인간이 상호간에 감응 할 수 있다고 하는 주장은 잘못된 것이라고 했음을 알 수 있다.

왕충의 천도사상은 천도는 무위자연이라는 점을 강조한다.[14] 그의 관념 속에 있는 우주간의 자연현상은 어떠한 형태의 목적성과 의지를 가지고 있지 않은 것이라고 말할 수 있다. 하늘이 운행하고 기氣를 펼치는 것은 천 스스로가 그렇게 하기 때문이며 만물에 대하여 털끝만큼의 욕구와 목적도 없는 것이며, 만물은 단지 스스로 생겨나고 스스로 생장해가는 것일 뿐이라고 보았다.

> 천체의 운동은 이러한 것을 빌려 만물을 창조하기 위해서가 아니며 또한 만물은 스스로 생성되어지는데 이러한 것을 자연이라고 한다. 천체가 기를 베푸는 것은 만물을 창조하기 위해서가 아니며 또한 만물은 스스로 형성되어 지는데 이러한 것을 무위라고 한다.[15]

---

13 『論衡』, 「自然」, "何以知天之自然也? 以天無口目也.……何以知天無口目也? 以地知之. 地以土爲體, 土本無口目. 天地, 夫婦也, 地體無口目, 亦知天無口目也. 使天體乎? 宜與地同. 使天氣乎? 氣若雲煙, 雲煙之屬, 安得口目?"

14 陳正雄, 『王充學術思想述評』, 臺北, 文津出版社, 1987년, 81쪽 참조.

천지의 운행은 목적이 없는 것이기 때문에 천지가 인간과 만물을 생장시켜주는 것에는 어떠한 의지나 목적도 없는 것이다. 천지간에는 음양이기의 조화로운 융합으로 인하여 만물이 생장하기에 적합한 것인데 만물은 스스로 생겨나는 것이다. 마찬가지로 왕충은 이와 같은 논리로 인간이 생겨나는 것에 대하여 설명을 하는데, 즉 그는 인간의 출생은 단지 부부간의 정욕이 발동하고 음양의 기가 합쳐져서 생긴 결과일 뿐이라고 설명한다.

> 하늘의 기와 땅의 기가 서로 교합하여 만물이 자연적으로 생겨나게 된 것이며, 마찬가지로 부부의 정기가 교합하여 자녀가 자연적으로 생겨난 것은 같은 것이다.[16]

> 하늘의 기와 땅의 기가 합하면 사람은 우연히 생성되니, 마치 부부가 기를 합해 우연히 자식을 낳는 것과 같다. 부부가 기를 합하는 것은 때를 맞추어 자식을 낳고자 해서가 아니며, 정욕이 움직여서 기가 합해지고 기가 합해지면 자식을 낳는다. 부부가 의도적으로 자식을 낳지 않는 경우로 보아, 천지가 의도적으로 사람을 생성하지 않는다는 것을 알 수 있다.[17]

만일 위에서 언급한 천도 이론에 대하여 심도 있는 분석을 한다면, 왕충이 우연과 자연 개념에 대하여 사용함에 있어서 다른 사례에 초점을 맞춰서 각각의 개념에 치중하고 있음을 발견할 수 있게 된다. 즉 왕충은 우연의 개념을 주로 천인감응론 속에 담겨져 있는 도덕인과율에 대한 부정의 의미로 사용했으며, 자연의 개념은 천인감응론 속에 담겨져 있는

15 『論衡』, 「自然」, "天動不欲而生物, 而物自生, 此則自然也; 施氣不欲爲物, 而物自爲, 此則無爲也."

16 『論衡』, 「自然」, "天地合氣, 萬物自生, 猶夫婦合氣, 子自生矣."

17 『論衡』, 「物勢」, "夫天地合氣, 人偶自生也; 猶夫婦合氣, 子則自生也. 夫婦合氣, 非當時欲得生子, 情欲動而合, 合而生子矣. 且夫婦不故生子, 以知天地不故生人也."

의도적이라고 하는 목적론적 함의에 대한 부정의 의미로 사용한 것이다. 모든 의도적인 것에는 조작한다고 하는 의미가 담겨져 있다고 하는 목적론적 관점에 대하여 왕충은 부정적 태도를 취하면서 자연의 관점을 채택한다.

> 하늘의 운행은 자연스럽게 기를 베풀기 때문이다. 기를 베풀면 사물은 자연히 생성되니 의도적으로 기를 베풀어 만물을 생성하는 것은 아니다.[18]

> 천도는 저절로 그러한 것이며, 저절로 그러한 것은 의지가 없다. 만일 하늘이 인간에게 꾸짖고 훈계할 수 있다면, 그것은 의지가 있는 것으로 저절로 그러한 것이라고 할 수 없다.[19]

『논형』의 「자연」에서 왕충이 "천체의 운동은 이러한 것을 빌려 만물을 창조하기 위해서가 아니며 또한 만물은 스스로 생성되어지는데 이러한 것을 자연이라고 한다."라고 하는 이유를 들어 "하늘이 오곡을 생산하여 사람들이 그것을 먹게 하였고, 명주와 삼베를 생산해서 사람들이 옷을 입게 했다."라고 하는 관점을 비판한다. 즉 왕충은 만물이 인간의 편리함을 위해서 존재하거나 목적을 가지고 있다고 하는 생각은 하지 않았으며, 오히려 인간이 자연을 이용하는 것은 인간 자신의 생존에 필요한 목적을 달성하기 위해서라고 여겼다. 즉 자연을 이용하는 목적은 만물을 대상화 하는 것에 있지 않고 바로 인간 자신에게 유익함이 있도록 만드는 것에 있는 것이었다. 바로 이점에서 왕충이 자연 개념을 사용하여 목적론적 견해를 부정하고 있다는 사실을 발견할 수 있게 되는 것이다.

---

18 『論衡』, 「說日」, "天之行也, 施氣自然也, 施氣則物自生, 非故施氣以生物也."
19 『論衡』, 「譴告」, "夫天道, 自然也, 無爲. 如譴告人, 是有爲, 非自然也."

우연의 개념은 왕충이 당시 민간사회에서 유행하고 있었던 천인감응론의 관점으로 모든 사물현상들 사이에서 임의로 목적성이 있는 인과론으로 연결하는 작태에 대한 부정의 의미로 사용했다.

> 전서에 "탕임금은 칠 년간 가뭄이 들자 몸소 뽕나무에 기도하면서 여섯 가지 허물을 들어 자신을 책망하니, 비로소 비가 내렸다."고 한다. 어떤 사람은 "오 년간 가뭄이 들었다."고 한다. "기도하기를, '저 한 사람에게 죄가 있다면 만백성에게까지 미치지 마십시오. 만민에게 죄가 있다면 저 한 사람에게 있는 것입니다. 한 사람의 어리석음 때문에 상제와 귀신이 백성의 목숨을 상하게 하는 일이 없기를 바랍니다.'고 하였다. 이에 머리카락을 자르고 손을 묶고 자신을 희생으로 삼아서 상제에게 복을 기원했다. 상제는 매우 기뻐했고 때마침 비가 내렸다."고 한다. 탕임금이 몸소 뽕나무 숲에서 기도하며 자신을 탓하고 머리카락을 자르고 손을 묶고 자신을 희생으로 삼아서 상제에게 복을 빌었다고 한 것은 사실이다. 그러나 비가 내린 것은 탕임금이 자책하고 몸소 기도했기 때문이라고 함은 허황된 말이다.[20]

왕충은 『전서傳書』에 기록되어 있는 탕임금의 기우제에 관한 사실의 진실성에 대하여 결코 부정하지 않았으며, 탕임금이 자신을 희생으로 삼아서 스스로를 불태우려 할 때 마침 하늘에서 비가 내렸다고 하는 사실에 대해서도 부정하지 않았다. 왕충이 부정하려 한 것은 바로 세상 사람들이 비가 내리는 것은 탕임금이 스스로를 책망했기 때문이라고 하는 것, 즉 탕임금이 기도해서 비가 내렸다고 하는 판단과 같은 것들이었다.

---

20 『論衡』, 「感虛」, "傳書言: 湯遭七年旱, 以身禱於桑林, 自責以六過, 天乃雨. 或言: 五年. 禱辭曰: 余一人有罪, 無及萬夫; 萬夫有罪, 在余一人. 天以一人之不敏, 使上帝鬼神傷民之命. 於是剪其髮, 麗其手, 自以爲牲, 用祈福於上帝. 上帝甚說, 時雨乃至. 言湯以身禱於桑林自責, 若言剪髮, 麗手, 自以爲牲, 用祈福於帝者, 實也. 言雨至, 爲湯自責以身禱之故, 殆虛言也.."

왕충은 탕임금이 자기 자신을 희생으로 삼은 행위와 하늘이 비를 내려준 것 사이에는 어떠한 인과관계도 존재하지 않는다고 생각했다. 가뭄이 길어지다가 때마침 비가 내리는 것과 탕임금이 가뭄이 길어지자 스스로를 책망한 것이라고 하는 것 사이에는 서로 관련 없는 사건들이 동일한 시간 속에서 우연히 발생한 것이다. 이러한 것 외에 기량씨의 처가 통곡을 하자 성이 무너졌다고 하는 것과 추연이 장탄식을 하자 여름날에 서리가 내렸다고 하는 이야기에 대한 비판에서 왕충은 마찬가지로 우연의 개념을 사용하여 성벽이 무너질 때 마침 기량씨의 처가 우연히 통곡을 한 것일 뿐이라고 생각했다. 또한 추연의 경우도 기량씨의 처의 경우와 마찬가지로 장탄식을 할 때 마침 서리가 내렸던 것이라고 생각하여 두 사건 모두에 어떠한 형태의 인과관계도 존재하지 않는다고 여겼던 것이다.

왕충은 비록 천도는 무위이며 자연이지만 인도人道는 유위라고 생각했다.

> 그렇지만 만물이 비록 자연적으로 발생한 것이라고 할지라도 인간의 의식적인 행위가 보조되어야 하는 것이다. 쟁기를 사용하여 김매기를 하고 봄날에 파종을 하는 것은 인간의 의식적인 행위이다. 곡식을 파종하여 땅에 묻으면 하루하루 생장해 가는데, 인간은 그러한 것을 바꿀 수 없다. 만일 어떤 사람이 그것의 생장을 빠르게 하려고 한다면 그것은 그 곡식을 해롭게 하는 행태일 뿐이다.[21]

자연의 운행은 곧 천도이며, 이러한 천도는 무위인 것이다. 만물이 우연적인 조건 아래에서 스스로 생성되고 생장하게 되는 것 역시 자연이고 무위가 되는 것이다. 그러나 인도人道는 유위적인 것이지만, 인도의 유위는 단지 자연의 보조적인 역할만 할뿐 자연을 대신할 수는 없는 것이다.

---

21 『論衡』, 「自然」, "然雖自然, 亦須有爲輔助. 耒耜耕耘, 因春播種者, 人爲之也. 及穀入地, 日夜長夫, 人不能爲也. 或爲之者, 敗之道也."

> 만물이 자연적으로 발생하고 태아가 자연적으로 형성되는 것을 천지와 부모가 관여했냐고 구태여 물어볼 필요가 있겠는가! 자녀가 태어나기를 기다렸다가 태어난 후에 인간세상의 도리에 맞게 그에게 교육을 시킬 의무가 있는 것이다. 천도는 본래 무위로 만물의 본성을 그대로 내버려 둔다.[22]

만물과 인간의 생성은 자기 자신이 자연적으로 생성되는 것으로, 천도는 만물의 본성이 스스로 이루어지는 것대로 내맡기는 것이며, 인도에는 교육을 시킬 의무가 있는 것이다. 왕충은 이와 같이 천도와 인도를 구분하여 그들 둘은 서로 다른 것으로 보았다. 이와 같은 왕충의 견해는 순자의 천과 인간의 구분을 명확하게 한다고 하는 관점의 연장이자 발전으로서 천이 생성하고 인간이 그것을 이루어 나간다고 하는 인도유위의 관점으로 볼 수 있다.

결국 왕충 당시에 성행했던 천인감응론의 인간에 대한 관점은 더 이상 서한시기 동중서의 견해처럼 인간을 우주론적 시스템의 중심에 위치시키지 않고, 인간을 의지를 갖추고 있으며 권선징악을 할 수 있는 천의 아래에 두어서 단지 피동적으로 재제를 받는 지위에 두고 있었던 것이다. 왕충은 이처럼 이미 의식형태로 변해버린 천인감응론을 비판하였는데, 비단 근원적으로 천과 인간은 서로 다른 종류이기 때문에 상호 감동할 수 없다는 것을 천명했을 뿐만 아니라 천도자연 무위를 주장하여 천은 인간에 대하여 어떠한 형태의 목적성을 담고 있는 제어작용을 못한다고 했던 것이다. 왕충은 어떠한 형태의 목적이나 의지를 가진 천으로 인간을 제어하는 것은 전혀 불가능한 일이라고 생각했다. 다만 천도가 존재하는 사실은 부정하지 않았으며, 인도는 교육을 시킬 의무가 있을 뿐

---

22 『論衡』, 「自然」, "物自生, 子自成, 天地父母, 何與知哉? 及其生也, 人道有敎訓之義. 天道無爲, 聽恣其性."

이며 인간은 마땅히 의식적인 행위 즉 유위로 천도를 보조해야만 한다고 했다.

이상과 같은 왕충의 천인관계론에 대한 논의 속에서 확인할 수 있는 사실은, 왕충은 당시에 유행하고 있었던 천인감응론에 대한 비판을 통하여 인성문제에 대한 자신의 견해를 수립하는데, 즉 왕충은 인간의 우주자연 속에서의 위치를 새롭게 확정지우는 한편 인간의 존재론적 의의를 부각시킨 것이다.

4. 맺는 말

이상과 같이 왕충의 천인관계론에 대하여 왕충이 비판한 천인감응론과 천인감응론의 비판을 통한 인간존재의 의미 문제를 중심으로 논의를 진행해보았는데, 이를 정리하면 다음과 같다.

동한시기에 이르러 천인감응론의 학설에는 이미 참위설과 신선방술이 더해져 갈수록 미신화 되어가는 경향을 보이다가 결국에는 민간에서 왜곡된 의식형태를 이루게 되었다. 왕충이 재세했던 당시에 유행했던 사회적 의식형태는 이미 변형된 모습의 천인감응론이었다고 할 수 있는데, 왕충은 이러한 형태의 천인감응론이 허망한 것이라고 생각했기 때문에 매우 신랄하게 비판을 한다. 왕충의 비판은 두 가지 다른 측면에서 진행되었는데, 하나는 천인감응론에 대하여 인간의 경험적 사실의 입장에서 그것의 진위를 판단하는 것이었고, 다른 하나는 천인감응론이 인간과 사회의 가치 의미적 측면에서 가치취향의 옳고 그름을 판단하는 것이었다. 이와 같이 서로 다른 함의는 왕충의 비판작업 속에서 항상 중첩되어 나타나거나 동시에 나타나기도 한다.

변형된 의식형태로서의 천인감응론의 상식적인 견해 속에서 인간은 하늘로부터 제어 당하는 존재로 변하게 되어 자유로운 존재가 되질 못한다. 왕충은 이러한 견해가 인간을 속박한다고 하는 사실을 통감했기 때문에 이러한 견해에 대한 비판의 고삐를 늦추지 않음과 동시에 인간의 존재적 의의를 새롭게 모색함으로써, 이로부터 자신의 인성문제에 대한 견해를 전개해 나간다. 또한 왕충이 인간의 행위와 인간의 기회 사이에 대한 인과론적 연결에 관하여 기본적으로 부정적 입장을 취하게 된 주된 이유는 바로 인간세상에서 인간에 대한 평가가 이처럼 단순한 하늘은 선악에 대한 대갚음을 한다고 하는 관념의 인과론과 필연적으로 연결되어 있으며, 또한 그러한 인과론이 인간사회의 모든 행위에 보편적으로 운용되고 있었기 때문에 인간이 부딪치게 되는 특별한 상황에 대해서도 개인의 자질과 행위의 문제로 치부하는 것에 대하여 왕충은 상당히 이론의 여지가 있다고 생각했기 때문이다.

동한시기의 민간사회에 일반적으로 유포되어져 있었던 하늘은 선악에 대한 대갚음을 한다고 하는 관념은 과도할 정도로 단순하게 천인감응론을 이해한 것이라고 할 수 있는데, 이는 외재되어 있는 다양한 형태의 자연현상을 표상으로 삼는 것에 근거한 것이라고 할 수가 있는 것이다. 그렇기 때문에 왕충의 비판은 자연현상의 조짐과 인간의 행위 사이에는 필연적으로 결정요인이 있다고 하는 견해를 단절하는데 초점이 맞춰져 있었다. 그는 이러한 견해가 정확한 인과관계로 연결된 것이 아니라고 여겼다.

왕충이 비판한 천인감응론에서 천인관계와 관련하여 두드러진 주장은 대체적으로 보았을 때, 천과 인간을 자연계의 존재물로 동일시 한 점과 천도무위와 인도유위라고 한 점이다. 왕충은 천과 인간 모두를 자연적인 존재로 보았으며, 인간과 동물 모두가 만물이 되는 것으로 천지의 실체 가운데 존재하고 있는 것으로 보았다. 천인감응론은 천과 인간의 정신활동에 관한 것인데, 왕충은 천과 인간 및 동물은 단지 물질실체에 불과 한 것으로 보고 천이 인간을 감동시킬 수 있는 가능성을 배제하였으며 마찬가지로 인간에게도 천을 감동시킬 수 있는 능력이 없다고 생각했던 것이다. 이외에도 왕충은 천지는 지극히 광대한 실체라고 생각했으며, 인간은 단지 넓고 푸른 망망한 바다에 한 알의 좁쌀과 같은 존재일 뿐이며 천은 지극히 높고 광대한 반면 인간은 매우 보잘것없는 존재라고 여겼다. 이처럼 천과 인간 사이에는 크기 자체부터 현격하게 차이가 존재하고 있는 것이다. 인간이 이처럼 보잘것없는 존재인데 그것의 정신활동이 어떻게 지극히 광대한 천을 감동시킬 수 있겠는가 라고 왕충은 생각했다. 그렇기 때문에 왕충은 천과 인간 사이에는 어떠한 형태의 감응도 출현할 수 없다고 했던 것이다.

왕충이 우연과 자연 개념에 대하여 사용함에 있어서 다른 사례에 초점을 맞춰서 각각의 개념에 치중하고 있음을 발견할 수 있게 된다. 즉 왕충은 우연의 개념을 주로 천인감응론 속에 담겨져 있는 도덕인과율에 대한 부정의 의미로 사용했으며, 자연의 개념은 천인감응론 속에 담겨져 있는 의도적이라고 하는 목적론적 함의에 대한 부정의 의미로 사용한 것이다. 모든 의도적인 것에는 조작한다고 하는 의미가 담겨져 있다고 하는 목적론적 관점에 대하여 왕충은 부정적 태도를 취하면서 자연의 관점을 채택한다.

이상과 같은 왕충의 천인관계론에 대한 논의 속에서 확인할 수 있는 사실은, 왕충은 당시에 유행하고 있었던 천인감응론에 대한 비판을 통하여 인성문제에 대한 자신의 견해를 수립하는데, 즉 왕충은 인간의 우주자연 속에서의 위치를 새롭게 확정지우는 한편 인간의 존재론적 의의를 부각시킨 것이다.

참고문헌

黃　暉,『論衡校解』, 北京, 中華書局, 1995년.

田昌五,『王充及論衡』, 北京, 三聯書店, 1958년.

陳正雄,『王充學術思想述評』, 臺北, 文津出版社, 1987년.

鍾肇鵬, 周桂鈿,『桓譚 王充評傳』, 南京, 南京大學出版社, 1993년.

祝瑞開,『兩漢思想史』, 上海, 上海古籍出版社, 1989년.

馮友蘭,『中國哲學史新編』第三冊, 北京, 人民出版社, 1996년.

中法漢學研究所編,『呂氏春秋通檢/論衡通檢』, 上海, 上海古籍出版社, 1986년.

金祖孟,『中國古宇宙論』, 上海, 華東師範大學出版社, 1991년.

Thomas F. O'Dea, 胡榮譯,『宗教社會學』, 寧夏, 寧夏人民出版社, 1989년.

제13장

왕부의 천인관계론

1. 시작하는 말

유가의 전통사상은 역대로 인간본위의 사상을 중시해왔다고 할 수 있으며, 관심의 소재 역시 현실의 인간세계에 집중되어 있었다고 할 수 있다. 귀신의 세계에 대해서는 그것이 존재하는 것을 부정하지는 않았지만 언급을 하지 않는 등의 공경하되 멀리하는 태도를 견지했다고 할 수 있다. 공자의 “사람도 제대로 섬기지 못하는데, 어찌 귀신을 섬길 수 있겠느냐?”, “삶도 알지 못하는데, 어찌 죽음을 알겠느냐?”라는 언급에서 파악할 수 있듯이 유가는 주나라 이래로 부단히 대두되었던 인본사상을 직접 계승해왔다고 할 수 있다. 이러한 관념은 후대에 귀신의 세계에 대한 직접적인 부정의 태도를 견지했던 순자 등에 적지 않은 영향을 끼친다.

한나라 시기에 이르러 동중서董仲舒를 필두로 하는 천인감응학설天人感應學說에는 음양오행설陰陽五行說과 참위설讖緯說 및 재이설災異說이 첨가되어 선진시기 이래로 지속되었던 인본주의 사상에 대하여 지대한 타격을 줌과 동시에 음양오행설과 재이설을 당시 사회 전반에 걸쳐 유행시킨다. 이러한 현상은 양한시기 전반에 걸쳐서 만연하게 되는데, 이러한 종교적·미신적인 색채가 농후했던 시대적 상황 속에서 분연히 시대의 조류를 거슬러 선진시기의 인본사상으로 돌아가자고 주장했던 일군의 학자들이 있었으니, 그들은 바로 왕충王充·왕부王符·중장통仲長統과 같은 사상가들이었다.

왕부는 당시의 시대적 상황을 통감하고 자신의 견해를 담은 저작을 내놓는데, 그것은 바로 『잠부론潛夫論』이다. 왕부의 『잠부론』은 정치 사회적 문제에 관한 논의 외에도 우주론이나 천도天道의 문제나 귀신·운명·인성人性 등 형이상학적 문제에 관해서도 심도 있는 논의를 진행한 저작으로 동한시기의 다른 사상가들의 저작들에서는 찾아 볼 수 없는 새로운 견해들을 담고 있는 저작이라고 할 수 있다.

본문에서는 왕부의 천인관계론에 대하여 자연현상인 천과 감응의 의미인 천 그리고 천인관계론을 중심으로 논의를 진행하도록 하겠다.

2. 자연현상인 천과 감응의 의미인 천

왕부는 우주생성론에서 원기元氣가 변하여 음양陰陽이기二氣를 생성한 후에 천지가 발생하고, 이러한 천지 사이에서 인간을 포함한 만물이 생성된다고 하는 주장을 한다. 이때의 천天은 만물을 생성하는 의미를 지닐 뿐만 아니라 자기 자신 역시 생성된 존재가 되는 것이다. 왕부는 우주 안에서 천天·지地·인人이 가장 중요한 존재가 된다고 생각했으며, 또한 이러한 세 존재물은 각기 정해진 법칙을 따라서 도道를 실천한다고 보았던 것이다.

일반적으로 천天이란 개념은 천지를 개괄하는 의미로 쓰이기도 한다. 천은 만물을 생성변화 시키는 음양이기陰陽二氣를 대표하며, 인간은 그 가운데에 거처하기 때문에 하늘은 양기의 근본이 되고 대지는 음기의 근본이 되고 인간은 중화中和의 근본이 된다고 하는 것이 전국시대 말기

이후로 전승된 중국사상의 일반적인 견해라고 할 수 있다. 이러한 천에 대한 왕부의 견해는 서로 다른 두 종류의 범주로 구분할 수 있는데, 하나는 원기론元氣論적 의미로 자연현상인 천을 의미하고, 다른 하나는 인간의 선악행위에 대하여 포상과 징벌을 할 수 있는 감응의 의미인 천을 의미한다.

이러한 두 종류의 천은 그 연원을 따져 올라가면 자연현상인 천은 전국시대戰國時代 순자의 천론天論에 그 연원을 두고, 감응의 의미인 천은 서한 이래 저변에 확산되었던 동중서의 천인감응에 그 연원을 두고 있다고 할 수 있다. 순자의 자연현상으로서의 천에서는 자연을 인간이 주재할 수 있는 존재로 파악하고 있는 반면, 동중서의 천인감응의 천에서는 인간사를 천이 주재하는 것으로 언급되고 있다. 이러한 두 종류의 천은 왕부의 『잠부론』에서 병존하고 있는데, 이러한 두 종류의 서로 다른 천의 병존은 왕부의 천인관계론을 구성하는 근간이 된다고 말할 수 있다.

먼저 자연현상인 천에 대하여 살펴보도록 하겠다.

왕부의 원기론元氣論을 참조하여 볼 때, 왕부가 해석한 천의 의미는 일정부분 순자의 천론에 매우 근접해 있다는 사실을 발견할 수 있게 된다. 또한 천이 생성하는 각종 현상들을 인간사와 전혀 관련이 없는 자연현상으로 귀결시키는 등의 과학적 태도를 견지하고 있는 점도 발견할 수 있다.

> 그러나 그 질서가 어그러지고 깨어지면, 하늘이 아무리 높아도 기氣가 이를 찢어버리며, 땅이 아무리 커도 기가 이를 동요시키며, 산이 아무리 무거워도 기가 이를 옮겨버리며, 물이 잘 흘러도 기가 이를 끊어버리며, 해와 달이 신령스러워도 기가 이에 일식·월식을 일으키며, 별들이 허공에 떠 있어도 기가 이를 떨어뜨려 버린다. 아침에 해가 떠도 어둡게 하며, 밤이 되어도 □□함이 있으며, 큰바람이 수레를 날리고 나무를 뽑으며, 번개가 얼음이 되고 샘물이 뜨거워져 펄펄 끓고, 기린과 교룡·난새와 봉새의 영명함과 모적·연황의 재해가 나타나니, 이 모두 기氣 때문에 생기

> 는 일이 아닌 것이 없다. 이로 말미암아 보건대 기운의 감동이란 역시 큰 것이다. 무엇이든지 변화시킬 수 있으니, 그 어느 물건이 이에 거역할 수 있겠는가?[1]

위의 인용문에서는 천지의 각종 변화 모두가 '기氣'의 운행에 의해서 발생하는 것이라고 했는데, 이는 순자의 "하늘의 운행에는 일정한 규율이 있다."라고 하는 관념과 매우 비슷하다고 할 수 있으며, 더나가 천인관계에 있어서는 순자의 견해와 같은 것이라고 말할 수 있다.

> 무릇 하늘의 도를 쓰고 땅의 이익을 나누면, 육축六畜은 때맞추어 생육하고 백물이 들에 가득 모이게 되나니, 이것이 곧 부국富國의 근본이다.[2]

> 또 근신謹愼한 백성은 하늘의 도로써 살아가고 땅의 이익을 분배하며 살아간다. 풀을 뽑고 흙을 북돋우어 스스로 삼가면서 절약해서 쓴다. 그리고 작고 미세한 것도 모으고 쌓다가 가끔 작은 과실을 저지르기도 한다. 이는 그 본질이 선량하고 착한 백성이라 말할 수 있으며, 이들이야말로 나라의 기틀이다.[3]

> 이 까닭으로 천天은 양陽에 그 본을 두고, 지地는 음陰에 본을 두며, 사람은 중화中和를 본으로 삼는다. 이 삼재三才는 각각 그 업무가 다르지만 서로 의지하여 이루어 나가고, 각각 그 도에 순응하여 화기和氣가 다가오고, 기형機衡이 형평을 이루게 되는 것이다. 천도天道를 시施라하고, 지도地道를 화化라하고, 인도人道를 위爲라 한다.[4]

---

1 『潛夫論』, 「本訓」, "及其乖戾, 天之尊也氣裂之, 地之大也氣動之, 山之重也氣徙之, 水之流也氣絶之, 日月神也氣蝕之, 星辰虛也氣隕之, 旦有晝晦, 宵有□□, 大風飛車拔樹, 僨雹爲冰, 溫泉成湯, 麟龍鸞鳳, 蝥蠈蝝蝗, 莫不氣之所爲也. 以此觀之, 氣運感動, 亦誠大矣. 變化之爲, 何物不能?"

2 『潛夫論』, 「務本」, "夫用天之道, 分地之利, 六畜生於時, 百物聚於野, 此富國之本也."

3 『潛夫論』, 「述赦」, "又謹愼之民, 用天之道, 分地之利, 擇莫犯土, 謹身節用; 積累纖微, 以致小過. 此言質良蓋民, 惟國之基也."

4 『潛夫論』, 「本訓」, "是故天本諸陽, 地本諸陰, 人本中和. 三才異務, 相待而成, 各循其

천도天道를 이용하고 땅의 이익을 나눈 뒤에 부국의 근본을 얻는다고 하는 것은, 순자가 주장한 "농사에 힘쓰고 아껴서 쓴다."고 하는 의미와 큰 차이가 없다고 보여 진다. 순자의 천인관계에 대한 견해는 주로 인간이 어떻게 자연을 이용할 것인가에 집중되어 있다고 할 수 있다.

> 하늘에 대하여 아는 범위는 그중의 형태로 되어 나타난 현상, 그것에 따라 일시를 결정할 수 있는 것만으로 한하고, 땅에 대하여 아는 범위는 그중의 결과로 되어 나타나는 일맞은 것, 그것에 따라 곡물을 번식시킬 수 있는 것만으로 한하며, 사계절에 대하여 알 수 있는 범위는 그중의 누구나 알 수 있는 조리, 그에 따라 일을 할 수 있는 것만으로 한하고, 음양에 대하여 아는 범위는 그 중의 형태로 나타난 조화, 그것을 사용하여 정치를 행할 수 있는 것만으로 한해야 할 것이다.[5]

그러므로 왕부의 "하늘의 도를 쓰고 땅의 이익을 나눈다."라고 하는 관점은 순자의 천론을 계승한 것이라고 할 수 있다. 또한 그는 인간이 천지 자연 가운데 가장 존귀한 존재이기 때문에, 인간은 하늘의 도 즉 자연의 순환법칙을 활용하는 것과 토지를 통한 수확을 분배할 수 있을 뿐만 아니라 자연의 법칙을 정확하게 활용할 수 있는 존재는 인간뿐이라고 주장했다.

> 진실로 그 사람이 잘못되었다면 그림쇠가 원을 그리지 못하고 곱자가 네모를 그리지 못하며, 먹줄이 직선을 그리지 못하고, 수준기가 수평을 나타내지 못한다. 마찬가지로 부싯돌을 쳐도 불을 얻지 못하고 풀무질을 해도 쇠붙이를 얻지 못하며, 말을 몰아도 빨리 달리지 못하고 배를 저어도 물을 건너지 못하고 만다. 무릇 이러한 여덟 가지는 하늘이 이치대로

道, 和氣乃臻, 機衡乃平. 天道曰施, 地道曰化, 人道曰爲."

5 『荀子』, 「天論」, " 所志於天者, 已其見象之可以期者矣. 所志於地者, 已其見宜之可以息者矣. 所志於四時者, 已其見數之可以事者矣. 所志於陰陽者, 已其見和之可以治者矣."

> 그 도를 펴 본인 것이며, 형태를 마련하여 물건으로 나타내 보여주는 것이다. 그런데도 운용하는 자가 맞지 않게 되면 이는 오히려 아무런 기능을 발휘하지 못한다. 그러니 하물며 도술道術을 지니고 백성을 다스리는 자나, 육룡六龍을 타고 천하를 다스리려는 포부를 가지고 있는 자에게 있어서랴?[6]

그림쇠·곱자·먹줄·수준기·부싯돌·풀무질·말·배 등은 모두 자연의 법칙을 모방한 것으로 오직 인간만이 그것들의 효능을 터득할 수 있으며, 또한 원·네모·직선·수평·불·쇠·빠른 속도·도하 등등 역시 그것들의 효능을 터득하여 활용한 결과물인 것이다. 왕부의 자연현상인 천으로서의 천인관계에서는 하늘로 대표되는 자연의 법칙을 인간이 활용한다고 하는 기반 위에 건립 되었다고 할 수 있는데, 이는 "천도天道를 시施라 하고, 지도地道를 화化라하고, 인도人道를 위爲라 한다. 위爲는 대체로 음양에 감통感通하여 진이珍異를 이룸을 일컫는다."라는 언급에 잘 나타나 있다. 만일 우리가 자연현상인 천으로 "음양에 감통感通하여 진이珍異를 이룸"이라는 구문의 의미를 유추한다면, "음양에 감통함"은 바로 "하늘의 도를 쓰고 땅의 이익을 나누면, 육축六畜은 때맞추어 생육한다."라는 의미가 되고, "부국의 근본"은 "진이를 이룸"의 수확이라는 의미가 된다고 할 수 있다. 다시 말하자면 천·지·인의 삼재三才 가운데 인간의 역할은 바로 천도天道와 지도地道를 정확하게 사용하는데 있다고 하는 것이다. 이러한 것이 바로 왕부의 자연현상인 천으로서의 천론의 핵심이라고 할 수 있는 것이다.

다음은 감응의 의미인 천에 대하여 살펴보겠다.

왕부는 자신의 원기론元氣論으로서 자연현상인 천의 변화의 근원을 삼

---

6 『潛夫論』, 「思賢」, "苟非其人, 則規不圓而矩不方, 繩不直而準不平, 鑽燧不得火, 鼓石不下金, 驅馬不可以追速, 進舟不可以涉水也. 凡此八者, 天之張道, 有形見物, 苟非其人, 猶尙無功, 則又況乎懷道術以撫民氓, 乘六龍以御天心者哉?"

았으며, 천의 구성요소로 삼기도 했다. 기의 순환에 의해서 도가 변화한다고 하였기 때문에 자연적인 천에서는 천도가 제어될 수 있으며 인도와는 차별이 있는 것으로 이해되어졌다. 그러나 왕부의 천인관계 이론 속에는 인격신의 색채를 지닌 의지적인 천의 요소가 있는데, 이를 황천皇天·상천上天·호천昊天·상제上帝 등으로 부르기도 하며 인간사와 서로 감응하기도 한다. 이러한 의미로서의 천은 동중서 이래로 형성된 천도관념과 매우 유사한 성격을 보이고 있으며, 천이 인간사를 주목하며 선한 행위에는 축복을 악한 행위에는 징벌을 내리는 존재로 인식되어지고 있다.

> 상은 큰 것이라도 누구나 믿게 되고 벌은 괴로운 것이지만 반드시 실시하자, 신하들은 두려워서라도 열심을 다했으며 다투어 그 직무에 승평升平을 이루었으며, 봉황이 내려오고 기린이 나타났던 것이다. 하늘과 사람이 즐거워하였고 상서로운 징조가 함께 나타났으며 공덕이 무성하여 중종으로 칭하게 된 것이다.[7]

> 무릇 천도天道란 착한 사람에게는 상을 주고 나쁜 짓을 한 자에게는 형벌을 내린다.[8]

이러한 종류의 의지가 있고 인간세상과 감응 할 수 있는 천은 선진시대에 자주 보이는 정권교체의 능력을 가진 천과 그렇게 커다란 차이는 없다고 할 수 있다. 또한 『잠부론』자체가 정치평론서로서의 성격을 강하게 띠고 있기 때문에 천의 이러한 권능을 버릴 수는 없었을 것이라고 판단한다.

왕망王莽은 재형宰衡이란 지위에 올라 안한공安漢公에 봉해졌다. 게다

7 『潛夫論』, 「三式」, "賞重而信, 罰痛而必, 群臣畏勸, 競思其職. 故能致治安而世升平, 降鳳皇而來麒麟, 天人悅喜, 符瑞並臻, 功德茂盛, 立爲中宗."

8 『潛夫論』, 「述赦」, "夫天道賞善而刑淫."

가 섭정의 위치에 서서 마음대로 법령을 내렸으며, 스스로 남면南面하여 결국 제위를 찬탈해 버렸다. 이렇게 십여 년이 지나자 스스로 오랫동안 제위에 있으면서 잘 다스렸기 때문에 그 위세와 은혜가 널리 퍼져 영원히 재앙이 없으리라고 생각하였다. 그리하여 결국에는 더욱 자의대로 행하면서 가까운 이는 사사로이 해주고, 먼 사람은 망각하여 소인배들이무리지어 모이는 것을 좋아하고, 무거운 세금으로 백성을 파탄에 몰아넣었다. 게다가 공도 없는 자를 받들고, 행동은 간사로 가득하였고, 그러면서도 경의라고 하여 백성을 미망시키고 천지를 속였다. 그렇게 하고도 스스로는 아주 비밀스럽게 하므로 남들이 전혀 모르리라고 여겼다. 그러나 황천皇天은 하늘로부터 그 간악함을 비추어 보고, 신명神明은 그 유현幽玄한 속에서 그 태도를 비춰 보고 있으니, 어찌 그냥 알지 못한 채 넘어갈 수가 있었겠는가![9]

위의 인용문에서 천天은 인간세상의 선악 및 현능함과 간사함을 분명하게 파악하고 있으며 인간 세상사와 대응하고 있기 때문에 성왕이 천하를 다스릴 때는 위로는 하늘의 통치를 계승하고 아래로는 백성들을 돌보게 되는 것이다. 이와 같이 볼 때 천은 실질적으로 모든 정치권력의 정점이라고 말할 수 있는 것이다.

성왕聖王이 백관百官을 세운 것은 모두가 천명天命을 받아 지물地物을 다스리고 모든 백성들을 보살피기 위한 것이다.[10]

무릇 성인聖人은 하늘을 입으로 삼고 현인은 성인을 통해 말을 풀어낸다. 이런 까닭으로 성인의 말은 하늘의 마음이요, 현인의 말은 성인의

---

9 『潛夫論』, 「忠貴」, "莽爲宰衡, 封安漢公, 居攝假號, 身當南面, 卒以簒位, 十有餘年, 自以居之已久, 威立恩行, 永無禍敗, 故遂肆心恣意, 私近忘遠, 崇聚群小, 重賦殫民, 以奉無功, 動爲姦詐, 託之經義, 迷罔百姓, 欺誣天地. 自以我密, 人莫之知, 皇天從上鑒其姦, 神明自幽照其態, 豈有誤哉!"

10 『潛夫論』, 「考績」, "聖王之建百官也, 皆以承天治地, 牧養萬民者也."

뜻이다.[11]

천天은 권력을 부여하는 권능을 가졌을 뿐만 아니라 선한 행위에 복을 내려주고 악행에 징벌을 가할 수 있으며 현명한 사람과 간악한 사람을 판별할 수 있는 권능을 가지고 있는 존재였다. 또한 인간이 이러한 천의 권능 때문에 위법한 행위를 할 수 없게 만드는 한편 공적이나 덕성이 없고 억지로 부유하게 하고 상을 찬탈 하려고 하는 사람에게 자신의 권능을 드러낸다. 이와 같은 천의 감응 능력은 절대적인 것이며 결코 초월할 수 없는 것이다.

> 세상의 군주가 공적이 없는 자에게 억지로 부유하게 하려는 것은 하늘과 다투려는 것이다. 또 아무런 은덕을 베풀지 못하는 사람으로 하여금 황천皇天과 싸우게 하면서 오래 버티고자 하는 것이니, 자고이래로 일찍이 성공하였던 경우는 없었다.[12]

> 또 무릇 이로운 물건 가운데, 하늘에서 내린 재물이 아닌 것이 없다. 하늘이 이런 재물을 만들어 주는 것은 나라 임금이 곳집을 가진 것과 같다. 부여하고 상주고 빼앗고 주는 것은 각각 사람에 따라 많고 적음이 있으니, 어찌 백성이 억지로 취하려 한다고 될 일이겠는가? 따라서 사람이 덕이 없으면서 부귀하게 되는 것은 흉악한 백성이 관직을 훔치고 곳집을 도적질 하는 것이다. 끝내는 반드시 발각되고, 발각되면 죽임을 당하고 만다. 사람의 것을 도둑질하는 것도 반드시 죽임을 당하거늘 하물며 하늘의 것을 훔친 자임에랴? 어찌 재앙을 받지 않을 수 있겠는가?[13]

---

11 『潛夫論』, 「考績」, "夫聖人爲天口, 賢人爲聖譯. 是故聖人之言, 天之心也. 賢者之所說, 聖人之意也."

12 『潛夫論』, 「思賢」, "世主欲無功之人而彊富之, 則是與天鬥也. 使無德況之人, 與皇天鬥, 而欲久立, 自古以來, 未之嘗有也."

13 『潛夫論』, 「遏利」, "且夫利物莫不天之財也. 天之制此財也, 猶國君之有府庫也. 賦賞奪與, 各有衆寡, 民豈得强取多哉? 故人有無德而富貴, 是凶民之竊官位盜府庫者也, 終必

감응의 의미인 천은 '신격神格'을 구비하고 있기 때문에, 여기에서의 천인관계는 원래 자연현상인 천의 자연의 순환법칙에 대하여 인간은 모든 매사에 신중한 태도를 견지해야 하며, 천의 의지에 위배되는 행위를 해서는 안 된다고 하는 "인도人道를 위爲라 한다. 위爲는 대체로 음양에 감통感通하여 진이珍異를 이룸을 일컫는다."와 다른 의미를 가지고 있다고 할 수 있다. "음양에 감통感通하여 진이珍異를 이룬다."는 언급은 왕부가 한대의 오행참위설과 음양재이설의 영향에서 완전하게 벗어나지 못하고 있는 사실에 대한 직접적인 증거가 되며, 왕부의 천에 의지가 있다고 하는 관점은 순자의 자연현상으로서의 천 관념과 매우 커다란 차이가 있는 부분이라고 할 수 있을 것이다.

이러한 왕부의 천 관념은 시대적 상황의 한계 때문인 것으로 판단되며, 이러한 관념은 중국의 전통관념 가운데 귀신관념과 관련되어 있다고 할 수 있다. 실질적으로 왕부가 언급한 천론이나 천인감응의 이론은 동중서의 '인부천수人副天數'등의 방대한 이론체계와는 분명한 차별이 존재한다고 말할 수 있으며, 어떤 의미에서는 오히려 선진시기의 『시경詩經』이나 『상서尙書』의 인본주의 사상에 더 접근해 있다고 할 수 있는데, 그 증거로는 이러한 경전 가운데 언급되어진 황천皇天이나 호천昊天이라는 관념들과 유사점이 발견된다고 하는 점을 들을 수 있다.

> 하늘은 친한 사람이 없으시고 오직 덕망이 있는 사람이면 도우시고, 백성들의 마음은 일정하지 않아서 오직 사랑해주는 사람이면 따를 뿐이오.[14]

> 문왕께서 위에 계시어 아아 하늘에서 밝히신다. 주나라가 비록 오래된 나라지만 그 받은 천명은 새롭기만 하다.[15]

覺, 覺必誅矣. 盜人必誅, 況乃盜天乎? 得無受禍焉?"

14 『尙書』, 「周書」, "皇天無親, 惟德是輔, 民心無常, 惟惠之懷."

15 『詩經』, 「大雅」, "文王在上, 於昭于天, 周雖舊邦, 其命維新."

하늘에서 천명이 내려 이 문왕에게 명령하시었다.[16]

『잠부론』 가운데 황천皇天·상천上天·호천昊天·상제上帝 등등의 천 개념은 『시경』·『상서』 속에 있는 천신天神관념인데, 왕부는 항상 『시경』과 『상서』등의 문구를 인용하여 증거자료로 삼는다. 그렇기 때문에 왕부의 천인관계론은 동중서의 천인 관계론과 유사하다고 말할 수는 있으나, 완전히 같은 것이라고는 말할 수 없는 이유가 바로 여기에 있는 것이라고 할 수 있다.

3. 천인관계론

앞장에서 언급한 바와 같이 왕부의 사상 속에는 순자의 "자연의 운행에는 일정한 법칙이 있다."는 자연현상인 천의 요소가 있는 한편 동중서의 '천인감응'과 같은 감응의 의미인 천의 요소가 녹아있다고 할 수 있다. 그렇기 때문에 왕부를 연구하는 연구자들 간에는 반드시 서로 다른 관점들이 존재하게 되는 것이다. 왕부를 무신론 사상가로 여기는 사람들은 대부분 왕부의 '원기일원론元氣一元論'에서 출발하여 자연현상인 천의 의미에 치중하여 인간의 지위를 자연보다 위에 두는 한편 자연을 주재하는 위치에 둔다.[17] 다른 한편으로 왕부를 동중서의 영향권에서 벗어나지 못한 사상가로 여기는 사람들 같은 경우, 왕부에게 있어서의 천은 의지가 있는 인격신이며 감응을 할 수 있는 존재로 군권 역시 천으로부터 부여받은 것이라고 하는 등의 천신이 인간사를 주재한다고 하는 관념에서 벗어나지 못하고 있다.[18] 이러한 관점들 외에 왕부의 서로 다른 성격의 천을 병존의 관점에서 보는 경우, 『잠부론』 속의 천의 이중성에 대하여

16 『詩經』, 「大雅」, "有命自天, 命此文王."
17 牙含章 編, 『中國無神論史』, 北京, 中國社會科學出版社, 1995년, 317쪽 참조.
18 劉文英, 『王符評傳』, 南京, 南京大學出版社, 1993년, 166쪽 참조.

승인하는 하는 태도를 취하는 한편 왕부의 우주생성론 가운데 자연현상인 천 관념을 현실세계와 괴리되는 이론체계로 여기고 천을 인간사의 주재자로 여기는 종교적 의미의 천으로 보는 관점을 견지하기도 한다.[19]

이상과 같은 세 종류의 견해는 모두가 제각기 나름대로의 논거를 가지고는 있으나 『잠부론』 속의 천의 의미를 정확하게 규명하기에는 다소 부족한 점이 있다고 판단한다. 『잠부론』가운데의 천은 분명히 두 종류의 의미를 구비하고 있다고 할 수 있는데, 이러한 두 종류의 의미를 가진 천은 병존이 가능하다고 할 수 있다. 즉 왕부의 천인관계론은 바로 '천이 주재가 됨'과 '인간이 주재가 됨'의 중간 단계에 있는 것이라고 할 수 있다. 다시 말하면 순자와 동중서의 중간 단계에 있으면서 다소 인간의 '인위' 측면에 치우친 감이 있다고 할 수 있다.

왕부의 천인관계론에 대하여 논의를 진행하기 전에 반드시 먼저 짚고 넘어가야할 문제는 왕부와 순자의 천 관념 차이 및 왕부와 동중서의 천 관념의 차이에 대하여 분명하게 인식을 해야만 한다는 것이다. 왕부와 순자의 차이 문제와 같은 경우는 그 구별이 비교적 쉬운 문제라고 할 수 있는데, 그것은 바로 순자에게 있어서의 천은 말 그대로 순수자연적인 의미의 천인 반면 왕부에게 있어서의 천은 의지가 있으며 감응의 의미가 있는 천으로 분별할 수 있다. 이를 개괄하면 자연현상인 천과 감응의 의미인 천으로 명확하게 구별할 수 있는 것이다. 그러나 왕부와 동중서의 차이는 매우 복잡한 경향을 띠고 있는데, 특히 인간의 주재능력에 있어서가 그러하다고 할 수 있다. 이러한 문제에 대하여 천인감응론을 중심으로 살펴보도록 하겠다.

왕부의 '원기론'에 나타나 있는 의지나 주재능력이 없는 '원기元氣'가 선한 행위에 상을 내리고 악행에 징벌을 내리는 능력을 구비한 천을 생

---

19 劉文起, 『王符的思想研究』, 貴陽, 貴州教育出版社, 1993년, 187쪽 참조.

성한다고 하는 문제에 대하여 설명이 필요하다고 생각된다. 사실 왕부는 '원기'와 천 모두가 일정한 법칙에 의해서 운행 한다고 하는 본질을 가지고 있다고 하는 사실만을 제기했을 뿐이다. 이와 같이 일정한 법칙에 의해서 운행 한다고 하는 것과 선한 행위에 상을 내리고 악행에 징벌을 내린다고 하는 것은 서로 충돌 되지 않는다고 할 수 있다. 다시 말하면 선한 행위에 상을 내리고 악행에 징벌을 내린다고 하는 것 등은 천과 인간 사이의 감응으로, 그것 자체는 천의 법칙에 속하는 것이며 인간에 의해서 촉발된 일종의 천도天道라고 하는 것이다. 이러한 측면에서 천은 인간세상의 일에 대응하며 인간의 행동에 따라 영향력을 행사하는 존재가 된다.

> 사람의 행동이 천지를 감동시키는 것은, 비유컨대 수레 위에서 말을 몰아 달리고, 쑥으로 지붕을 만든 배를 타고 노를 저어 가는 것과 같다. 비록 그 배나 수레가 태우고 싣고 가는 일을 하지만, 결국 어디로 갈 것인가는 사람에게 달린 것이다.[20]

인간은 천의 능력에 영향을 줄 수 있기 때문에 상서로움과 괴이함이 모두 인간의 행위로부터 촉발 된다는 것이다.

> 왕자王者는 지극히 귀한 존재로 하늘과 정기가 통한다. 마음에 생각한 바나 뜻에 염려한 바를 소리나 빛깔로 내보이지 않아도, 하늘이 이를 변화시켜 그 징조를 보여준다. 따라서 어떤 경우에는 상서로움과 재앙의 징후가 많이 나타나며, 달이 별을 따라 움직이기도 한다. 이는 마땅히 그에 맞는 일이 있기 때문이다. 그래서 상서로움과 괴이함을 보여주어 어떤 경우에는 군주를 경계시키기도 한다. 그런데 만약 이를 소홀히 여겨 잘 살

---

20 『潛夫論』, 「本訓」, "人行之動天地, 譬猶車上御馳馬, 蓬中擢舟船矣. 雖爲所覆載, 然亦在我何所之可."

> 피지도 아니하고 자기의 느낌이 그런 지경에 이른 것을, 도리어 마치 하늘의 뜻도 그렇게 되기를 바란다고 여기는 것은 옳은 일이 아니다.[21]

동중서 역시 '원기'를 천의 구성물로 보았으며, '인부천수人副天數'이론 속에서 천과 인간사가 서로 감응 한다고 하는 천인감응설을 천명하였다.

> 기쁨과 성냄의 적정성이나 슬픔과 즐거움의 적합성은 사람에게 중요할 뿐만 아니라 하늘에게도 중요하다. 봄과 여름의 주도적인 양기나 가을과 겨울의 주도적인 음기는 하늘에게 중요할 뿐만 아니라 사람에게도 중요하다.[22]

> 왕이 된 자는 하늘의 뜻에 밝지 않으면 안 된다. 하늘의 뜻을 아는 것은 시인이 알기 어려운 영역이다. 하늘의 의지는 확인하기 어렵고 하늘의 길도 헤아리기 어렵다. 이렇기 때문에 음양의 나가고 들어옴, 가득 참과 텅 빔을 분명히 하여 하늘의 뜻을 파악할 수 있다. 오행의 처음과 끝, 순조와 역조, 크고 작음, 좁고 넓음을 변별하여 하늘의 길을 파악할 수 있다. 하늘의 뜻은 진실한 사랑에 있고 하늘의 길은 올바름이다. 사람의 주인이 된 자가 무엇을 주거나 빼앗거나 누구를 살리거나 죽이거나 각각 네 계절의 기능처럼 하늘의 도와 들어맞아야 한다. 또 관직을 나누고 관리를 두더라도 반드시 오행의 특성처럼 개개인의 능력에 의거해야 한다. 음양의 직분처럼 사랑을 좋아하고 폭력을 미워하고 덕에 치중하고 형벌을 멀리해야 한다. 이것이 하늘과 짝하게 되는 것이다.[23]

---

21 『潛夫論』, 「述赦」, "王者至貴, 與天通精, 心有所想, 意有所慮, 未發聲色, 天爲變移. 或若休咎庶徵, 月之從星, 此乃宜有是事. 故見瑞異, 或戒人主. 若忽不察, 是乃己所感致, 而反以爲天意欲然, 非直也."

22 『春秋繁露』, 「天辨在人」, "喜怒之禍, 哀樂之義, 不獨在人, 亦在於天; 而春夏之陽, 秋冬之陰, 不獨在天, 亦在於人."

23 『春秋繁露』, 「如天之爲」, "夫王者不可以不知天. 知天, 詩人之所難也, 天意難見也, 其道難理, 是故明陽陰入出、實虛之處, 所以觀天之志; 辨五行之本末、順逆、小大、廣狹, 所以觀天道也. 天志仁, 其道也義, 爲人主者, 予奪生殺, 各當其義, 若四時. 列官置吏, 必以其能, 若五行. 好仁惡戾, 任德遠刑, 若陰陽. 此之謂能配天."

왕부와 동중서의 천인감응의 가장 두드러진 차이는, 동중서가 천과 인간의 상호간 영향을 강조하여 천이 인간의 선한 행위에 상을 내리고 악행에 징벌을 내릴 수 있는 능력을 갖추고 있기 때문에 인간 역시 반드시 천의 의지를 받들어야 한다고 하는 등의 천과 짝해야 한다고 주장한 반면, 왕부는 단지 인간의 행위가 천을 감응하게 하여 움직임을 이끌어 낼 뿐이고 천은 인간에게 제어당하는 존재로서 인간이 마차를 몰고 선박을 운항하는 것처럼 천 역시 인간이 주재할 수 있다는 것이다. 즉 천은 인간과 매우 밀접한 관계를 가지고 있기는 하지만 인간에 의해 제어당하는 존재라는 것이다. 이러한 양자 간의 차이는 비록 크다고는 할 수 없지만 왕부는 이러한 관점에서 출발하여 인간의 행위에 중점을 두는 천도 관념으로 동중서의 천도 관념을 비판한다.

다른 한편으로 왕부는 인간과 천 모두가 '상'과 '벌'을 동시에 행할 수 있는 능력을 구비하고 있다고 생각하였으며, 더나가 그는 인간은 천의 기능을 대신할 수 있는 능력을 가지고 있다고 하는 주장을 했다. "인도人道를 위爲라 한다."는 언급이 바로 그러한 것이다.

> 그렇게 하고도 스스로는 아주 비밀스럽게 하므로 남들이 전혀 모르리라고 여겼다. 그러나 황천皇天은 하늘로부터 그 간악함을 비추어 보고, 신명神明은 그 유현幽玄한 속에서 그 태도를 비춰 보고 있으니, 어찌 그냥 알지 못한 채 넘어갈 수가 있었겠는가![24]

> 다투어 그 직무에 승평升平을 이루었으며, 봉황이 내려오고 기린이 나타났던 것이다. 하늘과 사람이 즐거워하였고 상서로운 징조가 함께 나타났으며 공덕이 무성하여 중종으로 칭하게 된 것이다.[25]

---

24 『潛夫論』, 「忠貴」, "自以我密, 人莫之知, 皇天從上鑒其姦, 神明自幽照其態, 豈有誤哉!"

25 『潛夫論』, 「三式」, "故能致治安而世升平, 降鳳皇而來麒麟, 天人悅喜, 符瑞並臻, 功德茂盛, 立爲中宗."

인간이 천의 기능을 대신할 수 있다고 했는데, 특히 인간들 가운데 군주 된 사람이 인간세계 속에서 천을 대신하여 상벌의 시행자가 된다고 했다.

> 무릇 천도天道란 착한 사람에게는 상을 주고 나쁜 짓을 한 자에게는 형벌을 내리되, "하늘이 할 일을 사람으로 하여금 이를 대신하게 한 것이다." 그래서 왕으로 들어선 자는 장차 사악한 이를 주살하여 옳은 선을 길러 주어야 하는 것이다. 그러나 도리어 사악한 자를 풀어주고 있으니, 망년된 짓이 이보다 심한 경우가 없다.[26]

특히 인간이 받는 축복과 재앙은 꼭 천이 내리는 상벌만은 아니고, 대부분은 인간 스스로가 자초한 것이라는 것이다. 선하고 악한 행위의 결과가 반드시 천에 영향을 미치는 것이 아니고, 또한 천의 영향력 역시 결코 인간세계 전체에 두루 두루 미칠 수 없는 것이라는 것이 왕부의 생각이었다. 천의 기능을 대신한다는 것은 인간의 능력을 의미하는 것이며, 이는 인간세계가 반드시 천의 권능을 대신하여 인간들 스스로가 선한 행위에 상을 내리고 악행에 징벌을 내리는 시스템을 완성해야 한다는 것을 강조하는 것이라고 할 수 있다. 다시 말하자면 천에게도 주재할 수 있는 능력이 있지만 인간에게도 자신을 주재할 수 있는 능력이 구비되어 있기 때문에 매사를 천의 계시를 기다려 처리할 필요가 없다는 것이다.

> 무릇 장수가 그 사졸을 권면하지 못하고 사졸은 그 무기를 사용 할 수 없다면, 이 두 가지는 군대가 없는 것과 같다. 병졸도 없고 무기도 없으면서 전쟁을 치르려고 하면 그 전쟁의 패배는 당연한 것이며 이치나 원리로 보아도 당연하다. 그러므로 "그 패배는 하늘의 재앙이 아니라 장

---

26 『潛夫論』, 「述赦」, "夫天道賞善而刑淫. 天工人其代之, 故凡立王者, 將以誅邪惡而養正善, 而以逞邪惡逆, 妄莫甚焉."

수의 과실"이라고 말할 수 있는 것이다.[27]

> 그 때문에 적들로 하여금 승승장구 국토를 점령하도록 하여 주·군을 파멸시켰고, 그 기세가 등등하였으며 삼보三輔까지 무너뜨렸으며, 귀방鬼方 지역까지 뻗쳐 나갔다. 이처럼 된 상황이 이미 10년이 되었으며, 백성들의 피해는 지금까지도 끊이지 않고 있다. 그럼에도 어리석은 이들과 무능한 자들은 오히려 구조할 수 없다고 떠들면서, 시간이 자기만을 기다리니 이런 생각을 가진 자가 어찌 인간이겠는가?[28]

위인 인용문에서 볼 수 있듯이 왕부는 천과 인간을 분명하게 구분한다. 이와 같은 왕부의 견해는 동중서의 '인부천수人副天數'이론과 분명한 차이를 보이고 있다고 할 수 있다. 동중서는 인간과 천의 음양오행을 대조하는 한편 이러한 것들을 바탕으로 인간과 천을 연결하여 하나의 유기체로 만들고자 했다. 즉 천에서부터 인간까지 모두를 아우르는 거대한 유기체적 구조가 있다고 여겼으며,[29] 이렇기 때문에 인간과 천은 완전히 일치하는 것이며, 인간 존재는 천이 생성한 존재로서 천의 일부분에 속하게 되는 것이다. 그렇기 때문에 동중서의 이론 속에서는 모든 상벌의 원인과 결과가 모두 천 자체에게 귀납되는 것이다.

> 하늘과 대지의 협조적 작용, 음양 두 기의 상호 의존성이 늘 사람의 몸에 그대로 전개되니 몸의 현상은 하늘의 현상과 같고 수치상으로도 하늘과 일치하기 때문에 운명적으로 하늘과 서로 연속되어 있다.[30]

---

27 『潛夫論』, 「勸將」, "夫將不能勸其士, 士不能用其兵, 此二者與無兵等. 無士無兵, 而欲合戰, 其敗負也, 理數也然. 故曰: 其敗者, 非天之所災, 將之過也."

28 『潛夫論』, 「邊議」, "故令虜遂乘勝上彊, 破州滅郡, 日長炎炎, 殘破三輔, 覃及鬼方. 若此已積十歲矣. 百姓被害, 迄今不止. 而癡兒騃子, 尙云不當救助, 且待天時. 用意若此, 豈人也哉!"

29 徐復觀, 『兩漢思想史』 卷二, 臺北, 學生書局, 1992년, 397쪽 참조.

30 『春秋繁露』, 「人副天數」, "天地之符, 陰陽之副, 常設於身, 身猶天也."

그러므로 동중서의 이론체계 속에서는 이론상으로는 인간의 주재능력이 전혀 존재할 수 없는 반면 왕부의 이론체계에서는 인간이 천의 기능을 대신할 수 있다고 하는 등의 인간 존재가 자기 자신의 행위에 대하여 책임을 질 수 있다고 하는 견해가 엿보이며, 또한 재이 같은 비정상적인 자연 현상들 역시 반드시 천의 의지에 의해서 발생하는 것만이 아니라는 주장이 보인다. 바로 이러한 점들이 왕부와 동중서의 천인감응 이론에 나타나 있는 차이점이라고 할 수 있을 것이다.

4. 맺는 말

이상과 같이 왕부의 천인관계론에 대하여 자연현상인 천과 감응의 의미인 천 그리고 천인관계론을 중심으로 논의를 진행해 보았는데, 이를 정리하면 다음과 같다.

왕부는 우주생성론에서 원기元氣가 변하여 음양陰陽이기二氣를 생성한 후에 천지가 발생하고, 이러한 천지 사이에서 인간을 포함한 만물이 생성된다고 하는 주장을 한다. 이때의 천天은 만물을 생성하는 의미를 지닐 뿐만 아니라 자기 자신 역시 생성된 존재가 되는 것이다. 왕부는 우주 안에서 천天·지地·인人이 가장 중요한 존재가 된다고 생각했으며, 또한 이러한 세 존재물은 각기 정해진 법칙을 따라서 도道를 실천한다고 보았던 것이다. 이러한 천에 대한 왕부의 견해는 서로 다른 두 종류의 범주로 구분할 수 있는데, 하나는 원기론元氣論적 의미로 자연현상인 천을 의미하고, 다른 하나는 인간의 선악행위에 대하여 포상과 징벌을 할 수 있는 감응의 의미인 천을 의미한다.

왕부의 자연현상인 천으로서의 천인관계에서는 하늘로 대표되는 자연의 법칙을 인간이 활용한다고 하는 기반 위에 건립 되었다고 할 수 있는데, 이는 "천도天道를 시施라 하고, 지도地道를 화化라 하고, 인도人道

를 위爲라 한다. 위爲는 대체로 음양에 감통感通하여 진이珍異를 이룸을 일컫는다."라는 언급에 잘 나타나 있다. 만일 우리가 자연현상인 천으로 "음양에 감통感通하여 진이珍異를 이룸"이라는 구문의 의미를 유추한다면, "음양에 감통함"은 바로 "하늘의 도를 쓰고 땅의 이익을 나누면, 육축六畜은 때맞추어 생육한다."라는 의미가 되고, "부국의 근본"은 "진이를 이룸"의 수확이라는 의미가 된다고 할 수 있다. 다시 말하자면 천·지·인의 삼재三才 가운데 인간의 역할은 바로 천도天道와 지도地道를 정확하게 사용하는데 있다고 하는 것이다. 이러한 것이 바로 왕부의 자연현상인 천으로서의 천론의 핵심이라고 할 수 있는 것이다.

또한 왕부의 천인관계 이론 속에는 인격신의 색채를 지닌 의지의 천적인 요소가 있는데, 이를 황천皇天·상천上天·호천昊天·상제上帝 등으로 부르기도 하며 인간사와 서로 감응하기도 한다. 이러한 의미로서의 천은 동중서 이래로 형성된 천도관념과 매우 유사한 성격을 보이고 있으며, 천이 인간사를 주목하며 선한 행위에는 축복을 악한 행위에는 징벌을 내리는 존재로 인식되어지고 있다. 감응의 의미인 천은 '신격神格'을 구비하고 있기 때문에, 여기에서의 천인관계는 원래 자연현상인 천의 자연의 순환법칙에 대하여 인간은 모든 매사에 신중한 태도를 견지해야 하며, 천의 의지에 위배되는 행위를 해서는 안 된다고 하는 "인도人道를 위爲라 한다. 위爲는 대체로 음양에 감통感通하여 진이珍異를 이룸을 일컫는다."와 다른 의미를 가지고 있다고 할 수 있다. "음양에 감통感通하여 진이珍異를 이룬다."는 언급은 왕부가 한대의 오행참위설과 음양재이설의 영향에서 완전하게 벗어나지 못하고 있는 사실에 대한 직접적인 증거가 되며, 왕부의 천에 의지가 있다고 하는 관점은 순자의 자연현상으로서의 천 관념과 매우 커다란 차이가 있는 부분이라고 할 수 있을 것이다.

왕부의 사상 속에서의 천은 분명히 두 종류의 의미를 구비하고 있다고 할 수 있는데, 이러한 두 종류의 의미를 가진 천은 병존이 가능하다고 할 수 있다. 즉 왕부의 천인관계론은 바로 '천이 주재가 됨'과 '인간이 주재가 됨'의 중간 단계에 있는 것이라고 할 수 있다. 다시 말하면 순자와 동중서의 중간 단계에 있으면서 다소 인간의 '인위' 측면에 치우친 감이 있다고 할 수 있다. 왕부의 천인관계론과 동중서의 천인관계론이 지니고 있는 차이는 매우 복잡한 경향을 띠고 있는데, 특히 인간의 주재 능력에 있어서가 그러하다고 할 수 있다. 구체적으로 언급하자면, 왕부와 동중서의 천인감응의 가장 두드러진 차이는, 동중서가 천과 인간의 상호간 영향을 강조하여 천이 인간의 선한 행위에 상을 내리고 악행에 징벌을 내릴 수 있는 능력을 갖추고 있기 때문에 인간 역시 반드시 천의 의지를 받들어야 한다고 하는 등의 천과 짝해야 한다고 주장한 반면, 왕부는 단지 인간의 행위가 천을 감응하게 하여 움직임을 이끌어 낼 뿐이고 천은 인간에게 제어당하는 존재로서 인간이 마차를 몰고 선박을 운항하는 것처럼 천 역시 인간이 주재할 수 있다는 것이다. 즉 천은 인간과 매우 밀접한 관계를 가지고 있기는 하지만 인간에 의해 제어당하는 존재라는 것이다. 이러한 양자 간의 차이는 비록 크다고는 할 수 없지만 왕부는 이러한 관점에서 출발하여 인간의 행위에 중점을 두는 천도 관념으로 동중서의 천도 관념을 비판한다.

이상과 같은 왕부의 천인관계 사상은 양한시기에 만연했던 천인감응 사상을 뛰어 넘어 다시 인간 중심의 선진시기의 사상으로 회귀했다는 측면에서 또한 인간의 주재 능력을 존중하고 신뢰했다는 측면에서 중국 사상사에 일정부분 공헌을 했다고 생각한다.

참고문헌

司馬遷,『史記』, 北京, 中華書局, 1983년.

范　曄,『後漢書』, 北京, 中華書局, 1985년.

彭　鐸,『潛夫論箋校正』, 北京, 中華書局, 1985년.

蘇　輿,『春秋繁露義證』, 北京, 中華書局, 1992년.

劉文英,『王符評傳』, 南京, 南京大學出版社, 1993년.

徐復觀,『兩漢思想史』卷二, 臺北, 學生書局, 1992년.

祝瑞開,『兩漢思想史』, 上海, 上海古籍出版社, 1989년.

金春峰,『漢代思想史』, 北京, 中國社會科學出版社, 1997년.

周桂鈿,『秦漢思想史』, 石家莊, 河北人民出版社, 2000년.

劉宗賢 외,『中國儒學』, 成都, 四川人民出版社, 1994년.

李　申,『中國儒教史』(上), 上海, 上海人民出版社, 1999년.

侯外廬 외,『中國思想史』, 北京, 人民出版社, 1992년.

제14장

중장통의 천인관계론

1. 시작하는 말

중장통仲長統이 생존하던 시기는 동한시대 후기로서 이시기는 중국 역사상 정치적으로 가장 암울했던 시기 중의 하나에 해당하며, 사회적으로도 혼란이 극에 달했던 시대라고 말할 수 있다. 즉 이시기는 동한 왕조의 외척세력과 환관들의 발호로 인하여 민생은 극도로 피폐해졌고, 천재나 기근이 잇달아 발생하게 되어 농민들은 만성적인 기근상태에 빠지게 된다. 결국 기근을 견디지 못한 농민들은 제국의 각지에서 반란을 일으키게 되고 마침내는 황건의 대봉기가 폭발하게 된다.[1] 황건적의 난이 수십년에 걸쳐 진행되는 동안 동한제국은 그 근저에서부터 서서히 무너져 내리고 있었다. 또한 황건적의 난을 진압하기 위해 동원된 군벌들 간의 권력다툼은 무너져가고 있던 동한제국의 멸망을 촉진하는 촉매제의 역할을 했는데, 특히 동탁의 발호와 여타 군벌들 간의 권력쟁탈전은 동한사회를 극도로 혼란한 지경에 빠트려버렸다고 할 수 있다.

---

1 松丸道雄 외, 조성을 역,『中國史槪說』, 서울, 한울아카데미, 1989년, 124~125쪽 참조.

이러한 역사적 변화의 과정과 정치적 상황의 불안정성은 중장통의 인생관에 적지 않은 영향을 끼쳤다고 할 수 있다. 중장통의 인생관은 어떠했을까? 긍정적으로 말한다면, 중장통의 인생관은 소극적이었고 주어진 수명을 온전히 보전하고 유유자적한 삶을 추구하는 것이었다고 할 수 있다. 이와 같은 인생관을 가지고 있었기 때문에 중장통은 당시의 여러 주州나 군郡의 유력한 정치인들이 불러도 번번이 병을 핑계로 불응했던 것이다.[2] 그러나 한편으로 중장통은 출세지향적인 성향도 가지고 있었다고 할 수 있는데, 그것은 자신이 유학자로서 치국평천하의 포부를 품고 있었지만 그 자신이 처한 시국이 혼란한 형국에 빠져있고 비정상이 정상으로 치부되는 등 현명하고 유능한 인재가 능력을 발휘할 수 없는 상황이었기에 적극적으로 출사를 하지 않았던 것이다. 또 다른 한편으로는 당시의 경학은 이미 지리멸렬하고 번잡한 자구해석에만 매몰되어 있어서 전혀 생기가 없는 죽은 학문이 되어서 그 효용성을 상실한 상태였다. 그렇기 때문에 중장통은 소극적인 인생관을 추구할 수밖에 없었던 것이다.

이와 같이 소극적이고 유유자적한 인생관을 가지고 있었던 중장통에게 있어서 하늘과 인간의 문제에 관한 논의는 그의 사회관과 역사관 및 정치관에 대하여 조명할 수 있는 매우 소중한 자료라고 할 수 있을 것이다. 다시 말하자면, 정치적·사회적으로 혼란이 극에 달했던 시기를 살아가고 있었던 중장통은 하늘과 인간의 관계 문제에 관한 조명을 통하여 자신이 가지고 있었던 정치적 포부를 밝히고자 했던 것이다.

동한에서 삼국시대로 넘어가는 과도기적 상황 속에서 혼란한 현실을 타개하기 위해서 정치·사회문제에 대하여 자신의 사상을 역설한 중장통의 사상은 동한 말기의 유학사상을 조명하는데 있어서 누락 되서는 안될 사상체계라고 할 수 있을 것이다. 본문에서는 중장통의 천인관계론에

---

2 『後漢書』, 「仲長統傳」, "每州郡命召, 輒稱疾不就."

대하여 사상적 연원과 천인관계론을 중심으로 논의를 진행해 보도록 하겠다.

2. 사상적 연원

천인관계론은 인간과 자연 혹은 인간과 우주의 관계에 대한 논의라고 할 수 있다. 우주론에서 인생론에 이르는 다양한 논의들 가운데 첫 걸음이 바로 천인관계론이라고 할 수 있는 것이다. 양한시기의 우주론에 관하여 언급한 사람들 대부분은 모두가 당시 천문학적 지식을 근거로 하여 자신들의 주장을 펼쳤기 때문에 역사적이고 시대적인 한계에 봉착하지 않을 수가 없었다고 할 수 있다. 또한 그들이 벌였던 논쟁의 초점은 우주생성 자체의 문제가 아니라, 자연계에서 발생하는 제반 현상이 천신의 의지를 구현하는 것인지의 문제와 종법윤리를 체현하는지 여부의 문제에 맞춰져 있었던 것이다.

양한시기는 동중서董仲舒부터 시작해서 참위설讖緯說이 유행하던 시절을 거쳐 백호관白虎觀회의 등으로 대표되는 신학과 미신 및 경학 등은 당시의 천문학적 지식을 이용하여 천인감응天人感應의 이론체계 세트를 만들어 냈던 시기라고 말할 수 있다. 이와 같은 천인감응의 이론체계는 군주의 전제정치와 국가의 체제 및 강상명교綱常名教에 상당히 듬직한 이론적 근거를 제공하게 된다.

동중서는 양한시기의 천인관계론과 관련한 대표적인 사상가라고 할 수 있을 것이다. 동중서는 역작인 『춘추번로春秋繁露』와 「현량대책賢良對策」을 통하여 자신의 천인관계론 사상의 기본 모식인 천인감응설 이론체계를 세상에 내놓는다. 동중서의 천인관계론 사상은 상당히 방대하고 복잡하다고 할 수 있으며, 그것의 핵심적인 내용은 정치적인 문제와 관련된 것들이 주류를 이루고 있다고 할 수 있다. 그렇기 때문에 서복관徐

復觀과 같은 경우 "동중서의 천인관계론 사상은 실제로는 그의 정치사상을 지탱하기 위해서 수립된 것이라고 할 수 있다."[3]라고 언급하고 있다.

동중서의 천인관계론 사상의 시작은 바로 자연적 의미의 천을 종교적 의미의 천으로 바꾼 것에 있다고 할 수 있는데, 그는 천을 의지가 있고 목적이 있으며 의식이 있는 존재로 보는 한편 만물을 주재하는 인격신으로 보기도 했다.[4]

> 천天은 높은 곳에서 자리 잡고 있으면서 비와 이슬을 내려 보내고, 제 모습을 숨기지만 해와 달로 빛을 내뿜는다. 위치가 높기에 존엄한 존재로 생각되고, 비와 이슬을 내리기에 진실한 사랑을 펼치는 것으로 여겨지게 되고, 모습을 감추기에 현묘한 존재로 생각되고, 빛을 내뿜기에 명철한 존재로 생각된다. 위치가 존귀하고 작용이 인자하며 숨어서 신묘하고 드러나 빛나는 것은 천天의 기능이다.[5]

> "인仁의 아름다움은 천天에 달려 있다. 천天은 인仁의 표본으로 천天은 만물을 지켜주고 길러주며 이미 탈바꿈하게 하고서 제대로 살아가게 하고 또 길러주고서도 틀을 갖추도록 한다. 이처럼 (천天은) 하는 일의 공적은 끝이 없지만 한 주기의 매듭이 지어지면 다시 시작하고 모든 움직임이 사람에게로 집중되고 사람을 위해 이루어진다. 천天의 뜻을 살펴보면 끝과 한계가 없는 인仁이다. 사람은 천天으로부터 명령을 받고 천天으로부터 인仁을 받아서 그런 인仁을 펼친다."[6]

---

3 徐復觀, 『兩漢思想史』, 卷二, 臺北, 學生書局, 1989년, 413쪽 참조.

4 馮友蘭, 『中國哲學史新編』, 第三冊, 北京, 人民出版社, 1995년, 53쪽 참조.

5 董仲舒, 『春秋繁露』, 「離合根」, "天高其位而下其施, 藏其形而見其光. 高其位, 所以爲尊也; 下其施, 所以爲仁也; 藏其形, 所以爲神; 見其光, 所以爲明. 故位尊而施仁, 藏形而見其光者, 天之行也."

6 『春秋繁露』, 「王道通三」, "仁之美者在於天, 天, 仁也. 天覆育萬物, 旣化而生之, 有養而生之, 事功無已, 終而復始, 凡擧歸之以奉人, 察於天之意, 無窮極之仁也. 人之受命於天也, 取仁於天而仁也."

천天은 이미 지고 무상의 존재로 자리 잡았으며, 하늘과 대지는 인간을 낳고, 인간은 뭇 사물들을 초월한 존재인 것이다. 그렇기 때문에 동중서는 "하늘과 대지는 자신의 정기로 만물을 생성시키는데 (그 중에)사람보다 더 고귀한 존재는 없다. 사람은 하늘로부터 명령을 받으므로 만물보다 훨씬 뛰어나서 (하늘, 대지와) 나란히 자리할 수 있다."[7]라고 주장했던 것이다. 또한 동중서는 인간과 하늘·대지가 서로 유사하다고 보았는데, "둥근 머리는 하늘과 닮았고, 머리카락은 별들과 닮았으며, 눈과 귀는 해와 달을 닮았으며, 입과 코의 호흡은 바람과 대기를 닮았다."[8]라고 언급했던 것이다.

그러므로 인간은 마땅히 천을 본받아야 하는 것이며, 인간들 가운데 가장 지존의 위치에 있는 천자 역시 예외가 될 수 없는 것이다. 그렇기 때문에 천자는 마땅히 백성들에게 은택을 베풀어야 하고, 덕성과 예의를 중시하고 형벌을 가볍게 해야 하는 것이다.

> 동중서는 천을 종교적인 성격으로 변화시킴과 동시에 통치자가 천을 본받는 천자가 될 수 있기를 희망하였으며, 천과 마찬가지로 은택을 백성들에게 베풀어주고 모든 생명체를 사랑하기를 염원했다. 여기에서 동중서는 천을 기준이 되는 근거로 삼아서 이상적인 형태의 군주의 도리를 수립하고자 했으며, 종교적인 권위로써 천자를 견제하려고 했던 것이다."[9]

천자는 하늘을 본받아서 정치를 해야 하는 존재로서, 즉 "천하의 사람들이 모두가 한 마음으로 천자에게 귀의하는 것이 마치 부모에게 귀의하는 것과 같기 때문에, 하늘은 상서로움으로 호응한다."[10]고 하였다. 그러

---

7 『春秋繁露』, 「人副天數」, "天地之精所以生物者, 莫貴於人. 人受命乎天也, 故超然有以倚."

8 『春秋繁露』, 「人副天數」, "首而員, 象天容也; 髮, 象星辰也; 耳目戾戾, 象日月也; 鼻口呼吸, 象風氣也."

9 韋政通, 『中國思想史』, 上冊, 臺北, 大林出版社, 1979년, 469쪽 참조.

10 『漢書』, 「董仲舒傳」, "天下之人, 同心歸之, 若歸父母, 故天瑞應."

나 만일 그렇지 않을 경우 천天은 반드시 재이災異를 보여준다. 동중서가 언급한 재이라고 하는 것은 "재앙이라고 하는 것은 하늘의 꾸짖음이고, 괴이한 일이라고 하는 것은 하늘의 위협이다. 꾸짖었는데도 알지 못하면 위협으로써 두렵게 만든다."[11]와 같은 것이다.

하늘과 인간이 서로가 감응할 수 있게 되면 진일보하여 하늘과 인간이 하나로 합치되는 천인합일天人合一에 도달하게 되는 것이다. 따라서 백성들의 지위는 하늘과 같이 귀한 것이니 비록 제왕의 지위가 존귀한 것이기는 해도 반드시 하늘의 뜻에 의거해서 정사를 펼쳐야만 하는 것이다. 만일 그렇지 않을 경우에는 천天이 반드시 재앙을 내리게 된다는 것이다. 천天은 백성들로써 마음을 삼으니 백성들의 마음이 곧 하늘의 마음 즉 민심이 곧 천심이 되는 것이다. 그렇기 때문에 제왕이 백성들의 마음을 어루만져 주고 그들의 삶을 보살펴 줄 때에 비로소 하늘의 마음 즉 천심에 부합하게 되는 것이다. 이와 같을 때 비로소 유가의 천하를 안정시킨다고 하는 이상이 달성되는 것이다.

이와 같이 종교적 색체가 농후한 재이설이나 참위설의 세례를 받은 천인감응설天人感應說은 동한시기 말기의 시대적 상황 속에서 점진적으로 교착상태에 빠지다가 결국에는 생명력을 상실하게 된다. 임계유任繼愈의 경우 "천인감응설의 장엄한 설교는 군중들이 보기에 단지 조정의 통치자가 자신들을 조롱하는 자료로서 만들었을 뿐으로 다시는 통일된 사상을 발휘할 수 없었고 백성들을 진압하는 작용 역시 할 수가 없었다."[12]라고 언급하고 있다. 이처럼 천인감응설은 자연히 의식 있는 선비들의 호응을 받지 못하게 되다가 결국에는 천인감응설의 이론체계에 대하여 비판하는 일군의 무리들이 등장하게 된다. 중장통은 이러한 비판세력들 가운데 가장 대표적인 사상가였던 것이다.

---

11 『春秋繁露』, 「必仁且智」, "災者, 天之譴也; 異者, 天之威也. 譴之而不知, 乃畏之以威."
12 任繼愈, 『中國哲學發展史 - 秦漢』, 北京, 人民出版社, 1985년, 712쪽 참조.

양한시기의 천인관계론 사상 가운데 중장통에게 가장 커다란 영향을 끼친 사상가로는 두 사람이 있었는데, 그들은 바로 왕충王充과 왕부王符라고 할 수 있다. 왕충의 천인관계론은 우주론에서부터 시작된다고 할 수 있다. 왕충은 천天이 형체가 있는 것으로 기氣가 아니라고 생각하였으며, 인간이 비록 형체가 있는 존재라고 할지라도 천의 형체와 인간의 형체는 다른 것이라고 보았다. 즉 왕충은 인간에게는 욕망이 있는 반면에 천에게는 욕망이 없으며, 인간에게는 유위有爲가 있는 반면 천에게는 무위無爲가 있기 때문에 하늘과 인간은 서로 인식할 수 없으며, 하늘과 인간은 서로 감응하지 않는다고 생각했던 것이다.

위정통韋政通의 경우 "왕충이 철저하게 천인감응설을 내팽개칠 수 있었기 때문에 그의 사상이 비약적으로 발전할 수가 있었던 것이다. 즉 그는 노자의 천도자연관을 계승하였을 뿐만 아니라 순자의 천인지분의 의미를 이해할 수 있었기 때문에 천인감응설에서 벗어날 수 있었던 것이다."[13]라고 언급하고 있다. 그렇기 때문에 왕충의 사상은 천인감응설을 반대하는 이론적 도구가 되었던 것이라고 할 수 있었던 것이다. 그렇지만 왕충은 인간의 주관적 능동성을 홀시했기 때문에 사회적 영역이나 정치적 분야에 관한 비판은 미약하고 무기력했던 것이며, 결국에는 운명론에 빠지게 되는 오류를 범하게 되었던 것이다.[14]

왕부는 원기일원론元氣一元論의 관점으로 천지의 기원에 관한 문제에 대하여 해석을 내놓는다. 즉 왕부는 천지만물의 발생은 처음 시작할 때 원기元氣에서 나오는 것이라고 생각했으며, 기氣의 운행과 감동感動이 궁극에 도달하게 되면 자연계 전체의 규칙과 현상 모두가 그것에 의해서 조작되고 작용되는 것이라고 생각했다. 왕부는 인간이 천지와 기氣의 정수를 받아 생겨난 존재이기 때문에, 인간의 정신과 천지자연은 서로 소

13 韋政通, 『中國思想史』, 上冊, 臺北, 大林出版社, 1979년, 531쪽 참조.

14 任繼愈, 『中國哲學發展史 - 秦漢』, 北京, 人民出版社, 1985년, 738쪽 참조.

통되는 것이고 서로가 감응할 수 있다고 생각했다. 그렇기 때문에 왕부의 천인관계론 사상의 실질적인 연원은 동중서로부터 비롯된 것이라고 할 수 있는 것이다. 하지만 이와 같은 왕부의 천인관계론 사상과 동중서의 천인관계론 사상 사이에는 약간의 차이점이 존재하는데, 그 주요한 차이는 바로 왕부가 인간의 주동적인 작용을 특별하게 중시한 것에 있다고 하는 점이다. 그래서 왕부는 "인도人道라고 하는 것은 작위다."라고 하는 관념을 제기했던 것이다. 이러한 왕부의 "인도는 작위다."라고 하는 관념에 대하여 호초생胡楚生과 같은 경우 다음과 같이 말하고 있다.

> 인간의 작용은 천지와 서로 보좌하는 것에 있는 것으로, 장차 하늘이 베풀고 땅이 화육시키는 작용을 하려고 할 때 이를 널리 퍼트림으로써 적극적이고 주동적인 작용을 발휘하게 한다. 또한 더 나아가 만물을 통괄하고 제어함으로써 우주 사이의 만물이 끊임없이 생성하고 번성할 수 있도록 도모하여 하늘과 땅 그리고 인간이라고 하는 삼재의 큰 작용을 완성하는 것이다. 이러한 것이 바로 작위의 표현이 되는 것이다.[15]

이상과 같은 주장을 근거로 보았을 때, 왕부는 과연 인간의 주관적 능동성을 상당히 중시했음을 알 수 있게 된다. 하지만 왕부는 일찍이 천명天命으로써 군주의 기원을 해석하는 등 천도의 권선징악과 같은 작용이 있다고 하는 그릇된 주장을 하기도 했다.[16]

중장통의 천인관계론은 왕부의 사유방식의 오류들을 비판적으로 흡수한 결과 더 이상은 원기元氣가 만물을 생성했다고 하는 과정에서 이론

---

15 胡楚生,「王符思想中一基本概念 "人道曰爲"之解釋」,『幼獅月刊』, 第四十七卷, 第六期, 1978년, 5~11쪽 참조.

16『潛夫論』,「考績」, "聖王之建百官也, 皆以承天治地, 牧養萬民者也."에서와 같이 볼 수 있듯이 왕부는 군주가 관리를 두고 정치를 하는 것을 하늘이 땅을 다스리고 모든 백성들을 양육하는 것을 계승한 것으로 보고 있다. 이처럼 왕부는 군주의 기원을 천명에 있는 것으로 보고 있는 것이다.

체계를 수립하지 않고 직접적으로 "인간사가 근본이 되고, 천도는 말단이 되는 것이다."라고 하는 주장을 제기한다.

3. 천인관계론

중장통의 천인관계론은 정치적·사회적 및 역사적인 요소들을 귀납시켜 내놓은 결과물이라고 할 수 있다. 중장통의 주장은 인간 세상과 관련된 일을 근본으로 하고 천도를 말단으로 한다고 하는 것을 원칙으로 하여, 역사적으로 커다란 치적을 남고 그 명성이 멀리까지 알려진 군주들 모두는 "오직 인간사에 관련 된 일에 진력을 다했을 뿐 천도의 문제에 대하여서는 배우질 않았다."[17]고 했다.

> 옛날 한 고조께서 진나라를 멸하고 항우를 제거하고 천자의 재위에 오르셨고, 광무제는 재위를 찬탈한 왕망을 토벌하여 이미 멸망한 한나라를 회복시켰는데, 이들은 모두가 천명을 받은 성인군주이다. 소하, 조참, 위표, 진평, 곽광 등은 오랑캐에 대하여 원칙을 가지고 대했으며 대종을 존중하고 창읍을 폐하고 효선제를 옹립하여 국가를 잘 경영하고 사직을 안정시킨 훌륭한 신하들이다.……위엄을 사해에 떨치고 덕을 베풀어 백성들을 돌보아서 공적을 세우고 명성이 자손대대로 전해지게 되는 것은 바로 오직 인간사에 관련 된 일에 진력을 다했을 뿐 천도의 문제에 대하여서는 배우질 않았기 때문이다. 그렇다면 왕도를 천하에 시행한 군주의 신하된 사람은 천도를 아는 것에 의지할 필요가 없는 것이기 때문에 하늘의 도를 이용하는 것을 귀하게 여기는 것이다. 즉 별자리의 움직임을 잘 살펴서 백성들의 농사에 도움을 주고 사계절의 운행을 잘 따라서 농업을 흥성하게 한다.……그러므로 천도만 알고 인간사에 대해서는 관심이 없는 사람은 무당이나 점술사와 같은 무리들로서 우매하고 사람 축에 끼지 못하는 백성들이다. 천도만을 맹신하고 인간사에 위배되는 일을 하는

17 魏徵, 『群書治要』, 卷四十五, "唯人事之盡耳, 無天道之學焉."

사람은 혼란하고 미혹에 빠진 군주이며 국가를 망치게 하는 신하이다.[18]

오직 인간사에 진력을 다하고 천도를 신경 쓰지 말아야 한다고 하는 주장은 한나라 시기에 있어서 파천황적인 탁견이라고 할 수 있다는 찬사를 받았다.[19] 중장통의 관념 속에 있어서 천도와 천의 도리는 분명하게 다른 것이었다. 즉 그가 언급한 천도라고 하는 것은 재이나 귀신 따위를 맹신하는 것이었고, 천의 도리는 자연계의 규칙이나 법칙 등과 같은 것으로 객관적으로 존재하는 사실을 의미하는 것이었다.

중장통은 왕도를 천하에 펼친 군주의 신하가 된 사람은 천도를 아는 것에 의지할 필요가 없기 때문에 하늘의 도를 이용하는 것을 귀하게 여긴다고 생각했다. 그러므로 하늘의 도에 대하여 명료하게 알고 있기 때문에 별자리의 움직임을 살펴서 백성들의 생업에 도움을 주고 사계절의 운행을 잘 따라서 농업을 흥성하게 하고 산업생산력을 증대시킬 수 있게 만들어 주는 것이다. 그렇기 때문에 중장통은 "천도에서 취하는 것은 사계절의 마땅함이고, 인간사에 전일하는 것은 혼란을 다스리는 것의 실질적인 행위인 것이다."[20]라고 하였던 것이다. 그렇기 때문에 『주례周禮』에 기재되어 있는 풍상馮相과 보장保章의 직책은 천인감응의 도리를 간략하게 대비한 것에 불과한 것으로, 그 직책의 주요한 업무는 별자리의 관찰을 통하여 길흉을 판별하고 사계절의 변화 시점과 음양의 변화에 관한 자료를 제공해줌으로써 인간사에 이용할 수 있도록 준비해주는 것이었다. 이들의 직책은 "결코 천하를 다스리는 것의 근본이나 백성들을 생육케 하는 이법의 요체가 아니었던 것이다."[21]

---

18 魏徵, 『群書治要』, 卷四十五, 『四部叢刊初編』本.

19 侯外廬, 『中國思想通史』, 第二卷, 北京, 人民出版社, 1992년, 443쪽 참조.

20 魏徵, 『群書治要』, 卷四十五, "所取於天道者, 謂四時之宜也; 所壹於人事者, 謂治亂之實也."

21 魏徵, 『群書治要』, 卷四十五, "決非治天下之本, 理生民之要."

어떤 사람이 천하를 다스리는 것의 근본과 요체는 어디에 있는 것이냐고 묻자, 중장통이 대답했다. 군주가 백성들을 관리하는 것에는 사사로이 하는 것이 없고, 오직 현명한 사람을 친애하며 정사에 부지런히 힘쓰고 자주 공훈이 있는 신하들을 살펴서 그들의 공로에 부응하게 포상을 내려주고 죄악을 저지른 자들에게는 형벌이 돌아가게 하면 정치는 안정되고 백성들은 평안해질 것이다. 각자가 맡은바 소임을 다하면 곧 천지가 저절로 우리로부터 바르게 될 것이고 아름다운 징조가 저절로 우리로부터 감응하여 모이게 될 것이며, 나쁜 사물들이 저절로 우리에 의해서 버림당하고 없어지게 될 것이니, 그러한 것의 그렇지 아니함을 구한다면 결국은 얻지 못하게 된다.[22]

군주가 하는 일이라는 것이 친족이 아니면 다른 사람을 총애하는 것인데, 총애한다고 하는 것은 아름다운 여인이 아니면 곧 아첨꾼이다. 같고 다른 것으로써 선악판단의 기준을 삼고, 기쁘고 노함으로써 상벌의 기준을 삼으면, 아름다운 여인을 취하게 되고 오랫동안 태만하게 되어 결국에는 백성들의 원성을 사게 되고 □류를 잔인하게 해치게 되된다……풍상이 천체관측대의 위에 앉아서 아래로 내려오지 않고, 축사가 제단 옆에 엎드려 가려고 하지 않으니, 무익함이 패망하는 것과 같다. 이로부터 말하자면, 인간사가 근본이 되고, 천도는 말단이 되는 것이다.[23]

중장통은 여기에서 진일보하여 "인간사가 근본이 되고, 천도는 말단이 되는 것이다."라고 하는 주장을 제기한다. 그는 이러한 주장을 통하여 군주 된 사람이 성심성의를 다하여 인간사의 문제에 전력을 기울여야 한다고 생각했다. 또한 그는 군주가 천하의 혼란을 다스리는 것의 실질적인 행위에 뜻을 두고 있다면, 천도에 대해서 섬기는 태도를 갖지 말아야 하며 또한 백성들을 다스리고 치적을 쌓는데 방해가 없어야 하는 것

22 魏徵, 『群書治要』, 卷四十五, 『四部叢刊初編』本.

23 魏徵, 『群書治要』, 卷四十五, 『四部叢刊初編』本.

이라고 했다. 만약 그렇지 않으면 군주가 정치를 펼치는 것에 있어서 인간사의 일들에 대하여 등한시하게 되고 매사를 천도에 기대어 처리하고자 하면, 결국에는 패망하게 되는 운명을 피해나갈 수가 없게 되는 것이다.

그렇기 때문에 중장통은 "인간사가 근본이 되고, 천도는 말단이 되는 것이다."라고 하는 것을 군주를 분류하는 기준으로 삼았던 것이다.

> 그러므로 자신을 살펴서 이미 선하다는 것을 알고 다시는 천도에 의지하지 않는 것을 가장 으뜸이라고 하고, 내가 아직 선하지 않다는 것을 의심하여 천도를 끌어들임으로써 스스로를 구제하는 자가 그 다음이고, 자기 자신에게서 구하지 않고 하늘에서 구하는 사람을 가장 어리석은 군주라고 한다.[24]

군주는 인간사의 문제를 엄격하게 시행할 수 있는지의 여부에 따라서 훌륭한 임금과 그 다음 등급의 임금 및 가장 우둔한 임금으로 구분될 수 있다. 세속사회에서 군주 된 사람은 마땅히 전심전력으로 혼란을 다스리는 것과 같은 실질적인 행위를 해야만 하는 것이고, 천도에 가탁해서 인간사의 일을 처리해서는 안 되는 것이다.

> 오늘날의 군주는 정성과 충심을 다해 자신을 성찰해야 하고, 통치의 도리에 전일하여 사려해야 한다. 스스로 성찰하여 허물이 없고 통치의 도리에 오류가 없으며, 곧 좋은 사물이 생겨나고 아름다운 징조가 나타난다. 이는 내가 물을 긷는 우물에 물이 솟아나고 밥을 짓는 아궁이에 불이 타오르는 것과 같은 것으로 어찌 축하하기에 충분하겠는가? 그러므로 즐거움은 보응에 있고 기쁨은 보배로운 조짐에 있는 것이다.[25]

---

24 魏徵, 『群書治要』, 卷四十五, "故審我已善, 而不復恃乎天道, 上也; 疑我未善, 引天道以自濟者, 其次也; 不求諸己, 而求諸天者, 下愚之主也."

25 魏徵, 『群書治要』, 卷四十五, "令夫王者, 誠忠心於自省, 專思慮於治道, 自省無愆, 治道

중장통의 논증은 경험적 관점에서 출발했다고 볼 수 있다. 즉 중장통은 군주가 정성을 다하고 전심전력으로 인간사 문제에 매진할 경우에 아름다운 징조가 수반된다고 보았다. 이는 마치 물을 긷는 우물에서 물이 솟아나오고 밥을 짓는 아궁이에 불이 타오르는 것과 같은 것으로, 본래 괴이하다고 여기기에는 부족한 것이며 또한 어찌 축하하기에 충분하겠는가? 그렇지만 시국이 매우 번잡하여 이해 할 수 없게 되면 항상 사사로운 정에 치우치게 되는 것이다. 그래서 즐거움은 보응에 있는 것이고 기쁨은 보배로운 조짐에 있는 것이라고 하는 것이다.

그렇기 때문에 중장통은 장수하고 상서로운 방향으로부터 이성과 미신의 구별을 설명을 한다. 즉 그는 일반적인 사람들이 불행을 당하고 질병이 생기게 되면 마땅히 약과 침으로부터 치료에 착수하여 목숨을 구하는 방법을 모색해야 한다고 생각했다. 또한 중장통은 세상 사람들이 불행을 당하고 재앙이 발생할 경우에 그러한 것을 극복하는 방법으로는 마땅히 전심전력을 다해서 곤란한 상황을 극복해야 한다고 여겼다. 그러나 세상 사람들은 흔히 이러한 방법을 팽개쳐버리고 사용하려 하지 않고서 항상 미신적인 것이나 잘못된 방법이나 미혹된 방법에 스스로를 빠트리는 과오를 범한다고 중장통은 생각했다.

> 신령한 기운과 조화를 이루고, 쓸데없는 생각을 하지 않으며, 습한 기후로 인해 생기는 병을 피하고, 음식을 조절하며 좋아하는 욕구를 적절하게 조절하는 것이 바로 장수하는 방법이다. 불행을 당하고 질병이 생기면 침과 탕약이 있는 의원으로 간다. 정중하게 예의바른 태도를 하고, 치우치지 않고 올바름에 거처하며, 도덕을 즐거워하고, 항상 인의를 지키며, 천지를 공경하고, 종묘에서 삼가는 것이 상서롭게 하는 술책인 것이다. 불행을 당하고 재앙이 있게 되면 극기하여 자기 자신을 책망하여

不謬, 則彼嘉物之生, 休祥之來, 是我汲井而水出, 爨竈而火燃者耳, 何足以爲賀者耶? 故歡於報應, 喜於珍祥.”

> 재난을 극복한다. 하지만 기도를 올리는 예는 무당 일에 종사하는 사람이 하는 것이며, 그러한 사람들은 전력을 다하여 치우치지 않고 올바르게 기도를 올려야 하고 그러한 기도에 정성을 다하여야 하는 것이다. 훗날 그 근본이 간사하게 되는 계층은 이리하여 음란하고 난잡한 귀신을 모시는 의식이 흥성하게 될 것이고, 기만하는 말을 크게 떠벌리고 이상한 재변에 관한 언급들이 일어나게 될 것이며, 붉게 새겨 쓴 글씨와 같은 것들의 범람이 사물을 만드는 것을 능가하게 된다. 그러므로 항상 세속에서 꺼려하고 싫어하는 것은 가소로운 일이며, 그러한 시류를 따라가는 것은 사람들이 심한 질병에 빠져드는 것과 통하는 것이다. 또한 땅을 아홉 길이나 파서 물을 끌어올리고, 산을 백보나 뚫어서 철광을 채취하고, 숲에 들어가 벌목하는 것에 대하여 길일을 점치지 않고 들판에 나가 풀을 베는 것에 대하여 시간을 선택하지 않는 것 및 그러한 것을 조합하여 거처하고 제어하여 사용하면 곧 그것의 길함과 흉함을 의심하는 것이니 또한 미혹되지 않겠는가? 교제사와 사직제사를 간단하게 하고, 조상 신주 모시는 것에 태만하고, 절기를 거슬러 대자연의 순리에 위배되는 짓을 하면서, 오히려 상서롭지 못한 사물에게 축복을 구하고, 우매하고 의혹된 사람의 말을 정성껏 신뢰하니 이 또한 그릇되지 않은 것인가?[26]

귀신이나 재이현상과 금기 및 미신을 신봉하는 사람들은 자기 자신의 금기로 인해서 일상생활을 영위해나가는 가운데에서 항상 신령의 존재에 대하여 의심을 하게 되고 귀신의 존재에 대해서도 의혹의 눈길을 거두지 않는다. 그렇기 때문에 무엇을 하려고만 하면 타인에게서 비난을

26 魏徵, 『群書治要』, 卷四十五, “和神氣, 懲思慮, 避風濕, 節飲食, 適嗜欲, 此壽考之方也; 不幸而有疾, 則鍼石湯藥之所去也. 肅禮容, 居中正, 康道德, 屢仁義, 敬天地, 恪宗廟, 此吉祥之術也; 不幸而有災, 則克己責躬之所復也. 然而有禱祈之禮, 史巫之事者, 盡中正竭精誠也. 下世基本而爲姦邪之階, 於是淫厲亂神之禮興焉, 侜張變怪之言起焉, 丹書厭勝之物作焉. 故常俗忌諱可笑事, 時世之所遂往, 而通人所深疾也. 且夫堀地九仞以取水, 鑿山百步以攻金, 入林伐木不卜日, 適野刈草不擇時, 及其搆而居之, 制而用之, 則疑其吉凶, 不亦迷乎? 簡郊社, 慢祖禰, 逆時令, 背大順, 而反求福祐於不祥之物, 取信誠於愚惑之人, 不亦誤乎?”

받게 된다.

중장통은 여기에서 행위의 상호 모순으로부터 사물의 이치의 인과관계 및 상식의 이해를 통하여 앞에서 언급한 미혹이나 그릇된 것의 행위에 대하여 대부분이 교활하고 웃음을 자아내는 일이라고 언급하였다. 즉 중장통은 그러한 것들이 단지 천도만을 지키는 것에 매몰되어 인간사의 현안에 대해서는 돌보지 않는 것이기 때문에 오히려 혼란을 다스리는 것의 실질적인 행위에 대하여 걸림돌이 되고 있는 것으로 보았던 것이다.

이상과 같은 논의를 통하여 중장통의 현실적인 정치적 역사적 행적들 가운데서 "인간사가 근본이 되고, 천도는 말단이 되는 것이다."라고 하는 주장을 도출해 낼 수 있었다. 현존하는 자료에서 언급된 바에 의하면, 중장통이 양한시기에 조정과 민간에 널리 퍼져서 맹신되고 있었던 천인감응설에 대하여 반대의 입장을 취하고 더 나아가 적극적으로 부정을 한 것은, 사람들이 마땅히 자연적 의미의 천도 가운데에서 원리를 찾고 원칙을 추구하고 아울러 그러한 원리나 원칙을 제어하고 이용해야 한다고 생각했기 때문이었던 것이다. 또한 중장통은 하늘의 도리 혹은 법칙은 사계절의 순환이 각기 시기에 알맞게 이루어지는 것과 같은 것으로 보았으며, 자연을 인간들이 이용해야 하는 대상으로 파악하는 한편 진일보하여 그것을 이용하여 농업생산을 증대시키고 공업생산력을 확대시켜야 하는 것으로 보았던 것이다.

그렇기 때문에 중장통은 기도를 올리는 예는 무당 일에 종사하는 사람이 하는 것이며, 그러한 사람들은 전력을 다하여 치우치지 않고 올바르게 기도를 올려야 하고 그러한 기도에 정성을 다하여야 하는 것이라고 하면서 하늘과 사람의 도리에 대비할 뿐이라고 언급했던 것이다. 바꿔 말하자면, 중장통의 사상은 현실정치를 완전하게 실현하는 것에 있었기 때문에 특별히 인간세상의 혼란을 다스리는 것의 실질적인 행위를 중시했던 것이다. 인간사에서 발생하는 제반행위는 사람들이 가장 잘 파악할 수 있는 것이며 또한 가장 잘 각인되어 용인을 늦출 수 없는 일이라고 할 수 있다.

중장통은 천도의 상서로운 징조와 재이현상과 같은 것들은 자연계의 일에 속하는 것이기 때문에 매우 괴이하다고 하기에는 충분치 않을 수 있다고 생각했다. 또한 그는 모든 사람들이 그러한 재이나 상서로운 징조와 같은 현상들이 발생했을 때, 그러한 것을 제어할 수 있게 되어 인간사에 이용할 수 있게 된다면, 이는 혼란을 다스리는 것의 실질적인 행위에 도움이 될 수 있다고 보았던 것이다.

중장통은 자신의 사회와 정치에 대한 비판적인 이론체계의 전제를 확립시키기 위해서 현실의 사회·정치상황 속에서 "인간사가 근본이 되고, 천도는 말단이 되는 것이다."라고 하는 주장을 도출해냈다고 할 수 있다. 중장통의 양한시기 천인감응설에 대한 엄중하고 예리한 비판 과정 속에서 발견할 수 있었던 사실은 바로 양한시기의 사상사적 맥락 가운데 중장통의 사상 역시 선대 사람들의 사상노선을 계승한 점이 있다고 하는 사실과 선대 사람들과 다른 점 역시 있다고 하는 사실이다. 이와 같은 중장통의 천인관계론은 당시의 시대적 상황에서 비춰봤을 때 비교적 진보된 형태의 이론체계라고 하는 생각이 든다. 이러한 중장통의 천인관계론의 특색은 다음과 같이 몇 가지로 종합해 볼 수 있다.

먼저, 중장통은 현실정치 자체에 착안하여 당시의 정치 현실의 당면한 문제를 해석한다. 즉 그는 축복과 재앙은 모두가 인간이 공공의 도덕을 실천하고 인간사의 문제에 대하여 전력을 기울여 해결했는지의 여부에 달려있다고 보았던 것이다. 인간이 주동적으로 성실하게 공공의 도덕을 실천하고 인간사의 문제 해결에 전력을 다하면 반드시 축복을 받을 것이고 그렇지 않으면 반드시 재앙을 당하게 되는 것이기 때문에 축복과 재앙은 인간 스스로가 자초하는 것일 뿐이라는 것이다. 이와 같은 중장통의 주장은 왕충과 왕부의 장점들만을 취합했으며, 그들의 오류는 회피한 것이라고 할 수 있다. 그렇기 때문에 중장통의 천인감응설에 대한 비판은 철학사상의 영역에서부터 현실 사회를 포함한 정치적인 분야까지 모두를 아우르는 것으로, 견해는 상당히 예리하고 심도가 있다고 볼 수가 있는 것이다.

다음으로 중장통은 재이현상이나 상서로운 조짐의 발생과 같은 것들은 순수한 자연계의 현상일 뿐이라고 보고, 이러한 현상에 대하여 괴이하게 여길 필요가 없다고 보았다. 그렇기 때문에 중장통은 "자신을 살펴서 이미 선하다는 것을 알고 다시는 천도에 의지하지 않는 것"이야말로 가장 뛰어난 성왕이 되는 첩경임을 역설했던 것이다. 하지만 세상에는 수많은 중간 등급에 해당하는 인재들이 있으며, 가장 뛰어난 지혜를 가진 인재와 가장 우매한 사람들은 소수에 불과 하다고 할 수 있는데, 정치를 해야 한다고 주장하면서 가장 뛰어난 지혜를 가진 군주를 희망하는 것은 백 명 가운데 한명도 없을 확률이 높은데 이는 상황이 매우 급한데 대처하는 것이 너무 늦는 것과 같은 것이라고 할 수 있다. 앞서 언급한 중장통의 사상의 관점에서 언급한다면, 중장통은 현실정치에 모든 심혈을 기울였는데, 특히 혼란을 다스리는 것의 실질적인 행위에 관심을 집중하는 것과 같이 자신의 사상을 현실에 실현하고자 했던 것이다. 그래서 중장통은 "인간사가 근본이 되고, 천도는 말단이 되는 것이다."라고 하는 주장을 했던 것이며, 아울러 천도의 작용 역시 완전히 부정하지는 않았던 것이다. 또한 중장통의 사상 가운데 천도와 하늘의 도리는 분명하게 차이가 존재한다고 할 수 있는데, 그가 긍정하는 것은 하늘의 도리를 사용하는 것이었다고 할 수 있다. 즉 자연계의 운행법칙을 활용하여 인간사에 관한 문제해결에 도움이 되게 하는 것에 그 관심의 초점이 있었다고 할 수 있는 것이다. 이러한 주장은 왕부의 "인도라고 하는 것은 작위다."라고 하는 관념을 더욱 강화시키고 발전시켜 인간의 주관적 능동성을 긍정하였을 뿐만 아니라, 치세의 도리에 전념을 함과 동시에 인간사의 문제를 해결하는데 전력을 다하는 현실적인 사유체계라고 할 수 있다.

끝으로 중장통의 철학사상은 현실사회와 정치현실에서 출발하여 사회와 정치의 문제에 대한 비판을 기반으로 형성되었다고 할 수 있다. 그렇기 때문에 중장통의 사회와 정치문제에 대한 주장은 심도가 있으며 매우 광범위했던 것이다. 또한 중장통 자신이 동한 말기의 동란이 다반사였던 사회에 살아가고 있었던 관계로 시시각각으로 위험한 상황에 노출되어 있었다. 그래서 중장통은 유학자의 신분으로 양지와 양능을 통하여 당시 사회에 대한 면밀한 고찰과 공명정대한 마음가짐으로 질서가 무너져 요동치고 있는 사회와 정치에 대하여 객관적 비판을 진행하였던 것이다. 이러한 비판을 통하여 중장통은 당시 사회의 어둡고 잔혹한 단면을 폭로하는 한편 정치적으로 부패한 현실에 대한 질타를 하면서 사회개혁과 정치의 쇄신을 부르짖었던 것이다.

4. 맺는 말

이상과 같이 중장통의 천인관계론에 대하여 사상적 연원과 천인관계론을 중심으로 논의를 진행해 보았는데, 이를 정리하면 다음과 같다.

양한시기는 동중서부터 시작해서 참위설이 유행하던 시절을 거쳐 백호관회의 등으로 대표되는 신학과 미신 및 경학 등은 당시의 천문학적 지식을 이용하여 천인감응의 이론체계 세트를 만들어 냈던 시기라고 말할 수 있다. 이와 같은 천인감응의 이론체계는 군주의 전제정치와 국가의 체제 및 강상명교에 상당히 듬직한 이론적 근거를 제공하게 된다. 동중서의 천인관계론 사상의 시작은 바로 자연적 의미의 천을 종교적 의미의 천으로 바꾼 것에 있다고 할 수 있는데, 그는 천을 의지가 있고 목적이 있으며 의식이 있는 존재로 보는 한편 만물을 주재하는 인격신으로 보기도 했다.

양한시기의 천인관계론 사상 가운데 중장통에게 가장 커다란 영향을 끼친 사상가로는 두 사람이 있었는데, 그들은 바로 왕충과 왕부라고 할 수 있다. 왕충의 천인관계론은 우주론에서부터 시작된다고 할 수 있다. 왕충은 천天이 형체가 있는 것으로 기가 아니라고 생각하였으며, 인간이 비록 형체가 있는 존재라고 할지라도 천의 형체와 인간의 형체는 다른 것이라고 보았다. 즉 왕충은 인간에게는 욕망이 있는 반면에 천에게는 욕망이 없으며, 인간에게는 유위가 있는 반면 천에게는 무위가 있기 때문에 하늘과 인간은 서로 인식할 수 없으며, 하늘과 인간은 서로 감응하지 않는다고 생각했던 것이다. 이처럼 왕충은 노자의 천도자연관을 계승하였을 뿐만 아니라 순자의 천인지분의 의미를 이해할 수 있었기 때문에 천인감응설에서 벗어날 수 있었던 것이다.

왕부는 원기일원론의 관점으로 천지의 기원에 관한 문제에 대하여 해석을 내놓는다. 즉 왕부는 천지만물의 발생은 처음 시작할 때 원기에서 나오는 것이라고 생각했으며, 기의 운행과 감동이 궁극에 도달하게 되면 자연계 전체의 규칙과 현상 모두가 그것에 의해서 조작되고 작용되는 것이라고 생각했다. 왕부는 인간이 천지와 기의 정수를 받아 생겨난 존재이기 때문에, 인간의 정신과 천지자연은 서로 소통되는 것이고 서로가 감응할 수 있다고 생각했다. 그렇기 때문에 왕부의 천인관계론 사상의 실질적인 연원은 동중서로부터 비롯된 것이라고 할 수 있는 것이다. 하지만 이와 같은 왕부의 천인관계론 사상과 동중서의 천인관계론 사상 사이에는 약간의 차이점이 존재하는데, 그 주요한 차이는 바로 왕부가 인간의 주동적인 작용을 특별하게 중시한 것에 있다고 하는 점이다. 그래서 왕부는 "인도라고 하는 것은 작위다."라고 하는 관념을 제기했던 것이다.

중장통의 천인관계론은 정치적·사회적 및 역사적인 요소들을 귀납시켜 내놓은 결과물이라고 할 수 있다. 중장통은 "인간사가 근본이 되고, 천도는 말단이 되는 것이다."라고 하는 주장을 제기한다. 그는 이러한 주장을 통하여 군주 된 사람이 성심성의를 다하여 인간사의 문제에 전력을 기울여야 한다고 생각했다. 또한 그는 군주가 천하의 혼란을 다스리는 것의 실질적인 행위에 뜻을 두고 있다면, 천도에 대해서 섬기는 태도를 갖지 말아야 하며 또한 백성들을 다스리고 치적을 쌓는데 방해가 없어야 하는 것이라고 했다. 만약 그렇지 않으면 군주가 정치를 펼치는 것에 있어서 인간사의 일들에 대하여 등한시하게 되고 매사를 천도에 기대어 처리하고자 하면, 결국에는 패망하게 되는 운명을 피해나갈 수가 없게 되는 것이라고 하였다.

중장통이 양한시기에 조정과 민간에 널리 퍼져서 맹신되고 있었던 천인감응설에 대하여 반대의 입장을 취하고 더 나아가 적극적으로 부정을 한 것은, 사람들이 마땅히 자연적 의미의 천도 가운데에서 원리를 찾고 원칙을 추구하고 아울러 그러한 원리나 원칙을 제어하고 이용해야 한다고 생각했기 때문이었던 것이다. 또한 중장통은 하늘의 도리 혹은 법칙은 사계절의 순환이 각기 시기에 알맞게 이루어지는 것과 같은 것으로 보았으며, 자연을 인간들이 이용해야 하는 대상으로 파악하는 한편 진일보하여 그것을 이용하여 농업생산을 증대시키고 산업생산력을 확대시켜야 하는 것으로 보았던 것이다.

중장통은 자신의 사회와 정치에 대한 비판적인 이론체계의 전제를 확립시키기 위해서 현실의 사회·정치상황 속에서 "인간사가 근본이 되고, 천도는 말단이 되는 것이다."라고 하는 주장을 도출해냈다고 할 수 있다. 중장통의 양한시기 천인감응설에 대한 엄중하고 예리한 비판 과정 속에서 발견할 수 있었던 사실은 바로 양한시기의 사상사적 맥락 가운데 중장통의 사상 역시 선대 사람들의 사상노선을 계승한 점이 있다고 하는 사실과 선대 사람들과 다른 점 역시 있다고 하는 사실이다. 이와 같은 중장통의 천인관계론은 당시의 시대적 상황에서 비춰봤을 때 비교적 진보된 형태의 이론체계라고 할 수가 있는 것이다.

참고문헌

班　固,『漢書』, 北京, 中華書局, 1990년.

范　曄,『後漢書』, 北京, 中華書局, 1985년.

彭　鐸,『潛夫論箋校正』, 北京, 中華書局, 1985년.

蘇　輿,『春秋繁露義證』, 北京, 中華書局, 1992년.

魏　徵,『群書治要』,『四部叢刊初編』本.

韋政通,『中國思想史』, 上冊, 臺北, 大林出版社, 1979년.

任繼愈,『中國哲學發展史 - 秦漢』, 北京, 人民出版社, 1985년.

徐復觀,『兩漢思想史』, 卷二, 臺北, 學生書局, 1989년.

侯外廬,『中國思想通史』, 第二卷, 北京, 人民出版社, 1992년.

馮友蘭,『中國哲學史新編』, 第三冊, 北京, 人民出版社, 1995년.

松丸道雄 외, 조성을 역,『中國史槪說』, 서울, 한울아카데미, 1989년.

胡楚生,「王符思想中一基本概念 "人道曰爲"之解釋」,『幼獅月刊』, 第四十七卷, 第六期, 1978년.

제15장

한창려의 천인관계론

1. 시작하는 말

유가사상을 집대성한 공자는 비록 괴이怪異와 용력勇力과 패란悖亂과 귀신에 대해서는 언급을 하지 않았으나 천명天命과 조상신의 존재에 대해서는 긍정했다. 서한시기 동중서董仲舒 이래로 유학은 정권의 통치이데올로기로 변모하여 군권천수설君權天授說과 부명符命[1]에 대한 이론을 대대적으로 홍보한다.

당대唐代 중기에 이르러 성행한 '유·불·도'의 대립과 논쟁 가운데 유학자인 한창려韓昌黎는 적극적으로 불가와 도가의 이론을 배척함과 동시에 유학의 도통道統을 수립하는 한편 전통유학의 천명론을 계승하여 천인관계의 모식을 새롭게 정립한다. 한창려는 한대의 유학자인 동중서가 건립한 천인감응설을 계승하여 도통설에 입각한 천명론을 적극 주장한다. 그래서 그는 "당왕조가 천명을 받아 천자의 나라가 되었다"라고 굳게 믿는 한편 자신의 시문작품 및 여러 저작들 속에서 천명론 사상을 적극적으로

1 하늘이 제왕帝王이 될 만한 사람에게 내리는 상서祥瑞로운 징조徵兆.

주창한다.

한창려의 천인관계론은 천명론으로 귀결할 수 있는데, 그 자신의 삶 속에서 천명론은 그의 인생여정에 따라 다른 모습으로 표현되기도 한다. 즉 한창려 자신의 성공과 좌절 등 인생여정의 부침에 따라 천명을 숭상하기도 하고 또한 때로는 천명을 의심하기도 한다. 그리고 한창려는 하늘과 인간의 관계에 대해서는 하늘과 인간이 상호 대립적인 존재라는 주장을 하기도 하는 등 매우 다양한 형태의 천인관계론의 모식을 갖고 있다.

이상과 같은 한창려의 천인관계론의 내용을 천명의 숭상과 천명에 대한 의혹 그리고 하늘과 인간이 서로 대립한다는 주장을 중심으로 서술해 보도록 하겠다.

2. 천명의 숭상

한창려는 하늘이 권선징악勸善懲惡을 할 수 있는 의지를 가진 주재자라고 생각했는데, 이점에 관한 구체적인 내용은 그의 저작에 다음과 같이 나타나있다.

> 군자는 자신에게 병이 있으면 하늘의 뜻을 따른다.……병이 자신에게 있는 것이라고 하는 것이다. 사랑과 의로움이 내재되어 있기 때문에 성현들은 그러한 것을 가려 뽑고 넓혀가지만, 나는 무식하여 보통사람과 같다. 하늘의 뜻을 따른다고 말하는 것은 고귀함과 천함 가난함과 영달이 와도 내 마음을 평안하게 하여 그것을 따라 순응하는 것이다.[2]

> 세 사람의 시는 뛰어나다!……세 사람의 운명은 하늘에 달려있는 것

---

2 『韓昌黎全集』, 「答陳生書」, "君子病乎在己, 而順乎在天.……所謂病乎在己者, 仁義存乎內, 彼聖賢者能推而廣之, 而我蠢焉爲衆人. 所謂順乎在天者, 貴賤窮通之來, 平吾心而隨順之."

> 이다! 높은 지위에 있다고 해서 어찌 기쁠 것이며, 낮은 지위에 있다고 해서 어찌 슬플 것인가? 맹동야가 강남땅으로 좌천 된 것을 그 사람 자신은 달갑게 여기지 않았다. 그러므로 나는 그의 운명이 하늘에 달린 것으로 해석했다고 말했다.[3]

위의 문장들에서 의미하는 것은 바로 인간의 귀천貴賤과 재앙과 행복은 하늘의 의지에 의해서 정해지는 것이기 때문에 인간은 마땅히 마음을 인징시키고 하늘의 처분에 따라 순응해야만 한다는 것이다. 또한 개인이 행복과 불행에 직면하게 되는 것은 개인의 능력으로는 바꿀 수 있는 성질의 것이 아니기 때문에 친구인 맹동야孟東野가 곤경에 처했을 때 권고하기를 "하늘이 하고자 하는 것을 알면 스스로는 마땅히 하늘이 명하는 바를 따라야 한다"[4]라고 했다. 이러한 관점에서 볼 때 한창려는 관료사회의 부침을 담담한 입장에서 관조하는 한편 소극적인 고뇌에서 벗어나 스스로를 강하게 진작시켜 시대의 대변자가 되기를 원했다고 판단된다. 이러한 요소들은 한창려의 천명관을 직접적으로 반영하고 있다고 볼 수 있는 것이다.

한창려는 자신이 공자와 맹자의 도통을 계승하고 있다고 자처하여,[5] 비록 시운이 따라주지 않아도 굳건한 신념으로 고위 관직과 많은 녹봉을 받는 권신權臣들이 전횡을 휘두르고 자신의 직책에 충실하지 않은 채 국가의 녹만 축내는 것은 귀신의 농간일 뿐이라고 믿었다. 그러므로 그는 만일 인간이 선한 일을 한다면 하늘은 반드시 축복을 내리고, 반대로 인간이 나쁜 짓을 하게 되면 하늘은 반드시 징벌을 내릴 것이라고 보았다.

---

3 『韓昌黎全集』, 「送孟東野序」, "三子者之鳴信善矣!……三子者之命則懸乎天矣! 其在上也, 奚以喜? 其在下也, 奚以悲? 東野之役于江南也, 有若不釋然者, 故吾道其命于天者以解之."

4 林雲銘, 『韓文起』, 轉引自 『韓愈資料匯編』, 臺北, 學海出版社, 1984년, 990쪽 참조.

5 程方平, 『隋唐五代的儒學』, 昆明, 雲南教育出版社, 1991年, 97쪽 참조.

다시 말하면 선한 사람은 복을 받고 악한 사람은 벌을 받는다고 주장한 것이다. 그래서 한창려가 도통을 계승한 것은 바로 하늘의 의지에 의한 것이라고 하는 것이다.

> 하늘이 이 사람이 있게 되는 것을 원하지 않았을까? ……내가 아니면 그 누가 할 것인가? 도를 실천하고 그것을 기록하여 현세를 교화하여 그 가르침을 후세에 전하는 이는 반드시 있을 것이다.[6]

하늘이 한창려를 낳은 것은 유학의 도통을 후세에까지 드리워 그로써 세상 사람들을 교화시키기 위해서이다. 그러므로 그가 언급한 도道는 천명의 구체화라고 말할 수 있으며 또한 도를 전해 받은 성인聖人들은 모두가 하늘이 부여한 사명을 삼가 받들어야 한다는 것이다. 그래서 "하늘이 낳은 위대한 성인은 헤아릴 수 없으며, 포악한 사람 역시 헤아릴 수 없다."[7] 이러한 한창려의 관념은 공자와 맹자의 천명사상의 영향을 받은 것이 확실하다고 사료된다. 즉 공자는 일찍이 "하늘이 이 문화를 없애려 하셨다면, 후세에 나온 내가 이 문화에 참여할 수가 없었을 것이다. 하늘이 이 문화를 없애려 하지 않고 계신데, 광 사람들이 나를 어찌할 수 있겠느냐?"[8]라고 하였으며, 맹자 역시 "하늘이 천하를 태평하게 다스리려고 하지 않는 것이지, 만일 천하를 태평하게 하고자 한다면 지금 이 세상에서 나 말고 그 누구이랴? 내 어찌하여 기뻐해 하지 않겠는가?"[9]라고 언급한 것에서와 같이 그 흔적을 찾아볼 수 있다. 그러므로 한창려는 비

---

6 『韓昌黎全集』, 「重答張籍書」, "天不欲使玆人有之乎? ……非我其誰哉? 其行道, 其爲書, 其化今, 其傳后, 必有在矣."

7 『韓昌黎全集』, 「對禹問」, "天之生大聖也不數, 其生大惡也亦不數."

8 『論語』, 「子罕」, "天之將喪斯文也, 後死者不得與於斯文也; 天之未喪斯文也, 匡人其如予何?"

9 『孟子』, 「公孫丑下」, "夫天未欲平治天下也; 如欲平治天下, 當今之世, 舍我其誰也? 吾何爲不豫哉?"

록 능력은 뛰어나지만 시운이 따르질 않아서 여러 차례에 걸쳐 정치적 좌절을 경험했음에도 불구하고 공자가 언급한 "하늘이 이 문화를 없애려 하지 않는"다고 하는 사명감을 가지고 자신이 바로 도통의 전수자임을 자인하고 있는 것이다.

> 옛날부터 성인이나 현명한 선비들 모두는 이름이 널리 알려져 임금에게 등용되는 것을 추구하지 않았다. 그들은 세월이 평화롭지 못하고 사람들이 의롭지 못함을 근심하기 때문에 도를 터득하더라도 자신 홀로만 선해지려 하지 않고 반드시 그것을 온 천하의 사람들과 함께 했다. 그들은 이러한 것을 부지런히 힘써 실천하다가 죽은 뒤에야 그쳤다. 그러므로 하나라의 우임금께서 치수를 하는 동안 집 앞을 지나가면서도 한 번도 집에 들어가지 않았고, 공자는 앉은자리가 따뜻해질 겨를도 없이 돌아다녔고, 묵자의 집 굴뚝은 까맣게 될 틈이 없었다. 그들 두 분의 성인과 한 분의 현인도 어찌 자신이 편안히 지내는 것의 즐거움을 알지 못했겠는가? 진실로 하늘의 명을 두려워하고 사람들의 곤궁함을 슬퍼했기 때문에 그렇게 한 것이다. 하늘이 사람들에게 현명하고 성인다운 재능을 내려준 것은, 어찌 자신만을 위하여 여유 있게 그것을 지니라고 그런 것일 따름이겠는가? 진실로 그것이 부족한 사람들을 보충해 주라는 뜻이다. 몸에 있어서의 귀와 눈을 보면 귀는 듣는 일을 맡고 눈은 보는 일을 맡아서 옳고 그른 것을 들어 분별하고 험난하고 평이한 것을 보고 안 뒤에야 몸은 편안할 수가 있는 것이다. 성인과 현인이란 그 시대 사람들의 귀와 눈과 같은 존재이고 그 시대 사람들이란 성인과 현인의 몸이나 같은 것이다. 그러니 양자가 현명하지 않다면 곧 몸에 부림을 받음으로써 그의 윗사람들을 받들어야 할 것이다. 만약 정말로 현명하다면 곧 진실 되게 하늘의 명을 두려워하고 사람들의 곤궁함을 가엾이 여겨야만 할 것이지, 어찌 스스로 한가히 편하게 지내고 있을 수 있겠는가?[10]

10 『韓昌黎全集』, 「爭臣論」, "自古聖人賢士皆非有求于聞用也, 閔其時之不平, 人之不義, 得其道, 不敢獨善其身, 而必以兼濟天下也. 孜孜矻矻, 死而后已, 故禹過家門不入, 孔席不暇暖, 而墨突不得黔. 彼二聖一賢者, 豈不知自安佚之爲樂哉? 誠畏天命而悲人窮也.

위의 인용문에서 의미하는 것은 바로 성인들이나 현명한 선비들 모두는 명성을 날려서 관직에 제수 되는 것을 추구하지 않고, 세상에 규범과 원칙이 사라져 도가 땅에 떨어진 것을 근심하여 백성들의 눈과 귀가되어 "옳고 그른 것을 들어 분별하고 험난하고 평이한 것을 본다."는 사명을 수행한다는 것이다. 우임금께서 치수를 하는 동안 집 앞을 세 번이나 지나가면서도 한 번도 집에 들어가지 않았고, 공자께는 앉은자리가 따뜻해질 겨를도 없이 천하에 도를 설파하기 위해 돌아다녔고, 묵자의 집 굴뚝은 까맣게 될 틈이 없었을 정도로 세상을 위해 바쁘게 일한 것은 바로 도탄에 빠진 천하를 구원하기 위해서 끊임없이 노력한 결과라고 할 수 있는 것이다. 이들 성인과 현자들은 "천명을 두려워하고 사람들의 곤궁함을 가엾이 여겨" 도道로써 백성들을 구제하고 천하의 모든 사람들과 함께 선함을 추구한 것이다.

3. 천명에 대한 의심

한창려는 인생 전반에 걸쳐 경서를 중시하고 공자와 맹자를 숭배하였는데, 이는 그의 천명관天命觀에 지대한 영향을 끼쳤다고 할 수 있다. 그러나 이러한 견해는 한창려의 저작 전반을 면밀하게 분석해 본다면 제고해야할 필요성을 직감할 수 있을 것이다. 즉 한창려는 때로는 천명을 절대적으로 숭상하고 그것에 확신을 갖고 있으나 한편으로는 천명에 대하여 의혹과 곤혹스러운 감정을 가지고 있었다.[11] 이러한 경향은 그의 순탄치만은 않은 인생여정과 관련이 있을 것이라고 판단된다.

夫天授人以賢聖才能, 豈使自有餘而已? 誠欲以補其不足者也. 耳目之于身也; 耳司聞而目司見, 聽其是非, 視其險易, 然后身得安焉. 聖賢者, 時人之耳目也; 時人者, 聖賢之身也. 且陽子之不賢, 則將役于賢, 以奉其上矣; 若果賢, 則固畏天命而閔人窮也, 惡得以自暇逸乎哉?"

11 卞孝萱, 張淸華, 閻琦, 『韓愈評傳』, 南京, 南京大學出版社, 1998년, 250쪽 참조.

> 그러한 것을 슬퍼하는 것은 운명이고, 그러한 것을 슬퍼하지 않는 것도 운명이다. 그러한 것이 운명에 있음을 알고 울부짖는 것 역시 운명이다.[12]

> 이러한 때를 생각하니 얻고 잃는 것은 천명에 달린 것이지 세상의 시속에 있는 것이 아니라고 판단된다. 방에서 한가로이 쉬면서 옛 사람들의 노래를 부르다가 지금 다시 의심스러워진다! 하늘의 뜻이 도대체 무엇인지를 모르겠다. 운명은 도대체 무엇인가? 이것은 사람에 의해 정해지는 것인가? 아니면 사람에 의해 정해지는 것이 아닌가?[13]

한창려는 진사에 급제한 후에 중앙정치권에 진출하기 위해서 일찍이 세 차례에 걸쳐 이부吏部에서 시행하는 시험에 응시했으나 번번이 낙방하게 된다. 그래서 한창려는 당시 중서성中書省을 장악하고 있던 권문세족들이 시험에 농간을 부리는 것으로 판단하고 사람들을 끌어들여 도움을 얻고자 하나 그 마저도 중서성에 의해 무산된다. 이에 낙담한 한창려는 당시의 시험감독관인 최원한崔元翰에게 천명을 의심하는 글을 올린다. 그는 최원한에게 올리는 문장 속에서 스스로 한탄하여 "도가 상실되지 않았고, 천명이 속이지 않았는데 어찌 이렇게도 의심스럽단 말인가! 어찌 이렇게도 곤혹스럽단 말인가!"와 같은 언급을 했는데, 이러한 부분에서 한창려가 이미 천명을 확신하고 있으면서 한편으로는 천명에 대하여 의심의 태도를 취하고 있음을 발견할 수 있는 것이다.

> 재앙과 행복 좋음과 나쁨이 오는 것은 내 의지와는 무관해 보인다. 오직 군자만이 재앙을 당했을 때 운이 없다고 여기고, 소인은 재앙을 당했을 때 항상 그러한 것으로 여긴다. 군자는 행복한 일을 만났을 때 항상

---

12 『韓昌黎全集』, 「應科目與時人書」, "其哀之, 命也; 其不哀之, 命也; 知其在命而且鳴號之者, 亦命也."

13 『韓昌黎全集』, 「上考功崔虞部書」, "惟念以爲得失, 固有天命, 不在趨時. 而偃仰一室, 嘯歌古人. 今則復疑矣! 未知夫天竟如何. 命竟如何? 由人乎哉? 不由人乎哉?"

> 그러한 것으로 여기고, 소인은 행복한 일을 만났을 때 다행이라고 여긴다.……현명함과 어리석음은 자신에게 달려있는 것이며, 부귀함과 비천함 그리고 재앙과 행복은 하늘의 의지에 달린 것이고, 평판의 좋음과 나쁨은 타인에게 달려있는 것이다. 자신에게 달려 있는 것은 내가 열심히 노력할 것이고, 하늘의 의지와 타인에게 달려있는 것은 내가 저 직책에 임용되고자 해도 내 힘으로는 어쩔 수 없는 것이다.[14]

상기의 인용문에서는 재앙과 행복은 항상 된 것이 아니며, 인간의 행위에 의해서 좌우되는 것도 아니며, 또한 소인배가 늘 재앙을 당하고 군자가 행운을 잡게 되는 것은 원래 천리天理가 그것들을 분명하게 하기 때문인데, 잔혹한 현실은 반드시 그렇지만은 않다는 것을 언급하고 있다. 그러나 한창려는 부귀함과 비천함 그리고 재앙과 행복은 천명에 의해서 결정되고, 현명함과 어리석음은 자신에 의해서 결정되는 것이라고 보았다. 더나가 평판의 좋고 나쁨은 타인에게 달려있다는 것은 사람이 자신이 할 수 있는 최선의 노력을 다한 뒤의 것은 어쩔 수 없다는 것이다. 이러한 점은 한창려의 천명에 대한 반신반의 태도와 해결되지 않는 모순에 대하여 곤혹스러워함을 표출하고 있는 것이라고 볼 수 있는 것이다.

이러한 한창려의 곤혹과 사고의 혼란은 당연히 그가 실제로 처한 상황과 생활 속에서 직면하게 되는 여러 종류의 경우들을 단적으로 나타내고 있다. 즉 공정하지 못한 사회와 과거시험장의 복잡하고도 어지럽게 얽힌 부정과 부패의 사슬 그리고 정의로움의 실종 등등 모든 현상들은 한창려가 개탄할 수밖에 없는 상황을 초래하게 된다.

---

14 『韓昌黎全集』, 「與衛中行書」, “凡禍福吉凶之來, 似不在我. 惟君子得禍爲不幸, 而小人得禍爲恒. 君子得福爲恒, 而小人得福爲幸. 以其所爲, 似有以取之也, 必曰君子則吉, 小人則凶者, 不可也. 賢不肖存乎己, 貴與賤·禍與福存乎天, 名聲之善惡存乎人. 存乎己者, 吾將勉之, 存乎天·存乎人者, 吾將任彼而不用吾力焉.”

> 옛날부터 현명한 사람은 적고 어리석은 사람은 많았다. 그런데 나는 세상의 물정을 알게 된 뒤로 현명한 사람은 항상 불운하고 어리석은 사람은 청색 자색의 관복을 걸치고 다니며, 현명한 사람은 항상 제 몸 하나 온전히 보존하기가 어려운데, 어리석은 사람은 뜻을 이루고 의기양양하게 살아가며, 현명한 사람은 비록 보잘것없는 관직을 얻어도 일찍 죽고 어리석은 사람은 눈썹이 희도록 산다는 것을 알았다. 조물주의 궁극적인 의도가 도대체 무엇인지를 나는 모르겠다. 그가 좋아하는 것과 싫어하는 것은 사람들과 다른 것은 아닐까? 혹은 아무런 의식도 없이 사람 자신에게 죽음과 삶 그리고 장수함과 요절함을 맡겨 버리고 있는 것은 아닌지 알지 못하겠다. 사람들 가운데는 본래 재상과 같은 높은 관직이나 천승千乘의 높은 지위를 하찮게 여기고 누추한 골목에서 기거하며 푸성귀 국을 마시며 살기를 즐기는 사람도 있다. 같은 사람인데도 좋아하고 싫어하는 것이 이와 같이 다른데 하물며 하늘과 인간에 있어 서랴? 당연히 반드시 좋아하고 싫어하는 것이 다른 것은 의심할 여지가 없다. 하늘에 부합하면서 인간과 괴리되는 생활을 한들 무슨 해악이 되겠는가?[15]

세상에 정의가 바로 서지 않아서 하늘과 인간이 서로 단절되고 마음속은 불만으로 가득 채워져 있다. 이는 당시 한창려가 정치권에 첫발을 내딛은 이후 여러 차례 직면한 상황에 대한 개괄적인 심정을 단적으로 표현한 것이다. 전통사회 특히 당나라 사회에서 한 인간의 존귀함과 비천함은 늘 자신의 재능과 덕성에 의해 결정되는 것이 아니라 당사자의 집안배경에 의하여 결정되곤 했다. 그러므로 현명한 사람은 뜻을 얻을 수 없었고 오히려 어리석은 사람이 높은 지위를 얻어 기세가 등등했다. 인간 세상의 여러 가지 불평과 비분은 과연 이 세상에 도(정의)가 있는지

---

15 『韓昌黎全集』, 「與崔群書」, "自古賢者少, 不肖者多, 自省事已來, 又見賢者恒不遇, 不賢者比肩青紫; 賢者恒無以自存, 不賢者志滿氣得; 賢者雖得卑位則旋而死, 不賢者或至眉壽. 不知造物者意竟如何? 無乃所好惡與人異心哉? 又不知無乃都不省記, 任其死生壽夭邪? 未可知也. 人固有薄卿相之官, 千乘之位, 而甘陋巷菜羹者; 同是人也, 猶有好惡如此之異者, 況天之與人? 當必異其所好惡, 無疑也. 合于天而乖于人, 何害? "

를 의심케 하여 하늘이 "좋아하는 것과 싫어하는 것이 사람들과 달라서" 처럼 은덕을 베푸는 것과 그에 대한 보답이 꼭 맞지를 않고 요절하는 것과 장수하는 것이 어지럽게 된다. 만일 그렇지 않다면 도대체 무엇이 이러한 것들로 하여금 이와 같이 커다란 차이를 유발하는 것인가!

이와 같은 울분에 찬 심정은 한창려의 경우처럼 재능과 학문이 있으면서도 뜻을 얻지 못했던 상황을 반영한 것이라 할 수 있겠다. 또한 불합리한 현실사회에 대한 폭로와 천명의 무상함에 대한 고발을 담고 있는 것이라고 할 수 있다. 이외에도 한창려는 가까운 벗의 죽음과 친척의 와병을 겪으면서 느낀 감정들을 많은 문장을 통하여 전하고 있다.

> 세상에 존재하는 모든 생물가운데 과연 어느 것이 하늘이 낳지 않았는가? 밝게 비추고 어둡게 가리는 것은 누가 그렇게 하는 것인가? …… 백성들이 좋아하고 싫어하는 것은 저 푸른 하늘과 멀리 떨어져있는 것인가?[16]

> 오호라! 내 형의 크신 덕은 하늘의 그것을 이어 받았구나! 당신의 순수함과 밝음은 그 집의 사업에 마땅하며 그 은혜를 다 덮을 수가 없다! 하늘이란 것은 정말로 헤아리기 어렵고 귀신이란 것은 명확하게 밝히기는 어렵다! 리理라는 것은 추측을 할 수가 없고 장수한다는 것은 알 수가 없는 것이다![17]

현명한 사람이 거듭 되는 고독함 속에서 불행한 죽음을 맞이하는 것과 어린 소년이 돌연히 세상을 떠나는 상황은 한창려를 원통과 절망에 빠트리기에 충분하였으며, 그 자신이 하늘의 뜻을 헤아리는 것을 더욱

---

16 『韓昌黎全集』, 「獨孤申叔哀辭」, "衆萬之生, 誰非天邪? 明昭昏蒙, 誰使然邪? ……將下民之好惡與彼蒼懸邪?"

17 『韓昌黎全集』, 「祭十二郎文」, "嗚呼! 吾兄之盛德而天其嗣矣! 汝之純明, 宜業其家者, 不克蒙其澤矣! 所謂天者誠難測, 而神者誠難明矣! 所謂理者不可推, 而壽者不可知矣!"

어렵게 만듦과 동시에 운명의 불공평함에 대하여 원망하게 만들었다.

4. 하늘과 인간은 상호 대립적 존재

현실생활 속에서 직면하게 되는 불합리한 상황들 및 인간능력의 한계는 한창려로 하여금 때로는 "곤궁함과 영달은 운명 지어져 있는 것이니, 내가 그것을 하고자 해도 도에 부합되지 않을까 두렵다"[18]는 생각을 갖게 했다. 또한 때로는 "인간의 삶은 운명에서 비롯된 것 일뿐 다른 것에서 비롯된 것은 아니다"[19]라는 생각을 갖게 만들었다. 그렇다면 한창려에 있어서의 하늘과 인간의 관계는 도대체 어떤 형태를 가지고 있었을까?

> 위에 형상形象을 이루어 나타나 있는 것을 하늘이라 한다. 아래에 형상을 이루어 나타나 있는 것을 땅이라 한다. 명命을 받아 하늘과 땅 사이에 있는 것을 사람이라 한다. 위에 있는 해 달 별 등 모두 하늘에 속하는 것들이다. 아래에 있는 풀 나무 산 강 등은 모두 땅에 속하는 것들이다. 하늘과 땅 사이에 있는 여러 이민족과 온갖 짐승들은 모두 사람에 속하는 것들이다. 어떤 사람이 말했다. "여러 이민족과 온갖 짐승들이 모두 사람에 속하는 것들이라고 하니, 금수를 가리켜 사람이라고 해도 좋다는 말인가?" 나는 이렇게 대답하였다. "그렇지 않다 누군가 산을 가리키며 '이것이 산인가?'하고 물었을 때 '산이다'라고 대답하는 것은 옳다. 산에 있는 풀 나무, 그리고 온갖 짐승들이 다 산에 속하는 것들이니, 그 모두를 통틀어 산이라 할 수는 있다. 그러나 산 가운데에 있는 한 포기 풀을 가리키며 '이것이 산인가?' 하고 물었을 때, '산이다.' 라고 답하면 그것은 잘못이다." 그러므로 하늘의 도天道가 어지러워지면 해와 달 그리고 별들이 그 바른 운행을 잃고, 땅의 도地道가 어지러워지면 초목과 산천이 안정을 잃어 자연이 황폐해지며, 인간의 도人道, 즉 인간으로서 마땅히 지

---

18 『韓昌黎全集』, 「祭十二郎文」, "命之窮通, 自我爲之, 吾恐未合于道."

19 韓愈, 『韓昌黎詩繫年集釋』, 「八月十五夜贈張功曺」, "人生由命不由他."

> 켜야 할 법도가 어지러워지면 인간과 짐승들이 각각의 참모습을 잃어 천하가 어지러워진다. 하늘은 해와 달 그리고 별들의 주인이고, 땅은 초목과 산천의 주인이며, 인간은 사방의 오랑캐와 온갖 짐승들의 주인이다. 주인이 자신이 거느리는 것들에게 난폭하게 구는 것은, 주인으로서 지켜야 할 바른 도를 잃는 것이다. 그러므로 성인은, 천지 만물을 피아彼我의 구별이 없이 하나로 보아 똑같이 사랑하고, 자신을 닦는 평범한 일부터 실천하여 그 덕이 멀리에까지 미치게 한다.[20]

위의 인용문을 통해서 볼 때 한창려가 인간의 근원에 대한 탐색과 인간이 자연계에서 차지하는 비중에 대하여 언급했음을 알 수 있다. 그리고 한창려가 인간과 천지天地·일월성신日月星辰·산천초목山川草木 등 우주 만물을 하나의 유기체로 파악한 사실 역시 알 수 있다. 또한 그는 인간을 "명命을 받아 하늘과 땅 사이에 있는" 존재로 파악하여 인간이 자연계에서 주재자적 위치에 있음을 강조함과 동시에 맹자의 인정仁政사상을 계승하여 유가의 핵심개념인 부모에 대한 효도와 백성에 대한 사랑 그리고 물적 자원을 귀하게 여기는 정신을 드높인다. 그래서 그는 사람들에게 천명에 대하여 존중과 확신의 태도를 가질 것을 요구하는 한편 인간의 도리人道를 발휘하여 "천지 만물을 피아彼我의 구별이 없이 하나로 보아 똑같이 사랑하고, 자신을 닦는 평범한 일부터 실천하여 그 덕이 멀리에까지 미치게 한다."는 실천적 행위 통하여 천명을 완성할 것을 요청한다.

---

20 『韓昌黎全集』, 「原人」, "形于上者謂之天, 形于下者謂之地, 命于其兩間者謂之人. 形于上, 日月星辰皆天也; 形于下, 草木山川皆地也; 命于其兩間, 夷狄禽獸皆人也. 曰 : 然則吾謂禽獸人, 可乎? 曰 : 非也, 指山而問焉, 曰 : 山乎? 曰 : 山可也. 山有草木禽獸. 皆擧之矣. 指山之一草而問焉. 曰 : 山乎? 曰 : 山則不可. 故天道亂, 而日月星辰不得其行, 地道亂, 而草木山川不得其平, 人道亂, 而夷狄禽獸不得其情. 天者, 日月星辰之主也; 地者, 草木山川之主也; 人者, 夷狄禽獸之主也. 主而暴之, 不得其爲主之道矣. 是故聖人一視而同仁, 篤近而擧遠."

한유가 유종원에게 다음과 같이 말했다. 당신은 하늘에 관한 학설을 아는가? 나는 당신에게 하늘에 관한 학설을 설명하겠다. 만일 몹시 고통스럽고 지치고 모욕 받고 배고프고 추위에 떨고 있는 사람이 하늘을 우러러보며, "백성들을 학대하는 사람은 출세하고 백성들을 도와주는 사람은 재앙을 받는다."라고 한다든지 또 하늘을 우러러보며, "어째서 이처럼 극심한 고통을 당하게 하는가?"라고 외친다면 이러한 사람들은 모두 하늘에 대하여 아무것도 모르고 있다고 할 수 있다. 대체로 과일이나 채소가 썩으면 벌레가 생겨난다. 인간의 피가 부패하고 흐름이 막히면 등창·혹·악성치질에 걸리고 병균이 서식한다. 나무가 썩으면 굼벵이가 그 속에 살고 풀이 썩으면 개똥벌레가 날아든다. 이것이 어찌 파괴된 뒤에 일어나는 현상이 아니랴? 사물이 파괴되면 그로부터 벌레가 생겨난다. 원기元氣나 음양이 파괴되면 그로부터 인간이 생겨난다. 벌레가 생겨나면 사물은 더욱 파괴된다. 그것을 먹어치우고 거기에 구멍을 뚫고 하여 벌레가 사물에 끼친 해는 몹시 심하다. 그것들을 제거할 수 있는 자는 사물을 도와주는 자이고 그것들을 번식시키는 자는 사물을 해치는 자이다. 인간이 원기나 음양을 파괴하는 것도 매우 심하다. 자연 상태의 토지를 개간하고 산림을 남벌하고 마구 우물을 파서 물을 마시고 무덤을 파서 죽은 자를 묻으며, 또 땅을 파서 방죽을 만들고 담장과 성곽을 쌓고 망루를 만들어 즐기며, 땅을 파서 물이 흐르게 하고 제방을 쌓아 연못을 만들며, 나무를 태워서 번제燔祭를 지내고 쇠붙이를 녹이고 도자기를 굽고 돌을 깎는 등등 천지만물의 생기를 잃게 하고 그것들이 본래의 성질을 유지할 수 없게 하며, 멋대로 두드리고 비틀고 해서 잠시도 쉬지 못하게 한다. 인간이 원기와 음양에 끼친 재앙은 벌레의 그것보다 심하지 않은가? 나는 이러한 인간을 없애는 것은, 날이 가고 해가 갈수록 원기와 음양에 대한 해악이 더욱 적어질 것이기 때문에, 그것은 천지를 도와주는 것이라고 생각하며, 인간을 번식하게 하는 자는 천지의 원수가 될 것이라고 생각한다. 지금 사람들은 모두 하늘을 알지 못한다. 그래서 이처럼 하늘에 대고 외치고 하늘을 원망하는 것이다. 나는 하늘이 그 외침과 원망의 소리를 듣는다면 (하늘을)도와준 사람에게 반드시 커다란 상을 내

> 릴 것이며, 해악을 끼친 사람에게는 또한 큰 징벌을 내릴 것이라고 생각한다. 당신은 내 말을 어떻게 생각하는가?[21]

한창려는 하늘과 땅 사이의 음양陰陽·원기元氣는 모두 제각각 스스로 생성하고 스스로 소멸하는 내재적 원리를 갖추고 있다고 보았다. 그러나 그는 풀이나 나무 채소 열매 등은 부패하게 되면 벌레가 생기고 원기와 음양이 손상되면 인간이 생긴다고 보았다. 이와 같은 원리를 뒤집어서 보면, 벌레가 생기면 풀이나 나무 채소 열매가 손상되고 인간이 생기면 원기와 음양이 손상된다는 것이다. 그러므로 인간이 천지간에 살면서 필요 이상으로 토지를 개간하고 산림을 마구 남벌하며 아무데서나 우물을 파고 함부로 무덤을 파서 죽은 자를 매장하는 등등의 행위는 모두가 수단과 방법을 가리지 않고 천지간의 원기와 음양을 파괴하는 결과를 초래하는 것이다. 또한 이러한 결과로 인해서 세상만물은 제각각 스스로의 본성에 순응하여 순조롭게 생장을 하지 못하게 되는 사태가 발생하게 된다고 주장한 것이다.

만일 벌레들의 생장을 방해할 수 있다면 이는 바로 풀이나 나무 채소 열매 등과 같은 식물들에게 이로움을 주는 길이며, 마찬가지로 인간들의 생장을 방해할 수 있다면 이는 곧 천지에게 이로움을 주는 길인 것이다.

---

21 『柳宗元集』, 「天說」, "韓愈謂柳子曰 : 若知天之說乎? 吾爲子言天之說. 今夫人有疾痛·倦辱·飢寒甚者, 因仰而呼天曰 : "殘民者昌, 佑民者殃!" 又抑而呼天曰 : "何爲使至此極戾也?" 若是者, 擧不能知天. 夫果蓏·飮食旣壞, 蟲生之; 人之血氣敗逆壅底, 爲癰瘍·疣贅·瘻痔, 蟲生之; 木朽而蝎中, 草腐而螢飛, 是豈不以壞而后出耶? 物壞, 蟲由之生; 元氣陰陽之壞, 人由之生. 蟲之生而物益壞. 食齧之, 攻穴之, 蟲之禍物也滋甚. 甚有能去之者, 有功於物者也, 蕃而息之者, 物之仇也. 人之壞元氣陰陽也亦滋甚. 墾原田, 伐山林, 鑿泉以井飮, 竅墓以送死, 而又穴爲堰溲, 築爲墻垣城郭臺榭觀游, 疏爲川瀆溝洫陂池, 燧木以燔, 革金以鎔, 陶甄琢磨, 悴然使天地萬物不得其情, 倖倖沖沖, 攻殘敗撓而嘗息. 其爲禍元氣陰陽也, 不甚于蟲之所爲乎? 吾意有能殘斯人, 使日薄歲削, 禍元氣陰陽者滋少, 是則有功于天地者也; 繁而息之者, 天地之讎也. 今夫人擧不能知天, 故爲是呼且怨也. 吾意天聞其呼且怨, 則有功者受賞必大矣, 其禍焉者受罰亦大矣. 子以爲吾言爲如何?"

반대로 만일 인류의 번식을 조장하여 원기와 음양을 파괴한다면 이는 곧 천지에 해로움을 끼치는 것이 된다. 그러므로 하늘에게 이로움을 주는 자는 하늘의 보답을 받을 것이고 만일 하늘에게 해로움 끼치는 행위를 하는 사람이 있다면 그는 반드시 하늘의 징벌을 받을 것이라고 한 것이다.[22]

이와 같은 한창려의 사상은 환경문제와 생태계보호 문제와 관련되어 있다고도 할 수 있는데, 이는 생태환경의 균형적인 발전을 추구하고 있는 현대사회에서 풍부하고도 적극적인 의미를 전해주고 있다고 볼 수 있다.

한창려는 하늘이 의지를 가진 주재자적 존재라는 사실을 인정함과 동시에 천인감응天人感應에 대해서도 긍정적인 태도를 견지한다. 그러나 이러한 태도는 그가 줄곧 주장했던 하늘은 권선징악을 할 수 있다는 존재라는 것에 부합하지 않으며, 역대로 하늘이 의지를 가진 존재라고 주장했던 사상가들의 견해와도 차이를 보인다. 즉 묵자墨子에 있어서의 하늘은 의지를 가진 존재이기는 하지만 또한 백성들을 사랑하고 악행을 징벌하고 선행을 상주는 존재이기도 하다.[23] 또한 동중서董仲舒 역시 하늘이 의지를 가진 존재라는 것을 강조하는데, 동중서에 있어서의 하늘은 인간사회의 모든 사항들에 대하여 상벌을 내려주는 존재이다. 이러한 하늘의 뜻은 바로 인간의 이상적인 도덕원칙이며 또한 하늘이 선악을 구분하는 판단의 기준은 인간세계의 선악 판단 기준과 동일해서 선행에는 복을 내려주고 악행에는 벌을 내려주는 존재이다.[24]

한창려에게 있어서 하늘의 의지는 인간의 의지와는 차별된 모습으로 인식되어진다. 즉 하늘이 추구하는 이익과 인간이 추구하는 이익은 서로

---

22 張躍, 『唐代后期儒學的新趨向』, 臺北, 文津出版社, 1993年, 75쪽 참조.

23 詹劍峰, 『墨子的哲學與科學』, 北京, 人民出版社, 1981年, 73~74쪽 참조.

24 周紹賢, 『漢代哲學』, 臺北, 臺灣中華書局, 1983年, 148~149쪽 참조.

반대가 되는 것이기 때문에 하늘의 선악 구분의 판단 기준과 인간의 선악 구분의 판단 기준은 서로 어긋난다. 바꿔 말하면 "백성들을 학대하는 사람은 출세하고, 백성을 보우하는 사람은 재앙을 받는다"라는 말로 요약할 수 있는 것이다. 이러한 하늘의 의지와 인간의 의지가 상호 대립한다고 하는 감응 방식은 사람들이 보기에는 항상 악행에 대해서는 축복을 내리고 선행에 대해서는 징벌을 내리는 것으로 여기게 했다.

이와 같은 한창려의 천인관계에 대한 사상은 그의 순탄치 않은 인생 여정 이외에 현명한 사람들이 재능과 학문이 있으면서도 뜻을 얻지 못하고 항상 재앙을 당하며, 간신들과 소인배들 같은 무리들이 조정에서 활개치며 정의롭지 못한 수단으로 백성들을 수탈함에도 불구하고 항상 부귀영화를 누리는 현실적인 상황을 개탄함과 동시에 문벌귀족이 정권을 독점한 조정의 정치체제가 부패의 극단으로 치닫는 상황에 대한 불만의 뜻을 내포하고 있다고 말할 수 있는 것이다.

5. 맺는 말

이상과 같이 살펴본 한창려에게 있어서의 천인관계론은 대체적으로 공자와 맹자의 사상을 계승하여 천명에 대한 숭상의 입장을 견지하고 있다고 말할 수 있다. 한창려에게 있어서의 하늘은 의지를 가진 주재자이며 지고 무상한 권위를 가지고 선행에 대하여 축복을 내려주고 악행에 대하여 징벌을 내려줄 수 있는 존재이기 때문에 인간은 반드시 하늘의 뜻에 순종해야 한다는 것이다.

한창려의 정치적 좌절과 순탄치만은 않은 그의 인생여정은 그에게 때로는 천명에 대한 굳은 믿음을 주기도 하고 또한 어떤 때에는 그에게 천명에 대하여 의심의 태도를 갖게 만들기도 한다. 심지어는 "하늘이 좋아하는 것과 싫어하는 것은 사람들과 다른 것은 아닐까?"라고까지 생각하기도 했다. 그러므로 그에게 하늘과 인간은 대립한다는 관념이 생긴 것도 무리는 아니라고 판단된다. 아마도 이는 그의 하늘에 대한 유감과 분노의 감정을 언어로 표출한 것이라고 생각된다.

이러한 천명에 대한 숭상과 의혹의 태도는 매우 이율배반적인 형태로 나타나 한창려의 사상체계에 모순과 곤혹을 불러일으키기도 한다. 그리고 일반적인 천명론자들은 또한 종종 유신론자들(종교인)과 크고 작은 마찰을 적지 않게 일으키는 한편 그들과의 연결고리를 끊지 않는데, 한창려 역시 배불론排佛論적인 입장을 취함과 동시에 귀신과의 감응을 긍정하는 태도를 취하기도 한다. 물론 한창려의 이러한 태도는 양한시기 이래로 전해져온 천인감응의 사상을 계승했기 때문이라고 판단된다.

최종적으로 말하자면 한창려는 당대唐代 중기에 유학의 부흥이라는 시대적 사명의식을 가지고 불교와 도교의 이론들을 배척하는데 혼신의 힘을 쏟았던 유학자임과 동시에 천인관계의 문제를 당시의 시대적 상황과 연관하여 진지하게 고민했던 철학자였다고 말할 수 있을 것이다.

참고문헌

劉寶楠, 『論語正義』, 『續皇淸經解』本.
焦　循, 『孟子正義』, 『焦氏遺書』本.
韓　愈, 『韓昌黎全集』, 北京, 中國書店, 1991년.
柳宗元, 『柳宗元集』, 臺北, 世界書局, 1990년.
林雲銘, 『韓文起』, 轉引自 『韓愈資料匯編』, 臺北, 學海出版社, 1984년.
卞孝萱, 張淸華, 閻琦, 『韓愈評傳』, 南京, 南京大學出版社, 1998년.
詹劍峰, 『墨子的哲學與科學』, 北京, 人民出版社, 1981년.
周紹賢, 『漢代哲學』, 臺北, 臺灣中華書局, 1983년.
程方平, 『隋唐五代的儒學』, 昆明, 雲南教育出版社, 1991년.
張　躍, 『唐代后期儒學的新趨向』, 臺北, 文津出版社, 1993년.

제16장

유하동의 천인관계론

1. 시작하는 말

천인관계에 대한 문제에 있어서 당대唐代중기의 유하동柳河東의 견해는 한유韓愈의 견해와는 확연하게 구분되는 경향을 보인다. 그의 문집 가운데 도처에서 하늘과 인간의 관계에 대한 논문을 찾아볼 수 있는데, 주로 「천설天說」·「천작론天爵論」·「시령론상하時令論上下」·「단형론斷刑論」·「정부貞符」·「답유우석천론서答劉禹錫天論序」 등에 산재되어 있다.

유하동은 양한시기 이래로 계승되어 온 천인감응론에 반대의 입장을 견지했을 뿐만 아니라 천명결정론天命決定論에 대해서도 확고하게 반대의 입장을 나타냈다. 유하동은 하늘에 의지가 있다는 것을 인정하지 않았고, 또 인간의 힘으로 바꿀 수 없는 천명天命이란 것이 존재한다는 것도 믿지 않았다.

유하동은 "재앙을 행복으로 바꿀 수 있으며, 굽은 것을 곧은 것으로 바꿀 수 있다. 그것들은 천명에 달린 것이라기보다 우리들 인간의 힘에 달린 것이다."라고 주장하였다. 즉 유하동은 재앙을 행복으로 바꿀 수 있고 굽은 것을 곧은 것으로 바꿀 수 있으며, 전통적으로 바꿀 수 없는

천명이라고 생각되는 것들도 모두 인간의 힘에 의해 변화될 수 있다고 주장했다.[1]

이상과 같은 유하동의 천인관계론의 내용을 하늘의 형성과정과 하늘의 형태 그리고 하늘과 인간의 관계 등의 문제를 중심으로 서술해 보도록 하겠다.

2. 천의 형성과정과 형태

천지의 기원에 관한 문제에 대하여 유하동은 일찍이 「천대天對」 편을 통하여 언급하는데, 이는 전국시대 초楚나라의 사상가이자 정치가였던 굴원屈原의 저작인 『천문天問』의 문장형식과 유사한 형태를 띤다. 그는 「천대」 편을 통하여 하늘의 형성과정에 대한 자신의 견해를 천명한다.

> 묻기를: 옛날에 처음으로 도를 전한 사람이 누구인가? 하늘과 땅이 아직 형태를 갖추지 않았는데 어떻게 그것을 고찰했는가? 해와 달이 낮과 밤을 밝게 비추는데 누가 그것을 다 알 수 있겠는가? 천지가 이미 나누어져 음양이 운행하는데 무엇을 근거로 하여 그것을 알겠는가? 순수한 음과 순수한 양을 누가 만들었는가?
>
> 대답하기를: 태초에 세상이 처음 시작되는 것에 대해서는 애초에는 전해지지 않았었다. 천지가 아직 형성되지 않았을 때는 말할 수 없는 것이다. 어둠이 가시고 여명이 밝아져, 천지가 처음 만들어질 때 하늘은 캄캄했고 어두웠으며, 오직 원기만이 있었는데 누가 그것을 만들었겠는가![2]

---

1 馮禹, 『天與人』, 重慶, 重慶出版社, 1990年, 115쪽 참조.

2 『柳河東集』, 「天對」, "問 : 邃古之初, 誰傳道之? 上下未形, 何由考之? 冥昭瞢暗, 誰能極之? 馮翼惟像, 何以識之? 明明暗暗, 惟時何爲? 對 : 本始之茫, 誕者傳焉. 鴻靈幽紛, 曷可言焉! 曶黑晰眇, 往來屯屯, 厖昧革化, 惟元氣存, 而何爲焉!"

위의 인용문에서 유하동이 언급하고자 하는 것은 우주가 유구하고 아득한 것이기 때문에 모든 우주의 기원 혹은 창조와 관련된 전설들은 모두 황당한 이야기일 뿐이라는 것이다. 그래서 우주는 단지 혼돈의 원기元氣로 구성된 것이기 때문에 조물주가 주재하는 것이 아니라는 말이다. 그러므로 어둠과 혼돈에서부터 시작하여 천지가 형성되는 것은 모두 원기의 작용에 의한 것이기 때문에 원기가 우주의 근원이 되는 것이다. 또한 이러한 원기가 자연계의 운행 속에서 음양陰陽과 천지天地를 만들어 낸 것이다. 그는 또한 "합쳐진 세 요소가 하나로 합쳐져, 열기와 냉기를 내뿜어 서로 뒤섞여 작용하여 완성된 것이다."라고 한 것에 대하여 주석하여 "음기 홀로 생길 수 없고, 양기도 홀로 생길 수 없고, 하늘 단독으로도 생길 수 없는 것이다. 이러한 세 요소가 하나로 합쳐질 때 비로소 만물이 생성되는 것이다."[3]라고 말한 것이다.

유하동은 진일보하여 천지만물과 음양의 이기二氣는 모두 원기에 의해 통섭되는 것이며 음양이기陰陽二氣의 "열기와 냉기를 내뿜어 서로 뒤섞여 작용한" 결과 끊임없이 변화하는 만물을 생산하게 되는 것으로 보았다. 또한 "저 위에 있으면서 푸른 것을 세상 사람들은 하늘이라고 하고, 아래에 있으면서 누런 것을 세상 사람들은 땅이라고 하며, 딴 것이 조금도 섞이지 않은 상태에서 가운데 있는 것을 세상 사람들은 원기라고 부른다."[4]라고 말했다. 이와 같이 유하동은 천지의 모습을 분명하게 묘사하고 있다. 즉 위에 있으면서 푸른색을 띠고 있는 것이 하늘이고 아래에 있으면서 누런빛을 띠고 있는 것이 대지라는 것이며, 망망한 천지사이에 처해있는 것이 원기라는 것이다. 이는 곧 하늘과 땅이 모두 원기로 이루

---

3 『柳河東集』, 「天對」, "合焉者三, 一以統同. 吁炎吹冷, 交錯而功", "『穀梁子』云 : 獨陰不生, 獨陽不生, 獨天不生, 三合然后生."

4 『柳河東集』, 「天說」, "彼上而玄者, 世謂之天; 下而黃者, 世謂之地; 渾然而中處者, 世謂之元氣."

어진 것이며 원기가 하늘과 땅 사이에 충만해 있다는 것을 의미하기도 한다.

일월성신日月星辰의 연대관계에 대해서도 유하동은 "태양과 달은 태극에 속하는 것이며, 바둑돌처럼 널리 퍼져 빛나는 별들 모두는 이러한 것에 의탁한 것이다."[5]이라고 주장했다. 이것은 곧 고온의 빛을 발하는 태양과 변화를 거듭하는 달 그리고 바둑돌처럼 밤하늘 도처에 분포하는 별들 모두는 태허太虛에 속하는 것으로 소속한 곳이 없다는 것이다. 이러한 주장들은 "선야설宣夜說"의 관점을 흡수하는[6] 한편 "개천설蓋天說"과 "혼천설渾天說"의 이론들을 부정한 견해로 하늘을 고정된 형태의 물체로서 인식하지 않은 것이라는 점을 상기시킴과 동시에 당대唐代 천문학의 발전 수준을 반영한다고 할 수 있다.

유하동의 이러한 원기론에 입각한 우주론은 도가의 천도자연天道自然 사상을 흡수했는데, 이러한 흔적은 "장주가 언급한 하늘은 자연을 말하는 것인데, 내가 그러한 견해를 채택했다"라는 언급 속에 잘 나타나 있다. 또한 그는 순자와 왕충王充의 원기자연론元氣自然論을 계승하기도 했다. 순자는 "불과 물은 기는 있으나 생명이 없고, 초목은 생명은 있으나 지각이 없으며, 금수는 지각은 있으나 옳고 그름을 분별하지 못하되, 인간은 기도 있고, 지각도 있으며, 생명도 있을 뿐 아니라, 옳고 그름의 분별도 있으니 천하에 제일 귀한 것이 인간이다"[7] 라고 주장했는데, 이는 이 세상에 존재하는 모든 종류의 존재자들이 물론 생물 무생물을 막론하고 만물의 영장이라고 하는 인간까지 포함해서 공통적으로 갖고 있는 것은 바로 기氣라는 것임과 동시에 기氣가 천지만물과 인간의 공동의 근

---

5 『柳河東集』, 「天說」, "規燬魄淵, 太極是屬. 棋施萬熒, 咸是焉託."

6 向世陵, 馮禹, 『儒家的天論』, 濟南, 齊魯書社, 1991年, 148쪽 참조.

7 『荀子』, 「王制」, "水火有氣而無生, 草木有生而無知, 禽獸有知而無義, 人有氣有生有知亦且有義, 故最爲天下貴也."

원임을 의미하는 것이다. 순자는 또한 "천지가 합하여 만물을 만들어 내고, 음양이 서로 접촉해서 변화가 일어난다."[8], "뭇 별들이 서로 따라 돌며, 해와 달이 번갈아 빛나고, 사계절의 질서가 바뀌고, 음양의 기운이 크게 변화하여 바람과 비를 널리 일으키니, 온갖 사물이 제각각 그 알맞음을 얻어 생성되고 각각 그 양육을 받아 성장한다."[9]라고 하여 자연계에 존재하는 만물의 모든 변화와 생성이 음양이기陰陽二氣의 교감과 화합의 결과임을 분명하게 밝힌다. 즉 별들의 운행과 낮과 밤의 교체 및 사계절의 순환 그리고 적시에 불고 내리는 바람과 비 등 모든 현상들이 결국은 음양의 운동변화의 결과라는 것이다.

한대漢代 시기의 왕충 역시 "원기는 천지의 신비이다."[10], "천지는 기를 간직한 자연이다."[11], "천지가 기와 합하여 만물이 스스로 생성되는 것이다."[12], "인간은 만물의 하나로, 만물 가운데 지혜를 가진 존재다. 그의 목숨은 하늘로부터 받은 것이며, 기는 원기로부터 내려 받아서 만물과는 다른 것이 없다."[13]라고 하여 원기元氣는 천지의 신비로운 본질이며 만물은 모두 음양이기와 화합하여 구성된 것이라고 설명을 했다.

유하동은 선대 사상가들의 기화우주관氣化宇宙觀 사상을 계승하여 천지만물은 모두 원기에 의해서 만들어지는 것이기 때문에, 일체의 자연현상 모두는 하늘이나 신神의 의지에 의해서 창조되는 것이 아니고, 다만 하나의 카오스chaos상태인 기氣의 자연적 존재상태일 뿐이라고 생각했다. 그러므로 그는 "오직 원기만이 존재하는데, 무엇이 있겠는가?"라고

---

8 『荀子』, 「禮論」, "天地合而萬物生, 陰陽接而變化起."

9 『荀子』, 「禮論」, "列星隨旋, 日月遞炤, 四時代御, 陰陽大化, 風雨博施, 萬物合得其和以生, 各得其養以成."

10 『論衡』, 「四諱」, "元氣, 天地之精微也."

11 『論衡』, 「談天」, "天地, 含氣之自然也."

12 『論衡』, 「自然」, "天地合氣, 萬物自生."

13 『論衡』, 「辨祟」, "人, 物也, 萬物之中有知慧者也. 其受命于天, 稟氣于元, 與物無異."

말한 것이다. 또한 그는 원기 자체의 운행규칙에 관해서 다음과 같이 언급했다.

> 산과 강이라는 것은 천지의 특별한 창조물이다. 음과 양이란 것은 기가 그 사이에 유행하는 것이다. 그것은 스스로 운행하고 멈추며, 스스로 쌓이기도 하고 흐르기도 하는 것이니, 이러한 것이 어찌 나와 도모할 수 있겠는가? 스스로 시작하고 끝나며, 스스로 훼손되고 없어지기도 하는 것이니, 이러한 것이 어찌 내가 설비한 것이 되겠는가? ……천지의 끝이 없음과 음양의 무궁함으로써 아득하게 멀고 깊은 그 가운데서 앞서기도 하고 뒤서기도 하며, 때로는 만나기도 하고 헤어지기도 하고, 때로는 들이마시기도 하고 내뿜기도 하는 것이, 수레바퀴 같기도 하고 베틀 같기도 하니, 그 누가 그것을 알 수 있겠는가?[14]

이는 산과 강은 자연에 의해서 만들어진 것이며, 음양은 천지간에서 운행하고 있는 원기가 되는 것이며, 원기의 운행이나 멈춤·모임·흩어짐·고갈·파열·깎임 등은 모두 자연 자신의 운동이라는 것이다. 광대한 천지 사이에서 음양의 기는 그 속에 뒤섞여 가득 차있으며, 그것의 모이는 것과 흩어지는 것 그리고 받아들이는 것과 배척하는 것이 마치 수레바퀴와 베틀기가 끊임없이 운동하는 것과 같다는 것이다. 이러한 자연의 질서는 어떠한 외재적 힘의 주재에도 의탁하지 않는다는 것이다. 다시 말하자면 지고 무상한 인격신의 성격을 띤 존재의 주재 및 조종을 받지 않을 뿐만 아니라 인간들의 의지에 의해서도 바뀌지 않는다는 것이다.

이것 외에도 유하동은 원기란 시작도 끝도 없는 존재라고 생각했다. 그래서 그는 "기는 아득하고 무궁하여, 그것은 이전에 시작도 없었고 이

14 『柳河東集』, 「非國語·三川震」, "山川者, 特天地之物也. 陰與陽者, 氣而遊乎其間者也. 自動自休, 自峙自流, 是惡乎與我謀? 自動自竭, 自崩自缺, 是惡乎爲我設?……天地之無倪, 陰陽之無窮, 以澒洞轇轕乎其中, 或會或離, 或吸或吹, 如輪如機, 其孰能知之?"

후에 끝도 없다"[15]라고 언급한 것이다. 즉 원기는 시작도 끝도 없는 존재이기 때문에 "천지의 끝이 없음과 음양의 무궁함"이라고 하여 우주의 무한성을 서술한 것이다. 우주로서의 하늘은 공간적인 측면에서 볼 때 동서남북의 사방에 끝이 없는 무한성을 가지고 있으며, 시간적인 측면에서 볼 때는 아득하게 길어 경계가 없는 무한성을 가지고 있는 존재다. 그러므로 유하동은 이러한 경계와 끝이 없으면서 끊임없이 운행하는 천체는 그 중심을 지탱하는 중심축 같은 것이 필요치 않으며, 색채도 없다고 말할 수 있으며, 중심과 주변의 구분이 없다고도 말할 수 있다고 보았다.

3. 하늘과 인간은 서로 관계하지 않음

원기만이 존재한다고 하는 기화우주론氣化宇宙論적 관념의 전제 아래 유하동은 하늘을 자연물로 간주하는 한편 천도란 단지 자연질서의 변화와 발전의 과정일 뿐이라고 생각했다. 이러한 관점은 당시 교류관계에 있던 한창려와 천인天人문제에 관하여 논의를 주고받던 가운데서 어렵지 않게 찾아볼 수 있다. 유하동은 일찍이 한창려가 주장한 "하늘과 인간은 대립함"이라는 관점에 대하여 반대의 입장을 분명하게 표명하는 한편 자신의 관점에서 한창려가 주장하는 하늘이 의지가 있고 권선징악을 한다는 견해에 대하여 신랄하게 반박한다.

> 천지는 커다란 과일과 채소다. 원기는 커다란 등창이다. 음양은 커다란 초목이다. 그러한 것들이 어떻게 공적에 상을 주고 허물에 벌을 줄 수 있겠는가? 공적이란 것은 스스로 공치사하는 것이고 허물이란 것은 스스로 화를 입는 것이니, 그러한 상과 벌을 바라는 것은 커다란 착오이

---

15 『柳河東集』, 「南岳彌陀和尙碑」, "一氣迴薄茫無窮, 其上無初下無終."

> 다. 호소하고 원망하며 그러한 슬픔과 자애를 바라는 것은 더한 착오는 아니다. 그대는 그것이 인의로써 그 안에서 유행하고 있는 것을 믿으며 삶과 죽음이 어떻게 과일과 채소 등창 초목 등에 의해 보존되거나 망실된다는 것인가![16]

위의 인용문이 의미하는 것은 천지·원기·음양과 과일과 채소·등창·초목은 같은 것으로 모두가 지각능력이 없는 자연물로서, 이것들에게는 어떠한 의지도 없고 공적에 상을 주고 허물에 벌을 줄 수도 없는 존재라는 것이다. 또한 인간 세상의 공적과 허물은 모두 인간 스스로 자초하는 것이기 때문에 천지·원기·음양에게 공적에 상을 주고 허물에 벌을 주기를 희망하고, 때로는 하늘과 땅에 호소하고 원망하며 하늘의 동정과 자애를 구하는 것은 황당하고 어리석은 짓이라는 것이다.

이와 같은 이유 때문에 유하동은 하늘과 인간은 서로 관계하지 않는다고 주장한 것이며 "태어나고 번식하는 것과 재난과 흉년은 모두 하늘에 의한 것이며, 법과 제도와 무질서는 모두 인간에 의한 것이다. 이러한 두 가지 경우만 있을 뿐으로, 그 일들이 상호간에 관계하지 않는 상황 속에서 흉년과 풍년 그리고 질서와 무질서가 발생하는 것이다."[17]라고 말한 것이다. 즉 유하동은 초목의 생장과 번식 그리고 적은 수확과 풍성한 수확은 하늘이 그렇게 만든 자연현상이고, 법과 제도의 확립으로 인한 질서와 동란으로 인한 무질서는 인간이 그렇게 만든 사회적 현상이라고 주장하는 것이다. 이러한 두 가지의 현상은 모두 그것들 나름의 발전과 변화의 규칙을 가지고 있으며 제각기 그 직분에 맞춰 그러한 일을

16 『柳河東集』, 「天說」, "天地, 大果蓏也; 元氣, 大癰痔也; 陰陽, 大草木也, 其烏能賞功而罰禍乎? 功者自功, 禍者自禍, 欲望其賞罰者, 大謬矣; 呼而怨, 欲望其哀且仁者, 愈不謬矣. 子而信之仁義以游其內, 生而死爾, 烏置存亡得喪于果蓏、癰痔、草木耶."

17 『柳河東集』, 「劉禹錫天論書」, "天人不相預", 而曰 : "生植與災荒, 皆天也; 法制與悖亂, 皆人也. 二之而已. 其事各行不相預, 而凶豐理亂出焉."

실행하며 상호간에는 어떠한 관여도 하지 않는다는 것이다.

이상과 같은 유하동의 하늘과 인간은 서로 관계하지 않는다고 하는 천인불상예天人不相預의 사상은 한창려가 주장한 하늘은 권선징악을 할 수 있다고 하는 천명론을 반박했을 뿐만 아니라[18] 동중서의 신학적 목적론으로서의 천인감응론 역시 부정하는 입장을 견지함과 동시에 순자가 주장한 하늘과 인간의 구분을 명확하게 한다고 하는明于天人之分 사상을 계승했다고 할 수 있는 것이다.[19]

4. 천인감응론에 대한 반대

한창려는 한대유학의 천인감응天人感應사상을 계승하여 도통설에 입각한 천명론을 드높인다. 그래서 그는 "당 왕조가 천명을 받아 천자의 나라가 되었다"고 주장한다. 이러한 주장에 대하여 유하동은 결코 그렇지 않다고 반박하여 다음과 같이 말한다.

> 동중서가 대책에서 삼대가 부명을 받았다고 하는데 정말로 그러한 것이 아닌가? 소신이 그렇다고 했습니다. 그러나 어찌 동중서 혼자만 그렇겠습니까? 사마상여부터 시작하여 유향 양웅 반표 반고에 이르기까지 모두가 어리석게도 고대의 부절 따위를 가지고 천명을 받은 것처럼 추측하는 것을 답습하고 있습니다. 그들의 주장은 미혹되고 터무니없게 역사를 왜곡하여 후대를 어지럽게 속여서, 성인이 바로잡아 세운 근본과 드러낸 지극한 덕과 드날린 큰 공적을 알기에도 부족할 뿐만 아니라 심지어는 그 본래의 취지를 상실하게 만든 것입니다.[20]

---

18 許凌雲, 『中國儒學史』, 隋唐卷, 廣州, 廣東教育出版社, 1998年, 254쪽 참조.

19 張躍, 『唐代后期儒學的新趨向』, 臺北, 文津出版社, 1993年, 79쪽 참조.

20 『柳河東集』, 「貞符」, "董仲舒對三代受命之符, 誠然非也? 臣曰 : 非也. 何獨仲舒爾. 自司馬相如·劉向·揚雄·班彪·班彪子固, 皆沿襲嗤嗤, 推古瑞物以配受命. 其言類淫巫瞽史, 誑亂后代, 不足以知聖人立極之本, 顯至德, 揚大功, 甚失其趣."

위의 인용문에서는 서한시기 유가의 대표적인 인물인 동중서의 「거현량대책擧賢良對策」 가운데의 제왕이 천명을 받은 부절符節이 있다고 하는 주장 이외에도 사마상여의 「봉선문封禪文」 과 유향의 「홍범오행전洪範五行傳」 및 양웅의 「극진미신劇秦美新」 그리고 반표의 「왕명론王命論」 및 반고의 「전인典引」 등 모두는 동중서의 황당하고 우매한 천인감응사상을 답습하여 부절의 마땅함을 주창하고 있다는 것이다. 그것들의 특징으로는 신화와 전설의 색채가 짙은 요소들을 근거로 하여 내용을 엮은 다음에 현실사회 속에서 나타나는 상서로운 징조들을 천명에 의한 것으로 견강부회한다는 점에 있다.

이러한 부명符命이론은 "미혹되고 터무니없게 역사를 왜곡하여 후대를 어지럽게 속인다"는 이유 때문에 유하동은 엄격하게 그 폐단을 말하기를 "요사스럽고 공허한 것에 어리석게 미혹되어 괴이한 것을 좋아하는 사람들은 그래서 당초에 큰 벼락·거대한 무지개·현조·거대한 발자취·흰 늑대·흰 물고기·봉황새를 부절로 삼는다. 이는 큰 거짓말을 낳게 되는 것이니 수치스럽다."[21] 이러한 천인감응설 및 군권신수설과 관련된 허망하고 터무니없는 거짓으로 꾸며진 전설은 권력을 추종하는 세력들에 의해서 제왕이 하늘의 상서로운 천명을 받았다고 주장케 하는 이론적 토대가 된다. 즉 당시의 특히 측천무후則天武后 이후부터 문벌귀족 세력은 자신들의 정치적 경제적 특권을 유지시키기 위한 수단으로서 제왕의 상서祥瑞와 부명符命을 교묘하게 이용한다. 이러한 작태는 당시 정치개혁을 주장하고 환관과 번진藩鎭세력의 득세에 대하여 반대의 입장을 견지하고 있던 유하동의 불만을 자아내게 했다.

천명 받는 것은 하늘에 있는 것이 아니고 인간에게 있는 것이며, 부절

21 『柳河東集』, 「貞符」, "妖淫囂昏好怪之徒, 乃始陳大電、大虹、玄鳥、巨迹、白狼、白魚、流火之鳥以爲符, 斯爲詭譎闊誕, 其可羞也."

> 을 그만두게 하는 것은 상서로운 조짐에 있는 것이 아니고 인함에 있다. 인간만이 땅에서 인을 행하고 하늘에서 상서로운 조짐을 찾지 않는다. 하늘에서 상서로운 조짐을 찾지 않으면 이는 예언의 부절이 되는 것이다. 인함을 잃고도 오랫동안 유지되었던 나라는 없었고 상서로움에 의지하고 장수했던 나라는 없었다. 상나라의 태무 임금은 뽕나무와 곡나무 때문에 덕을 닦았고, 탕 임금은 제사지낼 때 꿩이 울며 날아가는 것 때문에 덕을 베풀었으며, 송나라 경공은 화성 때문에 장수를 했으며, 정나라는 용 때문에 물난리를 겪어 쇠퇴해지고, 노나라는 기린을 잡았기 때문에 국력이 약화되고, 흰 꿩 때문에 한나라는 망하게 된 것이며, 누런 코뿔소 때문에 왕망이 죽은 것이 어째서 부절에 의한 것이겠는가?[22]

위의 인용문은 제왕이 지위가 이어지는 것은 천명에 의한 것이 아니고 민심의 향배에 의한다는 것이며, 국가의 경사스러운 일은 통치자의 자애로운 덕에 의해서 발생하지 않다는 것을 말하고 있다. 그러므로 통치자는 군주로서의 자애로움을 상실하고 상서로운 징조에 의지하여 국가를 통치한다면 나라를 장기간 유지하기가 어렵다는 것이다. 이렇기 때문에 유능한 군주는 천명이나 부절 그리고 상서로운 조짐 같은 것으로 자신과 백성들을 속이지 않고 항상 자기수양에 힘쓰고 자애로운 덕을 베풀면 천하를 오랫동안 안정적으로 통치할 수 있다는 것이다. 그래서 그는 "성인께서 천하에 군림할 수 있었던 것은 자애와 의로움 때문이다. 자애로움은 사랑이 주가 되고 의로움은 결단이 주가 된다. 사랑이란 가까운 이에 대한 것이며 결단이란 것은 마땅한 것에 대한 것으로 이치와 도리의 완성이다."[23]라고 말한 것이다.

---

22 『柳河東集』, 「貞符」, "受命不于天, 于其人; 休符不于祥, 于其仁; 惟人地仁, 匪祥于天. 匪祥于天, 玆惟貞符哉! 未有喪仁而久也, 未有恃祥而壽者也. 商之王以桑穀, 以雉雊大, 宋之君以法星壽; 鄭以龍衰, 魯以麟弱, 白雉亡漢, 黃犀死莽, 惡在其爲符也?"

23 『柳河東集』, 「四維論」, "聖人之所以立天下, 曰仁義。仁主恩, 義主斷。恩者親之, 斷者宜之, 而理道畢矣"

영정혁신[24]이 실패한 뒤 유하동은 인정仁政을 실시해야만 한다는 주장을 포기하지 않고 있는데, 그 주된 이유는 당 왕조의 장기적인 번영과 체제유지에 있었다. 그는 비록 자신이 변방으로 쫓겨난 상태에 있으면서도 감히 목숨을 걸고 헌종憲宗에게 「정부貞符」를 헌상하여 "진실로 큰 도를 밝혀서 그것이 인간 세상에 베풀어진다면 소신은 죽어도 여한이 없겠습니다."라는 고뇌를 표명했다. 또한 역대의 위대한 유학자들의 천인감응론의 관점을 매우 강력하게 비판하여 "당 왕조가 올바른 덕으로 천명을 받은 것은 백성들의 뜻에 의한 것"이라는 점을 부각시킴과 동시에 자애로움仁과 덕 그리고 성인의 도道를 서로 연결하는데, 바로 이러한 점에서 그의 적극성과 진보적인 의식을 찾아볼 수 있는 것이다. 이론적인 측면에서 본다면 "천명 받는 것은 하늘에 있는 것이 아니고 인간에게 있는 것"은 곧 "천명을 받은 것은 백성들의 뜻에 의한 것"이란 것과 같은 의미를 지닌다고 볼 수 있으며, 이것은 "하늘로부터 천명을 받는다."라는 관념과는 상호 대립적인 관계로 볼 수 있는 것이다. 또한 군주의 권력 역시 백성들로부터 받은 것이라고 주장하여 군주의 권력은 하늘로부터 받았다고 하는 종래의 이론을 대신한다.

이러한 것들은 그가 언급한 "시대적 상황"으로 귀결될 수 있다고 본다. 즉 "그 봉건제도라는 것은 아주 오래 전 성왕이었던 요임금 순임금 탕임금 문왕 무왕 시절에는 폐지할 수 없었다. 그들이 그것을 폐지 않고자 했던 것이 아니고 상황이 여의치를 않았던 것이다.", "봉건제도는 성

---

24 당唐 덕종德宗 정원貞元 21년에 일어난 제1차 정치혁신운동이다. 당시 한림학사 왕숙문王叔文 등이 일반 학자들을 연합하여 정치개혁을 제창하여, 당 순종順宗 이송李誦의 신임을 얻었다. 이들은 당 덕종德宗의 폐정을 혁신하고 탐관오리를 배척하고 백성들의 세금을 감면하는 한편, 환관들이 권력을 장악하고 있는 국면을 변화시키려고 애를 썼다. 이듬해 환관 구문진俱文珍 등이 정변을 일으켜 순종을 황위에서 쫓아내고 대신 순종의 아들 이순李純을 즉위시킴으로써 개혁진영은 세력을 잃고 말았다. 왕숙문·왕비를 비롯하여 여덟 명의 학자가 모두 직위가 강등되어 변방 지역으로 쫓겨나 사마司馬의 직위를 맡게 되었다.

인이 의도했던 뜻이 아니고 당시의 상황이 그렇게 만든 것이다."[25] 여기에서의 "시대적 상황"이란 바로 "백성들의 뜻"을 의미하는 것이다. 다시 말하면, 백성들의 염원으로 만들어진 객관적인 추세를 유하동은 "시대적 상황"이라고 하는 범주를 사용하여 역사의 변화를 해석했다고 할 수 있다. 즉 봉건제도가 당우唐虞와 하은주 3대에 걸쳐서 폐지될 수 없었던 이유를 시대적 상황이 허락하지 않은데서 찾은 것이다. 이러한 "시대적 상황"에 근거한 그의 진보적인 역사 관념은 순자의 "질서와 혼란은 하늘에 의해 결정되는 것이 아니다."[26]는 사상을 계승하여 제왕이 하늘로부터 천명을 받았다고 하는 '군권신수君權神授'관념에 대하여 신랄한 비판을 한다. 그러나 "백성들의 뜻"이라고 하는 관념은 백성들의 뜻을 따른다고 하는 의미를 담고 있기는 하지만 백성들의 권리와 의무에 대한 구체적인 보장에 대해서는 언급이 없다. 그러므로 이는 제왕에 대하여 현실적인 구속력을 갖지 못하기 때문에 인정仁政 역시 제왕이 백성들에게 베푸는 은사로 전락하게 되며, 백성들의 권리는 충분히 보장 받을 만한 제도적 장치가 마련되어 있지 않기 때문에 "천명을 받은 것은 백성들의 뜻에 의한 것"라는 주장은 공허한 메아리로 전락하게 된다. 이는 분명히 유하동의 시대적 상황의 한계와 무관할 수 없다고 말할 수 있다.

한대漢代 시기의 유학자들에 의해서 편찬된『예기禮記』의「월령月令」편에 나타난 천인감응론의 문제점에 대하여 유하동은 매몰찬 비판을 한다.

> 한대의 유학자들은「월령」편이 모든 예의 큰 모범이 된다고 생각했다. 그것에서 일 년을 열 두 달로 하고 일흔 두 개의 후로 해서 태양의

25『柳河東集』,「封建論」, "彼封建者, 更古聖王堯、舜、禹、湯、文、武而莫能去之. 蓋非不欲去之也, 勢不可也.", "封建非聖人之意也, 勢也."

26『荀子』,「天論」, "治亂非天也"

움직임과 기후의 변화를 관측하여 추위와 더위의 순서를 차례 지우며 만물을 적절하게 분류하여 흉년에 대비한다. 이는 성인이 그렇게 만든 것이다. 그러나 성인의 도는 괴이한 것을 추구하여 신기한 것으로 삼지 않고 하늘을 끌어들여 지고한 것으로 삼지 않는 것으로, 백성들을 이롭게 하고 모든 일에 대비하는 것일 뿐이다. 「월령」편의 내용을 보니 정말로 다섯 가지 일에 부합되고 오행에 배치되며 그 정령을 시행함에 있어서 성인의 도와 괴리되니 어찌 멀다고 하지 않겠는가?[27]

「월령」 편에서는 일 년 십이 개월을 일흔 두 개의 후로 나눔으로써 태양의 운행과 기후의 변화를 예측하고 사계절의 변화에 의해서 오행상생의 순서를 정치적인 조치의 기준으로 삼는다고 한다는 것이다. 예를 들면 봄과 여름에는 포상을 실시하고 가을과 겨울에는 형벌을 실행한다는 것 등을 말하고 있다.

이러한 점에 대하여 풍우란馮友蘭은 다음과 같이 언급하고 있다. 즉 「월령」 편은 과학과 미신이 혼재되어 만들어진 것이다. 유하동은 이 두 가지를 분명하게 구분하여 과학적인 측면을 성인의 도라고 생각하였다. 지금 사용하고 있는 음력이 계승되어져 내려오고 있는 것이다. 미신적인 측면에서는 마땅히 비판받아야 할 것이다.[28] 그러므로 유하동은 성인의 도는 하늘과 신적인 존재를 끌어들여 백성들을 현혹시키는데 있지 않고 백성들의 삶을 이롭게 하고 만약의 사태(재난이나 흉년 등)를 대비하는 데 있다는 것을 특히 강조한다. 그리고 정치적인 조치에 대해서는 "때를 기다렸다가 시행하는 것과 기다릴 필요 없이 시행하는 것"[29]의 구별이

27 『柳河東集』, 「時令論上」, "漢儒論以爲月令, 措諸禮以爲大法焉. 其言有十二月, 七十有二候, 迎日步氣, 以遣寒暑之序, 類其物宜而逆爲之備, 聖人之作也. 然而聖人之道, 不窮異以爲神, 不引天以爲高, 利于人, 備于事, 如斯而已矣! 觀〈月令〉之說, 苟以合五事, 配五行, 而施其政令, 離聖人之道, 不亦遠乎?"

28 馮友蘭, 《中國哲學史新編》, 第四冊, 北京, 人民出版社, 1986年, 307쪽 참조.

29 『柳河東集』, 「時令論上」, "有俟時而行之者, 有不俟時而行之者" 柳宗元,《柳河東集》,

있는 것으로 보았는데, 예를 들면 농경생활은 본래 하늘의 시기를 기다림으로써 자연계의 계절변화에 적응해야 하는 것이고, 인간의 사회생활은 즉 유능한 인재를 등용한다든지 법령을 제정하고 집행한다든지 따위의 활동은 계절적인 요인과는 무관하다는 것이다. 그렇지 않으면 "가을과 겨울에 좋은 일을 한 사람에 대하여 봄과 여름을 기다렸다가 상을 주면 좋은 일을 한사람은 반드시 게을러질 것이고, 봄과 여름에 나쁜 짓을 저지른 사람에 대하여 가을과 겨울이 오기를 기다렸다가 벌을 주면 나쁜 짓을 저지른 사람은 반드시 태만해질 것이니, 이는 천하의 모든 사람들을 죄악에 빠지게 하는 것이다."[30]라는 결과를 초래하게 될 것이라고 했다. 이와 같이 천인감응론을 이론적 근거로 하여 이러한 이론을 정치적 조치와 형벌을 시행하는 수단으로 사용하는 것은 실제적 상황과는 상당한 괴리가 있음을 어렵지 않게 발견할 수 있을 것이다.

하늘의 운행을 좇아서 상벌과 형벌을 때에 맞춰서 시행해야 하는데 만일 그렇지 않으면 "회오리바람 폭풍 폭설 홍수 폭염 심한 어두움 짙은 안개 차갑고 따뜻한 기운 큰 전염병……토지분열……부랑자들의 이동으로 인한 변고가 발생한다."[31] 등의 천벌이 내릴 것이라고 하는데 이는 "미혹되고 터무니없게 역사를 왜곡하는"것일 뿐이라는 것이다. 유하동에 있어서의 하늘은 전혀 의지를 가지고 있지 않은 존재라고 말할 수 있다.

> 어떤 사람은 눈과 서리가 내리는 것을 하늘의 원칙이라 하고, 천둥과 벼락이 치는 것을 하늘의 방편이라고 한다. 특별한 죄에 대해서는 아무 때나 죽일 수 있는 것이 인간 세상의 방편이다. 형벌을 집행하는 사람이

〈時令論上〉, 上海, 上海古籍出版社, 1993年.

30 『柳河東集』, 「時令論下」, "使秋冬爲善者, 必俟春夏而后賞, 則爲善者必怠; 春夏爲不善者, 必俟秋冬而后罰, 則爲不善者必懈, 是驅天下之人入于罪也."

31 『柳河東集』, 「時令論上」, "飄風、暴風、霜雪、水潦、大旱、沉陰、氛霧、寒暖之氣, 大疫……土地分裂、四鄙入堡、流亡遷徙之變."

> 반드시 시간을 엄수하여 사형을 집행해야 하는 것은 인간 세상의 원칙이다. 이러한 것은 꼭 그런 것만은 아니다. 천둥과 벼락 눈과 서리라는 것은 특별한 기氣일 뿐으로 만물에 대하여 마음을 쓰지 않고, 성인만이 만물에 대하여 마음을 쓴다. 봄과 여름에 천둥 벼락이 쳐서 큰 바위가 부서지고 큰 나무가 갈라진다. 나무와 바위가 어떤 특별한 죄를 지었단 말인가? 가을과 겨울에 서리와 눈이 내려 모든 풀과 나무를 해친다. 초목이 어떤 특별한 죄를 지었단 말인가? 그것들이 어떻게 만물에 대하여 징벌을 내릴 수 있겠는가?[32]

이는 천둥과 벼락이 치고 눈과 서리가 내리는 것은 음양陰陽의 기氣가 변화하여 만든 자연계의 존재물일 뿐이라는 것이다. 그러므로 그것들은 의식이나 만물에 대한 마음 씀도 없다는 것이다. 또한 나무나 돌은 인식능력과 죄가 없다는 것은 누구나 다 알고 있는 사실이다. 그러나 이 세상에 존재하는 사물 가운데 오직 인간만이 인식능력을 가지고 있어서 시의에 편승하여 천하를 얻고자 하늘로부터 천명을 받았다고 과장한다. 또한 하늘을 대신하여 포상과 징벌을 행사한다고 하는 미명으로 형벌을 가을과 겨울에 실행해야 한다는 잘못된 이론 이외에 원칙과 임기응변의 이론을 더해 백성들을 형벌로써 제어하려는 목적을 이루고자 한다. 이러한 것들에 대하여 유하동은 하늘과 인간은 서로 구분되는 존재라고 하는 관점을 분명하게 견지하면서 천도天道라는 것은 무의식적인 자연현상의 변화일 뿐이라고 하는 한편 인간들의 사회생활에만이 의식적인 작위가 있다고 주장했다. 이와 같이 유하동은 자연과 인간사회의 경계를 철저하게 구분함과 동시에 하늘과 인간의 구별도 분명하게 했던 것이다. 그러

---

32 『柳河東集』, 「時令論上」, "或者乃以爲雪霜者, 天之經也; 雷霆者, 天之權也. 非常之罪, 不時可以殺, 人之權也. 當刑者必須時而殺, 人之經也. 是又不然. 夫雷霆、雪霜者, 特一氣耳, 非有心于物者也, 聖人有心于物者也. 春夏之有雷霆也, 或發而震, 破巨石, 裂大木, 木石豈爲非常之罪也哉? 秋冬之有霜雪也, 擧草木而殘之, 草木豈有非常之罪也哉? 彼豈有懲于物也哉?"

므로 그는 천인감응의 오류에서 벗어나 인간의 올바른 삶 속에서 진리를 찾고자 했던 사상가라고 할 수 있을 것이다.

5. 맺는 말

유학의 천인관계론 속에서 천명론은 확실히 미신적인 색채가 매우 농후했다고 할 수 있다. 이는 통치집단 혹은 군주가 통치권력을 공고히 할 목적으로 만든 어용철학이라고도 말할 수 있다. 한편 제왕의 입장에서는 군주의 권력은 하늘로부터 부여받은 것이라고 하는 '군권천수설'이라는 관념은 상당히 매력적인 통치이데올로기로서 거부할 이유가 전혀 없음과 동시에 이러한 통치이데올로기를 백성들에게 더욱 적극적이고 광범위하게 홍보할 필요가 있었던 것이다.

유하동은 도가의 자연주의철학을 흡수하는 한편 순자의 천론사상과 왕충의 원기자연론을 계승하여 자연현상들을 해석하여 지고 무상한 존재로 인식되어 온 하늘에 대하여 새로운 설명을 시도한다. 즉 유하동은 하늘이 우리 인간들이 감히 범접할 수 없는 지고 무상한 형이상학적인 존재가 아니고 자연계에 존재하는 하나의 존재물이란 점을 제시한다.

또한 유하동이 이러한 관념을 바탕으로 진일보하여 주장한 하늘과 인간은 서로 관계하지 않는다고 하는 '천인불상예天人不相預'의 사상은 한창려가 주장한 하늘은 권선징악을 할 수 있다고 하는 '천명론'을 반박했을 뿐만 아니라 동중서의 신학적 목적론으로서의 '천인감응론' 역시 부정하는 입장을 견지함과 동시에 순자가 주장한 하늘과 인간의 구분을 명확하게 한다고 하는 '명우천인지분明于天人之分'의 사상을 계승했다고 할 수 있는 것이다.

이상과 같이 볼 때 유하동은 하늘과 인간은 서로 구분되는 존재라고 하는 관점을 분명하게 견지하면서 '천도'라는 것은 무의식적인 자연현상의 변화일 뿐이라고 하는 한편 인간들의 사회생활에만이 의식적인 작위가 있다고 주장했다. 이와 같이 유하동은 자연과 인간사회의 경계를 철저하게 구분함과 동시에 하늘과 인간의 구별도 분명하게 했던 것이다. 그러므로 그는 천인감응의 오류에서 벗어나 인간의 올바른 삶 속에서 진리를 찾고자 했던 사상가라고 말할 수 있을 것이다.

참고문헌

王先謙,『荀子集解』, 北京, 中華書局, 1988년.
黃　暉,『論衡校解』, 北京, 中華書局, 1990년.
柳宗元,『柳河東集』, 上海, 上海古籍出版社, 1993년.
馮　禹,『天與人』, 重慶, 重慶出版社, 1990년.
向世陵, 馮禹,『儒家的天論』, 濟南, 齊魯書社, 1991년.
張　躍,『唐代后期儒學的新趨向』, 臺北, 文津出版社, 1993년.
許凌雲,『中國儒學史』, 隋唐卷, 廣州, 廣東教育出版社, 1998년.
馮友蘭,『中國哲學史新編』, 第四冊, 北京, 人民出版社, 1986년.

제17장
장횡거의 천인관계론

1. 시작하는 말

장횡거張橫渠의 우주론은 기론氣論이라고 할 수 있다. 만물은 어떻게 생성되는 것인가에 대한 의문에 관하여, 고대 중국의 학자들 같은 경우에는 대부분이 경험적인 사실로부터 그러한 사안에 대한 고찰을 진행했었다고 할 수 있다. 고대 중국의 학자들은 감각기관이 당면한 사물에 대하여 지각하는 것은, 형체·빛깔·소리·냄새·맛·촉각 등과 같은 생성과 소멸을 하는 객관적인 사실을 통해서 가능한 것이라고 생각했다. 한 걸음 더 나아가 만물은 무엇에 혹은 어떤 요인에 의하여 생존을 하게 되는 것인가? 라고 하는 물음은 더욱 추상적인 범주에 속하는 것으로, 인간의 감각기관을 통해서는 인식할 수 없는 것이었기 때문에 고대 중국의 학자들은 그러한 요인을 기氣라고 불렀다. 고대 중국인들은 이러한 기가 만물이 생성되고 화육하는 근원이 되는 것이라고 생각했던 것이다.

만물이 생성되고 화육하는 것이 단지 하나의 기에 의해서라고 할 경우 하늘과 땅의 운동과 변화에 대하여 해석을 할 수가 없게 된다. 다시 말하자면, 생성되고 화육하는 것은 반드시 운동과 변화가 있어야 하는 것이며, 이러한 생성과 화육은 반드시 음양陰陽 이기二氣의 전환에 의해서 가능한 것이고, 이러한 이기의 전환은 운동과 변화를 가능하게 해주는 것이다. 음양 이기가 비록 만물의 운동과 변화를 해석해 줄 수는 있더라도 만물의 다양성에 대해서는 해석을 해줄 수 없다. 이에 대하여 고대 중국인들은 생활의 경험을 통하여 추상적인 오행의 관념을 다섯 종류의 구체화 된 물질성 원소로 전환시킨다. 이렇게 되자 만물은 반드시 이러한 다섯 원소의 조합과 배열에 의해서 형성되는 것으로 간주되었으며, 이에 따라 만물의 다양성에 대한 해석 역시 자연스럽게 해결되었던 것이다.

만물을 생성하고 화육시키는 근원인 기는 어떻게 생성되는 것인가에 대한 의문은 규명할 수 없는 문제의 범주에 속하는 것이라고 할 수 있다. 만일 이러한 문제에 대하여 사유를 진행해나갈 경우 궁극적으로는 불가지론에 빠지게 될 것은 자명한 사실이라고 할 수 있다. 그렇기 때문에 고대 중국인들은 기에 대한 논의를 도道에 관한 논의로 전환시켰던 것이다. 기에 관한 논의 즉 기론氣論은 만물의 존재적 사실을 규명하는 것이고, 도에 관한 논의 즉 도론道論은 인간 행위의 목적과 가치라고 하는 궁극의 문제를 규명하는 것에 그 목적이 있다고 할 수 있다. 도를 규명하고자 하는 것은 결국에는 인간의 자기내적 성찰에 관한 것인데, 전통사회의 지식인들은 인간의 다양한 고통이 모두 욕망에서 비롯되는 것임을 인지하고, 그러한 욕망을 제거하기 위해서 '극기복례'나 '양기' 및 '신독'과 같은 방안을 제시했던 것이다. 이러한 주장의 궁극적인 목적은 바로 도덕의 함양에 있었던 것이라고 할 수 있다.

인간이 사물에 대하여 갖게 되거나 생성되는 욕구는 항상 집착하게 되는 정서나 감정을 유발시키게 되는데, 이러한 욕망에 의한 폐해를 제거하기 위해서는 반드시 욕망의 대상에 대한 일상적인 관찰을 하지 않으면 안 된다. 이러한 욕망의 대상에 대한 객관적인 관찰은 사람들로 하여금 희노애락喜怒哀樂의 정서를 점진적으로 퇴색시켜 결국에는 심리적으로 집착을 없애버린다. 만일 이러한 경지에 이르게 된다면 마음은 자연히 허정虛靜 즉 욕망이 사라지고 맑아지게 된다. 그렇기 때문에 이러한 상태를 중中이라고 하며, 이러한 상태의 언행은 자연히 원칙과 규범에 부합하게 되는 것으로 거짓되거나 위선적이지 않게 되는 것이니, 이러한 것을 성誠이라고 한다. 이와 같은 성誠은 장횡거의 본체론에 있어서 기본 토대가 되는 것이라고 할 수 있다.

북송 시기의 신유학이 흥성하게 되면서 기론氣論적 사유체계를 가진 장횡거의 철학사상은 이후 명말청초의 왕부지 등으로 대표되는 기철학에 적지 않은 영향을 끼치게 된다. 이러한 북송에서 명말청초에 이르는 유학사상의 발전과정 속에서 기철학의 형성과 발전에 중요한 역할을 했던 장횡거의 우주 본체론사상에 대한 조명은 매우 의미 있는 작업이라고 할 수 있을 것이다.[1]

본문에서는 이러한 장횡거의 천인관계론에 대하여 천인관계론과 도덕인식의 문제로 나누어 논의를 진행해보도록 하겠다.

2. 천인관계론

중국의 진준민陳俊民의 경우 장횡거의 태허太虛와 천天을 기의 본질에 속하는 것으로 보고 존유론의 첫 번째 단계로 삼았으며, 도道·리理·신화神化와 같은 것들을 기氣의 변화에 속하는 것으로 간주해서 우주생성변화의 두 번째 단계로 삼았으며, 이 둘을 합쳐서 천도天道의 체계로 삼았다. 이러한 것 이외에 그는 성性·심心·성聖·성誠을 인도人道의 체계로 삼았는데, 이러한 인도 체계는 사람이 우주본체와 생성 변화의 과정에 대하여 주관적으로 인식할 수 있는 세 번째 단계에 해당된다고 할 수 있다.

---

1 모리 미키사부로와 같은 경우 장횡거의 철학을 기일원론의 철학이라고 지칭했다. 모리 미키사부로, 임병덕 역, 『중국 사상사』, 청주, 온누리, 1986년, 211쪽 참조.

이러한 세 종류의 단계는 천인합일의 논리적 구조를 구성하고 있다고 볼 수 있다.[2]

진준민陳俊民의 주장을 분석해보면, 만물은 서로가 다른 형태로 존재하고 있으며, 개개의 사물은 전체 존재상태의 한 부분을 이루고 있는 것이라고 할 수 있다. 그 가운데 사람만이 자기내적 성찰과 사변능력을 가지고 있기 때문에 가치 관념을 형성할 수 있게 된 것이라고 하는 사실을 알 수 있다. 이러한 가치 관념은 사람에 따라 달라질 수 있는 것이고, 심지어는 개인의 사유체계를 판단의 기준으로 만들 수도 있기 때문에 부분적인 사유가 전체적인 사유를 대체 하게 만드는 모순에 빠지게 만들 우려가 있다고 할 수 있다. 만물은 총체적인 도道 가운데 존재하는 것이기 때문에, 사람들이 그것을 체득한 것에 대한 서술을 한다고 할지라도 언어적인 한계로 인하여 제한적이고 부분적으로 존재 본체를 체득할 수 밖에 없게 되는 것이다. 그렇기 때문에 고대의 성현들은 도道 관념을 도입하였으며, 이러한 도가 모든 가치의 근원이 된다고 생각했던 것이다. 이때 비로소 부분적인 사유가 전체적인 사유를 대체 하게 만드는 모순에서 벗어날 수가 있게 되었던 것이다. 그러므로 인간의 사유가 도道와 리理가 존재의 근원임을 인식한 이후 사람들은 실천공부에 대한 진일보한 사고를 진행 할 수 있게 되었던 것이다. 또한 사람들은 일상생활의 경험 속에서 성性·심心·성聖·성誠과 같은 도덕수양을 배양할 수 있는 방법을 창안했던 것이다. 진준민陳俊民이 언급한 태허太虛와 천天은 바로 총체이고, 성현이 언급한 도道와 성性·심心·성聖·성誠은 개인이 자아존재를 체득한 이후에 비로소 인식할 수 있게 되는 것인데, 이는 바로 삶에 대한 깊은 성찰을 거친 후에 욕망에 대하여 자기반성적 성찰 공부를 하기 때문인 것이다. 마음속의 자기반성적 성찰에서 시작하여 예측이 불가능한

---

2 陳俊民, 『張載哲學與關學學派』, 臺北, 臺灣學生書局, 1990년, 136쪽 참조.

신비로운 여정을 거쳐서 도道와 리理를 체득함으로써 궁극적으로는 태허太虛에 돌아갈 수 있게 되는 것으로 이는 바로 천인합일의 경지에 도달하게 되는 것이다.

> 하늘을 아버지라 부르고 땅을 어머니라 부른다. 나는 여기에 미미한 존재로 거기에 뒤섞여 그 가운데 존재한다. 그러므로 천지에 가득 찬 기운이 나의 몸 그자체이고, 천지를 주재하는 이치가 바로 나의 본성이다. 모든 사람들은 나의 형제이고, 만물은 모두 나의 동류인 것이다. 위대한 임금은 내 부모님의 장자이고, 그 대신들은 장자의 가신들이다. 나이 많은 이를 존경하는 것은 자기 집의 어른을 어른으로 모시는 근거요, 고아나 어린아이에게 자애로운 것은 나의 아이들을 사랑하는 근거이다. 성인은 그 덕이 천지의 덕과 합치되는 사람이고, 현인은 그 덕이 다른 사람보다 뛰어난 사람이다. 모든 천하의 노쇠하고 지친 사람이나 병들고 상한 사람, 형제가 없는 외아들과 늙어서 자식이 없는 사람과 아내가 없는 홀아비와 남편이 없는 과부들은 모두 나의 형제들이면서, 어려운 처지에 놓인 채 의지할 곳 조차 없는 사람들인 것이다. 그러므로 그들을 잘 보양하는 것은 자식이 부모를 공양하는 것과 같고, 즐기면서 걱정하지 않게 되어야 어버이에 대한 순수한 효도가 되는 것이다. 도리를 어기는 것을 패덕이라고 하고, 인을 해치는 것을 역적이라 한다. 악으로 세상을 건너는 것은 재주가 없음이고, 그 중에서 몸으로 실천함은 오직 부모를 닮는 사람이다. 변화의 도를 알면 천지의 사업을 잘 이어나갈 수 있을 것이고, 신명을 다 추구하면 천지의 뜻을 잘 계승할 것이다. 아무도 보지 않는 집안 구석에서라도 부끄러움이 없어야 욕됨이 없게 되며, 자신의 마음을 지키고 본성을 키워나가야만 나태해지지 않을 것이다.[3]

3 『正蒙』, 「乾稱」, "乾稱父, 坤稱母. 予玆藐焉, 乃混然中處. 故天地之塞, 吾其體, 天地之帥, 吾其性. 民吾同胞, 物吾與也. 大君者, 吾父母宗子, 其大臣, 宗子之家相也. 尊高年, 所以長其長, 慈孤弱, 所以幼其幼. 聖其合德, 賢其秀也. 凡天下疲癃殘疾惸獨鰥寡, 皆吾兄弟之顚連而無告者也 于時保之, 子之翼也; 樂且不憂, 純乎孝者也. 違曰悖德, 害仁曰賊; 濟惡者不才, 其踐形, 惟肖者也. 知化則善述其事, 窮神則善繼其志. 不愧屋漏爲無忝,

장횡거가 언급한 것은 인간이 우주에 대하여 취하게 되는 태도에 관한 것이라고 할 수 있다.[4] 아버지는 하늘이 되고 양이며 만물의 시작이 되는 것이고, 어머니는 땅이 되고 음이며 만물이 생겨나는 근거가 되는 것이며, 음양의 교접으로 만물과 내가 함께 생겨나게 되는 것이다. 바꿔 말하자면, 인간의 형체는 천지를 주유하는 기氣가 키워서 형성된 것이고, 인간의 성性은 천지의 마음心에서 나온 것이다. 그러므로 한 개체의 생명은 유한한 것이지만 천지의 창생이 무한한 것과 비교하면 실로 아주 미미한 것이다. 여기에서 바로 장횡거가 선진유가의 우주기화론 관점을 계승했음을 알 수 있게 되는 것이다. 즉 한 개체의 유한한 생명과 천지의 무궁무진함을 서로 대비하여 생명체가 구체적 물질 실체를 이루게 된다고 하는 사실을 설명한 것이다. 그렇기 때문에 장횡거는 "천지에 가득 찬 기운이 나의 몸 그자체이다."라고 주장했던 것이다. 장횡거는 생명의 활동은 최고선의 가치를 향하여 이루어지는 것이라고 생각했기 때문에 "천지를 주재하는 이치가 바로 나의 본성이다."라고 언급했던 것이다. 다시 말하자면, 한 개체의 근원은 선善이며 이는 곧 성性인 것이다. 또한 부모의 지위는 천지와 같은 것이기 때문에 아버지는 천지의 양기와 굳건한 덕을 가지고 있는 것이고 어머니는 음기와 부드러운 덕을 가지고 있는 것이다. 부모님께서 나를 낳아 주심은 천지가 나를 형성시키고 키워주는 것과 같으며, 나에게 본성이 형성 된 것은 부모님에서 본성이 형성된 것과 다른 것이 아니기 때문에 위로는 천지와 일체를 이룰 수 있게 되는 것이다. 그렇다면 나는 마땅히 어떻게 보답해야 하는 것인가? 장횡거는 한 개체의 근원이 선한 것이라고 하는 주장을 효도로 귀결시키는데, 이는 자신의 본성을 잘 지킴으로써 부모님을 잘 공양할 수 있는 것이기 때문이다. 그러므로 하늘의 즐거움이 주는 행복을 체득할 수 있는 것

存心養性爲匪懈."

4 馮友蘭, 『中國哲學史新編』, 第三冊, 北京, 人民出版社, 1996년, 155쪽 참조.

이며, 더 나아가 천지의 도를 닮을 수 있게 되는 것이며 그런 후에 부모의 선함을 닮을 수 있게 되어 비로소 부모의 모습을 실천함으로써 하늘과 덕을 합치게 되는 것이다.

장횡거는 한 걸음 더 나아가 우주를 천天과 만물이라고 하는 두 개의 차원으로 구분한다. 만물은 나와 함께 존재하는 것이기 때문에 피차의 구분이 필요가 없는 것이다. 그렇기 때문에 장횡거는 "모든 사람들은 나의 형제이고, 만물은 모두 나의 동류인 것이다."라고 하는 주장을 했던 것이다. 부모가 천지의 굳건한 덕을 가지고 있기 때문에 그 자식 된 사람은 마땅히 선함을 순종해야 하고 불선함을 제거해야 함으로써, 그 불선함을 추종하여 천리를 해치는 상황이 발생하지 않게 할 수 있는 것이다. 이처럼 장횡거는 부모는 천지를 닮았고 자녀는 부모를 닮았다고 하는 관계로부터 하늘과 인간이 하나의 기로 연결되어 있다고 하는 주장을 도출해낸다. 그렇기 때문에 부모는 천지의 리理를 겸비하고 있는 관계로 자녀를 양육할 줄 아는 것이며, 이로써 만물 주조할 수 있게 되는 것이다. 이렇게 함으로써 천지의 마음心을 이해할 수 있게 되는 것이며, 그러한 마음心에서 선한 본성이 나오게 되는 것이다. 하물며 천지가 변화하여 생성한 만물이 만일 선한 본성을 견지할 수 있고 또 그러한 노력을 게을리 하지 않는다면 본성을 다한다고 말 할 수 있을 것이다. 이와 같을 때 비로소 사람은 아무도 보지 않는 집안 구석에서라도 부끄러움이 없을 수 있을 뿐만 아니라 천지와도 소통할 수 있게 되는 것이다. 이처럼 장횡거는 성인은 옛 사람들의 효심을 계승할 수 있으며 그들의 효행을 진술할 수 있는 존재이기 때문에 천지간에 부끄러움이 없는 것이며, 이는 마치 효자가 부모님을 봉양하는 것과 같은 것이라고 생각했다. 단 여기에서는 장횡거의 우주론과 존재론의 사고가 뒤섞여 있다고 볼 수 있는데, 그의 우주론은 이미 우주의 기원을 탐구하는 경지를 초월하였으며 유가 본체론의 근거가 되는 학설과 결합한 것이라고 볼 수 있다.

몽배원蒙培元의 경우 일찍이 장횡거가 언급한 성性에 대하여 분석을 했는데, 그는 장횡거의 천지의 성天地之性의 근원이 천덕天德에 있으며 이는 우주 본체가 되는 것이고, 기질의 성氣質之性은 태허太虛에서 기氣가 인간을 생성한 후에 본성을 부여하는 것이라고 주장했다.[5] 여기에서 몽배원은 비록 천지의 성과 기질의 성에 대하여 분명하게 언급을 하지는 못했지만, 천지의 성과 기질의 성의 존유론적 사고와 진성盡性의 본체론적 사고의 교차를 통하여 인간이 반드시 진성의 자각을 통한 자아의 가치를 실현해야 함을 설명하고 있다. 바로 여기에서 인간은 자신의 본성 속에 있는 선한 단서를 끌어올려서 절대적인 천지의 성으로 돌아 갈 수 있게 되는 것이다.

장횡거는 유가의 성선설을 계승하여 일반적인 사람들이 욕망을 추구하는 마음이 현혹되거나 편향되어서 다시 선한 본성을 깨달을 수 있게 된다면 천리天理로 돌아갈 수 있다고 생각했다. 장횡거의 시야 속에서 천天은 승화된 경지라고 할 수 있는데, 그것은 바로 천天에 성誠과 신信의 이치가 갖춰져 있기 때문이다. 그렇기 때문에 사계절이 때에 맞춰서 교체되는 것이고 그 운행에 어그러짐이 없게 되는 것이다. 그래서 그는 "천은 말하지 않아도 신뢰하며, 신령은 노하지 않아도 위엄이 있다. 성실하기 때문에 신뢰할 수 있는 것이며, 사사로움이 없기 때문에 위엄이 있게 되는 것이다."[6]라고 언급했던 것이다.

장횡거가 인성론에서 천인관계天人關係에 대한 논의를 진행한 것은 부정할 수 없는 주지의 사실이라고 할 수 있다. 그는 "형체가 있은 후에 기질의 성이 생겨났고, 선함은 그것과 반대의 경우로 곧 천지의 성이 선함을 보존하고 있는 것일 뿐이다. 그러므로 기질의 성은 군자가 성이라고 하지 않는 것이다."[7]라고 언급했는데, 장황거에게 있어서 기질의 성은

---

5 蒙培元, 『理學範疇系統』, 北京, 人民出版社, 1989년, 230쪽 참조.

6 『正蒙』, 「天道」, "天不言而信, 神不怒而威. 誠, 故信. 無私, 故威."

대상을 계교計較하고 분변分辨하려는 자기중심적 지향성을 갖는 공취지성攻取之性과 같아서 눈·코·입·귀와 같은 감각기관의 좋아함과 싫어함에 기원을 두고 있기 때문에 덕과 학술을 겸비한 군자 역시 어느 한쪽을 소홀히 할 수 없는 것이다. 천지만물과 선천적으로 갖춰져 있는 리理에 대하여 장횡거는 천지의 성天地之性 혹은 천리天理라고 불렀던 것이다. 장횡거가 이렇게 한 것에는 소체小體인 경험적 지식으로는 설명할 수 없는 대체大體인 양지良知를 해설하기 위한 포석이 깔려있는 것이라고 할 수 있을 것이다.

만일 사람에게 본래부터 도덕이 갖춰져 있는 것이라고 한다면, 도대체 사람은 왜 부도덕한 행위를 하는 것일까? 이는 바로 소체小體의 욕구가 사람을 물욕에 빠지게 하는 것이기 때문인 것이라고 할 수 있다. 한편 장황거의 도덕사상 속에는 이러한 소체小體의 욕구를 결코 금기시하지는 않았다고 하는 것을 "음식남녀는 모두 성이다. 이것을 어찌 없앨 수 있단 말인가?"[8]라고 하는 것과 같은 언급에서 발견할 수 있게 된다. 바꿔 말한다면, 그것은 반드시 유가 본체사상의 부단한 제고를 통하여야 만이 비로소 천인합일天人合一의 목표에 도달하게 된다고 하는 것이다.

장횡거는 "지극히 성실함은 천성이요, 그러한 성실함이 멈추지 않음은 천명이다. 사람이 지극히 성실하다면, 성이 다해져서 신묘함을 궁구할 수 있을 것이다."[9]라고 언급했는데, 성실함誠은 실제로 지극함이 있는 것이다. 그것은 사람이 일단 형체가 있게 되면 성실함의 본체가 구비되는 것이기 때문이다. 다시 말하자면, 성실함은 성체性體가 되고 지극히 성실함至誠은 태화太和의 허령함으로 되돌아간다고 하는 본체사상인 것

7 『正蒙』, 「誠明」, "形而後有氣質之性, 善反之則天地之性存焉. 故氣質之性, 君子有弗性者焉."

8 『正蒙』, 「乾稱」, "飮食男女皆性也, 是烏可滅?"

9 『正蒙』, 「乾稱」, "至誠, 天性也; 不息, 天命也. 人能至誠則誠盡而神可窮矣."

이다. 천명天命은 천지간에서 유전되어 끊임없이 전화하는 데, 만일 사람이 지극히 성실함至誠의 경지에 도달할 수 있게 된다면 사람의 본성은 자연히 그 지극함을 궁구할 수 있을 것이며 천지 운행의 성실함을 신뢰하게 되어 자연히 그러한 이치를 깨달을 수 있게 되는 것이다.

> 성실함과 사리에 밝음으로 아는 것은 곧 하늘의 덕으로 본래부터 아는 것이지 감각기관을 통해서 아는 것이 아닌 것이다. 하늘과 사람이 사용하는 것을 달리하면 성실함을 말하기에는 부족하고, 하늘과 사람이 앎을 달리하면 사리에 밝음을 다 하기에는 부족하다. 성誠과 명命에서는 인성과 천도가 크게 든 작게 든 전혀 구별되지 않는다. 의義와 명命이 하나로 합하는 것은 리理에 있으며, 인仁과 지智가 하나로 합하는 것은 성聖에 있고, 동動과 정靜이 하나로 합하는 것은 신神에 있다. 음陰과 양陽이 하나로 합하는 것은 도道에 있으며, 인성과 천도가 하나로 합하는 것은 성誠에 있다. 하늘이 장구하여 그치지 않는 도道가 곧 성誠이다. 어진 사람과 효자가 하늘을 섬기고 자신의 몸을 성실하게 하는 것은 인仁과 효도 그 이상도 이하도 아니다. 그리하여 군자는 성실함을 귀중하게 여긴다. 성실하면 사물에 처음과 끝이 있지만, 거짓되면 사물이 실제로 있는 것이 아니니 처음과 끝 또한 어찌 있으리요? 그래서 성실하지 못하면 사물 또한 없다고 하는 것이다. `밝으면 성실해진다는 것은 이치를 궁구함으로써 본성을 극진히 하는 것이요, 성실하면 밝아진다는 것은 본성을 다함으로써 이치를 궁구한다는 것이다.[10]

장횡거는 성실함과 사리에 밝음이라는 것이 하늘의 덕으로서 양지良知

---

10 『正蒙』, 「誠明」, "誠明所知, 乃天德良知, 非聞見所知而已. 天人異用, 不足以言誠; 天人異知, 不足以盡明. 所謂誠明者, 性與天道, 不見乎小大之別也. 義命合一存乎理, 仁智合一存乎聖, 動靜合一存乎神, 陰陽合一存乎道, 性與天道合一存乎誠.天所以長久不已之道, 乃所謂誠. 仁人孝子所以事天成身, 不過不已於仁孝而已. 故君子誠之爲貴. 誠有是物, 則有終有始; 僞實不有, 何終始之有! 故曰: 不誠無物. 自明誠, 由窮理而盡性也; 自誠明, 由盡性而窮理也."

가 되는 것이라고 생각했다. 그러므로 성실함은 본체의 성이 되는 것이며, 이는 결코 경험적 지식의 추구를 통해서 체득할 수 없는 것이라고 생각했던 것이다. 장횡거는 성실함은 반드시 천도天道와 성性의 합일을 통해서만이 분명하게 드러날 수 있다고 생각하였으며, 그러한 여정은 마치 의義와 명命이 리理에 체현되고 인仁과 지智가 성聖에 체현되고 동動과 정靜이 신神에 체현되고 음陰과 양陽이 도道에 체현되는 것과 같은 것이며, 또한 천도天道와 성性이 우주형성의 도리가 되는 것이 성실함 가운데 존재하는 것과 같다고 할 수 있다. 사람이 태어나면서부터 자신에게 내재되어 있는 성실함 때문에 천체운행의 그침 없는 도를 체득할 수 있는 것은 마치 효자가 하늘을 섬기고 자신을 성실하게 하는 것과 같은 맥락이라고 할 수 있다. 인仁과 효도의 개념이 이미 인성의 위에 초탈하고 있기 때문에 사람의 본체를 위한 일반적인 법칙이 되는 것이다. 바꿔 말하자면, 장횡거는 성실함을 하늘이 부여하여서 된 것이라고 생각하면서 이는 사회적 규범을 초월하고 더 나아가 도덕의 현실적 의미마저도 초월하는 것이라고 여겼다. 그렇기 때문에 성실함을 인식할 수 있게 된다면 도덕 양지良知 및 천지와 연결된 기氣를 초월할 수 있는 것이다. 상대적으로 사람이 천리天理를 초월하고자 하는 시점에서 하늘과 사람은 이러한 이유 때문에 각자의 길을 걷게 되는 것이다.

3. 도덕인식의 문제

사람이 태어나고 성장하는 과정은 본래 원만하게 진행되는 것이라고 할 수 있는데, 왜 원만하지 못한 삶이 전개되는 것이며 심지어는 악하게 되어버리는 것일까? 그것은 바로 습관에 의해서 형성되고 발전되어 나온 다양한 행위들 때문인 것이다. 이러한 행위들은 각종 규범의 제약을 받게 되는데, 어떤 규범들은 도덕의식이 비교적 강하고 또 어떤 규범들은 사람을 그릇된 곳으로 빠져들게 만들기도 한다. 순수한 도덕관념에서 볼 때 사람들은 왜 이러한 도덕행위를 준수해야만 하는 것인가? 라고 하는 의문이 제기될 수 있다.

> 태화는 이른바 도이다. 그 가운데에 뜨고 가라앉음, 올라가고 내려옴, 움직임과 고요함이 서로 감응하는 성이 함유되어 있어서, 이것은 인온하여 서로 작용하고, 이기고 지고, 굽히고 펴고 하는 운동을 생성하는 시작이 된다. 그것이 작용하여 올 때는 미세한 조짐이 쉽고 간단하지만, 그것이 궁극에 이르면 넓고 크며 견고하다. 쉬운 상태에서 앎을 일으키는 것은 건이요, 간단한 상태에서 법칙을 본받는 것은 곤이다. 흩어져서 여러 가지로 다르게 분화하여 현상화 될 수 있는 것이 기이고, 맑게 통하여 현상화될 수 없는 것이 신이다.[11]

태화太和 차원에서 표현되어 나온 것은 바로 천지만물이 형체가 있기 전에 해당되는 것으로서 변화와 혼돈이 끊임없는 것의 시작인 것이다. 『주역周易』에서 "태화의 원기가 융합 보전된다."[12]라고 언급한 것에서와 같이 태화는 음양이 조화된 기氣라고 하는 것을 알 수 있다. 이러한 태화는 기가 흩어지고 모이게 하는 변화의 리理로 전환될 수가 있는 것이다. 또한 태화太和는 형체의 한계를 초월할 수 있는 것이기 때문에 만물들 사이에서 서로가 뜨고 가라앉음, 올라가고 내려옴, 움직임과 고요함이 서로 감응하는 정相感之情을 용인하는 것이다. 이런 태화가 포함하는 차원은 매우 광대한 것으로 만물을 인온하여 서로 작용하고, 이기고 지고, 굽히고 펴고 하는 운동을 생성하는 시작이 되는 것이다. 그러므로 태화는 도道이고 천지의 운동에너지이며, 만물이 생존하게 되고 투쟁하는 것

---

11 『正蒙』, 「太和」, "太和所謂道, 中涵浮沈·升降·動靜·相感之性, 是生絪縕·相盪·勝負·屈伸之始. 其來也幾微易簡, 其究也廣大堅固. 起知於易者乾乎! 效法於簡者坤乎! 散殊而可象爲氣, 淸通而不可象爲神."

12 『周易』, 「乾卦」, "保合太和"

의 시작보다 먼저 있는 것이다. 그렇기 때문에 태화는 원융의 원초적인 상태라고 말할 수 있다. 만물은 생겨난 이후에 기氣가 모여서 형체를 이루게 되고 변화의 이치와 소통할 수 있는 것이기 때문에 궁극에는 천지의 이치를 깨달을 수 있게 되는 것이다. 사람 역시 만물 가운데의 하나이기 때문에 서로간의 분쟁을 피하고 상호간에 인온하여 서로 작용하고, 이기고 지고, 굽히고 펴고 하는 등과 같은 패착 상태에 빠지게 되는 것을 미연에 방지해야만 하는 것이다. 그렇기 때문에 천지의 운동에너지인 도道를 앞에 두어서 사람들을 분쟁이 없는 도덕의 길로 인도하는 것이다.

장횡거는 사람과 만물이 세상에 병존하는 것이라고 생각하였기 때문에 만물과 사람은 모두가 물성物性을 가지고 있다고 보았으나, 만물만이 수양을 운용할 줄 모르기 때문에 내재되어 있는 덕행을 제고시킬 수 없는 것으로 보았다. 다시 말하자면, 생리적 욕구의 만족은 사람과 만물이 공통적으로 갖는 본성의 요구이지만, 오직 인간만이 도덕수양을 바탕으로 이러한 본성적 요구 즉 생리적인 욕구를 갈구하는 마음을 절제할 수 있는 것이다. 그렇기 때문에 이러한 생리적인 욕구를 갈구하는 마음으로 인해서 발생하게 되는 도덕의식의 상실을 막을 수 있게 되는 것이다.

만일 사람이 존재하지 않으면 곧 도덕의 문제는 없어지게 된다. 그렇다면 사람이 존재하게 되는 근원적인 요인은 무엇인가? 장재는 "기가 모이면 이명이 베풂을 얻어 형태가 있게 되고, 기가 모이지 않으면 이명이 베풂을 얻지 못하여 형태가 없게 된다."[13]라고 언급했는데, 이는 기氣의 모임과 흩어짐 때문에 사람들이 만물의 수많은 변화를 볼 수 있는 것이라고 하는 의미이다. 아울러 사람은 기氣에 근원을 두고 있음을 알 수 있는 것이다. 또한 장횡거는 인간의 존재론적 가치에서 "사물을 따르고 마음을 잃어버리면, 사람이 사물에 의해 변화되어 천리를 멸하는 것이

13 『正蒙』, 「太和」, "氣聚則有離明得施而有形, 氣不聚則有離明不得施而無形."

다."[14]라고 언급했는데, 이는 사람은 만물과 동화하는 것을 피할 수 있기 때문에 천하와 소통할 수 있는 의지인 천리를 상실하게 되는 것을 피할 수 있다고 하는 것이다. 아울러 장횡거는 인성의 존재에 대하여 탐구하여 "성이라는 것은 만물의 한 근원이니, 내가 사사로이 얻어서 가지고 있는 것이 아니다."[15]라고 언급한 것에서와 같이 알 수 있듯이 인간과 만물의 존재는 성性에 그 근원을 두는 것으로, 오직 인간만이 성을 다할 수 있는 수양공부를 알 수 있는 것이기 때문에 물성의 본능을 초월할 수 있는 것이며, 더 나아가 도덕의 공평무사함의 의미를 체득할 수 있는 것이다.

한편 다른 생물은 생존의 본능만을 드러낼 뿐이지 도덕관념에 대해서는 전혀 관심이나 주의를 기울이지 않는 반면 오직 인간만이 이러한 도덕관념을 가지고 있다고 할 수 있다. 그렇다면 이러한 도덕관념의 근원은 무엇일까? 장횡거는 "만물의 형태와 색깔은 신의 찌꺼기이다. 성과 천도라고 이르는 것은 역일 뿐이다. 마음이 수만 가지로 다른 까닭은 바깥 사물에 감응함이 한결같지 않기 때문이다. 하늘의 크기는 바깥 경계가 없을 정도이나, 그 감응됨은 인온의 이단일 따름이다."[16]라고 언급하여 만물과 사람을 만들고 화육하는 존재는 오직 신묘함神만일 뿐인데, 신묘함神에는 이치가 있으며, 그러한 것이 천天에 있어서는 도道가 되는 것이고 사람에게 있어서는 성性이 되는 것이다. 신묘함神은 변화하는 역易이기 때문에 만물은 단지 태허太虛의 기氣가 잠시 머물러 형성된 것이다. 또한 마음은 만물 전체의 특징을 포함하고 있는데, 이는 바깥 사물의 감응함이 같지 않은 것이 있기 때문인데, 예를 들면 음양이기陰陽二氣가

14 『正蒙』, 「神和」, "徇物喪心, 人化物而滅天理者乎!"

15 『正蒙』, 「誠明」, "誠者, 萬物之一源, 非有我之得私也."

16 『正蒙』, 「太和」 "萬物形色, 神之糟粕, 性與天道云者, 易而已矣. 心所以萬殊者, 感外物爲不一也, 天大無外, 其爲感者絪縕二端而已."

태허太虛에 충만해 있으면서 끊임없이 모이고 흩어지는 상태와 같은 것이라고 할 수 있다. 음양陰陽은 기氣에 대해서 이미지가 되면서 형체와 색깔의 이치가 되는 것인데, 이와 같이 생물의 낮은 차원은 사람들처럼 이성을 갖추지 않아서 취하거나 버리고, 좋아하거나 싫어하고, 인자하거나 잔인한 것의 본원을 알게 되는 것이며, 더 나아가 그러한 이치를 따라서 점진적으로 성인의 덕을 형성하여 갖추게 될 줄 알게 되는 것이다.

도덕관념은 사회생활 속에서 점진적으로 형성되는 것이라고 할 수 있다. 그러나 사회생활 속에서 드러나는 도덕관념이나 규범 및 행위 등과 같은 것은 반드시 선한 것은 아니다. 이러한 것에 대하여 장횡거는 "성이 이루어지지 않으면 선과 악이 섞인다. 그러므로 부지런히 힘써서 선을 이어가면 곧 선하게 되는 것이다. 악이 모두 제거되면 (그에 상대적인 의미의)선이라 할 것도 그에 따라 사라지게 된다. 그러므로 선이라 말하기를 버리고, 그것을 이루는 것을 성이라 한다. 라고 말하는 것이다."[17]라고 언급한 것에서와 같이, 인성이 아직 정해지기 이전에는 선과 악이 서로 배척하는데, 이러한 때 사회에서 드러나는 도덕관념은 반드시 선한 것은 아닌 것으로 단지 선한 단서가 드러난 것에 불과한 것이다. 이러한 선한 단서가 지속적으로 그침 없이 드러나게 될 때에 비로소 온전한 선함이 드러나게 되는 것이며 인성에 선함과 악함이 혼잡하게 섞여 있어서 조성된 미혹에서 벗어날 수 있게 되는 것이다. 이와 같이 수양공부가 지속적으로 쌓여가야 만이 천성이 덕성으로 전화되어 궁극적으로는 개인의 도덕관념이 사회 전반에 걸쳐 영향을 끼치게 되어 인간과 사회에 상호 작용을 하게 되는 것이다. 더구나 악함이 사회에 드러나게 되었을 때는 사회적 상황은 반드시 부정적인 영향을 받을 수밖에 없게 되기 때문에 장횡거는 악함을 반드시 제거해야 한다고 하는 주장을 했던 것이다.

---

17 『正蒙』, 「誠明」, "性未成則善惡混, 故勤勤而繼善者, 斯爲善矣. 惡盡去則善因以亡, 故舍曰善而曰成之者性."

반대로 말하면 장횡거는 선함이 자연히 드러나게 되었을 때는 도덕적 선함의 수양이 인성에서 완성을 하게 되는 것이라고 주장했다.

그렇다면 장횡거는 도덕의 근원에 대하여 어떠한 해석을 하였을까? 이러한 물음에 대답하기에 앞서 우선 인식론에 대한 이해가 선행되어야 할 것이다. 인식론이란 인간의 인식의 본질과 그것의 기원 및 발전법칙을 연구하는 철학이론을 의미한다.[18] 중국의 고대 사상가들의 인식론에 관한 주장은 대부분이 유심론에 속한다고 볼 수 있다. 현대 중국의 학자들 대부분은 유물주의 관점에서 장횡거를 보기 때문에 장횡거가 견문의 지見聞之知와 덕성의 지德性之知를 통하여 심성을 이중으로 언급하는 도덕인식론에 대하여 유물주의에 위배되는 것이라고 비판을 한다.[19]

고대 중국의 유가·도가·불가의 사상가들 대부분은 직관적인 사유방식을 중시해왔다고 말할 수 있다. 이러한 사실을 기초로 강광휘姜廣輝의 경우에는 장횡거의 인식능력을 견문見聞·궁리窮理·진성盡性의 세 항목으로 귀결시키기도 했다. 즉 강광휘는 감성의 인식능력을 견문이라고 하고, 이성의 인식능력을 궁리라고 하며, 직관의 인식능력을 진성이라고 불렀다.[20] 강강휘의 주장을 잠시 접어두고 보더라도 장횡거의 인식론에는 감성과 이성이라고 하는 이중의 관계가 존재하고 있다고 할 수 있다. 장횡거는 인식이 체득한 지식을 경험적 지식과 선험적 지식으로 구분했는데, 경험적 지식은 감각기관을 통하여 얻어지거나 외부 사물과 접촉을 통하여 얻어진 지식을 의미하고, 선험적 지식은 본래 경험을 초월하는 것으로 경험 이전에 존재하는 지식인 것인데, 이는 곧 세상을 운행시키는 이치나 법칙과 같은 것이라고 할 수 있다. 그렇기 때문에 직관에 의해 체득될 수 있는 지식인 것이다. 그렇기 때문에 하견도夏甄陶의 경우 "장재는

18 馮契 主編, 『哲學大辭典』, 上海, 上海辭書出版社, 2001년, 1192쪽 참조.

19 任繼愈, 『中國哲學史』, 北京, 人民出版社, 1995년, 211~222쪽 참조.

20 姜廣輝, 『理學與中國文化』, 上海, 上海人民出版社, 1995년, 392~393쪽 참조.

진정한 인식은 궁리와 진성을 필요로 한 것이고 천도天道를 아는 것이다. 리理·성性·천도라고 하는 것은 실제로는 모두가 물질 성질인 기의 변화 과정 및 그것의 법칙을 지칭하는 것이며, 그것들 모두는 기 자체에 본래부터 갖춰져 있는 것으로 물질 성질인 기를 벗어나 독립적으로 존재할 수 없는 것이다."[21]라고 주장했던 것이다. 인식은 외부에서 구할 필요가 없는 것이기 때문에 장횡거의 인식론은 우주의 무궁무진한 천체현상을 탐구하는 것을 지식의 대상으로 삼지 않았던 것이다. 반면에 장횡거 자신이 살고 있는 사회의 만물변화의 법칙에 대한 체득과 이러한 법칙을 체계화 하는 것을 통하여 사회의 윤리규범을 제고시키고자 하였다. 장횡거는 사회의 윤리규범을 부단히 내재화시키는 과정을 통하여 자아와 선천적으로 갖춰져 있는 천덕天德의 합일을 추구했던 것이다.

그러나 도덕인식은 여기에서 그쳐서는 안 되는 것인데, 만일 그러할 경우 모든 도덕사상은 감각기관에 의해서 체득된 경험적 지식이 되기 때문이다. 그렇기 때문에 장횡거는 이러한 것에 한계를 두지 않고 "덕성을 높이지 않으면, 배우고 물음을 그에 따라 말할 수가 없다."[22]라고 언급하여 도덕인식을 경험법칙의 범주에서 이성적 사고의 경지로 끌어올렸으며 심성론을 통하여 그러한 경지로 나가는 방법을 모색했던 것이다.

이와 같이 장횡거는 세상 사람들의 스스로 한계를 정하는 세태를 비판했다. 또한 장횡거는 성인이 이미 천인합일天人合一의 경지에 이르렀기 때문에 초연한 마음으로 만물을 둘러볼 수 있는 존재라고 생각했다. 그렇기 때문에 성인은 죽음에 대해서도 초연할 수 있는 것이라고 장횡거는 주장했다. 즉 인간의 신체는 단지 음양의 기氣가 잠시 모여 있는 상태일 뿐인 것이기 때문에 기가 모두 흩어져 버리게 되면 모든 것은 원초적인 상태를 회복하게 되는 것이다. 그러므로 성인은 본성을 다할 수 있는 존

---

21 夏甄陶, 『中國認識論思想史稿』下冊, 北京, 人民大學出版社, 1996년, 38쪽 참조.

22 『正蒙』, 「中正」, "不尊德性, 則學問從而不道."

재이기 때문에 천도天道의 법칙을 체득할 수 있는 것이며, 인성의 도리를 충분히 체현해 낼 수 있는 것이다. 그래서 성인은 사람들이 경전을 통해 취득한 지식을 배우지 않는 것이다. 그렇기 때문에 장횡거는 "감각기관을 통해서 인식된 선함이란 것은 배울 수는 있다고 말할 수 있지만, 그것의 도리는 체득할 수 없다고 말하는 것이다."[23]라고 주장한 것이다. 그러므로 박식한 인사는 그 역량이 단지 책을 통해서 알게 된 것에 한정되어 있기 때문에, 그는 자기 자신의 인성과 명리에 통달하고 양지를 체득한 성인의 덕성으로 알게 된 지혜와 일단의 거리가 있다고 하는 것을 인식하는 것이다.

장횡거는 결론적으로 "성과 명으로 아는 것은 곧 하늘의 덕으로 본래부터 아는 것이지, 듣고 보고 하는 작은 지식이 아니다."[24]라고 언급했는데, 이와 같이 알 수 있듯이 장횡거가 생각하고 인식한 도덕지식은 본성을 다한 후에 체득하게 되는 인의仁義의 양지良知인 것이다. 인의仁義의 양지良知가 사람의 자기내적성찰을 거친 후의 도덕지식이며 또한 사람의 마음에 본래부터 내재되어 있는 것임에도 불구하고 일반 사람들은 그것을 자신에게서 찾지를 않고 오히려 외부에서 찾으려고 한다. 이와 같이 덕성으로 알게 된 것은 자아 깨우침의 인식 여정인 것이며, 그것은 사람이 사람구실을 하는 가치의 소재인 것이며 사람의 도덕지식이 마음속에서 인도되어 나오는 여정인 것이다. 그러므로 그것은 외재되어 있는 객관적인 지식이 아닌데, 이러한 객관적인 지식은 경험적인 인식에 속하는 것일 뿐인 것이다. 반면 덕성으로 알게 된 것은 천지간의 진리의 범위에 속하는 것이라고 할 수 있는 것이다.

---

23 『張載集』, 「經學理窟」, "見聞之善者, 謂之學則可, 謂之道則不可."

24 『正蒙』, 「誠明」, "誠明所知, 乃天德良知, 非聞見小知而已."

4. 맺는 말

이상과 같이 장횡거의 천인관계론에 대하여 천인관계론과 도덕인식의 문제를 중심으로 살펴보았는데, 이를 정리하면 다음과 같다.

장횡거는 인간의 형체는 천지를 주유하는 기氣가 키워서 형성된 것이고, 인간의 성性은 천지의 마음心에서 나온 것이라고 생각했기 때문에 한 개체의 생명은 유한한 것이지만 천지의 창생이 무한한 것과 비교하면 실로 아주 미미한 것이라고 하는 주장을 했던 것이다. 즉 장횡거는 한 개체의 유한한 생명과 천지의 무궁무진함을 서로 대비하여 생명체가 구체적 물질 실체를 이루게 된다고 하는 사실을 설명했던 것이다. 또한 장횡거는 생명의 활동은 최고선의 가치를 향하여 이루어지는 것이라고 생각했기 때문에 "천지를 주재하는 이치가 바로 나의 본성이다."라고 주장했는데, 이는 한 개체의 근원은 선善이며 이는 곧 성性인 것이라는 의미인 것이다. 또한 장횡거는 부모의 지위는 천지와 같은 것이기 때문에 아버지는 천지의 양기와 굳건한 덕을 가지고 있는 것이고 어머니는 음기와 부드러운 덕을 가지고 있는 것이라고 했다. 부모님께서 나를 낳아 주심은 천지가 나를 형성시키고 키워주는 것과 같으며, 나에게 본성이 형성된 것은 부모님에서 본성이 형성된 것과 다른 것이 아니기 때문에 위로는 천지와 일체를 이룰 수 있게 되는 것이라고 주장했다. 아울러 장횡거는 한 개체의 근원이 선한 것이라고 하는 주장을 효도로 귀결시키는데, 이는 자신의 본성을 잘 지킴으로써 부모님을 잘 공양할 수 있는 것이기 때문이다. 그러므로 하늘의 즐거움이 주는 행복을 체득할 수 있는 것이며, 더 나아가 천지의 도를 닮을 수 있게 되는 것이며 그런 후에 부모의 선함을 닮을 수 있게 되어 비로소 부모의 모습을 실천함으로써 하늘과 덕을 합치게 되는 것이라고 주장했던 것이다.

이처럼 장횡거는 부모는 천지를 닮았고 자녀는 부모를 닮았다고 하는 관계로부터 하늘과 인간이 하나의 기로 연결되어 있다고 하는 주장을 도출해낸다. 그렇기 때문에 부모는 천지의 리理를 겸비하고 있는 관계로 자녀를 양육할 줄 아는 것이며, 이로써 만물 주조할 수 있게 되는 것이다. 이렇게 함으로써 천지의 마음心을 이해할 수 있게 되는 것이며, 그러한 마음心에서 선한 본성이 나오게 되는 것이다. 하물며 천지가 변화하여 생성한 만물이 만일 선한 본성을 견지할 수 있고 또 그러한 노력을 게을리 하지 않는다면 본성을 다한다고 말 할 수 있을 것이다. 이와 같을 때 비로소 사람은 아무도 보지 않는 집안 구석에서라도 부끄러움이 없을 수 있을 뿐만 아니라 천지와도 소통할 수 있게 되는 것이다.

장횡거는 성실함은 반드시 천도天道와 성性의 합일을 통해서만이 분명하게 드러날 수 있다고 생각하였으며, 그러한 여정은 마치 의義와 명命이 리理에 체현되고 인仁과 지智가 성聖에 체현되고 동動과 정靜이 신神에 체현되고 음陰과 양陽이 도道에 체현되는 것과 같은 것이며, 또한 천도天道와 성性이 우주형성의 도리가 되는 것이 성실함 가운데 존재하는 것과 같다고 할 수 있다. 사람이 태어나면서부터 자신에게 내재되어 있는 성실함 때문에 천체운행의 그침 없는 도를 체득할 수 있는 것은 마치 효자가 하늘을 섬기고 자신을 성실하게 하는 것과 같은 맥락이라고 할 수 있다. 인仁과 효도의 개념이 이미 인성의 위에 초탈하고 있기 때문에 사람의 본체를 위한 일반적인 법칙이 되는 것이다. 바꿔 말하자면, 장횡거는 성실함을 하늘이 부여하여서 된 것이라고 생각하면서 이는 사회적 규범을 초월하고 더 나아가 도덕의 현실적 의미마저도 초월하는 것이라고 여겼다. 그렇기 때문에 성실함을 인식할 수 있게 된다면 도덕 양지良知 및 천지와 연결된 기氣를 초월할 수 있는 것이다. 상대적으로 사람이 천리天理를 초월하고자 하는 시점에서 하늘과 사람은 이러한 이유 때문에 각자의 길을 걷게 되는 것이다.

장횡거는 사람과 만물이 세상에 병존하는 것이라고 생각하였기 때문에 만물과 사람은 모두가 물성物性을 가지고 있다고 보았으나, 만물만이 수양을 운용할 줄 모르기 때문에 내재되어 있는 덕행을 제고시킬 수 없는 것으로 보았다. 다시 말하자면, 생리적 욕구의 만족은 사람과 만물이 공통적으로 갖는 본성의 요구이지만, 오직 인간만이 도덕수양을 바탕으로 이러한 본성적 요구 즉 생리적인 욕구를 갈구하는 마음을 절제할 수 있는 것이다. 그렇기 때문에 이러한 생리적인 욕구를 갈구하는 마음으로 인해서 발생하게 되는 도덕의식을 상실하지 않을 수 있게 되는 것이다.

장횡거는 사람과 만물이 세상에 병존하는 것이라고 생각하였기 때문에 만물과 사람은 모두가 물성物性을 가지고 있다고 보았으나, 만물만이 수양을 운용할 줄 모르기 때문에 내재되어 있는 덕행을 제고시킬 수 없는 것으로 보았다. 다시 말하자면, 생리적 욕구의 만족은 사람과 만물이 공통적으로 갖는 본성의 요구이지만, 오직 인간만이 도덕수양을 바탕으로 이러한 본성적 요구 즉 생리적인 욕구를 갈구하는 마음을 절제할 수 있는 것이다. 그렇기 때문에 이러한 생리적인 욕구를 갈구하는 마음으로 인해서 발생하게 되는 도덕의식의 상실을 막을 수 있게 되는 것이다.

장횡거가 생각하고 인식한 도덕지식은 본성을 다한 후에 체득하게 되는 인의仁義의 양지良知인 것이다. 인의仁義의 양지良知가 사람의 자기내적성찰을 거친 후의 도덕지식이며 또한 사람의 마음에 본래부터 내재되어 있는 것임에도 불구하고 일반 사람들은 그것을 자신에게서 찾지를 않고 오히려 외부에서 찾으려고 한다. 이와 같이 덕성으로 알게 된 것은 자아 깨우침의 인식 여정인 것이며, 그것은 사람이 사람구실을 하는 가치의 소재인 것이며 사람의 도덕지식이 마음속에서 인도되어 나오는 여정인 것이다.

참고문헌

『周易』
『張子正蒙注』, 北京, 中華書局, 1976년.
『張載集』, 北京, 中華書局, 1978년.
陳俊民, 『張載哲學與關學學派』, 臺北, 臺灣學生書局, 1990년.
蒙培元, 『理學範疇系統』, 北京, 人民出版社, 1989년.
任繼愈, 『中國哲學史』, 北京, 人民出版社, 1995년.
姜廣輝, 『理學與中國文化』, 上海, 上海人民出版社, 1995년.
馮友蘭, 『中國哲學史新編』, 第三冊, 北京, 人民出版社, 1996년.
夏甄陶, 『中國認識論思想史稿』下冊, 北京, 人民大學出版社, 1996년.
馮契 主編, 『哲學大辭典』, 上海, 上海辭書出版社, 2001년.
모리 미키사부로, 임병덕 역, 『중국 사상사』, 청주, 온누리, 1986년.

제18장
정명도의 천인관계론

1. 시작하는 말

정명도의 천도사상은 천지만물이 생성소멸 하는 것의 궁극적인 원인의 규명에 대한 설명이라고 할 수 있을 것이다. 이는 북송과 남송시대의 리학자들이 이러한 천지만물이 생성소멸 하는 것의 궁극적인 원인의 규명 문제에 대한 논의를 도덕형이상학의 도식을 통하여 진행했던 것과도 무관하지 않다고 할 수 있다. 또한 그들은 천도에 대한 논의를 인간의 가치에 대한 문제로까지 확대시켜 나갔던 것이기 때문에 천도의 최종적인 관심 소재는 인간에게 있었던 것이었으며, 인간존재가 수양공부를 통하여 궁극적으로 도달하고자 했던 종착점은 선함 자체인 천도에 있었던 것이다.

북송시기에 생존했던 정명도程明道는 천리天理라고 하는 개념을 가지고 천도에 대한 자신만의 독특한 사유세계를 형성하고 발전시켜 나갔다고 말할 수 있을 것이다. 정명도가 언급한 천리라고 하는 개념은 크게 두 가지 의미로 구분해서 언급할 수 있는데, 하나는 천리의 초월적 본체 자체가 그 안에 포함되어 있다고 하는 초월적 의미의 천리이고 다른 하나는 자연적 형세가 그 안에 포함되어 있다고 하는 자연적 의미의 천리이다.[1] 이러한 정명도의 천리는 본체영역에 하나 그리고 작용영역에 하나 있는 것인데, 하나는 초월성을 가진 만물존재의 소이연所以然의 리理이고 다른 하나는 현상계에 존재하는 만물존재의 리理라고 할 수 있다.

이러한 정명도의 천도론사상에 대해서 본문에서는 정명도의 천도사상의 요체인 천리의 다양한 특성에 대하여 초월적 의미의 천리와 자연적 의미의 천리를 중심으로 논의를 진행해보도록 하겠다.

2. 초월적 의미의 천리

정명도는 『역전易傳』을 계승하고 발전시키는 것을 통해서 자신의 천도사상의 기본 형식을 형성해나갔는데, 이를 총괄적으로 역체易體라고 불렀다. 하지만 이는 정명도의 천도사상의 한 측면만을 본 것이라고 할 수 있다. 정명도는 역체 이외에도 천리나 리理를 통해서 자신의 천도사상의 이론적 토대를 더욱 공고히 만들어 나갔다고 할 수 있을 것이다. 이는 그가 형이상의 도체에 대한 언급에서 고대의 전적에 근거하지 않고 대부분을 자신이 만들어낸 개념을 가지고 설명을 진행한 것에서 충분히 발견할 수 있다.

> 명도는 일찍이 이렇게 말한 적이 있었다. "나의 학문은 스승으로부터 전수받은 것이 있지만, 천리라는 두 글자는 스스로의 체험에서 나온 것이다."[2]

천리라고 하는 두 글자에 대하여 정명도는 비록 스스로의 체험에서 나온 것이라고 언급하지만, 이러한 천리는 문자 상으로 혹은 그 실질적

---

1 牟宗三, 『心體與性體』(二), 臺北, 正中書局, 1989년, 54~86쪽 참조.

2 『河南程氏外書』卷十二, "明道嘗曰: 吾學雖有所受, 天理二字卻是自家體貼出來."

인 의미에 관계없이 정명도 이전에 이미 출현한 개념이라고 할 수 있다. 『예기禮記』에 "좋아함과 싫어함이 마음 안에서 분별되지 않고 지성이 밖에서 유혹을 받는다면 자신을 반성하여 옳고 그름을 분별할 수 없게 되어 천리가 없어지게 되는 것이다."[3]와 "사람이 외물에 변하게 된다고 하는 것은 천리를 사라지게 하고 인욕을 다하게 한다는 것이다."[4]라고 하는 기록에서와 같이 천리라고 하는 두 글자는 이미 선진시기부터 존재했었던 것이며, 유가사상과 다른 의미를 가지고 있었던 것이 아니다. 북송시기에 이르러 장횡거張橫渠 역시 천리라고 하는 두 글자를 언급한 적이 있는데, "천리라고 하는 것은 마음을 기쁘게 할 수 있으며, 천하의 뜻에 모든 것을 통할 수 있게 하는 이치이다."[5]라고 하는 것이 바로 그것이다. 그렇기 때문에 천리는 실제로 유학자들이 공통적으로 받아들였던 개념이라고 할 수 있을 것이다. 이와 같이 분명하게 기존에 이미 존재하고 전해져 내려오고 있었으며 전혀 새로운 개념이랄 것도 없는 천리를 정명도는 왜 스스로의 체험에서 나온 것이라고 했을까?

모종삼牟宗三의 경우 "천리라고 하는 두 글자에 대해서 정명도가 스스로의 체험에서 나온 것이라고 한 것의 실질적인 의미는 바로 그가 진정으로 이것의 도리를 터득했다는 것이며, 그가 진정으로 터득한 다양한 명칭의 실질적인 의미는 이 두 글자로 대표 된다는 것이다. 이러한 개념 혹은 두 글자를 그가 독창적으로 혹은 새롭게 만들어 낸 것이 결코 아니라는 것이다."[6]라고 주장하고 있다. 일반적으로 형이상의 도체道體에 대한 묘사에서 늘 각기 다른 측면과 입장에서 바라보기 때문에 그것의 명칭이 다양하게 나타나고 있는데, 예를 들자면 역체易體·신체神體·도체道

3 『禮記』, 「樂記」 卷十九, "好惡無節於內, 知誘於外, 不能反躬, 天理滅矣."

4 『禮記』, 「樂記」 卷三十七, "人化物也者, 滅天理而窮人欲者也."

5 『正蒙』, 「誠明」 卷六, "所謂天理也者, 能悅諸心, 能通天下之志之理也."

6 牟宗三, 『心體與性體』(二), 臺北, 正中書局, 1989년, 54쪽 참조.

體·리체理體·성체誠體·태극太極·천명天命·천도天道·태허太虛 등과 같은 것들이다. 정명도는 여기에서 천리라고 하는 두 글자를 가지고 모든 명칭을 총괄했는데, 이는 그가 다양한 명칭들 가운데서 체득해낸 총체적인 명칭이라고 할 수 있는 것이다. 황백가黃百家의 경우 "악기에 있는 '천리를 사라지게 하고 인욕을 다하게 한다.'는 말은 명도선생께서 처음으로 천하에 크게 밝힌 것이다. 우리 유학과 불교가 다른 것은 전부 이 두 글자에 그 이유가 있는 것이다. 유학은 천리에 그 본질이 있는 반면에 불교는 리理를 장애로 여기고 천리를 제일 싫어한다. 선생이 젊었을 때 일찍이 도가와 불가의 학문을 몇 십년간 공부했지만 물들지 않았다가, 마침내 공맹의 올바른 학문에 천 사백년 동안 전수자가 없다는 것을 깨닫고 천리 두 글자를 세워 유학의 종주로 삼았던 것이다."[7]라고 말한 바와 같이 볼 수 있듯이 황백가는 정명도가 천리를 제기한 것에 대하여 극찬을 하고 있다. 즉 황백가는 정명도가 "공맹의 올바른 학문에 천 사백년 동안 전수자가 없다."다고 하는 현실실 속에서 "천리 두 글자를 세워 유학의 종주로 삼았다."고 여겼던 것이다. 불교의 공空 및 도가의 무無와 유가의 천리天理는 확실히 이들 유불도 삼가의 가장 커다란 구분점이라고 말할 수 있다.

> 천리라고 하는 것은 하나의 도리일 뿐이니 다시 어떤 궁극이 있겠는가? 요임금 때문에 있는 것도 아니고 걸임금 때문에 없어지는 것도 아니다. (천리를) 얻은 사람이 크게 실천한다고 해서 천리가 조금이라도 늘어난다거나, 외진 곳에 머문다고 해서 천리가 줄어들지 않는다. 여기에서 다시 어떻게 있다거나 없다거나 늘어나거나 줄어든다고 말하겠는가? 그것은 원래 조금의 흠도 없이 온갖 이치를 갖추었다.[8]

---

7 黃宗羲, 全祖望, 『宋元學案』卷十三, 「明道學案上」, 文瑞樓石印本, 1879년.

8 『河南程氏遺書』卷二, "天理云者, 這一個道理, 更有甚窮已? 不爲堯存, 不爲桀亡. 人得之者, 故大行不加, 窮居不損. 這上頭來, 更怎生說得存亡加減? 是佗元無少欠, 百理具備."

> "고요하게 움직이지 않다가 느끼면 마침내 통한다."고 했다. 이것은 천리가 모두 갖춰진 채로 애초부터 조금의 흠도 없으며, 요임금 때문에 있는 것도 아니고 걸임금 때문에 없어지는 것도 아니라는 뜻이다. 부자와 군신 관계는 변하지 않는 당연한 이치인데 무슨 움직임이 있겠는가? 움직이지 않기 때문에 고요하다고 하는 것이다. 움직이지 않지만 느끼면 곧 통하니, 이 느낌은 밖에서 오는 것이 아니다.[9]

진일보해서 분명하게 말하자면 천리는 바로 정명도가 언급한 역체易體라고 할 수 있다. 정명도는 일찍이 "역이란 무엇인가? 역은 한 권의 책일 뿐만 아니라 역의 도리이다. 역을 어떤 하나의 일이라고 해서는 안 된다. 일을 마주해서 천리를 극진히 발휘하는 것이 바로 역이다."[10] 여기에서 말하는 역易은 『역경易經』이라고 하는 책을 지칭하는 것이 아니고 역의 도리를 말하는 것으로 좀 더 정확하게 말하자면 "일을 마주해서 천리를 극진히 발휘하는 것"이 바로 역인 것이다. 이와 같이 볼 때 천리와 역은 내용적인 측면에서 같은 것이라고 할 수 있는 것이다. 위의 인용문에서 언급한 것은 모두가 천리라는 개념에 대한 해석이라고 할 수 있다. 즉 천지만물은 모두가 하나의 천리일 뿐이며, 천리 자체는 있거나 없어지거나 늘어나거나 줄어드는 것이 아니라는 것이다. 또한 천리는 상황에 따라서 변화하는 것이 아닌 것으로, 요임금의 태평성대나 혹은 걸임금의 난세에 관계없이 그것은 영원히 항상 존재하는 것이다. 사람이 천리를 얻어서 사람의 본성으로 삼게 되면 완벽하게 흠결이 없는 상태가 되어서 사람이 크게 실천한다고 해서 천리가 좀 더 늘어나게 될 수 있는 것이 아니고 궁벽한 곳에 머문다고 해서 천리가 줄어들 수 있는 것이 아니다.

---

9 『河南程氏遺書』卷二, "寂然不動, 感而遂通者, 天理具備, 元無欠少, 不爲堯存, 不爲桀亡. 父子君臣, 常理不易, 何曾動來? 因不動, 故言寂然; 雖不動, 感便通, 感非自外也."

10 『河南程氏遺書』卷二, "易是個甚? 易又不只是這一部書, 是易之道也. 不要將易又是一個事, 卽事一作唯, 一作只是. 盡天理, 便是易也."

이는 천리와 사람이 본래 합치되어 하나가 되는 것이고 상호간에 부합되는 것이기 때문이다. 그러므로 정명도는 “하늘은 이치이다.”[11]라고 했으며, 또 “하늘과 사람은 본래 둘이 아니니 꼭 합일을 말할 필요가 없다.”[12]라고 주장했던 것이다. 사상채謝上蔡 역시 “하늘은 이치이며 사람 역시 이치이다. 이치를 따르면 하늘과 하나로 합일 되는 것이다.”[13]라고 언급하고 있는데, 이와 같은 하늘과 사람 및 이치가 하나라고 하는 논리는 정명도의 주장을 계승한 것으로 유가의 천인합일 사상과 매우 밀접하게 관련되어 있다고 할 수 있다.

앞에서 언급한 것처럼 천리는 곧 역체易體이기 때문에 마찬가지로 “고요하게 움직이지 않다가 느끼면 마침내 통한다.”라고 하는 특성을 가지게 되는 것이다. 천리는 모든 것을 뒤덮는 것으로 모든 천지만물의 소이연의 이치가 되는 것이다. 천리는 천지만물 속에 내재되어 있는 것이며 그것이 군신관계에서는 충의가 되고, 부자관계에서는 자애와 효도가 되는 것이며, 형제관계에서는 우애와 공경이 되는 것이고, 친구관계에서는 돈독한 신뢰가 되는 것이다. 천지만물 지간에 존재하는 이치에는 일정한 순서가 있는 것으로 한 번 그침이 있으면 곧 한 번 파생함이 있는 것처럼 중간에 단절이 없이 지속적으로 이어지는 것이다. 이는 마치 추위가 지나가면 더위가 오고 다시 더위가 지나가면 추위가 오는 것처럼, 추위와 더위가 반복적으로 서로 이어지는 것을 통하여 세월이 이루어지는 것이다. 이와 같은 반복적인 세월의 흐름 가운데에 천리의 유행이 존재하는 것이다. 그렇기 때문에 천리는 모든 것을 갖추고 있으며 사람은 그것에 따라서 일상생활을 영위하는 가운데 천리를 체득할 수 있게 되는 것이다. 정명도가 일찍이 “어떤 사람이 명도선생에게 ‘무엇이 도입니까?’라고

---

11 『河南程氏遺書』卷十一, “天者理也.”

12 『河南程氏遺書』卷六, “天人本無二, 不必言合.”

13 黃宗羲, 全祖望, 『宋元學案』卷二十四, 「上蔡學案上」, 文瑞樓石印本, 1879년.

질문을 하자, 명도선생이 '군신, 부자, 형제, 붕우, 부부 사이에서 찾으라.' 고 말했다."[14]라고 한 언급에서와 같이 도는 바로 천리인 것이라는 것을 알 수 있다. 이와 같이 천리 자체는 저 높은 공중에 걸려 있는 것이 아니라 추상적인 이론 체계로서 인간의 삶 속에 체현되어 있는 것으로 일거수일투족에서도 모두 천리의 존재를 느낄 수 있는 것이다. 그렇기 때문에 천리의 본체적인 측면에서 말하면 이러한 이치는 영원히 순일하고 두터운 것으로 고요하게 움직이지 않는 것이다. 비록 움직이지는 않을지라도 작용에 감응을 하며 즉각적으로 호응하여 서로 통하는 것이다. 이와 같이 감응하여 통하는 것은 천리를 받아서 외부사물과 서로 감응하는 것이 아니라 그 자기 자신에게 감응하여 움직일 수 있는 능력이 있는 것으로서, 이는 스스로 감응하여 활동하는 것이다. 즉 이러한 감응하여 움직일 수 있는 능력은 천리가 죽은 이치로 전락되는 것을 막아주는 역할을 하는 것이다.[15] 이러한 천리의 본체는 동태적으로 만물을 초월해 있는 것이며, 인간의 도덕심성 속에 내재되어 있는 것이기 때문에 늘어나거나 줄어드는 것이 아닌 것이다.

천리 자체는 존엄하고 숭고한 것이기 때문에 세상의 모든 공명과 사업은 반드시 이러한 의리를 얻어야 하는 것인데, 만일 그렇지 않을 경우 나아가는 곳이 없게 되는 것이다.

> 여기에 있는 이러한 의리를 얻었다면 무슨 일인들 극진히 하지 못하겠는가? 더욱이 무슨 일이 있겠는가? 세상의 공명과 사업을 정말로 한가한 듯이 대하게 될 것이다. 세상의 인의를 '자잘한 무리들의 하찮은 약속'처럼 매우 보잘 것 없는 것으로 여기게 될 것이다. 하늘로부터 온 큰일을 이러한 이치로 대처한다면, 또(더 이상) 무엇을 논하겠는가? 이러한 의리

---

14 『河南程氏外書』卷十二, "有人問明道先生: 如何是道? 明道先生曰: 於君臣父子兄弟朋友夫婦上求."

15 黃宗羲, 『明儒學案』卷四十四, 「諸儒學案上二」, 臺北, 里仁書局, 1987년.

를 안다면 곧 나아가는 곳이 있게 된다. 알지 못한다면 어떻게 우러러 볼수록 높고, 뚫을수록 견고하며, 앞이나 뒤에 있는 것 같기도 하겠는가? 나의 재주를 다 쏟아 부으면 그 우뚝하게 서있는 것을 볼 수 있을 것이다.[16]

위의 인용문에서 언급한 "이러한 의리"는 천리를 말하는 것이며, 이는 일상생활 속에서 더 많아지거나 적어지는 것이 아니지만 사람들은 이러한 것을 보지 못하는 것이다. 모든 부귀와 공명과 같은 것들이 천리 앞에서는 모두가 하찮은 것으로 취급될 뿐이며 언급되기에도 한참이나 부족한 것이 되는 것이다. 그렇기 때문에 "하늘로부터 온 큰일을 이러한 이치로 대처한다면, 또(더 이상) 무엇을 논하겠는가?"라고 말하는 것이다. 이러한 천리를 온 천하에 확대시켜 나아가면 모든 사안의 기준이 되어서 결국에는 우주만물의 모든 사물이 따라야만 하는 객관적인 형이상의 이치가 되는 것이다.

하늘과 인간이 어떻게 서로 감응하고 소통하는가의 문제에 대해서 정명도는 천지만물의 생성발전에 대한 논의를 진행함과 동시에 인간존재의 문제에 대한 논의 역시 심도 있게 진행했다고 볼 수 있다. 천리에 대한 체득은 추상적인 개념에 대한 사유만으로는 절대로 논의가 불가능한 것이며, 오직 주체의 실천적 참여를 통해서 만이 비로소 진정한 이해가 가능한 것이다. 다시 말하자면 형이상의 도리에 대해서는 이론적인 지식체계만으로는 이해가 불가능한 것이기 때문에 반드시 자기 자신의 자아수양을 통할 때만이 체득이 가능한 것이다.

이러한 천리를 닦고 붙잡는 것은 덕에 달려 있다. 말하지 않아도 미더

16 『河南程氏遺書』卷二, "得此義理在此, 甚事不盡? 更有甚事出得? 視世之功名事業, 甚譬如閑. 視世之仁義者, 甚煦煦孑孑, 如匹夫匹婦之爲諒也. 自視一作是. 天來大事, 處以此理, 又曾何足論? 若知得這箇義理, 便有進處. 若不知得, 則何緣仰高鑽堅, 在前在後也? 竭吾才, 則又見其卓爾."

움이 있어야 한다. 말로는 형용하기 어렵다. 천리를 기른다면 곧장 방 귀퉁이에서도 부끄럽지 않고 홀로를 삼가야 한다. 이것이 바로 지키고 기르는 기상이다.[17]

천리의 뜻을 예로 들면, 성실함이란 다만 이것에 성실하다는 것이요, 공경함이란 이것을 공경한다는 것일 뿐이다. 따로 성실함이 있거나 공경함이 있는 것이 아니다.[18]

"자신을 돌이키지 못하면 천리는 없어져 버린다." 천리라고 한 것은 온갖 이치를 갖췄고 애초부터 조금의 흠도 없다. 그러므로 "자기에게 돌이켜 성실하다"고 한 것은 내면에 터득한 것 이상을 말한 것이니 다시 어떤 도를 말해서는 안 된다.[19]

천리를 보려면 생각을 열어젖혀야 한다. 마음을 활짝 열어야 천리를 알 수 있으니 둘로 셋으로 새어나가려는 습관적인 마음을 수습해야 한다.[20]

비록 하늘을 언급하고 이치를 언급한다고 할지라고 궁극적으로는 역시 인간의 가치문제로 귀결되는 것이다. 위의 인용문에서와 같이 볼 수 있듯이 정명도 역시 인간존재의 문제에 중점을 두어 하늘과 인간이 서로 하나로 된다고 하는 것에 대한 주장을 했다. 정명도는 "마땅히 이렇게 큰마음이 활짝 열게 해야"[21]라고 했는데, 이렇게 해야 만이 비로소 천리를 확연하게 볼 수 있다고 했다. 그렇다면 어떻게 해야 만이 "이렇게 큰

---

17 『河南程氏遺書』卷二, "要修持佗這天理, 則在德, 須有不言而信者. 言難爲形狀. 養之則須直不愧屋漏與愼獨, 這是個持養底氣象也."

18 『河南程氏遺書』卷二, "如天理底意思, 誠只是誠此者也, 敬只是敬此者也, 非是別有一個誠, 更有一箇敬也."

19 『河南程氏遺書』卷二, "不能反躬, 天理滅矣. 天理云者, 百理具備, 元無少欠, 故反身而誠, 只是言得已上, 更不可道甚道."

20 『河南程氏遺書』卷二, "觀天理, 亦須放開意思, 開闊得心胸, 便可見, 打揲了習心兩漏三漏子."

21 黃宗羲, 全祖望, 『宋元學案』卷十三, 「明道學案上」, 文瑞樓石印本, 1879년.

마음"을 가질 수 있는 것일까? 이는 개인의 수양에서부터 시작해야 하는 것인데 가장 중요한 것은 "덕을 이루는 일"인데, 이는 『중용中庸』에서 말하는 신독愼獨[22]과 맹자가 말한 "자신을 돌이켜 성실하게 함"[23]과 같은 것이라고 할 수 있다. 실제로 천리 자체는 성실함이자 공경함인 것으로, 사람이 만일 성실하고 공경할 수 있게 되면 본성 또한 그렇게 되어서 천리의 본래 의도에 따라 실천하게 되는 것이다. 그렇기 때문에 천리를 때로는 성체性體나 혹은 경체敬體라고 부르기도 하는 것이다. 역易에 대해서도 같은 맥락으로 언급할 수 있는데, 즉 역易과 인간의 도덕실천은 상당히 긴밀한 불가분의 관계라고 할 수 있다. 이에 관해서는 정명도가 한 "하늘과 땅의 자리가 정해지니 역이 그 가운데서 행해진다. 라는 것은 경에 대한 언급이다. 경은 중단됨이 없는 것이다."[24]라고 하는 언급에 잘 나타나 있다. 천리는 일정한 형태를 가지고 있는 것이 아니기 때문에 언어로서는 설명하기가 어렵다고 할 수 있다. 즉 인간의 유한한 언어로서는 천리의 무한한 내용을 영원히 형용할 수 없는 것이기 때문이다. 천리는 오직 인간의 부단한 수양공부를 통해서 만이 비로소 그 존재를 체득할 수 있는 것이기 때문에 모든 수양공부의 실천은 외재적인 성질의 것이 아니고, 마음이 도덕 본체의 자각과 본성으로서의 긍정逆覺體證을 한 천리 자체가 바로 인간의 성실함이자 공경함인 것이다. 그렇기 때문에 정명도는 "이치를 궁구하고 성을 다 발휘해서 명에 이른다는 것은 (이치와 성, 그리고 명이) 하나이기 때문이다."[25]라고 주장했는데, 이는 천리를 궁구하고 인성을 다 발휘하는 것과 동시에 천명이 아래로 관통되어 인간에게 내재된 심오한 상태에서 점진적으로 청명하게 인식되는 것이기 때

22 『中庸』第一章, "故君子愼其獨也."
23 『孟子』, 「盡心上」, "反身而誠, 樂莫大焉."
24 黃宗羲, 全祖望, 『宋元學案』卷十三, 「明道學案上」, 文瑞樓石印本, 1879년.
25 『河南程氏遺書』卷十一, "窮理盡性以至於命, 一物也."

문에 체득하고 증험할 수 있게 되는 것이다.

3. 자연적 의미의 천리

정명도가 언급한 천리라고 하는 개념은 천리의 초월적 본체 자체가 그 안에 포함되어 있다고 하는 초월적 의미의 천리와 자연적 형세가 그 안에 포함되어 있다고 하는 자연적 의미의 천리로 구분해서 볼 수 있다. 이들 둘 사이에는 분명한 차이가 존재한다고 볼 수 있는데, 모종삼牟宗三의 경우 "본체의 측면에서 언급한 리理는 첫 번째 의미의 리로서 본체를 통하여 그 정점에 세워진 것으로 선천적이면서 천에 위배되지 않는 것인데, 이는 곧 단지 지선至善이면서 순선純善인 것이며 또한 항상적이고 스스로 존재하며 모든 곳에 있는 것이다. 이는 앞서 이미 언급한 것처럼 존재하거나 없어지거나 더해지거나 줄어들거나 하는 것이 아니며, 또한 어떻게 기질의 편벽되고 잡스러움과 사물의 정서의 정돈되지 못한 다양한 곡절의 상태에 속할 수 있겠는가? 현실존재의 다양한 자연적 곡절의 형세에서 언급한 리는 바로 리의 두 번째 의미인 것이다. 이는 바로 기질상의 편벽되고 잡스러움과 사물의 정서와 상태의 다른 점에서 언급한 자연적 형세인 것이다."[26] 여기에서 말하는 첫 번째 의미의 천리는 바로 본체의 측면에서 언급한 천리 자체를 의미하는 것이다. 반면 두 번째 의미의 천리는 바로 사물의 가지런하지 못한 상태 혹은 표면적으로 드러난 지나침과 부족함의 측면에서 언급한 천리를 의미하는 것이다. 요약해서 말하자면 모종삼이 한 천리에 대한 논의는 체용體用이라고 하는 두 가지 측면에서 설명한 것이라고 할 수 있는 것이다. 본체의 측면에서 말하자면 천리는 초월적이고 동태적인 만물존재의 소이연의 리理로서 그것의 유행과 생성화육을 통해서 우주만물이 창생하게 되는 것이다. 만물이 일

26 牟宗三, 『心體與性體』(二), 臺北, 正中書局, 1989년, 81쪽 참조.

단 개별적으로 생명을 가진 존재가 되었을 때 현실적인 제약이 따르게 되어, 그것이 작용층면에 들어가게 되면 사물의 상황이나 형세가 같지 않거나 혹은 표면적으로 드러난 지나침과 부족함에서 벗어나기 어렵기 때문에, 순수하게 선한 천리의 유행을 열악한 상태로 표출되게 만드는 것이다. 이는 "이러한 진리는 현실세계의 개별 생명체를 통과할 수 있고 현실세계의 개별 생명체는 그가 가지고 있는 기와 질의 결합과 취합 상에 있어서 다양한 차별이 있게 되는 것이다."[27]라고 하는 것이기 때문에 바로 사물 상황의 자연과 필연이 되는 것이다. 그러므로 천리의 작용층면에서 말하자면 선악이 상호간에 드러남이 있다고 하는 것은, 바로 드러난 형체가 자연적인 상황 속에서 선악이나 아름답고 추함과 같은 다른 성질과 기를 가지고 있는 것이기 때문이다. 이러한 것이 바로 사물존재의 현실적인 리가 되는 것이며, 이런 천리는 현상세계의 천리인 것이다. 그러므로 이러한 점 때문에 초월적인 소이연의 리에 선함과 악함이 있다고 말해서는 안 되는 것이다.

선과 악은 천리의 작용층면 때문에 나타나는 것이며, 이는 천리가 드러날 때 만물의 자연적인 형세를 따라서 발생하게 되는 것이다. 존재의 소이연의 리(천리 본체)는 모든 만물이 동일한 것이다. 그러나 사물의 정서와 상태의 측면에서 말하자면 존재의 그러함의 리는 다른 점이 있는 것이다. 이러한 점은 "리일분수理一分殊"[28]의 의미와 유사한 측면이 있다고 말할 수 있을 것이다. 즉 리일理一의 측면에서 보면 정명도가 일찍이

---

27 牟宗三, 『心體與性體』(二), 臺北, 正中書局, 1989년, 81쪽 참조.

28 천지간에 존재하는 모든 사물의 개별적인 리理는 보편적인 하나의 리와 동일하다는 것을 설명하는 것으로, 세계를 관철하는 보편적인 원리와 사물존재의 개별적인 원리 사이에 일치성이 있다고 보는 이론이다. 즉 모든 사물은 하나의 리理를 지니고 있으나 개개의 사물이나 현상은 상황에 따라 그 리가 다르게 나타난다. 哲學大辭典·中國哲學史卷編輯委員會編, 『哲學大辭典 - 中國哲學史卷』, 上海, 上海辭書出版社, 1985년.

"만물은 모두 하나의 천리일 뿐인데 내가 무엇을 상관할 것인가?"[29]라고 언급한 바와 같이, 비록 정명도가 자신의 이론체계 속에서 리理가 하나인지 아니면 다수인지에 대해서 명확한 언급을 하지는 않았지만, 앞의 인용문을 보면 리가 하나인 것에 대해서는 반대의 입장을 견지하지는 않은 것으로 보인다. 천하에 단지 이러한 리가 하나만 있어서 그것이 모든 것에 충만해 있으며 절대적으로 순수하고 선함은 의심의 여지가 없는 것인데, 이러한 것을 첫 번째 의미의 천리가 되는 것이라고 말할 수 있는 것이다. 또한 분수分殊의 측면에서 보면 정명도가 "온갖 이치가 다 구비되어 평탄하게 골고루 펴져 있다."[30]라고 언급한 바와 같이, 그가 다수의 리理 역시 인정했다고 볼 수 있다. 위의 인용에서 언급한 "온갖 이치"는 만물의 존재의 그러함의 리를 지칭하는 것이라고 할 수 있다. 모든 개별 사물과 사안에는 개별 사물과 사안의 리가 존재하는 것인데, 즉 현실생활 속에서는 각종의 다양한 요인과 상황들로 인해서 다양한 도리들이 존재하게 되는 것이다. 예를 들자면 부모와 자식 사이에는 부자지간의 리가 있는 것이며, 군주와 신하 사이에는 군신지간의 리가 있는 것이고, 부부사이에는 부부지간의 리가 있는 것이다. 이러한 도리는 천리 본체가 서로 다른 상황 속에서 구체적으로 드러나게 되는 것으로,[31] 이러한 것을 두 번째 의미의 천리가 되는 것이라고 말할 수 있는 것이다. 사물의 존재의 그러함의 리가 제각기 다르기 때문에 그것이 드러날 때도 역시 사물의 자연적 상황에 따라서 다르게 나타나는 것이다. 만일 보편적인 원리理一가 구체적·개별적인 원리分殊 가운데 융합되고 관통되어 드러날 수 있게 된다면 구체적·개별적인 원리 역시 보편적인 원리 가운데 융합되고 통섭되어 올바르게 정해질 수 있을 것이다. 그러나 현실 속에서의 구체

29 『河南程氏遺書』卷二, "萬物皆只是一個天理, 己何與焉?"

30 『河南程氏遺書』卷二, "百理具在, 平鋪放著."

31 蔡仁厚, 『宋明理學』(南宋篇), 臺北, 學生書局, 1983년, 81쪽 참조.

적인 상황이나 사물의 측면에서 언급하면, 항상 이와 같은 것은 아니고 오히려 자연적 상황으로 인해서 천리를 악함이 있는 쪽으로 흐르게 만드는 것이라고 할 수 있다.

> 일에는 선이 있고 악이 있으나 모두 천리이다. 천리 안에 있는 사물이라면 반드시 아름다운 것도 있고 추한 것도 있는데 "사물이 똑같지 않은 것은 사물의 실상"이기 때문이다. 잘 살펴서 스스로 악으로 들어가거나 한쪽으로 흘러서는 안 될 뿐이다.[32]

> 천하의 선악은 모두 천리이다. 악이라고 하는 것도 본래는 악이 아니다. 지나치거나 모자라면 이렇게 되니, 양주와 묵적이 이러한 부류이다.[33]

정명도는 인성人性에 대하여 언급할 때 일찍이 "사람은 태어나면서 기를 품수 받아서 리에 선과 악이 있게 된 것이다."[34]라고 했는데, 여기에서의 리와 "일에는 선이 있고 악이 있으나 모두 천리이다." 및 "천하의 선악은 모두 천리이다." 가운데의 천리는 같은 것이며, 모두가 현상세계의 측면에서 말한 천리로서 이는 천리의 드러남을 언급한 것이며 천리 자체의 실체를 의미하는 것이 아니기 때문에 초월적 의미와 도덕가치의 의미가 없는 것이다. 선과 악이 서로 드러나기 시작하는 것은 바로 사물이 똑같지 않거나 사물의 상황이 제각기 다른 이유 때문인 것이다. "잘 살펴서 스스로 악으로 들어가거나 한쪽으로 흘러서는 안 될 뿐이다."라고 하는 것은 바로 이성적 사고능력이 있는 사람에 국한된 것으로, 만일 사람이 다양한 기질의 상황에 직면했을 때 성찰과 반성적 사고를 통한 수양

---

32 『河南程氏遺書』卷二, "事有善有惡, 皆天理也. 天理中物, 須有美惡, 蓋物之不齊, 物之情也. 但當察之, 不可自入於惡, 流於一物."

33 『河南程氏遺書』卷二, "天下善惡皆天理, 謂之惡者非本惡, 但或過或不及便如此, 如楊墨之類."

34 黃宗羲, 全祖望, 『宋元學案』卷十三, 「明道學案上」, 文瑞樓石印本, 1879년.

공부를 할 수 있어서 시시각각으로 천리 본체의 순수한 선과 온전한 덕성을 자각할 수 있게 되면 “악으로 들어간다.” “한쪽으로 흘러간다.”는 것에서 벗어날 수 있게 되는 것이다.

이와 같이 볼 수 있듯이 악함 그 자체는 천리 자체에 존재하고 있는 것이 아니라고 하는 것이다. 앞에서 살펴본 것처럼 “천리에는 선함도 있고 악함도 있다”라고 하는 언급은, 천리가 현상세계에 드러날 때 나타나는 선과 악에 대한 논의라고 할 수 있다. 그렇기 때문에 악함이라고 하는 것은 실제로는 본원적인 악이 아니고 개별존재의 기질의 성을 따라서 드러난 것을 말하는 것이다. 다시 말하자면 악의 가능성은 바로 도가 개별적인 생명존재 속에서 표현 될 때에 비로소 따라 나올 수 있게 되는 것이다.

> 천지만물의 이치는 홀로인 것이 없고 반드시 짝이 있는데, 이것은 모두 저절로 그런 것이지 (누군가) 안배한 것이 아니다. 매번 한 밤중에 이것을 생각할 때마다 모르는 사이에 손이 춤추고 발이 뛰논다.[35]

> 만물에는 짝이 있지 않은 것이 없다. 하나가 음이면 다른 하나는 양이고, 하나가 선하면 다른 하나는 악하다. 양이 자라면 음은 사그라지고, 선이 늘어나면 악은 줄어든다. 이러한 이치를 멀리 미루어 갈 수 있는가? 사람이라면 오직 이것을 알아야 할 뿐인 것이다.[36]

> 사물로 사물을 대하고 자기로 사물을 대하지 않으면 (사사로운) 자기란 없다. 성인은 행동을 조절해서 자기 뜻대로 하지 않는다는 것은 말이야 옳다지만 이치라는 측면에서는 이 말에 다하지 못한 점이 있는 것 같다. 하늘이 만물을 생성하면서 긴 것도 있고 짧은 것도 있으며 큰 것도

---

35 『河南程氏遺書』卷十一, “天地萬物之理, 無獨必有對, 皆自然而然, 非有安排也. 每中夜以思, 不知手之舞之, 足之蹈之也.”

36 『河南程氏遺書』卷十一, “萬物莫不有對, 一陰一陽, 一善一惡, 陽長則陰消, 善增則惡減. 斯理也, 推之其遠乎? 人只要知此耳.”

> 작은 것도 있다. 군자가 그 큰 것을 얻었다고 해서 또 어떻게 작은 것을 크게 할 수 있겠는가? 천리가 이와 같은데 어떻게 거스를 수 있겠는가?[37]
>
> 소를 부리고 말을 타는 것은 모두 그들의 본성을 따라서 하는 것이다. 왜 소를 타고 말을 부리지 않는가? 이치상 불가능하기 때문이다.[38]
>
> 만물에는 모두 이치가 있으니, 따르면 쉽지만 어기면 어렵다. 각각 그 이치를 따르는 것인데 어디에 내 힘을 들이겠는가?[39]

위의 인용문에서 언급한 리理는 모두가 현실 존재의 자연적인 상황에서 언급한 천리라고 할 수 있다. 이러한 이해 아래서 리는 음양陰陽·선악善惡 등의 형이하적이며 상대적인 측면을 가지게 되는 것이며, 사물의 상호 생장소멸의 과정 가운데에서 우주간의 끊임없이 생성하여 살아 숨쉬는 도를 완성하게 되는 것이다. 이러한 것은 사물의 상황과 상태에 따라서 저절로 그렇게 존재하는 것이다. 그러므로 소에게는 소의 본성으로서의 리가 있고 말에게는 말의 본성으로서의 리가 있는 것이기 때문에, 소를 부리고 말을 타는 것이지 소를 타고 말을 부리지 않는 것이다. 이는 모두 리가 드러날 때 반드시 이렇게 되는 것으로 위배될 수 없는 것이다. 그렇기 때문에 만물에는 제각기 존재의 그러함의 이치가 있는 것이다. 만일 사물의 자연적인 상황을 결정짓는 리가 작용할 때 부득이하게 한계를 짓는 상황이 발생하게 되는 것을 분명하게 인식하고 있으면, 현상세계에 드러난 천리 역시 명확하게 규명할 수 있게 되는 것이다.

---

37 『河南程氏遺書』卷十一, “以物待物, 不以己待物, 則無我也. 聖人制行不以己, 言則是矣, 而理似未盡於此言. 夫天之生物也, 有長有短, 有大有小. 君子得其大矣, 一作者. 安可使小者亦大乎? 天理如此, 豈可逆哉?”

38 『河南程氏遺書』卷十一, “服牛乘馬, 皆因其性而爲之. 胡不乘牛而服馬乎? 理之所不可.”

39 『河南程氏遺書』卷十一, “萬物皆有理, 順之則易, 逆之則難, 各循其理, 何勞於己力哉?”

4. 맺는 말

이상과 같이 정명도의 천도사상에 대하여 초월적 의미의 천리와 자연적 의미의 천리를 중심으로 살펴보았는데, 이를 정리하면 다음과 같다.

천리는 바로 정명도가 언급한 역체易體라고 할 수 있다. 즉 정명도의 천리와 역은 내용적인 측면에서 같은 것이라고 할 수 있는 것이다. 또한 천지만물은 모두가 하나의 천리일 뿐이며, 천리 자체는 있거나 없어지거나 늘어나거나 줄어드는 것이 아니라는 것이다. 아울러 천리는 상황에 따라서 변화하는 것이 아닌 것으로, 요임금의 태평성대나 혹은 걸임금의 난세에 관계없이 그것은 영원히 항상 존재하는 것이다. 사람이 천리를 얻어서 사람의 본성으로 삼게 되면 완벽하게 흠결이 없는 상태가 되어서, 사람이 크게 실천한다고 해서 천리가 좀 더 늘어나게 될 수 있는 것이 아니고 궁벽한 곳에 머문다고 해서 천리가 줄어들 수 있는 것이 아니다. 이는 천리와 사람이 본래 합치되어 하나가 되는 것이고 상호간에 부합되는 것이기 때문이다. 그러므로 정명도는 "하늘은 이치이다."라고 했으며, 또 "하늘과 사람은 본래 둘이 아니니 꼭 합일을 말할 필요가 없다." 라고 주장했던 것이다. 이러한 정명도의 주장은 선진유가의 천인합일 사상과 매우 밀접하게 관련되어 있다고 할 수 있다.

천리는 곧 역체易體이기 때문에 마찬가지로 "고요하게 움직이지 않다가 느끼면 마침내 통한다."라고 하는 특성을 가지게 되는 것이다. 천리는 모든 것을 뒤덮는 것으로 모든 천지만물의 소이연의 이치가 되는 것이다. 천리는 천지만물 속에 내재되어 있는 것이며 그것이 군신관계에서는 충의가 되고, 부자관계에서는 자애와 효도가 되는 것이며, 형제관계에서는 우애와 공경이 되는 것이고, 친구관계에서는 돈독한 신뢰가 되는 것이다. 천지만물 지간에 존재하는 이치에는 일정한 순서가 있는 것으로 한 번 그침이 있으면 곧 한 번 파생함이 있는 것처럼 중간에 단절이 없이 지속적으로 이어지는 것이다. 이는 마치 추위가 지나가면 더위가 오고 다시 더위가 지나가면 추위가 오는 것처럼, 추위와 더위가 반복적으로 서로 이어지는 것을 통하여 세월이 이루어지는 것이다. 이와 같은 반복적인 세월의 흐름 가운데에 천리의 유행이 존재하는 것이다. 그렇기 때문에 천리는 모든 것을 갖추고 있으며 사람은 그것에 따라서 일상생활을 영위하는 가운데 천리를 체득할 수 있게 되는 것이다.

천리는 오직 인간의 부단한 수양공부를 통해서 만이 비로소 그 존재를 체득할 수 있는 것이기 때문에 모든 수양공부의 실천은 외재적인 성질의 것이 아니고, 마음이 도덕 본체의 자각과 본성으로서의 긍정逆覺體證을 한 천리 자체가 바로 인간의 성실함이자 공경함인 것이다. 그렇기 때문에 정명도는 "이치를 궁구하고 성을 다 발휘해서 명에 이른다는 것은 (이치와 성, 그리고 명이) 하나이기 때문이다."라고 주장했는데, 이는 천리를 궁구하고 인성을 다 발휘하는 것과 동시에 천명이 아래로 관통되어 인간에게 내재된 심오한 상태에서 점진적으로 청명하게 인식되는 것이기 때문에 체득하고 증험할 수 있게 되는 것이다.

본체의 측면에서의 천리는 초월적이고 동태적인 만물존재의 소이연의 리理로서 그것의 유행과 생성화육을 통해서 우주만물이 창생하게 되는 것이다. 그러나 만물이 일단 개별적으로 생명을 가진 존재가 되었을 때는 현실적인 제약이 따르게 되어, 그것이 작용층면에 들어가게 되면 사물의 상황이나 형세가 같지 않거나 표면적으로 드러난 지나침과 부족함에서 벗어나기 어렵기 때문에, 순수하게 선한 천리의 유행을 열악한 상태로 표출되게 만드는 것이다. 이는 바로 사물 상황의 자연과 필연이 되는 것이다. 그러므로 천리의 작용층면에서 보면 선악이 상호간에 드러남이 있다고 하는 것은, 바로 드러난 형체가 자연적인 상황 속에서 선악이나 아름답고 추함과 같은 다른 성질과 기를 가지고 있는 것이기 때문이다. 이러한 것이 바로 사물존재의 현실적인 리가 되는 것이며, 이런 천리는 현상세계의 천리인 것이다. 그러므로 이러한 점 때문에 초월적인 소이연의 리에 선함과 악함이 있다고 말해서 안 되는 것이다.

리理는 음양陰陽·선악善惡 등의 형이하적인 상대적인 측면을 가지게 되는 것이며, 사물의 상호 생장소멸의 과정 가운데에서 우주간의 끊임없이 생성하여 살아 숨 쉬는 도를 완성하게 되는 것이다. 이러한 것은 사물의 상황과 상태에 따라서 저절로 그렇게 존재하는 것이다. 그렇기 때문에 만물에는 제각기 존재의 그러함의 이치가 있는 것이다. 만일 사물의 자연적인 상황을 결정짓는 리가 작용할 때 부득이하게 한계를 짓는 상황이 발생하게 되는 것을 분명하게 인식하고 있으면, 현상세계에 드러난 천리 역시 명확하게 규명할 수 있게 되는 것이다.

참고문헌

朱　彬,『禮記訓纂』,『宜祿堂』淸刻本.
朱　熹,『中庸章句』,『海淵閣』明刻本.
朱　熹,『孟子章句集註』,『海淵閣』明刻本.
焦　循,『孟子正義』,『焦氏遺書』本.
張　載,『張載集』, 北京, 中華書局, 1978년.
程顥, 程伊,『河南程氏遺書』,『四部刊要』本.
程顥, 程伊,『河南程氏外書』,『四部刊要』本.
黃宗羲, 全祖望,『宋元學案』, 上海, 文瑞樓石印本, 1879년.
黃宗羲,『明儒學案』, 臺北, 里仁書局, 1987년.
蔡仁厚,『宋明理學』(南宋篇), 臺北, 學生書局, 1983년.
牟宗三,『心體與性體』(二), 臺北, 正中書局, 1989년.
哲學大辭典·中國哲學史卷編輯委員會編,『哲學大辭典 - 中國哲學史卷』, 上海, 上海辭書出版社, 1985년.

제19장

육상산의 천인관계론

1. 시작하는 말

남송시기 정주리학程朱理學의 거두 주자와 함께 중국 리학사理學史의 한 획을 그었던 육상산은 마음을 우주의 통일적 근원 실체로 삼아 자신만의 독특한 사상체계인 심학心學이라고 하는 사상을 형성하였다. 중국 철학사에서 주자의 사상을 언급할 때에는 성즉리性卽理의 입장에서 도문학道問學 중시한 리학理學으로 지칭하고, 육상산의 사상을 심즉리心卽理의 입장에서 존덕성尊德性을 강조한 심학이라고 한다.[1]

주자와 남송이라고 하는 동시대를 살아갔던 육상산은 중국유학사에서 심학의 창시자로 일컬어질 정도인데, 그의 주관적 유심론체계 학설은 당시에 제자들에 의해서 장강長江 이남 지역에서 성행했다. 물론 이러한 육상산의 심학은 한 때 잠시 주자학에 의해서 압도되기도 하지만,[2] 명나

1 중국철학연구회, 『논쟁으로 보는 중국철학』, 서울, 예문서원, 1994년, 237쪽 참조.

2 원나라 시기에 정주리학이 과거시험에서 경서에 관한 것이 출제되면 대체로 주자학의 주석에 기초하여 답안이 작성되도록 규정되었다. 그 결과 육상산과 그의 제자들이 죽고 나서부터 육상산의 심학은 발전하지 않게 된다. 金谷治외, 조성을 역, 『중국사상사』, 서울, 이론과 실천, 1994년, 265쪽 참조.

라시기에 이르러 왕양명에 의해 다시 계승 발전하게 되어 결국 양명학이라고 하는 완정한 사상체계로 거듭나게 된다.

남송은 북방의 이민족인 여진족의 금나라와 전시상태에 있었다. 당시 남송의 사상가들은 자신들이 중화의 인간이라 자부하며 타자인 금나라에 대하여 우월한 의식을 갖게 되었는데, 그러한 의식의 바탕에는 자기들이 선왕의 가르침을 충실히 계승하는 유서 깊은 집단이라는 자의식이 자리 잡고 있었다. 금나라가 이적인 것은, 그들이 선왕의 제도 즉 중화문명과 다른 풍속이나 습관을 가지고 있기 때문이며, 그들이 중화에 동화될 마음이 있다면 바로 남송 왕조에 투항을 해야 하며, 그렇게 되면 남송에 의한 천하통일이 실현되는 것이다. 바로 이러한 사고방식이 당시의 남송의 사상가들에게 만연 되어 있었던 화이관념華夷觀念으로 이러한 관념을 지탱하는 것이 바로 천天 사상이었다.[3]

이처럼 남송시기 사상가들에게 각인 되어 있었던 천天 사상은 주자를 비롯한 육상산에게도 적지 않은 영향을 줬다고 할 수 있다. 특히 육상산의 심즉리 사상체계에서 빠져서는 안 될 매우 중요한 사상으로 심학의 골간을 이루고 있다고 말할 수 있다. 육상산은 천天 사상의 체계를 마음心을 기초로 한 천인합일天人合一의 원칙을 중심으로 파악하여 하늘과 인간의 관계에 대하여 서술한다.

이와 같은 심학 사상에서 천인관계의 문제는 관건적인 성격을 지닌 문제라고 할 수 있다. 그렇기 때문에 이러한 육상산의 천인관계론에 대하여 본문에서는 심즉리의 수립과 발전 및 천인합일설을 중심으로 논의를 진행해 보도록 하겠다.

---

3 미조구치 유조 외, 조영렬 역, 『중국제국을 움직인 네 가지 힘』, 파주, 글항아리, 2012년, 181쪽 참조.

2. 심즉리의 수립과 발전

심心과 리理를 병합하게 된 가장 커다란 이유는 바로 심은 하늘이 부여한 것이기 때문이며, 하늘이 부여한 심은 리를 구비하고 있는 것이다. 그렇기 때문에 리와 심은 서로 같은 것으로 모두가 하늘이 부여한 것이다. 그러나 이러한 리와 심은 서로 다른 측면도 가지고 있는데, 즉 리는 천리天理와 같은 것으로 볼 수 있어 매우 광범위한 대상을 포함하고 있다고 할 수 있다. 근원적인 측면에서 언급하자면 온천하의 리理는 모두 이러한 리理에 속하는 것이라고 할 수 있다. 반면 심은 오직 인간의 영역에만 국한 되는 것이라고 할 수 있다. 이처럼 다른 측면을 가지고 있는 리와 심이 어떻게 병칭되어 심즉리라고 불리어 질 수 있는 것일까? 그러한 이유는 바로 심 가운데의 리는 절대적이고 지극히 광대하고 한계가 없는 것으로, 인간의 유한성 때문에 제약 되는 것이 아닌 반면 선천적으로 타고난 리理는 상대적이고 유한적인 것이기 때문이다.

> 사람에게는 모두 이러한 마음이 있으며, 마음은 모두 이러한 리를 갖추고 있기 때문에 마음이 곧 리라고 하는 것이다.[4]

> 사람의 마음은 지극히 신령한 것이고 이러한 리는 지극히 밝은 것이다. 사람은 모두가 이러한 마음이 있으며, 마음은 모두 이러한 리를 갖추고 있다.[5]

사람에게 있어서 마음에 일관성 있는 기능이 있다면, 인극人極을 성립시킬 수 있어서 천지와 더불어 병립할 수 있는 것이며 삼극三極(天・地・人)은 모두가 동일한 하나의 리이다. 그래서 육상산은 "삼극은 모두가 리인

---

4 陸九淵, 『象山先生全集』, 卷十一, 「與李宰書」, "人皆有是心, 心皆具是理, 心卽理也."
5 陸九淵, 『象山先生全集』, 卷二十二, 「雜著雜說」, "人心至靈, 此理至明, 人皆有是心, 心皆具是理."

데, 천이 가장 존귀한 것이 된다."[6]라고 하였다. 이러한 삼극은 모두가 리인데 어째서 천이 가장 존귀한 것이 되는 것일까? 그것은 인간에게 갖춰져 있는 리가 천으로부터 온 것이기 때문이다. 하물며 삼극의 리가 분명하게 구별되는 데, 천극天極·지극地極·인극人極이 어떻게 섞여서 하나가 될 수 있다는 것인가? 이러한 점에 대하여 육상산은 삼극이 결코 혼재되어 있다고 하지는 않았다. 육상산이 삼극이 하나가 되는 것이라고 언급한 것은 단지 그것들의 근원이 하나라고 하는 것을 말한 것일 뿐이었던 것이다. 즉 인간이 만일 본심을 확충할 수 있고 학문에 전념하여 수양을 할 경우 곧 천극天極·지극地極·인극人極이라고 하는 삼극의 리가 그것을 모두 포괄 할 수 있게 되는 것이다.

> 도는 우주에 충만해 있으니 도로부터 숨거나 피할 곳은 없다. 도는 하늘에 있을 경우는 음양이라고 하고, 땅에 있을 경우는 강유라고 하고, 사람에게 있을 경우는 인의라고 말한다. 그러므로 인의라고 하는 것은 사람의 본심이다.[7]

그렇기 때문에 도의 운행과 변화는 결코 헤아릴 수 없는 것이 아닌 것인데, 단지 인간이 자신이 가지고 있는 리를 자각하지 못할 뿐인 것이다. 그리고 인간은 하늘과 땅의 이치를 인식할 수 있는 존재라고 할 수 있다. 『중용中庸』이나 『맹자孟子』에서도 이미 지천知天에 대하여 언급한 바 있으며, 공자 역시 지천명知天命에 대하여 언급한 적이 있다. 육상산 역시 심즉리心卽理설을 인용하여 지천知天의 견해를 지지하고 있는데, 이는 맹자의 견해보다 타당성이 뛰어나다고 볼 수 있다. 즉 맹자는 진심盡心과 지성知性을 거쳐 지천知天을 주장하고 있는데, 진심과 지성은 모두 인

6 陸九淵, 『象山先生全集』, 卷十二, 「與趙詠道書」, "三極皆是理也, 而天爲尊."

7 陸九淵, 『象山先生全集』, 卷一, 「與趙監書」, "道塞宇宙, 非有所隱遁. 在天曰陰陽, 在地曰剛柔, 在人曰仁義, 故仁義者, 人之本心也."

간의 영역에 속하는 것으로 지천과는 커다란 간격이 있다고 할 수 있다. 비록 맹자가 언급한 본심은 하늘이 부여한 것이지만 본심과 성性이 천天과 구별이 없다고 하는 말은 하지 않았다. 육상산 역시 본심과 천이 구별이 없다고 하는 언급은 하지 않았지만, 리를 응용하여 본심과 천지가 서로 통한다고 하는 사실을 체득했다. 본심 역시 이렇기 때문에 포괄하지 않는 것이 없게 되는 것이다. 아울러 육상산의 이러한 차원의 체험은 『맹자』로부터 얻은 지식을 반복적인 사색을 통하여 터득하게 된 것이라고 할 수 있다. 심즉리 가운데의 리理자는 천리天理·지리地理·인리人理를 포괄하고 있는데, 그중에 천리와 지리는 우주론 영역에 속하는 것이고 인리는 인성론의 영역에 속하는 것이 된다고 할 수 있다. 이와 같은 육상산의 심즉리설의 수립은 우주론과 인성론을 포괄하여 만든 심학체계라고 할 수 있다.

육상산의 심즉리 이론체계의 진정한 완성은 바로 본심의 확충과정을 실제로 거쳐야 하는 것에 있다고 볼 수 있다. 즉 맹자가 언급한 진심盡心·존심存心·양심養心의 과정으로, 만일 마음이 완전하게 확충을 할 수 있어서 본심으로 돌아갈 수 있게 되면 하늘과 같게 될 수 있을 것이다. 육상산은 심즉리의 형이상학적 성질에 대하여 언급함과 동시에 사람들이 심즉리의 경지에 도달 할 수 있도록 힘써 노력해야 한다고 역설했다.

심즉리 이론은 육상산 심학의 핵심적인 부분으로 그 속에는 매우 많은 의미들이 담겨져 있다고 할 수 있다. 즉 천인합일이나 만물과 내가 같은 부류라고 하는 것 및 도덕적 천이 내재 되어 있다고 하는 의미들이다. 육상산 심학의 여러 관점들은 모두가 심즉리 이론을 둘러싸고 이루어져 있다고 볼 수 있는데, 만일 심즉리 이론이 없다고 한다면 그의 심학은 유명무실해질 것이라고 할 수 있다. 그렇기 때문에 육상산 심학의 특성은 마음이라고 하는 글자의 응용 위에 받쳐져 있을 뿐만 아니라 심즉리 이론의 수립위에 있는 것이라고 할 수 있는 것이다.

육상산이 심즉리를 언급한 것은 내재적인 이치를 탐구하는 것이 있다고 하는 사실을 표방한 것이라고 할 수 있다. 그렇다면 과연 정말로 육상산은 외재적인 사물의 이치를 탐구하는 것을 부정했을까? 인의仁義 도덕의 측면에서 말한다면 당연히 내재적인 이치라고 할 수 있다. 그러나 사물의 이치라고 하는 측면에서 언급한다면 육상산은 마음心에는 사물의 이치와 서로 같은 본원이 있다고 하는 사실을 언급한 적이 있다.

> 만물이 마음 사이에 빽빽하게 들어서 있는데, 내 마음에 가득 차 있는 것이 발현되면, 우주에 가득 차 있는 것은 리가 아닌 것이 없게 된다.[8]

그러나 육상산은 외재적인 학습을 부정하지는 않고 사물의 이치를 탐구하고 시대적 상황 및 인정과 같은 것들을 본심에 비춰 반성해야 한다고 하였다. 본심을 세운다고 하는 의미는 바로 학습을 할 때 편견과 차별에 빠지지 않게 되는 것을 보증해준다고 하는 것에 있는 것이다. 외재적인 사물은 본심의 확충에 대하여 도움을 줄 수 있는 것이다. 육상산이 언급한 학문을 하는 세 단계는 지志·습習·유喩인데, 즉 본심을 세운 후에 반드시 학습의 과정을 거쳐야 하는 것이며, 이러한 학습은 반드시 객관적인 환경에서 이루어져야 하는 것이지 마음 가운데 국한 되어서는 안 되는 것이다. 그렇지만 사물에 대한 학습은 역시 본심을 따라서 해야 하는 것인데, 이는 본심의 확충과 상호 보완작용을 하는 것이기 때문에 사물의 이치를 탐구하는 것은 곧 심즉리의 경지에 도달하기 위한 필요한 수단이 된다고 할 수 있다.

> 학문이 귀한 것이라고 하는 것은, 바로 그것이 이러한 이치를 궁구하려고 하는 것이며, 이러한 본심을 다하려고 하는 것이기 때문이다.[9]

8 陸九淵, 『象山先生全集』, 卷三十四, 「語錄上」, "萬物森然於方寸之間, 滿心而發, 充塞宇宙, 無非此理."

9 陸九淵, 『象山先生全集』, 卷十一, 「與李宰書」, "所貴乎學者, 爲其欲窮此理, 盡此心."

위의 인용문 가운데 바로 본심의 확충과 학습의 상호보완에 대한 의미가 담겨져 있다고 할 수 있다. 즉 외부 사물의 이치를 탐구하던지 혹은 옛날 선현들의 서적을 읽는다는 것은 사실 이러한 본심을 다하고 이러한 이치를 궁구하는 것과 다름이 아니다. 마음을 다하는 것과 학습은 결코 상호 모순되는 것이 아니면서 서로 간여하는 것도 아닌 것이다. 그렇기 때문에 개별적인 사물의 이치는 인간의 마음속에 갖춰진 것이 아니고, 단지 사물의 이치의 본원과 사람의 마음의 본원이 동일한 이치라고 하는 것이다. 이러한 것이 바로 육상산이 역설한 심즉리의 의미인 것이다. 즉 심즉리는 사물이나 사물의 이치를 인간의 마음속에 넣지 않고 사람과 사물 사이의 본원적 관계를 소통시키는 데 그 주안점을 두었던 것이다.

심즉리의 리理 자는 그 의미가 매우 광범위하다고 할 수 있다. 그러나 사물의 이치가 하나하나 인간의 본심 속에 갖춰져 있다고 말할 수는 없는 것이다. 마찬가지로 인간의 본심 속에 있는 인의仁義 도덕은 사물의 이치 속에는 결코 존재하지 않는 것이다. 리理 자의 의미가 광범위하다고 해서 사물의 리理로써 인간 본심의 리理를 말할 수는 없는 것이다. 다만 그것들의 본원이 동일한 리理인 것일 뿐이라는 사실을 말할 수 있는 것이다. 웅십력熊十力은 "예운편에 자신을 돌이켜 반성하지 않으면 천리는 없어진다고 했는데, 정현이 주석하기를 반궁反躬은 자신을 돌이켜 반성한다고 하는 것이라고 하였다. 내가 보기에는 자신을 돌이켜 반성한다고 하는 의미는 확실히 공자와 맹자가 가장 잘했던 수양공부이다. 송학은 이러한 혈맥을 찾아낼 수 있었고 그것을 잃지 않았다. 수양공부가 좋은 점이 있는지 여부는 별개의 문제이고, 이러한 수양공부를 열심히 노력해서 해나가야 하는 것이며 홀시해서는 안 된다. 천하의 이치를 터득한 사람은 자신을 돌이켜 반성함으로써 삶의 진정한 의미를 알게 되었다고 말한다. 즉 모든 변화의 근원과 만물의 근본은 외부에서 녹아들어와 갖춰진 것이 아니고 나와 천지만물이 하나의 근본이라는 것을 알았다는 것이다."[10]라고 언급하고 있다.

사물의 이치와 인간 본심의 이치는 확연한 차별을 보이고 있는 것처럼 같은 것이라고 하는 의미로 쓰여서는 안 되는 것이며, 다만 그들 둘이 같은 본원을 가지고 있는 것이라고만 말할 수 있는 것이다. 그렇지만 사물의 이치를 밝히는 것은 단지 인간의 지혜만을 이용함으로서 탐구될 수 있는 것이 아니고 자신을 돌이켜 반성하는 것이 필요하며, 이럴 때에 비로소 만물과 내가 일치 될 수 있는 것이며, 하늘과 인간이 합일 될 수 있는 경지에 도달하게 되는 것이다. 황공위黃公偉의 경우 "육상산은 도가 온 천하게 편재되어 있어 조그만 틈도 없이 꽉 차있으며, 사단은 모든 선함이 되는 것인데, 이는 모두가 하늘이 부여해준 것이지 인간이 노력하여 꾸민 것이 아니다. 그러나 인간에게는 스스로의 병폐가 있는데, 그것은 바로 도道와 서로 격리되어져 있는 것이다. 인간이 자신만을 위한 사사로운 마음이 있게 되었기 때문에 마음과 이치가 둘로 나누어지게 된 것이다."[11] 이러한 견해는 육상산 심학의 진정한 면모를 보지 못한 것이라고 할 수 있다. 육상산이 언급하는 마음은 본체의 마음이라고 할 수 있다. 사람에게 병폐가 있으면 본심·리를 덮어 가려버리게 되지, 심과 리를 둘로 나누는 것이 아닌 것이다. 육상산은 "다만 보존한다고 하는 글자로부터 인간이 이러한 이치를 분명하게 터득하여 이러한 이치가 본래 하늘이 우리에게 부여해준 것이지, 외부에서 나에게 녹아들어 온 것이 아니라고 말했다."[12]라고 언급했다.

이처럼 육상산이 강조한 것은 마음(본심)을 보존하는 것이었다. 황공위黃公偉는 대체로 육상산의 본심을 본체론적 심과 현상계의 심으로 구

---

10 熊十力, 『讀經示要』, 卷二, 臺北, 廣文書局, 1977년, 110쪽 참조.

11 黃公偉, 『宋明淸理學體系論史』, 臺北, 幼獅文化事業公司, 1971년, 244쪽 참조.

12 陸九淵, 『象山先生全集』, 卷一, 「與曾宅之書」, "只存一字, 自可使人明得此理, 此理本天所以與我, 非由外鑠."

분했는데, 심과 리理는 나뉘어 둘이 되는 것이다. 즉 본체론적 심心이 변화하여 현상계의 심이 되는 것이며, 이러한 현상계의 심과 리는 서로 격리되어 본체로서의 성질을 상실하게 되는 것이다.

육상산이 언급한 심즉리에서 심心과 리理는 동일한 것이나, 마음을 다하지 못하거나 본심을 확충하지 못했을 때 심心과 리理는 상호 격리되어 있는 것이 아니라 마음속의 리가 아직 밝혀지지 않은 상태라고 할 수 있다. 다시 말하자면 본심이 아직 드러나지 않은 상태로서 일단 병폐가 있게 되면 심과 리는 동시에 감춰지게 되고 일단 깨닫게 되면 심과 리가 동시에 맑고 밝게 일어나게 되는 것이다. 그렇기 때문에 육상산은 본심을 세우고 잃어버린 본심을 다시 회복할 것을 주장했던 것이다. 또한 육상산은 "옛날의 학자들은 본심을 존양했으나, 오늘날의 학자들은 본심을 해친다."[13]라고 언급했다. 황공위黃公偉 역시 "현상계의 심이 변하여 본체론적 심이 되었다."라고 언급했는데, 황씨의 이러한 견해는 육상산의 견해와는 차이가 있다고 할 수 있다. 본심은 원래 하나인데 어떻게 본체론적 심과 현상계의 심으로 구분할 수 있는 것인가? 만일 본심을 체용體用의 관계로 말한다면, 어떻게 체體가 변하여 용用이 될 것이며 혹은 용用이 근본이 된다고 하는 것인가? 체용體用은 본래 일체를 이루고 있는 것으로 그 가운데 어느 것 하나라도 없어서는 안 되는 것이다. 이러한 주장을 현대적인 시각으로 보았을 때는 오히려 육상산 심학의 요지에 더 부합하는 것이라고 할 수 있을 것이다.

육상산은 본심에 대하여 현상계의 심과 본체론적 심으로 구분하지 않았다. 즉 본심이 구분되어 둘로 나누어질 경우 구방심求放心과 존심存心의 주장에 저촉되어 심즉리의 이론체계에 치명적인 문제를 야기 시킬 수 있기 때문이다. 그러므로 해석의 편리함을 위해서 육상산의 심학체계

---

13 陸九淵, 『象山先生全集』, 卷十二, 「與陳正己」, "古之學者養心, 今之學者病心."

에서의 본심을 본체론적 심과 현상계의 심으로 구분해서는 절대 안 되는 것이다.

심즉리의 이론에 관하여 혹은 천인합일의 관점과 관련하여 이러한 견해들이 오직 육상산이나 맹자에게 국한 되는 것은 아니다. 노자와 공자 역시 모두가 이것과 유사한 견해를 가지고 있다고 할 수 있다. 웅십력熊十力의 경우 "『논어』에서 자공이 선생님의 본성과 천도에 대한 말씀은 들을 수가 없었다. 라고 말했는데, 이 가운데 본성과 천도는 하나이지 둘이 아니다. 맹자가 언급한 본성을 알면 곧 천을 인식할 수 있다고 하는 것은 바로 그러한 것의 인징인 것이다.……왕보사王輔嗣의 노자주석에 만물이 그것에 의해서 생성되는 것을 도라고 한다. 육경과 노장의 문헌에서 언급하는 도는 모두 이러한 것을 말하는 것이다. 노장은 본래 역학의 별파로 유가의 방계다. 그러므로 모두가 만물의 본체를 도라고 부르는 것이다.……본성은 이러한 천도가 인간에게 있을 때를 지칭하는 것이다.……본성과 도는 둘이 아니다."[14]라고 언급하고 있다. 육상산은 맹자가 중시한 심心자로 성性을 대체하여 심즉리를 주장했던 것이다. 육상산은 심心자의 특성을 응용하여 이러한 관점을 설명함과 동시에 본심의 활동성을 응용하여 자신의 일관된 심학이론을 발전시켰다고 할 수 있다.

심즉리 이론체계는 현대인들의 시각으로 보았을 때, 육상산은 인간의 지위와 가치를 대폭적으로 제고시켰다고 할 수 있다. 중국철학의 관점에서 보았을 때, 천인합일天人合一의 또 다른 표현이라고 할 수 있다. 그 속에는 물아합일物我合一을 포함하고 있는데, 이러한 물아합일은 실제로 혹은 물리적으로 하는 합일이 아니라 정신적 상태의 상호 소통과 융합인 것이다. 임계평林繼平의 경우 "심즉리 이론은 사물의 이치·인간의 리·천리를 혼재시켜 놓은 것이다."[15]라고 했는데, 실제로 본체의 발용이라고

14 熊十力, 『讀經示要』, 卷一, 臺北, 廣文書局, 1977년, 12쪽 참조.

15 林繼平, 『陸象山研究』, 臺北, 臺灣商務印書館, 1983년, 248쪽 참조.

하는 측면에서 언급했을 때, 사물의 이치事理·인간의 리人理·천리天理는 제각기 존재하는 것인데 어떻게 혼재될 수가 있겠는가? 물론 육상산은 이러한 것들을 혼재시켜 놓지 않았다. 그러나 만일 본원적인 측면에서 말한다면, 과연 이러한 사물의 이치事理·인간의 리人理·천리天理는 정말로 상호간에 격리되어 서로 소통하는 점도 없다는 것일까? 만일 정말로 완전하게 격리되고 단절되어 있다면 곧 심즉리 이론은 완전히 전복되게 되어 그 범위가 축소되고 말아서 단지 심즉인리心卽人理 라고만 말할 수 있을 것이다.

육상산이 언급한 심즉리는 마음에 원만한 리가 갖춰져 있다고 하는 것으로 다시 말하자면 인의仁義 도덕이 이미 마음속에 구비되어 있다고 하는 것인데, 무엇 때문에 또 다시 그러한 것들을 추구하기 위해서 노력을 해야만 하는 것일까? 이러한 문제에 대하여 두 가지 각도로 구분하여 조명해보면 다음과 같다고 할 수 있다. 먼저 좋지 않은 시대적 풍속은 인간에게 매우 심각한 영향을 미칠 수 있다고 할 수 있는데, 이러한 불량한 풍속은 사람이 가지고 있는 대부분의 천성天性을 소멸시킨다고 할 수 있다. 이것은 바로 객관적인 환경의 측면에서 언급한 것이라고 할 수 있다. 이러한 것 외에 육상산은 맹자가 언급한 우산의 나무의 비유를 제시하여 "우산의 나무들이 일찍이 매우 울창했다. 이하의 단락은 늘 시로 읊조리는 게 좋다."16라고 언급했는데, 이것은 인간의 주관적 측면에서 언급한 것이라고 할 수 있다. 이러한 언급의 의미는 인간의 마음은 본래 선한 본성이 무성한 것이지만, 인간이 오히려 항상 칼질과 도끼질(악한 행위)을 하여 그러한 선한 본성이 사라지게 만들어 버렸다. 본심(선한)은 이러한 상황 아래서 점진적으로 소멸해 버리는 것이다.

그렇기 때문에 육상산은 인간은 마땅히 힘써 향상하여야 한다고 주장

16 陸九淵, 『象山先生全集』, 卷三十四, 「語錄上」, "牛山之木嘗美矣, 以下一段常宜諷詠."

했던 것이다. 주관적인 측면에서는 자기 수양을 해야 하는데, 그것은 바로 진심盡心·양심養心의 수양공부이다. 이와 같이 하게 된다면 인간이 비록 열악한 환경 가운데 놓이게 될지라도 불량한 풍속의 영향을 극복할 수 있게 된다는 것이다.

육상산의 심즉리 이론은 새로운 견해라고 말하기에는 다소 무리가 있다고 생각한다. 육상산의 심즉리 이론은 『맹자』와 『중용』의 사상을 더욱 완정하고 구체화시켜 내놓은 것으로, 사람·사물·하늘의 세 개의 차원을 설명하고 있는 것이라고 할 수 있다. 육상산은 인간에게 있어서 인의仁義 도덕은 가장 근본적인 것이고 이는 인극을 세우는 기초가 되는 것이라고 하였다. 게다가 이러한 인의 도덕을 더욱 추구해 나간다면 궁극적으로는 물아합일과 천인합일의 경지에 도달하게 될 수가 있다는 사실 역시 주장했다. 이는 마치 강물의 원류를 추적해 올라가는 것처럼, 육상산의 심즉리 이론의 가장 커다란 의의는 바로 근원을 찾아가는 것에 있다고 할 수 있는 것이다.

육상산의 심학은 포함하지 않는 것이 없다고 할 수 있다. 즉 천문·지리·인사·욕망·가치·본체 등 모두를 그 속에 포괄하고 있으며, 거기에 가치판단을 더하고 있는데 그러한 가치판단의 기준은 바로 본심 혹은 본체에 있는 것이라고 할 수 있다. 이러한 기준은 천天 혹은 도道라고 불리는 것으로부터 왔다고 할 수 있다.

3. 천인합일설

육상산의 심학 가운데 관건적인 성질을 가진 문제는 바로 인간과 하늘이 서로 합치되는 것이라고 할 수 있다. 이러한 문제는 중국철학의 전통적인 문제라고 말할 수 있지, 육상산의 독창적인 견해라고는 말할 수 없을 것이다. 그러나 인간과 하늘이 서로 합치된다고 하는 천인합일天人

合一의 문제는 육상산의 심학사상 속에서 확실히 특수한 효용성이 있다고 말할 수 있다. 육상산의 심학은 이러한 천인합일 이론으로 인하여 더욱 전체적인 성질을 갖는 것이며, 우주론과 인성론이 여기에서 매우 긴밀하게 결합되는 것이라고 할 수 있다.

> 만물이 마음 사이에 빽빽하게 들어서 있는데, 내 마음에 가득 차 있는 것이 발현되면, 우주에 가득 차 있는 것은 리가 아닌 것이 없게 된다.[17]

위의 인용문에서 볼 수 있듯이 육상산은 마음에 리가 가득 차 있다고 하는 것을 강조했지만, 가장 근본이 되는 하늘과 인간이 서로 합일 된다고 하는 천인상합天人相合에 대해서는 언급을 하지 않았다. 하지만 그 가운데 매우 중요한 요인이 하나 있는데, 그것은 바로 인간은 왜소하고 유한성을 가진 존재인 반면 하늘 즉 천은 근원적이고 무궁무진한 존재이기 때문에 만일 하늘과 인간이 서로 합치 된다고 말한다면, 적어도 마음이 무궁하다고 하는 기본적인 전제가 선행되어야 하는 것이다. 그리고 리가 마음에 가득 차게 되어 위로는 하늘과 같게 된다고 하는 전제가 깔려야만이 마음의 유한성을 허물을 수 있게 되는 것이다. 이와 같이 육상산은 맹자 심론心論의 영향을 받았으며 다시 그 위에 리理 개념을 더하여 자신의 심학체계를 이룩했던 것이다.

> 어떤 사람이 모두 내 벗이 본래부터 가지고 있다고 말한 것은……어찌 외부에서 발생한 한 사건을 가지고 내 벗을 내몰 수 있겠는가? 그러나 모두 펼쳐서 밝힐 수 있는 것은 하늘이 나에게 부여한 이와 같은 후덕함이며 이와 같은 고귀함이다. 그것으로 사람이 사람 되는 까닭을 잃지 않을 뿐인 것이다.[18]

---

17 陸九淵, 『象山先生全集』, 卷三十四, 「語錄上」, "萬物森然於方寸之間, 滿心而發, 充塞宇宙, 無非此理."

위의 인용문에서 "하늘이 나에게 부여한 것"이라고 하는 부분에서 비로소 하늘과 인간 사이에 관계가 발생할 수 있는 가능성이 보이고 있다고 할 수 있다. 그렇지 않을 경우 설사 인간과 하늘이 동등한 지위를 가지고 있다고 할지라도 서로 털끝만큼도 간여하지 않는다면 천인합일天人合一은 근본적으로 성립될 수가 없다고 말할 수 있는 것이다. 그러나 "하늘이 나에게 부여한 것"이라고 하는 언급은 인간과 하늘이 서로 받아들인다는 것을 가지고 있다고 하는 근원적인 관계를 설명하는 것으로, 이러한 관계는 어머니와 자식이 일반적으로 긴밀한 유대관계를 가지는 것과 같다고 할 수 있다. 또한 인간이 고귀한 존재가 되는 이유는 바로 하늘이 그러한 고귀함을 부여했기 때문인 것이다.

> 하늘이 나에게 부여한 것은 지극히 크고 지극히 강건하고 지극히 공평하고 지극히 공정한 것이다.[19]

하늘이 인간에게 부여한 것은 결코 인간이 작고 보잘 것 없는 존재라는 것이 아니기 때문에 지극히 크고 지극히 강건한 것이다. 또한 인간들에게 차별을 두지 않았기 때문에 모든 사람들이 평등한 것이며 지극히 공평하고 공정한 것이라고 하는 것이다. 지극히 크고 지극히 강건한 것이라고 하는 것은 하늘에서 인간에게 수여하는 과정 가운데 하늘이 그 어떠한 것도 보류하지 않았다는 것을 설명하는 것이며, 지극히 공평하고 공정한 것이라고 하는 것은 하늘과 인간의 관계가 모든 개인에게 보편적인 것이라고 하는 것이지 성인聖人이나 현자賢者와 같은 사람에게만 국한되는 것이 아니라고 하는 사실을 설명하는 것이다. 이와 같을 때에 비로

18 陸九淵, 『象山先生全集』, 卷三十五, 「語錄下」, "某之所言皆吾友所固有……豈是外面把一件事情來贈吾友, 但能悉爲發明, 天之所與我者, 如此其厚, 如此其貴, 不失其所以爲人者耳."

19 陸九淵, 『象山先生全集』, 卷三十五, 「語錄下」, "天之予我者, 至大, 至剛, 至平, 至公."

소 하늘과 인간의 관계 및 하늘과 인간이 서로 합치된다고 하는 이론이 확립될 수 있는 것이다.

> 하늘이 이러한 리理를 인간에게 부여했는데, 인간이 그것을 세상에 펼쳐낼 책임을 지지 않을 경우 도덕의 근본법칙은 위태롭게 되어 확립할 수가 없게 되는 것이다.[20]

하늘이 인간에게 리理를 부여했는데, 이러한 리理를 펼쳐 드러내는 것 즉 인의仁義 도덕을 구현하는 것은 인간의 책임인 것이다. 만일 인간이 이러한 리理를 버릴 경우에는 도덕의 근본법칙은 확립될 수 없는 것이다. 도덕의 근본법칙이 확립되지 못하면 인간은 금수로 전락하게 되는 것이기 때문에, 인간은 하늘에 대하여 도道를 널리 펴고 리理를 밝혀야만 하는 책임이 있는 것이다.

육상산은 "하늘이 정화를 인간에게 내려주셨고, 인간이 그것의 중심을 받아서 근본법칙을 만들었는데, 이러한 도는 본래 인간에게 있는 것이다."[21]라고 언급 하였다. 즉 인간이 하늘의 가장 우수한 것을 받았는데, 하늘이 가지고 있는 도道를 남김없이 인간에게 전해 주었기 때문에 도道가 인간에게 있다고 말하는 것이다. 이러한 언급 속에서 심즉리의 색채가 상당히 진하게 묻어나고 있다고 할 수 있다. 다만 도道의 편재성이라고 하는 개념이 결여되어 있을 뿐이다. 또한 육상산은 "덕이라고 하는 것은 인간이 하늘로부터 얻은 것이다."[22]라고 언급하여 도덕 역시 하늘로부터 온 것이라고 주장하고 있다.

---

20 陸九淵, 『象山先生全集』, 卷九, 「與陳君擧書」, "天以是理畀人, 而擧世不任其責, 則人極殆不立矣."

21 陸九淵, 『象山先生全集』, 卷十三, 「與馮傳之書」, "天降衷於人, 人受中以生, 是道固在人矣."

22 陸九淵, 『象山先生全集』, 卷十九, 「經德堂記」, "德也者, 人之得之於天者."

그렇기 때문에 도덕의 본체적 성질은 그것이 인간의 마음에 본래부터 있었던 것이기 때문인 것 외에도 하늘로부터 온 것이기 때문에 본체적인 성향을 가지고 있는 것이다. 그러므로 인성론과 우주론이 바로 이러한 이유 때문에 결합하는 것이라고 할 수 있게 되는 것이다. 도덕은 결코 인간이 창조해낸 것이라고 할 수 없으며 그것의 근원적인 도는 인간의 특성에서 드러나게 되는 것일 뿐이다.

육상산은 이러한 해석으로 성인이 행할 수 있는 것을 일반 사람들도 행할 수 있다고 역설했다.

> 성인이 행하는 것을 일반 사람은 본래 다 행할 수는 없는 것이지만 그래도 일정 정도는 행할 수 있는 것이다. 성인이 행하지 않는 것을 일반 사람들은 본래 다 행하지 않을 수 없지만 그래도 일정 정도는 행하지 않을 수 있다. 그러므로 성인이 행하는 것을 행한다고 하는 것과 성인이 행하지 않는다고 하는 것을 행하지 않는다고 하는 관점에서 보면 모두가 천지의 중심을 받은 것이며 본심의 신령한 것에 근원한 것이기 때문에 소멸될 수가 없는 것이다.[23]

일반 사람들 역시 성인이 행하는 것을 모방해서 할 수 있는데, 그 이유는 바로 하늘이 나에게 부여한 것에 있는 것으로 이러한 것은 소멸되지 않는 특성이 있다. 성인聖人은 이러한 본심의 신령함에 대하여 통달하고 있기 때문에 그가 하는 모든 행위가 리理나 도道에 부합하는 것이다. 그러나 일반 사람들은 이러한 본심의 신령함에 대하여 비교적 모호하게 알고 있지만 그렇다고 완전하게 소실된 것은 아니기 때문에 성인이 행하는 것을 모방해서 할 수 있다고 하는 것이다. 이처럼 하늘이 인간에게

---

23 陸九淵, 『象山先生全集』, 卷二十一, 「雜著論語說」, "聖人之所爲, 常人固不能盡爲, 然亦有爲之者. 聖人之所不爲, 常人固不能皆不爲, 然亦有不爲者. 於其爲聖人之所爲與不爲聖人之所不爲者觀之, 則皆受天地之中, 根一心之靈, 而不能泯滅者也."

부여한 것은 지극히 공정하고 지극히 공평한 것으로 성인聖人이 되거나 평범한 사람이 되는 것은 개인의 노력여하에 달려있는 것이다.

> 태양의 일식과 일식의 깊고 낮음에 대한 모든 것들은 역법가들이 알 수 있는 것이다. 그러나 하늘과 인간 사이의 실질적인 상호 감응과 소통은 비록 그러한 역수가 있지만 역시 일정한 도리가 있다. 옛날의 성인들은 일찍이 하늘의 변화로써 자신을 다스렸다.[24]

육상산은 하늘의 변화의 법칙을 가지고 하늘과 인간이 서로 감응하고 소통한다고 하는 주장을 했다. 오늘날의 시각으로 볼 때 육상산의 이러한 주장은 다소 미신적인 성분이 담겨져 있다고 말할 수 있다. 그러나 육상산의 이러한 주장으로부터 알 수 있는 사실은, 그가 리理나 혹은 법칙에 대하여 관찰한 것을 통하여 리理의 근본이 인간의 마음에 있다고 하는 사실을 알 수가 있으며, 하늘과 인간 혹은 사물과 인간의 상호 감응과 소통에 대하여 알 수가 있게 되는 것이다.

육상산은 맹자의 인작人爵과 천작天爵설에 대하여 자세하게 밝히고 있는데, 그는 "맹자의 시절에는 인작을 구하기 위해서는 반드시 그 천작을 수양해야만 했지만, 후세에는 인작을 구하기 위해서는 천작을 수양할 필요가 없어져 버렸다."[25]라고 언급하여 인작人爵만 있을 뿐만 아니라 천작天爵도 있음을 밝히고 있다. 천작天爵은 도덕수양의 결과를 말하는 것이고 인작人爵은 세속의 지위와 명예를 의미하는 것이다. 육상산의 이러한 언급은 도덕이 상실된 것에 대한 개탄으로, 도덕의 상실은 하늘과 인간을 분열하여 둘로 갈라놓는 결과를 수반하게 된다고 하는 것을 명시한

---

24 陸九淵, 『象山先生全集』, 卷二十三, 「大學春秋講義」, "日之食與食之深淺, 皆曆家所能知, 然天人之際實相感通, 雖有其數, 亦有其道, 昔之聖人不嘗不因天變以自治."

25 陸九淵, 『象山先生全集』, 卷三, 「與童伯虞書」, "孟子之時, 求人爵尙必修其天爵, 後世之求人爵, 蓋無事於天爵矣."

것이다. 천작을 수양할 때에만이 비로소 진정하게 하늘에 대하여 한 점 부끄러움이 없게 되는 것이며 인간의 본분을 다할 수 있게 되는 것이다.

> 이러한 도가 우주에 가득 차 있으면, 천지는 이러한 도리를 따라 운행된다. 그러므로 해와 달은 이변이 없게 되고 사계절은 일정하게 되풀이 되는 것이다. 성인은 이러한 도리를 따라 통치하게 되기 때문에 형벌이 투명하게 부과되고 그에 따라 백성들은 복종하게 되는 것이다.[26]

도道가 우주 사이에 가득 차있어서, 천지가 이러한 도에 따라 순조롭게 운행되고 인간 역시 이러한 도에 순응하여 행위를 하게 되는 것이다. 도道는 비록 하나이지만, 그것이 펼쳐져 드러나는 것과 쓰임은 무궁무진한 것이다. 하늘과 인간이 서로 합치되는 것을 더욱 광범위한 각도에서 본다면 바로 도道가 세상에 가득 차게 되는 것을 의미하는 것이 된다고 할 수 있다.

이상과 같이 보았을 때 육상산은 천인관계에 대하여 매우 중시하는 입장을 견지했음을 알 수 있다. 또한 육상산은 인간의 본질이 되는 것의 근원을 찾는 것을 출발점으로 삼아서 거기에 리理의 특성을 결합시켰던 것이다. 그래서 육상산은 "우주가 곧 내 마음이고 내 마음이 곧 우주이다."라고 하는 주장을 할 수 있었던 것이며, 바로 이러한 것이 심즉리 이론의 핵심인 것이라고 말할 수 있는 것이다. 인간에게 갖춰져 있는 리理는 본래 흠결이 없는 것이고 우주 사이의 리理는 인간의 마음에 포함되어 있는 것이다. 그렇기 때문에 육상산은 유심론자라고 하는 의혹을 받았던 것이다. 그러나 실제로 육상산은 마음 외부의 사물을 결코 부정하지 않았다. 하늘·우주·인간의 마음은 바로 육상산 우주론의 삼대 부분이

---

26 陸九淵, 『象山先生全集』, 卷三, 「與黃康年書」, "此道充塞宇宙, 天地順此而動, 故日月不過, 而四時不二, 聖人順此而動, 故刑罰淸而民服."

라고 할 수 있는 것이다. 이처럼 육상산은 인간의 마음 밖의 하늘이나 우주의 실재를 결코 부정하지 않았던 것이다.

4. 맺는 말

이상과 같이 육상산의 천인관계론에 대하여 심즉리의 수립과 발전 및 천인합일설을 중심으로 살펴보았는데, 이를 정리하면 다음과 같다.

심즉리 이론은 육상산 심학의 핵심적인 부분으로 그 속에는 매우 많은 의미들이 담겨져 있다고 할 수 있다. 즉 천인합일이나 만물과 내가 같은 부류라고 하는 것 및 도덕적 천이 내재 되어 있다고 하는 의미들이다. 육상산 심학의 여러 관점들은 모두가 심즉리 이론을 둘러싸고 이루어져 있다고 볼 수 있는데, 만일 심즉리 이론이 없다고 한다면 그의 심학은 유명무실해질 것이라고 할 수 있다. 그렇기 때문에 육상산 심학의 특성은 마음이라고 하는 글자의 응용 위에 받쳐져 있을 뿐만 아니라 심즉리 이론의 수립위에 있는 것이라고 할 수 있는 것이다.

육상산이 언급한 심즉리는 마음에 원만한 리가 갖춰져 있다고 하는 것으로 다시 말하자면 인의仁義 도덕이 이미 마음속에 구비되어 있다고 하는 것인데, 무엇 때문에 또 다시 그러한 것들을 추구하기 위해서 노력을 해야만 하는 것일까? 이러한 문제에 대하여 두 가지 각도로 구분하여 조명해보면 다음과 같다고 할 수 있다. 먼저 좋지 않은 시대적 풍속은 인간에게 매우 심각한 영향을 미칠 수 있다고 할 수 있는데, 이러한 불량한 풍속은 사람이 가지고 있는 대부분의 천성天性을 소멸시킨다고 할 수 있다. 이것은 바로 객관적인 환경의 측면에서 언급한 것이라고 할 수 있다. 이러한 것 외에 육상산은 맹자가 언급한 우산의 나무의 비유를 제시하여 "우산의 나무들이 일찍이 매우 울창했다. 이하의 단락은 늘 시로 읊조리는 게 좋다."라고 언급했는데, 이것은 인간의 주관적 측면에서 언급한 것이라고 할 수 있다. 이러한 언급의 의미는 인간의 마음은 본래 선한 본성이 무성한 것이지만, 인간이 오히려 항상 칼질과 도끼질(악한 행위)을 하여 그러한 선한 본성이 사라지게 만들어 버렸다. 본심(선한)은 이러한 상황 아래서 점진적으로 소멸해 버리는 것이다. 그렇기 때문에 육상산은 인간은 마땅히 힘써 향상하여야 한다고 주장했던 것이다. 주관적인 측면에서는 자기 수양을 해야 하는데, 그것은 바로 진심盡心·양심養心의 수양공부이다. 이와 같이 하게 된다면 인간이 비록 열악한 환경 가운데 놓이게 될지라도 불량한 풍속의 영향을 극복할 수 있게 된다는 것이다.

육상산의 심학 가운데 관건적인 성질을 가진 문제는 바로 인간과 하늘이 서로 합치되는 것이라고 할 수 있다. 이러한 문제는 중국철학의 전통적인 문제라고 말할 수 있지, 육상산의 독창적인 견해라고는 말할 수 없을 것이다. 그러나 인간과 하늘이 서로 합치된다고 하는 천인합일天人合一의 문제는 육상산의 심학사상 속에서 확실히 특수한 효용성이 있다고 말할 수 있다. 육상산의 심학은 이러한 천인합일 이론으로 인하여 더욱 전체적인 성질을 갖는 것이며, 우주론과 인성론이 여기에서 매우 긴밀하게 결합되는 것이라고 할 수 있다.

육상산이 언급한 "하늘이 나에게 부여한 것"이라고 하는 부분에서 비로소 하늘과 인간 사이에 관계가 발생할 수 있는 가능성이 보이고 있다고 할 수 있다. 그렇지 않을 경우 설사 인간과 하늘이 동등한 지위를 가지고 있다고 할지라도 서로 털끝만큼도 간여하지 않는다면 천인합일天人合一은 근본적으로 성립될 수가 없다고 말할 수 있는 것이다. 그러나 "하늘이 나에게 부여한 것"이라고 하는 언급은 인간과 하늘이 서로 받아들인다는 것을 가지고 있다고 하는 근원적인 관계를 설명하는 것으로, 이러한 관계는 어머니와 자식이 일반적으로 긴밀한 유대관계를 가지는 것과 같다고 할 수 있다. 또한 인간이 고귀한 존재가 되는 이유는 바로 하늘이 그러한 고귀함을 부여했기 때문인 것이다.

하늘이 인간에게 부여한 것은 결코 인간이 작고 보잘 것 없는 존재라는 것이 아니기 때문에 지극히 크고 지극히 강건한 것이다. 또한 인간들에게 차별을 두지 않았기 때문에 모든 사람들이 평등한 것이며 지극히 공평하고 공정한 것이라고 하는 것이다. 지극히 크고 지극히 강건한 것이라고 하는 것은 하늘에서 인간에게 수여하는 과정 가운데 하늘이 그 어떠한 것도 보류하지 않았다는 것을 설명하는 것이며, 지극히 공평하고 공정한 것이라고 하는 것은 하늘과 인간의 관계가 모든 개인에게 보편적인 것이라고 하는 것이지 성인聖人이나 현자賢者와 같은 사람에게만 국한되는 것이 아니라고 하는 사실을 설명하는 것이다. 이와 같을 때에 비로소 하늘과 인간의 관계 및 하늘과 인간이 서로 합치된다고 하는 이론이 확립될 수 있는 것이다.

참고문헌

陸九淵, 『象山先生全集』, 上海, 商務印書館, 1935년.
黃公偉, 『宋明清理學體系論史』, 臺北, 幼獅文化事業公司, 1971년.
熊十力, 『讀經示要』, 臺北, 廣文書局, 1977년.
林繼平, 『陸象山硏究』, 臺北, 臺灣商務印書館, 1983년.
중국철학연구회, 『논쟁으로 보는 중국철학』, 서울, 예문서원, 1994년.
金谷治외, 조성을 역, 『중국사상사』, 서울, 이론과 실천, 1994년.
미조구치 유조 외, 조영렬 역, 『중국제국을 움직인 네 가지 힘』, 파주, 글항아리, 2012년.

제20장 라근계의 천인관계론

1. 시작하는 말

송나라 초기의 유학자들의 사상은 불교와 노장사상의 형이상학적 사유에 대항하기 위하여 모두가 『중용中庸』과 『역전易傳』의 해석에 많은 노력을 경주했다고 할 수 있다. 이러한 것들은 존재의 본체를 탐구하는 것으로 도덕의 가치노선에 있어서 가장 근원이 되는 것을 찾아가는 작업이 된다고 할 수 있다. 이를 통하여 모든 존재물이 진실한 도덕의미를 기초로 삼을 수 있게 되는 것이며, 도덕을 수양하고 덕성을 이룰 때 본받을 수 있는 근거가 되는 것이다. 그렇기 때문에 송나라 초기의 주렴계周濂溪에서 정명도程明道에게 이르는 동안 『중용』과 『역전』에서 언급되어진 객관적 천도론이 주관적 심성론인 『논어論語』와 『맹자孟子』로 돌아가 구체화 되는 것이다.[1]

라근계羅近溪는 송유宋儒의 이러한 노선을 계승했는데, 그는 "이로부터 모든 경서는 전부 반드시 공자와 맹자로 돌아가야 한다. 공자와 맹자의

1 牟宗三, 『心體與性體』第一冊, 臺北, 正中書局, 1989년, 19~20쪽 참조.

말씀은 모두 반드시 효제로 귀결되어야 한다. 그러한 것으로 배우면 배움에 싫증이 나지 않게 되고, 그러한 것으로 가르치면 가르침에 게으름이 없게 되고, 그러한 것으로 인하게 되면 인함으로 만물과 일체가 된다."[2]라고 언급하였다. 이처럼 라근계는 『논어』와 『맹자』를 기본내용으로 삼아서 『중용』과 『역전』을 새롭게 해석했다. 즉 그는 먼저 도덕실천을 통하여 도덕이 창조한 삶의 계발을 통하여 하늘과 인간이라고 하는 두 세계를 소통시켜서 유가사상으로 하여금 인간과 우주만물에 대하여 합리적인 귀착점을 제공했다고 볼 수 있다.

송명리학자들이 주된 관심의 소재로 여겼던 천인관계론은 당시의 유학사상을 이해하는데 있어서 반드시 선결 되어야할 분야라고 생각한다. 그렇기 때문에 본문에서는 라근계의 천도론을 중심으로 그의 천인관계에 대한 견해를 살펴보고자 한다.

2. 천도의 특성

라근계는 항상 『역전易傳』을 차용하여 자신이 천도사상에 대하여 중시하고 있음을 표방했다. 즉 그는 "선진유가에서는 역경을 오경의 으뜸이라고 했다. 서경은 정사에 관한 것이고 시경은 인간의 성정에 관한 것이며, 예기는 인륜의 큰 근본에 관한 것이고 춘추는 대의명분에 관한 것이다. 모두가 복희의 그림 가운데서 파생되어 나온 것이라고 말한다."[3]라고 언급했으며, 다시 "나의 선생님께서는 이러한 것을 종지로 삼으셨는데, 원래는 역경에서 터득하신 것이며, 역경은 원래 하늘에 근본을 두고 있는 것이니 하늘이 무슨 말씀을 하겠는가? 그것의 본체를 탐구하면 그

---

2 羅汝芳, 『羅近溪全集』, 卷五, 臺南, 莊嚴文化事業有限公司, 1997년.

3 羅汝芳, 『羅近溪全集』, 卷五, "先儒謂易爲五經祖, 則書之政事, 詩之性情, 禮之大本, 春秋之大義, 言言皆自伏羲畵中衍出."

것을 때에 맞춰 운행하며 그침이 없는 것이다. 그것의 쓰임을 넓게 관찰하면 만물을 생성하며 끝이 없다. 무릇 오직 그것은 때에 맞춰 운행되는 신묘한 것으로 그침이 없는 것이다."[4]라고 언급하였다. 이와 같은 언급에서 볼 수 있듯이 라근계는 『역전易傳』에서 언급한 것처럼 스스로 만물을 생성시키는 것을 하늘天로 보았다. 그것의 본체를 보면 때에 맞춰 운행하고 영원히 그침이 없는 것이며, 다시 그것이 운용되어 나오는 것을 보면 만물이 생성되고 번식하는 것이 무궁무진한 것을 발견할 수 있게 되는데, 이것이 바로 천도의 신묘한 것이 되는 것이다.

그렇다면 인간은 어떻게 이러한 천도의 신령함을 터득하게 되는 것일까? 라근계는 이에 대하여 다음과 같이 언급하고 있다.

> 복희가 위로는 하늘의 형상을 관찰하고 아래로는 대지의 법을 살펴보며 짐승의 무늬와 땅의 마땅함을 보며, 가깝게는 자신에게서 취하고 멀게는 사물에게서 취했다.……성인은 성실하게 그러한 마음에 전념하는데, 온종일 오직 이러한 일에만 전념하는 것이다.……그러한 하늘을 관찰하고 대지를 살펴보며 가깝고 먼 것에서 취하는 것은 단지 신령스럽고 밝은 덕과 소통하려는 것이고, 만물의 실정을 유별하려 하는 것이다.[5]

라근계는 자신이 경전에 대한 체득을 통하여 성인聖人이 하늘을 관찰하고 대지를 살펴볼 때 천도가 사람들의 불안하고 참을 수 없는 심정을 통과한다는 것을 알았으며, 예측할 수 없는 천덕天德에 대하여 경외심이 생긴다고 하는 사실을 알게 되었다. 이러한 것이 바로 공자가 언급한 인

---

4 羅汝芳, 『羅近溪全集』, 卷三, "吾夫子此個宗旨, 既原得諸易, 而易則原本諸天, 天何言哉? 極究其體, 則止是時行而不息; 博觀其用, 便是物生而不窮. 夫惟其有得於時行之妙乎不息也."

5 羅汝芳, 『羅近溪全集』, 卷六, "伏羲仰以觀天, 俯以察地, 觀鳥獸之文, 與地之宜, 近取諸身, 遠取諸物.……聖人老實專至其心, 終日終夜只爲此一事也耶!……其仰觀俯察, 近取遠取, 只是要通神明之德, 要類萬物之情."

仁인 것이다. 이러한 경외심을 바탕으로 하여 근원을 찾아가보면, 원래 이러한 과정 가운데 공경의 작용을 통하여 자신을 긍정하게 된다. 그러나 진실한 본체는 천도天道·천명天命이 점차 아래로 관통되어 자신의 진정한 주체 속에서 긍정되어지는 것이다.[6] 이러한 주장은 라근계가 언급한 "이러한 것은 비록 복희가 언급한 것이지만, 공자 그 자신의 언급인 것이다."[7]와 같은 맥락을 형성하고 있다고 볼 수 있다. 또한 라근계의 이와 같은 언급은 공자가 "나는 오십 세가 되어서 천명을 알게 되었다."라고 한 주장과 동일한 사고모식을 가지고 있다고 할 수 있는 것이다.

공영달孔穎達은 "가깝게는 자신에서 취한다고 하는 것은 귀 눈 코 입이 이러한 것에 속하는 것과 같은 것이고, 멀게는 사물에서 취한다고 하는 것은 천둥 바람 산림 연못과 같은 부류와 같은 것이다. 멀고 가까운 것을 제시한 것은 곧 만사가 그 가운데 있다는 것을 의미한다."[8]라고 언급하여 천도天道는 저 멀리 아주 높은 곳에 있어서 가까이 할 수 없는 현묘한 사상이 아니고 내 자신의 귀나 눈과 같이 가깝기도 하며, 멀게는 사물에서 취한다고 하는 것은 산과 바람이 미치는 것과 같은 것이라고 생각했다. 그렇기 때문에 인의仁義를 통한 도덕실천은 위로는 천도와 통하게 되고 천도가 아래로 관통되어 내 자신의 천명이 된다고 하는 사실을 인식할 수 있게 되는 것이다.

라근계는 『역전』의 역도易道로 천도天道를 설명한다. 이는 마치 정명도程明道의 "그러한 본체를 바로 역이라고 한다."[9]라고 하는 언급과 같다고 할 수 있는데, 이러한 구문은 역易으로 만물의 신묘한 이치를 깊이

---

6 牟宗三, 『中國哲學的特質』, 臺北, 學生書局, 1991년, 23쪽 참조.

7 羅汝芳, 『羅近溪全集』, 卷六, "此雖是說伏羲, 却卽說他自己."

8 孔穎達, 『周易正義』, 「繫辭下」, "近取諸身者, 若耳目鼻口之屬是也. 遠取諸物者, 若雷風山澤之類是也. 擧遠近, 則萬事在其中矣."

9 程顥, 程頤, 『河南程氏遺書』卷第一, 「二先生語一」, "其體則謂之易."
程顥, 程頤, 「河南程氏遺書」, 『二程集』, 北京, 中華書局, 1981년.

연구하여 사물의 변화를 깨달음으로써 천도의 실체를 밝힌다고 하는 의미를 지니고 있다. 역易 자체는 천도를 대표하는 것으로 형이상의 도체道體 자체인 것이다. 이것은 건乾이고 태극太極인 것이다. 라근계는 건곤乾坤으로 천도를 형용하는 것을 즐겨했다.

> 역의 괘는 비록 예순 네 개가 있지만 그것을 통섭하는 것은 건괘와 곤괘에 있다. 건곤은 비록 병열이라고는 해도 건괘가 우선하는 것이다.……천이라고 하는 것은 건의 형체이고, 건이라는 것은 천의 성리이다. 그러므로 건은 곧 천인 것이며, 이는 순수하고 정일한 것으로 운행하지 않을 때가 없는 것이다. 천은 곧 건인 것이며, 크게 낳고 아울러 모든 것을 낳기 때문에 포함하지 않는 곳이 없다. 포함하지 않는 곳이 없다고 하는 것은 곧 천의 본체는 바깥이 없다는 것이고, 천은 나의 외부에 있는 것이 아니니 내가 어떻게 홀로 천의 바깥에 있겠는가? 운행하지 않을 때가 없다고 하는 것은 곧 건의 운행이 그침이 없다고 하는 것이다. 건도가 나에게서 그칠 수 없다고 하는 것인데 내가 어떻게 홀로 건도를 그치게 할 수 있겠는가?[10]

위의 인용문에서 비록 역易의 괘卦가 많다고 언급했지만, 천지의 건강하고 순조로움과 통섭은 건곤괘乾坤卦에 있는 것이라고 하며 역도易道의 건곤괘乾坤卦는 병렬되는 것이지만 건괘가 우선이 되고 위주가 된다고 하는 사실을 알 수 있다. 정일한 건乾은 운행하지 않는 때가 없기 때문에 천天은 건乾의 형체가 되는 것이다. 만물을 끊임없이 생성하는 건은 포함하지 않는 것이기 때문에 건乾은 천天의 리가 되는 것이다. 그래서 건乾은 곧 천天인 것이다. 포괄하지 않는 것이 없기 때문에 천과 나는 모두가

---

10 羅汝芳, 『羅近溪全集』, 卷四, "蓋易之卦雖六十有四, 而統之則在乾坤, 乾坤雖云竝列, 而先之又在乾卦.……夫天者, 乾之形體; 而乾者, 天之性理. 故乾卽是天, 而純粹以精, 無時而不運也. 天卽是乾, 而大生竝生, 無處而不包也. 無處不包, 則天體無外, 天不外乎我, 而我獨外乎天哉? 無時不運, 則乾行不已, 乾不能已乎我, 而我獨能已乎乾哉?"

이러한 만물을 끊임없이 생성하는 건乾에 포함되어 있는 것이다. 그리고 운행하지 않을 때가 없는 것이기 때문에 건乾과 나는 모두가 그침이 없이 리理를 생성하게 되는 것이다. 더나가 건도乾道가 생성되고 화육되는 종시의 과정은 내외적으로 크고 작은 천지의 본체를 포함하고 있을 뿐만 아니라 또한 나가고 물러나고 소멸하고 생장하는 건도乾道의 운행이 매우 건실하여 그치지 않는다는 의미를 가지고 있다. 오직 포함하지 않는 곳이 없고 운행하지 않을 때가 없는 역易은 그러한 이치를 깨달은 사람에게 명료해질 수 있는 것이며, 복희伏羲나 공자와 같은 사람들이 그러한 이치를 깨달은 사람들이라고 할 수 있다.

라근계는 "오직 성인만이 그러한 조짐을 헤아릴 수 있고 그러한 것을 속으로 깊이 안다. 이러한 것이 바로 허령함으로써 그것을 홀로 깨달을 수 있게 되는 것으로, 오묘한 부합이 크게 시작되는 정일하고 미세한 것으로 순수하고 또한 그침이 없는 것이다."[11]라고 언급하였다. 즉 성인들은 천리의 미세한 움직임의 시작단계의 신명하고 예측이 불가한 허령함을 명백하게 알고 있기 때문에 이러한 깨달음을 속으로 깊이 이해하고 체득할 수 있는 것이며, 역의 천지를 관통하는 오묘한 원리를 터득하게 되는 것이다. 즉 건乾은 곧 천天인 것이며, 마찬가지로 천天은 곧 건乾인 것이며, 때에 맞춰 운행되고 변화하는 것이며, 땅에 맞게 생성되는 것이다. 이러한 천리天理가 내 자신에게서 분리되지 않는 것이라고 하는 사실을 명백하게 인식하고, 내 자신의 생성되고 화육하는 리理의 극치를 볼 수 있다면, 천리의 운행이 어그러지지 않음을 볼 수 있게 된다.

물론 공간적으로나 시간적으로 우주의 일체 만사만물은 모두 기氣의 오묘한 운행인데, 이러한 기氣는 건乾으로 양陽을 대표하고 동태를 자신의 항상성으로 삼으며, 곤坤으로 음陰을 대표하고 정태를 자신의 항상성

---

11 羅汝芳, 『羅近溪全集』, 卷四, "唯聖人迎其幾, 而默識之, 是能虛靈之獨覺, 妙契大始之精微, 純亦不已."

으로 삼는다고 말할 수 있다. 내외원근內外遠近 소장진퇴消長進退의 변화 작용 아래서 천도天道의 끊임없이 생성되는 특질은 일체의 존재물을 발생시키고 화육하는 것에 있는 것으로 어떠한 틈도 없고 잠시라도 그치는 것을 용납하지 않는 것이다. 이와 같이 지극하게 허령하고 신묘한 것을 건지乾知가 모든 것을 망라하는 것이라고 할 수 있다.

> 건곤의 덕은 지와 능 두 글자에 불과하다. 사실은 지라고 하는 한 글자에 불과하다고 할 수 있다. 하늘을 생성하고 땅을 생성하고 사람과 사물을 낳는 것은 본체를 통해서인데, 즉 이러한 신령함이 그것을 변화시켜 그 순수한 양을 분명하게 밝히는 이유 때문인 것이다. 양이 생성되는 곳을 음이라고 하며, 모두 밝힘으로써 그것과 통하게 되는 것이다.[12]

위의 인용문에서 라근계는 지知자 하나를 가지고 하늘, 땅, 사람, 사물의 생성을 개괄하고 있는데, 특히 인간의 마음이 일체의 신묘하고 모든 일에 빠짐없이 통달하고 있어 변화를 헤아릴 수 없다고 했다. 여기에서 언급한 지知는 지식을 의미하는 지知가 아니고 도덕적 삶에 대한 주체적인 체득인 것이며, 그러한 것의 근거는 바로 인仁에 있는 것이다. 즉 인仁을 근거로 천도를 증명하고 체득하는 것이기 때문에 천도는 더 이상 현묘하고 허령한 것이 아니게 되는 것이며, 인仁에 의해서 그것이 실행되는 것이다. 인간의 마음이 인식하는 것은 곧 분명하게 밝혀지고 분명하게 밝혀지면 생성되는 것이다. 이러한 것이 끊임없이 분명하게 밝혀지는 것으로 지속적으로 생성되는 건도乾道가 되는 것이다.

> 지라고 하는 것은 내 마음의 본체이며, 건도에 속하는 것이기 때문에

---

12 羅汝芳, 『羅近溪全集』, 卷五, "乾坤之德, 只是知能兩字, 其實又只是知之一字. 蓋生天, 生地, 生人, 生物, 透體是此神靈爲之變化, 以其純陽而明故也. 然陽之所成處, 卽謂之陰, 皆明以通之."

> 건도로써 쉽게 안다는 것이다. 능하다는 것은 마음의 작용으로 곤도에 속하는 것이기 때문에 곤도로써 간단하게 능하게 되는 것이다. 건도가 족하면 곤도는 합치되는 것으로 건도를 말하면 곤도는 스스로 그 가운데 있는 것이다. 지가 족하면 그 능함이 갖추어지는 것으로 지를 말하면 능함은 스스로 그 가운데 있는 것이다.[13]

라근계는 지知로 나의 마음에서 생성되는 건도乾道의 본체를 설명하고, 능能으로 마음에서 인식하고 생성하는 곤도坤道의 작용을 설명했다. 즉 지知와 능能이 역도易道의 본체와 작용이라고 하는 사실을 설명하였던 것이다. 지知와 능能이라고 하는 두 글자는 인간에게서 정현되어 나온 것이기 때문에 양지良知와 양능良能이 되는 것이다. 그렇기 때문에 라근계는 "이와 같은 지와 능 두 글자는 본래 역경의 정수인데, 어두워져 드러나지 못했다.……고금을 통하여 오직 공자와 맹자 두 분이 묵묵히 그 모습을 파헤치셨다. 생각하지 않고 안다고 하는 것과 같은 것은 그 앎이 얼마나 쉽겠는가! 선량하여 사념이 없는 어린아이의 마음을 누가 알 수 있겠는가? 하늘만이 그것을 알 뿐이다."[14]라고 언급하여, 이러한 양지良知는 우리들 마음의 생성되는 건도乾道의 본체이며 양능良能은 마음에서 인식하고 생성하는 곤도坤道의 작용이라고 하는 사실을 강조하고 있다. 건은 천도이며 천도는 상을 드리워 분명하게 나타나는 것이지 한 치의 은폐도 없는 것이다. 그래서 건도乾道의 앎은 알기 쉬운데 있는 것이다. 곤은 지도地道이며 지도地道는 잘 받아들인다. 어떠한 종류의 사물이라도 모두 지도地道에 의해서 완성되는 것이기 때문에 곤도坤道의 능함은 간편한 것에 있는 것이다. 이와 같은 건도乾道의 앎이 양지라고 하는 언급은

---

13 羅汝芳, 『羅近溪全集』, 卷四, "知者, 吾心之體, 屬之乾, 故乾以易之. 能者, 心知之用, 屬之坤, 故坤以簡能. 乾足統坤, 言乾以坤自在其中. 知足該能, 言知則能自在其中."

14 羅汝芳, 『羅近溪全集』, 卷五, "此知能二字, 本是易經精隨, 然晦昧不顯,……古今唯是孔孟兩人默默打得個照面, 如曰不慮而知, 其知何等易也. 赤子孩提, 孰知之哉? 天則知之耳."

왕양명이 언급한 것과 마찬가지로 그것의 감응은 한계가 없는 것이며, 그것은 필연적으로 천지만물과 서로 감응하는 것이다. 또한 그것은 건도乾道로 곤도坤道를 통솔하는 것으로 앎에 능함이 갖춰져 있는 것이기 때문에 양지良知가 감응할 대상이 아닌 것이 없다는 것이다. 양지가 알지 못하는 것이 없고 하지 못하는 것이 없기 때문에 그것은 더 이상 단지 도덕을 성취하기 위한 근거가 되는 것에 그치질 않고 일체 존재의 존재론적 근거가 되는 것이다. 이러할 때 이미 만물일체의 목표는 달성되는 것이다.

건곤乾坤은 역도易道가 발생하여 작용이 현상세계의 형체에 정현될 때 나타나는 생성과 화육의 작용인 것이다. 건乾은 양陽의 순괘純卦가 되고 곤坤은 음陰의 순괘純卦가 되는 것으로 이들 모두는 역易의 이치가 함축하고 있는 기본적인 정의가 된다. 건곤乾坤이 현상세계에서 대처해 있을 때 건지乾知와 곤능坤能은 현상세계의 작용으로 구체화 되어 발생하게 되는 것이다.

> 건곤은 원래 하나의 기가 충만해 있는 것으로, 건은 그 거대함이며 시작이라고 말 할 수 있는데, 이것은 곧 모든 것들이 드나드는 통로로서 공동의 목적지인 것이며, 보기에 좋고 듣기에 좋다고 생각하지 않을 수 있으나 적게 수용하여 들어가게 되는 것으로, 모두 아득하여 귀착점이 없는 결과가 나오게 된다. 오직 이러한 기가 곤에 도달하면 곧 스스로 평안해지고 조화롭게 성장되어 비로소 수많은 사물들이 한조각의 대지에 수용되는 것이다. 공자는 여기에 이르러 감탄하여 아! 위대한 땅의 덕이여, 그로부터 만물이 탄생하는 도다……수많은 성현들이 도를 구하는 궁극의 지평이구나.[15]

15 羅汝芳, 『羅近溪全集』, 卷二, "蓋乾坤原是一氣磅礴, 然乾則只可言其大, 言其始, 此則便是大家門路所共的去處, 不想好看好聽而却少受用入去, 便皆茫蕩無歸着結果, 惟是此氣一到坤處, 便自平順安采, 生息沖和, 方是群品受用一片田地. 孔子到此嘆曰: 至哉坤元!

위의 인용문에서와 같이 볼 수 있듯이, 천지의 커다란 시작은 건도乾道에서 시작되고, 그것은 바로 기가 변화하여 만물을 생성하는 공통의 통로인 것이며, 곤도坤道는 기氣가 변화하여 만물을 조화롭게 성장시키는 터전 즉 대지가 되는 것이다. 또한 공자 역시 이러한 건곤乾坤이 만물을 탄생시키는 도道라고 하는 사실을 깨우쳤기 때문에 그것을 취하여 성현들이 평상시에 구하는 인仁의 도道로 삼은 것이다. 공영달孔穎達은 "무릇 건괘는 고요할 때는 전일하고 움직일 때는 바르고 곧다. 그러므로 크기가 생기는 것이다. 무릇 곤괘는 그것이 고요할 때는 닫고 있고, 움직일 때는 열어 놓는다. 그러므로 넓이가 생기는 것이다."[16]라고 언급했는데, 이는 건곤乾坤으로 역도易道의 광대함을 형용한 것으로, 그것이 있지 않는 곳이 없고 생성하지 않는 것이 없다는 것이다. 이러한 사실을 근거로 했을 때 건괘는 고요할 때는 전일하고 움직일 때는 바르고 곧다고 하는 말은, 건도는 전일한 것으로 그것의 목표는 만물을 생성하는 것에 있으며 그것이 운행할 때는 강건하게 운행하며 그침이 없다는 것이다. 이러한 정신 때문에 건도가 비로소 인간의 생명을 크게 빛낼 수 있는 것이며 인간의 삶의 질을 제고시켜 주는 것이다. 그렇기 때문에 라근계는 "건은 그 거대함이며 시작이다."라고 역설했던 것이다.

곤괘는 땅의 도를 상징하는데, 그것은 유순함을 대표하면서 평상시에는 고요하게 있으며 외부로 거의 드러나지 않고 있으나, 그것이 움직일 때에나 만물의 생기가 다했을 때에 대지는 회춘한다. 그것의 작용은 시기를 기다림으로써 생명을 넓게 연장하는 것이기 때문에 이러한 생기가 곤에 이르면 만물은 각기 제자리를 잡게 되어 스스로 평안해지게 되는 것이다. 공자는 바로 이러한 역의 생성작용을 기의 신묘한 운행으로 파

萬物資生.……而作千聖萬賢求道之極則也."

16 孔穎達, 『周易正義』, 「繫辭上」, "夫乾, 其靜也專, 其動也直, 是以大生焉. 夫坤, 其靜也翕, 其動也闢, 是以廣生焉."

악하고 간결하기 때문에 쉽게 실천할 수 있는 것으로 보아서 이를 수많은 성인들이 도를 구하는 궁극의 지평으로 삼았다고 한 것이다.

라근계가 언급한 천도는 생명을 이어가는 기틀이 되는 것이라고 할 수 있다. 즉 하늘은 내가 되고 나는 하늘이 될 수 있는 것이며, 다른 사람이 나와 같은 존재이며 내가 다른 사람과 같은 존재로서 언제라도 변화하여 소통할 수 있는 것이다. 비록 이러한 양자 사이의 관계가 넓고 멀다고 할지라도 없는 곳이 없기 때문에 인간의 도덕적 자아를 구하는 데에 있어서 진실하고 의심할 나위없는 본원이 되는 것이다.

3. 도에 관한 분석

『역전』의 건곤乾坤으로 형이상학적 도道의 형식과 내용을 설명한 것 외에도 라근계는 도道 혹은 천도를 우주의 근원이라고 불렀다. 라근계는 천도관을 도덕수양의 길로부터 마음의 본체를 향하여 심화되어 가는 과정이라고 생각했다. 그렇기 때문에 라근계는 도道가 아래로 관통되어 현상세계의 모든 만물에 있는 것을 더욱 중시했다. 특히 그러한 도道가 인간에게 있을 때, 인간과 도道는 어떻게 소통되는 것일까? 또한 어떻게 천도의 도덕창조와 가치를 체현해 낼 수 있을 것인가? 라근계는 전력을 다해서 도덕상의 당연한 법칙을 현실존재에 구체화시켜 인간과 천도가 더욱 합리적으로 관통될 수 있게 만들었던 것이다.

『역전』에 "형이상학적인 것을 도라고 하고, 형이하학적인 것을 기물이라고 한다."[17]라고 언급되어 있는 바와 같이 도道는 형이상학적인 절대적 진리라고 할 수 있다. 형이상학적인 것이라고 하는 것은 인간의 감각기관으로는 볼 수도 들을 수도 없으며 또 접촉할 수도 없는 것으로 형상이 없는 존재의 본체이다. 그러나 만일 도道가 이처럼 저 높은 곳에 위치

---

17 孔穎達, 『周易正義』, 「繫辭上」, "形而上者謂之道, 形而下者謂之器."

해 있으면서 접할 수 없는 존재로 현실의 형이하학적 세계에 구현되지 않아서 현실세계에 어떠한 작용이나 안배도 하지 않는다면, 천도는 영원히 인간이 체현할 수 없는 존재로 전락하게 되는 것이다. 오직 구체적인 언행의 실천을 통하여야 만이 비로소 도가 영원한 것임을 이해할 수 있는 것으로, 그것은 인과율 등의 이성적 개념으로는 이해할 수 없는 것이며, 일반적으로 존재 하는지 혹은 존재하지 않는지의 구별로 이해한다는 것은 더욱 불가능한 것이다. 그렇기 때문에 정명도의 경우 "이러한 도는 또한 시작도 없고 끝남도 없는 것이다. 그것은 또한 없기 때문에 심히 존재하는 것이며, 또한 없기 때문에 심히 존재하지 않는 것이다. 그것은 또 존재가 없지만 존재하는 거처가 있으며, 또한 존재가 없어서 존재하는 거처도 없는 것이다."[18]라고 언급했던 것이다.

> 경은 곧 도인데 하늘과 합치며 땅과 통하며, 고금을 관통하여 잠시라도 떨어질 수 없는 것이며 또한 털끝만큼이라도 망가질 수 없는 것으로, 모든 만물과 세상만사가 그것의 밖으로 나간 적이 없다.[19]

도道의 큰 근원은 하늘天에서 나오는 것이기 때문에 하늘이 영원한 것이 되면 도 역시 영원한 것이 되는 것이다. 그렇기 때문에 라근계는 경經이 곧 도라고 한 것이다. 그리고 천도는 우주를 주재하는 당연한 이치가 되는 것이기 때문에 만물을 낳고 화육할 수 있는 것이며 고금을 관통하여 어떠한 사물도 그것의 관조를 비켜날 수 없는 것이다. 도道가 시간과 공간을 초월할 수 있기 때문에 영원한 보편자라고 하는 것이다.

---

18 程顥, 程頤, 『河南程氏遺書』卷第十二, 「明道先生語二」, "如此(道), 則亦無始, 亦無終. 亦無因甚有, 亦無因甚無. 亦無有處有, 亦無無處無."

19 羅汝芳, 『羅近溪全集』, 卷七, "蓋經卽道也, 統天徹地, 貫古貫今, 不可須臾離, 不可毫髮爽, 萬物萬事無一可出其外."

한 번 음이 되고 한 번 양이 되는 것을 도라 일컫고, 그것을 계속하는 것이 선이고, 그것을 이루는 것이 성이다. 어진 사람은 그것을 보고서 인仁이라고 말하고, 지혜로운 사람은 그것을 보고서 지知라고 말한다. 백성들은 그러한 도를 매일 사용하면서 알지 못한다. 그러므로 군자의 도는 드문 것이다.[20]

한 번 음陰이 되고 한 번 양陽이 되는 기氣의 변화는 즉 기물로써 도道를 보는 것이고 기물로써 신묘함神을 보는 것이다. 기氣가 변화하여 유행하고 생성되는 신묘한 운행 가운데 인간은 반드시 자기수양의 공부를 통하여 천지의 마음이 인간에게 있다고 하는 사실을 다시 발견하게 되고, 도道가 인仁과 지知에 있다고 하는 것을 체득하게 되는 것이다. 그러나 한 번 음陰이 되고 한 번 양陽이 된다고 하는 말은 작용을 의미하는 것이며, 자연의 생성과 화육을 묘사하는 것이다. 그리고 이러한 생성과 화육의 배후에는 그것을 이처럼 만들어주는 도道가 있다고 하는 것이다. 즉 음양이 발생하고 생성하여 그침이 없는 작용을 하게 하는 근원적인 동력인은 바로 도道라고 하는 것이다. 그러나 한 번 음陰이 되고 한 번 양陽이 되는 작용을 통하여 만물을 생성하고 화육하는 과정 가운데에서 만이 바로 아름답기 그지없는 도道의 본체를 체득할 수 있게 되는 것이다. 음양陰陽은 형이하학적 기가 되는데, 도道는 바로 이러한 형이하학적 기물을 통하여 비로소 그러한 기물이 그렇게 되는 까닭을 표현하게 되는 것이다. 다시 말하면, 도道는 기물을 통해서 정현될 수 있는 것이니 도道는 바로 이러한 기물 가운데 있는 것이다.

라근계는 도道와 기물이 분리되지 않는다고 하는 것을 체득했다. 또한 그는 도道와 기물은 비록 본질적으로 다른 것이지만, 도道는 기물을 통해

20 孔穎達, 『周易正義』, 「繫辭上」, "一陰一陽之謂道, 繼之者善也, 成之者性也. 仁者見之謂之仁, 知者見之謂之知, 百姓日用而不知, 故君子之道鮮矣."

서 드러날 수 있는 것이고 기물은 도道에 의해서 이루어지는 것이라고 생각했다. 그래서 그는 왕심재王心齋와 마찬가지로 백성들이 매일 사용하는 것은 도인 것이다 라고 하는 관념을 가지고 있는 것이며, 더나가 그는 선진유가의 "백성이 가장 귀하고, 사직은 그 다음이고, 군주는 가벼운 존재다."[21] 라고 하는 민본사상을 이미 심도 있게 숙지하고 있었다고 볼 수 있다. 또한 왕심재王心齋의 경우 "성인의 도는 백성들이 매일 사용하는 도와 다르지 않다. 다름이 있다고 하는 것은 모두가 이단이다."[22]라고 주장했다. 즉 근원으로 거슬러 올라가면 성인은 만물과 함께 천도를 본체로 삼을 수 있으며 또한 만물과 함께 위로 천도의 인덕仁德에 관통할 수 있는 존재인 것이다. 비록 "어진 사람은 그것을 보고서 인仁이라고 말하고, 지혜로운 사람은 그것을 보고서 지知라고 말한다."라고 할지라도, 천도는 사람들에 의해서 실천될 때 제약이 있게 된다. 그래서 완전한 도가 아닐지라도 어째든 모두 천도의 하나로서 각자 자신의 본분을 다하는 것이지만 백성들은 그러한 도를 매일 사용하면서 알지 못하는 것일 뿐이다.

라근계는 도를 어린아이가 세상에 태어나 우는 울음소리에서 발견할 수 있다고 생각했다. 이러한 어린아이의 울음소리 즉 천도가 이로부터 드러나 아래로 관통되어 인간의 끊임없이 생성하는 이치는 무척이나 절실한 것이다. 그리고 인간이 이러한 이치를 드러내는 곳이 바로 양지良知와 양능良能이 되는 것이다. 양지良知와 양능良能이 절실하게 드러날 때 곧 부모를 사랑하고 어른을 공경하게 되는 것이며, 이러한 것이 바로 천도인 것이다. 이와 같이 볼 때 천도는 인간의 인심에 있다는 사실을 분명하게 알 수 있게 되는 것이다. 그렇기 때문에 라근계는 우주론적인 측면에서 도가 발생했다고 말하지 않고 바로 어린아이가 세상에 태어날 때의

---

21 『孟子』, 「盡心下」, "民爲貴, 社稷次之, 君爲輕."

22 王心齋, 『王心齋全集』, 卷二, 「語錄上」, "聖人之道, 無異於百姓日用, 凡有異者, 皆是異端." 王心齋, 『王心齋全集』, 臺北, 廣文書局, 1987년.

울음소리에서 도의 근원을 찾았던 것이며, 도를 체득하는 것을 배우지 않고도 부모를 사랑할 줄 아는 양지와 양능에서 구하였던 것이다. 『역전』에서 "그것을 계속하는 것이 선善이고, 그것을 이루는 것이 성性이다."라고 하는 천덕天德의 선성善性 역시 잠시라도 어린아이의 양지가 발현되는 곳과 분리될 수 없는 것으로, 그것이 천지의 마음이 되는 것이다. 반대로 만일 이와 같이 근원이 되는 것을 버리게 된다면 사람이 도가 멀리 있다고 생각하게 되는 결과를 초래하게 되는 것이다.

라근계는 인간 자신이 이러한 천도를 구비하고 있는 것이라고 생각했으며, 또한 잠시라도 인간 자신과 분리될 수 없는 것이라고 여겼기 때문에, 인간은 자연히 천도의 그침이 없는 창조의 특성을 받았으며 끊임없이 실천할 수 있는 것이라고 생각했던 것이다. 그래서 라근계는 "도는 내 마음 속에 갖춰져 있으며, 내 자신의 진실함은 바로 도 가운데에 있는 것이다."[23] 천도가 내 자신에게 있다고 하는 것은 바로 씨앗이 물을 만나서 발아하는 것과 같으며 또 샘물이 원천지에서 그침 없이 흘러나오는 것과 같은 것으로, 인간의 마음속의 씨앗은 영원히 천도를 주입받아서 메마르거나 부족할 때가 없게 되는 것이다.

> 이러한 도가 생기는 기틀은 내 자신에게 있는 것으로, 본래는 지극히 진실하고 무망한 것으로 오직 하나인 것이다. 그러므로 비록 근세 훈고학에 미치지 못할지라도 의리의 학문으로써 사유를 찾을 수 있는 것이며, 역시 근세 현학적인 것에 미치지 못할지라도 수양공부로써 관리할 수 있는 것이다. 그렇지만 약간의 양지의 지와 약간의 양능의 능은 오히려 샘물이 원천지가 있어서 끊임없이 흘러나와 씨앗을 싹틔우며 그것을 매우 번성하게 만드는 것과 같은 것이다.[24]

---

23 羅汝芳, 『羅近溪全集』, 卷四, "道具吾心, 而吾身實在道中."

24 羅汝芳, 『羅近溪全集』, 卷八, "此道生機, 在於吾身, 原是至眞無妄, 至一無二. 故雖不及近世訓詁之學, 有機許義理可以尋思, 亦不及近世把捉之學, 有機許工夫可以操持, 然而

또한 라근계는 이러한 도는 단지 중용中庸의 도인데, 중용이라고 하는 것은 바로 일상적인 것을 의미하는 것이라고 했다. 그리고 일상적인 것이란 바로 "동자가 차를 올리려고 왔을 때 그에 따라서 모두가 일어나서 차를 받는 것이다. 자신이 받아서 마시고난 뒤에 동자가 찻잔을 가지러 왔을 때 그에 따라서 모두가 찻잔을 건네주는 것이다."[25]와 같은 것이라고 할 수 있다. 라근계는 항상 가장 소박한 일상생활을 통하여 내 마음에서 발생하는 도가 자연스럽다고 하는 것을 설명하였던 것이다. 모종삼牟宗三과 같은 경우에도 역시 "라근계는 도의 눈앞에는 주로 일상적이고 자연적인 것으로 학문 탐구적인 기운이 전혀 없으며, 대중에게 강의하기 위한 것이다……그렇기 때문에 일상적이고 자연적이며 소탈한 것이다. 이러한 것은 일상적이고 실재적인 것의 최고 경지와 같은 것으로, 태주학파泰州學派의 특별한 기풍으로 변하게 되었으며, 그들의 전통 종지로 자리매김 하게 된 것이다."[26]라고 언급하고 있는데, 이러한 주장은 비록 왕심재王心齋를 묘사하고 있지만 라근계를 묘사하기에도 무리가 없다고 생각한다.

> 도는 본래 중용인데, 중용은 일상적인 것으로 풀이할 수 있는 것이기 때문에 일상적인 사람으로부터 말미암은 것이며, 잠시라도 분리될 수 없는 것이다. 그러므로 일상적인 것을 찾는 시각은 바로 일상적인 것에 있는 것이다. 사족의 자제들이 시험 삼아 가서 어린아이가 북을 치고 종을 두드리자 음향소리가 매우 크고 맑게 나며, 여러 어르신들이 함께 일어나 그러한 소리를 듣는데, 역시 한 글귀 마다 분명하게 이해가 되는구나. 여러 사람들이 모두 상대방에게 차를 제공하는 모습 역시 한 걸음에 한

些子良知之知, 些子良能之能, 却似有源之泉, 涓涓而不斷, 有種之芽, 滋滋不息."

25 羅汝芳, 『羅近溪全集』, 卷五, "童子獻茶來時, 隨衆起而受之; 已而從容啜畢, 童子來接茶甌時, 又隨衆而與之."

26 牟宗三, 『從陸象山到劉蕺山』, 臺北, 學生書局, 1990년, 283쪽 참조.

> 번 씩 나가는 것이 분명하구나.……이러한 마음의 운용이 아니고, 이러한 도의 현전인 것이다![27]

이와 같이 볼 때 라근계가 언급한 천도는 어찌 간단하고 쉽지 않은 것이며, 어떻게 일상적인 것이지 않을 수가 있으며 알기가 어렵겠는가! 만일 도가 단지 자연스럽고 일상적인 것일 뿐 그것이 제대로 정립되어 시작되어야 하는 점을 알지 못한다면 우스운 상황을 연출하게 될 것이다. 그렇기 때문에 라근계는 대도는 그것이 이르는 곳과 들어오는 곳이 있다는 것을 역설하였던 것이다.

> 요순의 도는 효제일 뿐이다. 그래서 장차 평범한 일로써 요순이 행했던 것을 볼 수 있게 된다. 그것은 바로 직접 도의 길로 들어가서 성인의 가르침을 분명하게 밝혀서 천하의 후세에 모든 뜻있는 인사들이 정신을 안정시킬 수 있도록 하는 것이다. 또한 자신의 경륜이 아직 시류에 맞지 않는 사람들 모두를 기사회생 시키는 것이다. 모든 생명들이 매일같이 부모를 섬기고 형을 따르는 응대 사이에서 양지와 양능의 신묘함을 노래함으로써 자신과 도가 잠깐 사이라도 떨어지지 않게 하는 것이다. 이렇게 되면 곧 사람들 모두가 요순의 도에 귀의하게 되는 것이다.[28]

라근계는 군자의 도와 성인의 도를 우리들 주변으로 끌어들였다고 할 수 있다. 그것은 바로 부모를 섬기고 형을 따르는 것 사이에서 양지와

27 羅汝芳, 『羅近溪全集』, 卷四, "道本是個中庸, 中庸解作平常, 故平常之人所共由也, 且須臾不可離. 故尋常時刻所常在也, 諸士子試觀適在童冠擊鼓考鐘, 一音一響鏗鏗朗朗, 諸父老並立而聽, 亦一字一句曉曉了了, 以至群胥執事供茶, 亦一步一趨, 明明白白.……而不是此心之運用, 此道之現前也耶!"

28 羅汝芳, 『羅近溪全集』, 卷八, "堯舜之道, 孝悌而已矣. 豈是有意將淺近之事, 以見堯舜可爲. 乃是直指入道之途經, 明揭造聖之指南, 爲天下後世一切有志之士, 而安魂定魄; 一切拂經之人, 而起死回生也. 諸生能日周旋於事親從兄之間, 以涵詠乎良知良能之妙, 俾此身此道不離於須臾之頃焉. 則人皆堯舜之歸."

양능의 신묘함을 노래하는 효제가 도로 진입하는 통로라고 하는 것을 가리키는 것이다. 그러므로 성인은 백성들과 먼저 알고와 나중에 안다고 하는 구분이 있지만, 단지 자신과 도가 잠시라도 떨어지지 않게 한다고 했던 것이다. 즉 평범한 효제가 모든 사람들을 요순의 도에 귀의하게 만드는 것이다. 즉 모든 사람들이 자신의 본성을 다하고 천명에 이르게 되며 천하의 지극한 성실함을 이룩하게 된다면 도가 바로 그 자신인 것이며, 그 자신이 바로 도인 것이다. 왕양명은 "일상생활 가운데 무엇이 천리의 유행이 아닌 것이겠는가?"[29]라고 언급했는데, 이러한 언급은 바로 도는 평범한 일이자 평범한 도리일 뿐이라는 것을 긍정하는 것이다. 라근계는 양명학의 이론을 일상생활 속에 투영시킴으로써 평범한 생활 가운데 양지를 발견할 수 있다고 하였던 것이다. 즉 밥을 먹고 차를 올리고 부모에게 효도하고 어른을 공경하는 것과 같은 종류의 일상생활로써 양지 본연의 도리를 설명하고 있는 것이다. 사람이 이러한 도의 절박함을 깨달을 수 있고 거기에 수양공부를 더한다면 요순이 곧 자신인 것이며 자신이 곧 요순인 것이다.

4. 맺는 말

이상과 같이 라근계의 천도론에 대하여 천도의 특성과 도에 관한 분석을 중심으로 살펴보았는데, 이를 정리하면 다음과 같다.

라근계는 『역전』의 역도易道로 천도天道를 설명한다. 이는 마치 정명도程明道의 "그러한 본체를 바로 역이라고 한다."라고 하는 언급과 같다고 할 수 있는데, 이러한 구문은 역易으로 만물의 신묘한 이치를 깊이 연구하여 사물의 변화를 깨달음으로써 천도의 실체를 밝힌다고 하는 의

---

29 王守仁, 『王陽明全集』, 卷四, 「答徐成之」, "日用間, 何莫非天理流行."
王守仁, 『王陽明全集』, 上海, 上海古籍出版社, 1992년.

미를 지니고 있다. 역易 자체는 천도를 대표하는 것으로 형이상의 도체道體 자체인 것이다. 이것은 건乾이고 태극太極인 것이다. 라근계는 건곤乾坤으로 천도를 형용하는 것을 즐겨했다.

라근계는 지知로 나의 마음에서 생성되는 건도乾道의 본체를 설명하고, 능能으로 마음에서 인식하고 생성하는 곤도坤道의 작용을 설명했다. 즉 지知와 능能이 역도易道의 본체와 작용이라고 하는 사실을 설명하였던 것이다. 지知와 능能이라고 하는 두 글자는 인간에게서 정현되어 나온 것이기 때문에 양지良知와 양능良能이 되는 것이다. 그렇기 때문에 라근계는 "이와 같은 지와 능 두 글자는 본래 역경의 정수인데, 어두워져 드러나지 못했다.……고금을 통하여 오직 공자와 맹자 두 분이 묵묵히 그 모습을 파헤치셨다. 생각하지 않고 안다고 하는 것과 같은 것은 그 앎이 얼마나 쉽겠는가! 선량하여 사념이 없는 어린아이의 마음을 누가 알 수 있겠는가? 하늘만이 그것을 알 뿐이다."라고 언급하여, 이러한 양지良知는 우리들 마음의 생성되는 건도乾道의 본체이며 양능良能은 마음에서 인식하고 생성하는 곤도坤道의 작용이라고 하는 사실을 강조하고 있다. 건은 천도이며 천도는 상을 드리워 분명하게 나타나는 것이지 한 치의 은폐도 없는 것이다. 그래서 건도乾道의 앎은 알기 쉬운데 있는 것이다. 곤은 지도地道이며 지도地道는 잘 받아들인다. 어떠한 종류의 사물이라도 모두 지도地道에 의해서 완성되는 것이기 때문에 곤도坤道의 능함은 간편한 것에 있는 것이다. 이와 같은 건도乾道의 앎이 양지라고 하는 언급은 왕양명이 언급한 것과 마찬가지로 그것의 감응은 한계가 없는 것이며, 그것은 필연적으로 천지만물과 서로 감응하는 것이다. 또한 그것은 건도乾道로 곤도坤道를 통솔하는 것으로 앎에 능함이 갖춰져 있는 것이기 때문에 양지良知가 감응할 대상이 아닌 것이 없다는 것이다. 양지가 알지 못하는 것이 없고 하지 못하는 것이 없기 때문에 그것은 더 이상 단지 도덕을 성취하기 위한 근거가 되는 것에 그치질 않고 일체 존재의 존재론적 근거가 되는 것이다.

이러할 때 이미 만물일체의 목표는 달성되는 것이다.

결국 라근계가 언급한 천도는 생명을 이어가는 기틀이 되는 것이라고 할 수 있다. 즉 하늘은 내가 되고 나는 하늘이 될 수 있는 것이며, 다른 사람이 나와 같은 존재이며 내가 다른 사람과 같은 존재로서 언제라도 변화하여 소통할 수 있는 것이다. 비록 이러한 양자 사이의 관계가 넓고 멀다고 할지라도 없는 곳이 없기 때문에 인간의 도덕적 자아를 구하는 데에 있어서 진실하고 의심할 나위없는 본원이 되는 것이다.

라근계는 천도관을 도덕수양의 길로부터 마음의 본체를 향하여 심화되어 가는 과정이라고 생각했다. 그렇기 때문에 라근계는 도道가 아래로 관통되어 현상세계의 모든 만물에 있는 것을 더욱 중시했다. 특히 그러한 도道가 인간에게 있을 때, 인간과 도道는 어떻게 소통되는 것일까? 또한 어떻게 천도의 도덕창조와 가치를 체현해 낼 수 있을 것인가? 라근계는 전력을 다해서 도덕상의 당연한 법칙을 현실존재에 구체화시켜 인간과 천도가 더욱 합리적으로 관통될 수 있게 만들었던 것이다.

라근계는 인간 자신이 천도를 구비하고 있는 것이라고 생각했으며, 또한 잠시라도 인간 자신과 분리될 수 없는 것이라고 여겼기 때문에, 인간은 자연히 천도의 그침이 없는 창조의 특성을 받았으며 끊임없이 실천할 수 있는 것이라고 생각했던 것이다. 그래서 라근계는 "도는 내 마음 속에 갖춰져 있으며, 내 자신의 진실함은 바로 도 가운데에 있는 것이다."라고 했는데, 이는 바로 천도가 내 자신에게 있다고 하는 것은 바로 씨앗이 물을 만나서 발아하는 것과 같으며 또 샘물이 원천지에서 그침 없이 흘러나오는 것과 같은 것으로, 인간의 마음속의 씨앗은 영원히 천도를 주입받아서 메마르거나 부족할 때가 없게 되는 것을 의미하는 것이다.

참고문헌

孔穎達,『周易正義』, 北京, 中華書局, 1999년.

焦　循,『孟子正義』,『焦氏遺書』本.

程　顥, 程頤,「河南程氏遺書」,『二程集』, 北京, 中華書局, 1981년.

王守仁,『王陽明全集』, 上海, 上海古籍出版社, 1992년.

王心齋,『王心齋全集』, 臺北, 廣文書局, 1987년.

羅汝芳,『羅近溪全集』, 臺南, 莊嚴文化事業有限公司, 1997년.

牟宗三,『心體與性體』第一冊, 臺北, 正中書局, 1989년.

牟宗三,『從陸象山到劉蕺山』, 臺北, 學生書局, 1990년.

참고문헌

• 원전류

朱　彬,『禮記訓纂』,『宜祿堂』淸刻本.
孫星衍,『尙書今古文注疏』,『平津館叢書』本.
朱公遷,『詩經義疏』,『四庫全書』本.
李光坡,『周易述注』,『四庫全書』本.
『老子道德經河上公章句』, 北京, 中華書局, 1993년.
黄　侃,『論語義疏』,『皇淸經解』本.
劉寶楠,『論語正義』,『續皇淸經解』本影印.
朱　熹,『孟子章句集註』,『海淵閣』本.
焦　循,『孟子正義』,『焦氏遺書』本.
王先謙,『荀子集解』, 北京, 中華書局, 1992년.
王忠林,『荀子讀本』, 臺北, 三民書局, 1996년.
王先愼,『韓非子集解』, 北京, 中華書局, 1998년.
孫詒讓,『墨子閒詁』, 北京, 中華書局, 1954년.
劉文典『莊子補注』, 昆明, 雲南人民出版社, 1991년.
郭慶藩,『莊子正義』, 北京, 中華書局, 1993년.
許維遹,『呂氏春秋集釋』, 北京, 文學古籍刊行社, 1955년.
中法漢學硏究所編,『呂氏春秋通檢/論衡通檢』, 上海, 上海古籍出版社, 1986년.
司馬遷,『史記』, 北京, 中華書局, 1982년.
班　固,『漢書』, 北京, 中華書局, 1990년.
范　曄,『後漢書』, 北京, 中華書局, 1990년.
王利器,『新語』, 北京, 中華書局, 1996년.
王利器,『新語校注』, 北京, 中華書局, 1996년.
黄　暉,『論衡校解』, 北京, 中華書局, 1995년.

賈　誼,『新書』,『四庫全書』本.
蘇　輿,『春秋繁露義證』, 北京, 中華書局, 1992년.
彭　鐸,『潛夫論箋校正』, 北京, 中華書局, 1985년.
黃　暉,『論衡校解』, 北京, 中華書局, 1995년.
荀　悅,『申鑒』,『四部叢刊』本.
荀　悅,『漢紀』,『四庫全書』本.
董治安 編,『兩漢全書』 第一冊, 齊南, 山東大學出版社, 1999년.
魏　徵,『群書治要』,『四部叢刊初編』本.

- 중국자료

蔡仁厚,『孔孟荀哲學』, 臺北, 臺灣學生書局, 1990년.
黃俊傑 主編,『孟子思想的歷史發展』, 臺北, 中央硏究院 中國文哲硏究所籌備處, 1995년.
劉鄂培,『孟子大傳』, 北京, 清華大學出版社, 1998년.
董治安,『先秦文獻與先秦文學』, 濟南, 齊魯書社, 1994년.
呂思勉,『秦漢史』, 上海, 上海古籍出版社, 1983년.
顧頡剛,『秦漢的方士與儒生』, 上海, 上海古籍出版社, 1978년.
李澤厚,『中國古代思想史論』, 北京, 人民出版社, 1986년.
楊聯陞 主編,『國史釋論』, 臺北, 食貨出版社, 1988년.
田昌五 外,『秦漢史』, 北京, 人民出版社, 1993년.
蕭　清,『中國古代貨幣思想史』, 台北, 臺灣商務印書館, 1992년.
侯外廬,『中國古代思想史』, 北京, 三聯書店, 1950년.
羅　光,『中國哲學思想史 - 兩漢南北朝篇』, 台北, 學生書局, 1985년.
金春峰,『漢代思想史』, 北京, 中國社會科學出版社, 1987년.
祝瑞開,『兩漢思想史』, 上海, 上海古籍出版社, 1989년.
徐復觀,『兩漢思想史』 卷二, 臺北, 學生書局, 1995년.
黃錦鋐,『秦漢思想硏究』, 臺北, 學海出版社, 1979년.
周桂田,『秦漢思想史』, 石家庄, 河北人民出版社, 2000년.
賀凌虛,『中國古代政治思想論集』, 臺北, 霧峯出版社, 1970년.
侯外廬,『中國古代思想學說史』, 上海, 國際文化服務社, 1950년.
馮友蘭,『中國哲學史新編』 第三冊, 北京, 人民出版社, 1996년.

馮友蘭,『中國哲學史新編』, 臺北, 臺灣商務印書館, 1996년.
楊憲邦,『中國哲學通史』 第二卷, 北京, 中國人民大學出版社, 1988년.
薩孟武,『中國政治思想史』, 臺北, 三民書局, 1967년.
任繼愈,『中國哲學發展史-秦漢』, 北京, 人民出版社, 1985년.
唐君毅,『中國哲學原論-導論篇』, 臺北, 學生書局, 1986년.
黃俊傑編,『中國文化新論思想篇(一)』, 臺北, 聯經出版事業公司, 1989년.
孫叔平,『中國哲學史稿』 (上), 上海, 上海人民出版社, 1991년.
渡邊秀方,『中國哲學史概論』, 臺北, 臺灣商務印書館, 1976년.
葛榮晉,『中國哲學範疇導論』, 北京, 中國人民大學出版社, 1986년.
湯一介,『中國傳統文化中的儒道釋』, 北京, 中國和平學出版社, 1988년.
方立天,『中國古代哲學問題發展史』 上冊, 北京, 中華書局, 1992년.
方立天,『中國古代哲學問題發展史』 下冊, 北京, 中華書局, 1992년.
劉宗賢 외,『中國儒學』, 成都, 四川人民出版社, 1994년.
李　申,『中國儒教史』 (上), 上海, 上海人民出版社, 1999년.
田昌五,『王充及論衡』, 北京, 三聯書店, 1958년.
陳正雄,『王充學術思想述評』, 臺北, 文津出版社, 1987년.
鍾肇鵬, 周桂鈿,『桓譚 王充評傳』, 南京, 南京大學出版社, 1993년.
張立文,『中國哲學範疇發展史-天道篇』, 北京, 中國人民大學出版社, 1989년.
蕭公權,『中國政治思想史』 (上), 臺北, 聯經出版事業公司, 1990년.
劉澤華,『中國政治思想史-秦漢魏晉南北朝卷』, 杭州, 浙江人民出版社, 1996년.
周桂鈿,『中國傳統哲學』, 北京, 北京師範大學出版社, 1991년.
徐復觀,『中國經學史的基礎』, 臺北, 學生書局, 1995년.
勞思光,『新編中國哲學史』 卷一, 臺北, 三民書局, 1986년.
勞思光,『新編中國哲學史』 卷二, 臺北, 三民書局, 1986년.
韋政通,『中國思想史』, 上冊, 臺北, 大林出版社, 1979년.
牙含章,『中國無神論史』 (上), 北京, 中國社會科學出版社, 1993년.
陳大齊,『荀子學說』, 臺北, 中國文化大學出版部, 1989년.
傅筑夫,『中國經濟史論叢』, 北京, 三聯書店, 1980년.
王　鐵,『漢代學術史』, 上海, 華東師範大學出版社, 1995년.
朱謙之,『新輯本桓譚新論』, 北京, 中華書局, 2009년.
田鳳台,『王充思想析論』, 臺北, 文津出版社, 1989년.
陳正雄,『王充學術思想述評』, 臺北, 文津出版社, 1987년.

鍾肇鵬, 周桂鈿, 『桓譚 王充評傳』, 南京, 南京大學出版社, 1993년.
陳 拱, 『王充思想評論』, 臺北, 臺灣商務印書館, 1996년.
李維武, 『王充與中國文化』, 貴陽, 貴州人民出版社, 2000년.
董俊彦, 『桓子新論研究』, 臺北, 文津出版社, 1989년.
黃盛雄, 『王符思想研究』, 臺北, 文史哲出版社, 1982년.
劉文英, 『王符評傳』, 南京, 南京大學出版社, 1993년.
王步貴·周桂鈿·任繼愈·葛榮晉, 『儒學精蘊新釋·王符哲學新釋』, 濟南, 齊魯書社, 2002년.
姜國柱, 『論人·人性』, 北京, 中國社會科學出版社, 1989년.
辛冠潔 等編, 『中國古代著名哲學家評傳』, 濟南, 齊魯書社, 1980년.
陳啓雲, 『中國古代思想文化的歷史論析』, 北京, 北京大學出版社, 2001년.
周桂鈿, 『天地奥秘的探索歷程』, 北京, 中國社會科學出版社, 1988년.
王友三, 『中國無神論史綱』, 上海, 上海人民出版社, 1982년.
樊 浩, 『中國倫理精神的歷史建構』, 南京, 江蘇人民出版社, 1992년.
金祖孟, 『中國古宇宙論』, 上海, 華東師範大學出版社, 1991년.
Thomas F. O'Dea, 胡榮譯, 『宗教社會學』, 寧夏, 寧夏人民出版社, 1989년.

• 한국자료

松丸道雄 외, 조성을 옮김, 『중국사개설』, 서울, 한울아카데미, 1990년.
조원일, 『맹자의 철학사상』, 광주, 전남대학출판부, 2012년.

• 논문자료

鄭師許, 「漢末年儒家學者荀悦的思想」, 『青年進步』, 1931년, 141期.
胡楚生, 「王符思想中一基本概念 "人道曰爲"之解釋」, 『幼獅月刊』, 第四十七卷, 第六期, 1978년.
陳玉璟, 「關於桓譚思想的機個問題」, 『安徽師大學報』, 1982년, 第一期.
黎惟東, 「王充思想研究」, 臺北, 中國文化大學 哲學研究所 博士學位論文, 1984년.
黃開國, 「論漢代讖緯神學」, 『中國哲學史研究』, 北京, 中國社會科學出版社, 1984년, 第一期.
李 震, 「無神主義與當代中國思想的取向」, 『哲學與文化月刊』, 第十三卷, 第

十一期, 1987년.

袁信愛,「荀子的生死觀及其禮義之學」,『哲學年刊』, 第十期, 1994년.

劉文起,「荀子 '天生人成'與王符 '天道曰施, 地道曰化, 人道曰化'之比較」,『第二屆先秦學術研討會論文集』, 高雄, 1994년.

黎惟東,「中國哲學家論形神問題所用燭火之喩的研究」,『華剛文科學報』, 第23輯, 1995년.

蘭華俐,「中國哲學的形神問題之硏究」,『屛東師範大學學報』, 第3期, 1997년.

周舜南,「東漢後期的社會批判思潮」,『船山學刊』, 1999년, 2期.

吳萬種, 陸馨,「王符之『潛夫論』的引詩初探」,『中國人文科學硏究』, 제40집, 2008년.

찾아보기

ㅈ

ㅊ